JN417326

Diplomatic Science

외교학

송영우 지음

평우미디어

지은이 **송 영 우**

· 동 대학원 정치학과 석사과정 수료(정치학 석사)
· 중국문화대학 대학원 박사과정 수료(정치학 박사)
· 건국대학교 정치외교학과 교수
· 현재 건국대학교 명예교수

저서

1. 현대중국론 (공저, 희성출판사, 1989)
2. 현대외교론 (평민사, 1990)
3. 중국의 정치적 현대화 (공저, 평민사, 1991)
4. 국제정치학 (건국대학교 출판부, 1992)
5. 중국의 외교정책과 외교 (공저, 1993)
6. 한중관계론 (공서, 지영사, 1993)
7. 중국의 정치동원 (공저, 집문당, 1996)
8. 중국학 (공저, 건국대학교 출판부, 1998)
9. 한국의 외교 (평민사, 2000)
10. 국제정치경제론 (건국대학교 출판부, 2002)
11. 외교정책론 (지영사, 2005)
12. 중국적 정치 (지영사, 2012)
13. 외교정책 그리고 외교 (교우사, 2014)
14. 동아시아 국가의 국제정치 (교우사, 2018)

외교학

초판발행 2021년 7월 5일

지은이 송영우
펴낸이 오상훈
펴낸곳 교우미디어
주 소 서울시 동대문구 약령시로 8 교우빌딩 1층 교우미디어
전 화 02-925-2861, 02-925-2866 / **팩 스** 02-925-2860, **편집부** 02-925-2825
홈페이지&북스토어 www.kyowoo.co.kr / **이메일** kyowoo@kyowoo.co.kr

등 록 2011년 2월 7일 제305-2011-000007호
ISBN 979-11-85417-39-4 (93340)

Published by Kyowoomedia Printed in Korea
Copyright© 2021 송영우 Kyowoo Co., Ltd.
이 책의 저작권은 송영우와 교우미디어에 있습니다.

저작권법에 의해 보호를 받는 저작물이므로 무단 복제 및 전재를 금합니다.

교우미디어는 보다 혁신적이고 참신한 도서를 다양하게 기획하고 있습니다.
책으로 펴내고자 하는 아이디어나 원고는 메일로 보내주세요.
교우미디어는 전과정을 책임지고 최선을 다하겠습니다.

값 21,000원

교우미디어는 (주) 교우의 Imprint 사입니다.
수학정원·과학정원은 (주) 교우의 새로운 브랜드명입니다.

잘못된 책은 구입하신 서점에서 교환해 드립니다.

Diplomatic Science

머리말

이 책의 제목을 외교학(外交學, diplomatic science)이라고 하였다. 정치학을 영어로 political science라고 한 것과 같은 맥락에서 이러한 책 제목을 선택하였다. 외교도 정치학처럼 체계화 그리고 이론화하여야 한다는 생각에서 외교의 과학화를 시도해보았다.

외교를 독립적인 학문 분야로 만들려는 생각은 외교의 올바른 정의의 정립이 필요하다는 데에서부터 시작하였다. 오늘날에도 국제정치를 연구하는 사람들조차도 외교의 개념을 정의하지 않고 연구하고 있다. 특히 국제정치의 연구에서 외교정책과 외교를 구체적으로 구분 짓지 않고 이 분야를 연구하고 있는 것이 현실이다. 외교와 외교정책은 용어 그 자체가 같지 않으므로 그 의미도 당연히 달라야 한다.

외교정책은 정부가 다른 국가에 대해 무엇을 하겠다는 그의 의사 결정이고 외교는 어떻게 하겠다는 의사 표시 및 의사 전달행위이다. 외교는 언어, 문자, 행위 등으로 다른 국가에 대해 자국의 의지, 정책 등을 표시하는 행위 또는 그것을 전달하는 행위이다. 이처럼 외교와 외교정책은 근본적으로 다르기 때문에 차별화되어야 한다. 실제로 어떤 정부는 외교 및 외교정책을 올바르게 이해하지 못하고 시행착오를 겪는 경우도 있다. 그리하여 이 책에서는 외교를 독립적 분야로 정리하고 이론화를 도모하였다.

이 책에서 추구한 이론화는 먼저 어떤 상황을 전제하고 여기에 어떠한 요소가 작동하면 어떤 특정 결과가 도출된다는 틀을 만들었다. 이러한 틀은 많은 연구자들이 연구해 만들어 놓은 상황과 결과를 기초로하여 외교를 이해하고, 설명하고 그리고 미래를 예측할 수 있는 틀을 만들었다.

이 책의 근본 바탕은 힘에 기초하고 있다. 모든 정치의 핵심은 힘이라는 것에 근거해서 이 책을 썼다. 특히 무정부적 상태에서 전개되는 국제정치에서 힘은 절대적 요소이다. 외교는 국제정치의 수단이다. 따라서 국제정치의 수단인 외교도 힘에 기초해서 전개된다. 특히 외교는 외교정책의 실현 수단이다. 외교는 국제정치의 수단이고 동시에 외교정책의 실현 수단이다.

외교는 궁극적으로 그리고 실질적으로 외교정책의 실현 수단이고 그리고 국가 간 문제 해결의 수단이다. 그렇기 때문에 외교가 독립적인 학문 분야로 거듭나야한다. 외교 없는 국제정치, 그리고 외교 없는 외교정책은 모두 그림의 떡이다.

오늘날 특히 제2차 세계 대전 이후 세계적 규모의 전쟁은 한 번도 없었고 국가 간의 대규모 전쟁도 찾아보기 어렵다. 오늘날 대부분의 전쟁은 내전이다. 세계적으로 전쟁이 사라지고 있는 이유 중 하나는 외교가 발달되고 외교의 수단이 다양해졌기 때문이다. 외교의 발달은 세계평화의 초석이 된다.

국가 간 외교는 국가 간의 외교관계의 틀 속에서 전개된다. 국가 간의 모든 접촉, 교류, 상호작용 등은 외교관계에 기초해서 이루어진다. 국가 간의 외교관계가 돈독하고 긴밀하다면 이러한 국가 간의 모든 것은 협조적으로 이루어지고 따라서 국가 간에 전개되는 모든 행위는 국가의 이익을 증대시키게 될 것이다. 그렇기 때문에 이 책에서는 국가 간의 외교관계의 중요성을 크게 강조하였다. 또한 이 책에서는 힘의 중요성을 크게 강조하였다. 국제정치 및 외교에서 국가의 외교 역량은 아무리 강조되어도 부족하지 않을 것이다.

이 책에서 독자들의 이해를 돕기 위해 여러 상황을 설명하며 필요한 예를 제시하였다. 그 예시(例示)들은 가능한 독자들이 잘 알고 있고 또 알 수 있는 예들을 거듭 제시하였다. 왜냐하면 어떤 상황을 설명하는데 생소한 경우를 예로 제시하면 그것은 독자들의 이해에 도움이 되지 않기 때문에 생소한 예는 가급적 피하였다. 여러 예들은 독자들의 이해에 초점을 맞추어 제시되었다. 또한 동일한 예들을 여러 다른 상황에서 설명하는 것은 이 예들을 여러 차원에서 또 여러 다른 상황에서 설명하는 것은 이 예들을 여러 차원에서 또 여러 관점에서 조명하게 되면 동일한 예도 다양하게 설명될 수 있고 분석될 수 있다. 이러한 것들을 위해서 몇몇 예를 되풀이 이용하였다.

이 책을 출간하며 크게 감사해야할 분이 있다. 학구적이신 이선영 선생께서 나의 원고가 책으로 출간될 수 있도록 체계적으로 정리해주셨다. 그의 노고를 잊지 않을 것이다.

또한 나의 졸고를 책으로 만들어 주신 (주)교우 오판근 사장님, 남궁 양 부장님 그리고 편집부 이소정 과장님께 깊이 감사드린다.

송 영 우

Diplomatic Science

차례

CHAPTER 01

외교 이론의 기본 바탕

1. 이론이란 무엇인가

어떤 현상을 논리적으로 그리고 체계적으로 이해하고 해석하고 설명하기 위해서는 그리고 더 나아가 예측하기 위해서는 과학적인 틀 또는 모형(model)을 갖고 그것에 기초해서 그 현상을 논의하는 것이 연구의 기본이다. 이러한 틀 또는 모형이 곧 이론이다. 연구자는 이론을 갖고 있어야 얻고자 하는 해답을 얻을 수 있다. 그렇기 때문에 이론이 필요한 것이다. 이것은 과학화의 과정이다.

이론은 실험을 통해서 다시 말하면 여러 차례 동일한 상황을 만들고 여기에 동일한 요소를 작동시키는 작업을 반복하면서 원리와 원칙을 얻게 된다. 이러한 과정을 반복하는 가운데 동일한 조건하에서 동일한 결과를 얻을 수 있다면 그것은 하나의 이론을 만드는 과정이 되는 것이다. 실제로 물리, 화학 등 자연과학 분야에서는 실험실에서 인위적으로 동일한 상황을 만들고 인위적으로 동일한 요소를 작동시켜 동일한 결과를 얻어낸다. 그리고 연구자는 이러한 과정을 여러 차례 되풀이해서 동일한 결과를 얻어내게 되면 이 과정을 체계적으로 정리하게 된다. 이러한 과정이 체계적으로 정리되면 그것은 하나의 이론이 되는 것이다. 연구자가 이러한 과정을 전개하면 그리고 그 연구자가 언제나 동일한 결과를 얻게 된다면 그 과정은 곧 좋은 이론이 되는 것이다. 이러한 결과를 얻어 이론화가 이루어지면 그것은 곧 과학이다. 나는 외교를 과학화하기 위해 이 책의 제목을 '외교학(Diplomatic Science)'

이라고 썼다.

이처럼 자연과학에서는 실험실에서 인위적으로 이러한 실험 과정을 전개할 수 있다. 그러나 정치학, 경제학 등 사회현상을 다루는 사회과학 분야에서는 자연과학에서 행해지는 것과 같은 인위적인 실험은 불가능하다. 왜냐하면 사회과학에서는 인위적으로 사회적 현상을 제공할 수 없고 인위적으로 동일한 요소를 작동시킬 수 없기 때문이다. 그리하여 사회과학에서의 연구는 과거에 전개되었던 다양한 경우를 연구 문헌들을 통해서 자연과학이 실험실에서 전개하는 것과 같은 과정을 전개한다. 사회과학 분야에서 연구자는 많은 연구자들이 만들어 놓은 연구 문헌들을 통해 이론화를 추구한다. 이러한 과정을 거쳐 이론화 작업을 전개하여 사회현상을 이론화하는 일은 어렵고 또 완벽한 이론을 얻는 것은 더욱 어렵다. 그러나 사회과학분야에서 시공을 초월한 다양한 연구 문헌들을 통한 연구도 자연과학 분야의 이론처럼 예외 없는 절대적 원칙 또는 원리를 만들지는 못하지만 여러 차례 되풀이되는 이러한 연구들은 상당한 정도의 이론을 가능케 한다. 이렇게 탄생한 이론으로 사회현상을 체계적으로 이해하고 설명하고 어느 정도 정확한 미래의 예측이 가능하다.

사회과학에서의 연구 과정은 대체로 과거에 발생했던 동일한 또는 유사한 사건, 현상 등을 수집하여 이것들의 발생 배경, 전개 과정, 결과 등을 비교하고 분석하여 그 결과를 정리하면 이러한 현상들을 체계적으로 이해하고, 설명하고, 예측할 수 있는 하나의 틀 또는 모형 즉 이론을 가질 수 있게 될 것이다. 사회과학에서도 이런 전체의 과정을 되풀이해서 전개하고 또 정리하면 연구자는 어떠한 조건이 충족되면 어떠한 결과를 얻을 수 있다는 하나의 모형 즉 하나의 이론을 만들어낼 수 있다.

예를 들면 기상을 관측하는 기관이 기상 상황을 예보하는 경우 이 기관에서는 구름의 이동 경위, 속도, 방향 등을 여러 차례 반복해서 관측하여 그것들을 비교하고 분석한 자료에 근거하여 기상 상태를 예측할 수 있는 자료를 갖게 되고 이 자료를 정리하면 기상을 예측할 수 있는 하나의 모형 즉 이론을 갖게 될 것이다. 이 모델은 앞으로 날씨를 예측할 수 있는 이론이 될 것이다. 날씨를 예보하는 경우에도 구름의 이동 모습을 분석하는 이론을 갖는 것과 같이 외교에서도 유사한 여러 현상, 사건들을 수집하여 그것들을 비교하고 분석하여 그 자료를 정리하면 외교 현상을 설명하고 예측할 수 있는 하나의 모형 즉 이론을 가질 수 있게 될 것이다.

사회과학 분야에서 미래를 예측하고 그 정확도가 높은 분야는 경제학이다. 경제학에서는 여러 가지 경제상황을 예측하고 그 예측의 내용들을 수치로 나타낸다. 경제학에서 이러한 예측이 가능한 것은 예측할 수 있는 도구, 즉 경제이론을 갖고 있기 때문이다. 경제학에서는 여러 자료를 계량화하여 수치로 갖고 있다. 경제학에서는 계량화된 자료를 갖고 있기 때문에 구체적이고 체계적인 비교 · 분석이 가능하다. 그리하여 경제학에서는 이러한 과정을 되풀이하면서 이론화를 도모하고 상당한 수준의 이론을 갖고 있다.

그러나 정치학 등 다른 사회과학분야에서는 경제학과 같은 계량화된 자료를 가질 수 없기 때문에 이론화의 어려움을 갖고 있다. 경제학 이외의 다른 사회과학에서는 자료의 계량화 대신 유사한 경우(cases)를 수집해서 그것들을 여러 측면에서 비교하고 분석해서 그것들의 공통점 및 상이점을 찾아 이것들을 체계적으로 정리하면 어느 정도의 이론화가 가능하다. 경제학 이외의 사회과학 분야에서의 이론화는 절대적인 정답을 얻기 위해서보다는 설명, 예측 등의 정확성을 극대화하기 위한 수단을 강구하는 데에 연구의 주안점을 두고 이론화를 추구한다.

여기에서 내가 시도하는 이론화는 어떤 현상을 체계적으로 이해하고 설명하고 그리고 예측할 수 있는 하나의 틀 또는 모형을 만들려는 것이다. 그런데 이 틀 또는 모형에서 얻고자하는 것은 절대적인 정답을 얻기보다는 정답에 가까운 해석, 또는 해답을 얻으려는 것이다. 그러므로 여기에서 만들어진 틀 또는 모형은 자연과학의 이론과는 비교하기 어려운 것이다. 이 책에서 논의하고자하는 국제정치의 한 분야인 외교의 이론화는 어떠한 사회 현상의 연구보다 더 어려울 것이다. 외교라는 것은 그 어느 현상보다 상황의 범위가 넓고 작동되는 요소가 매우 복잡하고 많기 때문에 이것의 이론화는 매우 어려운 작업이다. 그러나 외교라는 것을 학문적으로 연구하려한다면 이것에 대한 이론은 반드시 필요하다. 여기에서 외교의 이론화는 정확성, 객관성 등을 갖추기 어려워 이론다운 이론을 갖는 일은 어려운 일이다. 그러나 무엇보다도 외교의 이론화가 필요하기 때문에 결과에 관계없이 이론화를 추구하려 한다. 어떤 경우에도 필요가 강하게 요구된다면 필요가 요구되는 결과를 얻을 수 있는 지름길을 찾게 할 것이다. 결론적으로 이론이란 만일 어떠한 조건이 또는 상황이 존재한다면 그리고 어떠한 요소들이 작동한다면 어떤 특정 결과가 생성된다는 것이다. 예를 들면 만일 하늘 저 먼 곳으로부터 검은 먹구름이 내가 서있는 쪽으로 몰려오고 있다면 나는 곧 비가 올 것이라고 말할 수 있다.[1] 이것이 어떤 상황을 이해하고 설명하고 예측할 수 있는 틀이 되는 것이다.

외교 분야에서도 이러한 이론화 과정을 거쳐 외교를 과학화를 도모하게 되면 외교도 하나의 학문분야를 이루게 되고 외교학을 탄생시키게 될 것이다.

2. 외교 행위

외교는 국제정치의 핵심적 수단이다. 또한 외교는 국제정치의 최고 및 최종적 수단으로서 국제정치를 구체적으로 추진하는 구체적 수단이다. 국제정치에서 국가의 모든 대외문제는 외교로 해결을 도모하고 또 국가의 외교정책도 외교에 의해 추진된다. 그래서 외교는 국제정치의 최고 · 최후의 수단이다. 이 수단은 구체적인 언어, 글 그리고 행위로 행해진다.[2]

1)) Roger Hilsman, The Politics of Policy Making in Defense and Foreign Affairs, 3rd ed. (Upper saddle Rive, NJ.: Prentice-Hall, INC., 2000), pp. 37-38.

2) 송영우, 현대외교론, 4th ed. (서울: 평민사, 2003), pp. 22ff 참고.

외교는 국가의 이름으로 국가 관리에 의해 영토 밖으로 행해지는 구체적인 대외행위이다. 여기서 말하는 국가 관리는 군인을 포함한 국가의 관리를 지칭하는 것이다. 이 관리들은 직 · 간접적으로 국가 원수에 의해 임명된 사람들이다. 그러므로 이들은 국가 원수의 명(命)이 있으면 언제든지 외교 행위를 할 수 있다. 입법부 및 사법부의 관리들은 따로 대통령의 신임을 받아야 외교 행위를 할 수 있다. 예를 들면 국회의원이 대통령의 신임 없이 대외행위를 하였다면 그것은 외교 행위가 아니라 '외교적' 행위라고 이름 붙일 수 있다. 이 외교적 행위는 국가의 외교 행위 범위 밖에 있다.

국가의 관리에 의해 행해지는 외교 행위에는 다음과 같은 것이 있다. 국가의 외교 행위는 대상국가에 일방적으로 행해지기도 하고, 또는 국가 간 상호적으로 전개되기도 한다. 국가의 이런 행위들은 그의 정책을 실천하여 국가의 목표를 성취시켜 국가의 이익을 극대화하려는 행위이다. 국가의 이러한 외교 행위 중에는 첫째, 자국의 의사(意思)를 상대 국가에게 직접 알리는 '의사 전달 행위', 둘째, 자국의 의사를 상대국가에 간접적으로 알리는 '의사 표시 행위' 그리고 셋째, 외교 당사국의 관리들이 자리를 함께하여 각기 자국의 정책 및 의사를 주고받으며 합의에 도달하는 '상호 의사 교환 행위'가 있다. 여기서 말하는 의사는 국가의 견해, 의지, 주장, 요구, 정책, 목표 등을 포함하고 있다.[3)]

'의사 전달 행위'는 외교 당사국의 관리들이 대면해서 직접적으로 자국의 의사를 알리는 직접적인 행위이다. 가장 대표적인 '의사 전달 행위'는 국가 간의 정상회담이다. 정상회담을 각 국가의 최고 통치권자가 자국의 의사를 상대국 국가 원수에게 직접 알리는 행위로 외교의 꽃이라고 할 수 있다.

'의사 표시 행위'는 간접적인 외교 행위이다. 이 행위는 다음과 같은 형식으로 행해진다. 이 외교 행위는 정부 대변인을 통한 성명서 발표, 또는 외교

3) 위의 책, pp.22ff 참고.

업무를 담당하는 부서의 정기적 또는 비정기적 기자회견, 상대국 외교관의 추방, 신문, 방송 등 언론매체 등을 통해 외교의 대상 국가에 자국의 의사를 표시하는 행위, 이례적으로 외교 대상국가 국경에 군 병력을 파견하는 행위 또는 항공모함을 파견하는 행위 등이 있다. 실제로 상대국가에 대한 불만의 표시로 주재국에 파견되어있는 자국 대사를 일시적으로 귀국시키는 행위, 갑자기 상대국가의 상품에 대해 높은 관세를 부과하는 행위, 또는 상대국의 관리에 대해 외교상의 의전절차를 소홀히 하는 경우 등이 일종의 '의사 표시 행위'이다(예를 들면, 상대국가 관리에 대한 환영만찬 행사를 하는데 과거에 비해 그 규모를 크게 축소하는 경우, 이는 불만의 '의사 표시 행위'이다.).

셋째 '상호 의사 교환 행위'가 있다. 이러한 외교 행위는 주로 교섭, 협상 등의 형식으로 이루어진다. 이 외교 행위는 현안을 해결하려 할 때 이용되는 외교 행위이다. 이것은 문제의 당사국들이 문제의 해결을 희망하는 경우에 전개되는 외교 행위이다.[4)]

외교 행위에는 첫째, 협조적 행위(cooperative behaviors), 둘째, 일상적인 행위(routine interaction-named participation) 그리고 셋째로 비우호적인 행위(conflictive nature)가 있다. 협조적 외교 행위에는 양보, 약속, 보상, 찬성, 허용, 합의 등이 있고, 일상적인 외교 행위에는 협의, 요청, 논평, 제의 등이 있고 그리고 비우호적인 외교 행위에는 거부, 항의, 비난, 경고, 위협, 추방, 힘의 행사 등이 있다.[5)]

외교 행위 가운데 간적적인 외교 행위인 '의사 표시 행위'는 단순히 자국의 의사를 알리는 행위이다. 그러나 직접적인 외교 행위인 '의사 전달 행위'는

4) 위의 책, pp. 22ff.

5) James Lee Ray, Global Politics(Boston : Houghton Mifflin Company, 1979), p. 158 ; Charles McClell and Gary Hoggard,"Conflict Patterns in the Internation among Nations," in James N. Rosenau(ed.), International Politics and Foreign Policy (New York: Pree Press, 1969), pp. 70ff; Bruce Russett and Harvey Starr, World Politics: The Menu For Choice(San Francisco: W.H.Freeman and Company, 1981), pp. 190-191.

상대 국가에 자국의 의지뿐만 아니라 목적, 방법, 대책 등 여러 가지 사항들을 구체적으로 설명할 수도 있고 또 설득할 수도 있다. 그러므로 직접적인 '의사 전달 행위'는 간접적인 '의사 표시 행위'보다 외교를 주도적으로 전개하려는 국가의 본질적이고 중대한 뜻이 잘 전달될 수 있다. 그렇기 때문에 중요한 사안에 대해서는 직접적인 '의사 전달 행위'가 더 효율적일 것이다. 한 국가의 '의사 표시 행위' 및 '의사 전달 행위'는 모두 국가의 이익을 증대시키려는 정치적 행위이고 또 정치적 행위이어야 한다.

이와 같은 의사 표시 행위 및 의사 전달 행위만으로 국가가 소기의 목적을 달성할 수 있다면 그 이상의 조치는 필요하지 않을 것이다. 그러나 이러한 행위로 목적을 달성하지 못한다면 국가는 목적을 달성하기 위한 다른 조치가 추가로 강구되어야 할 것이다. 이러한 조치는 위에서 언급한 여러 행위들이 동원되어야 할 것이다. 이때 선택하여야 할 조치들은 먼저 국가 간의 외교관계의 정도, 사안이 중대성, 상대 국가의 국력 등에 따라 구체적인 행위가 선택되어 행동으로 이어져야 할 것이다.

예를 들면 A라는 국가가 B국가에 대해 기존의 관세율보다 2배 이상의 관세를 올리겠다는 결정을 한다고 선언하였을 때 B국가는 A국가에 대해 당연히 외교적 대응이 있을 것이다. 이때 B국가의 대응은 A국가와의 외교관계의 정도, A국가의 국력 및 B국가에 가해질 수 있는 압력의 정도, 사안의 중대성 즉 관세 인상이 B국가의 경제에 미치는 정도 등을 고려해서 B국가는 적절한 외교 행위를 선택하여야 할 것이다. 그러나 이러한 경우에 A국가와 B국가 간의 외교관계가 매우 갈등적이고 A국가가 강한 국력을 갖고 있고 B국가에 대해 군사적 행위도 감행할 수 있는 국가라면 또 A국과 B국가 간에 발생된 사안이 B국가의 국가 이익을 크게 침해하는 경우라도 B국가는 A국가에 적절한 대응을 하지 못하고 국익의 훼손을 감수하여야 할 것이다.

간접적인 외교 행위인 국가의 의사 표시 행위와 직접적인 외교 행위인 의사전달행위는 그의 효력면에서 다소 차이가 있을 수 있다.

미국은 2009년 12월 8일 북한으로 하여금 북한의 비핵화를 위한 6자회담에 참여할 것을 권유하기 위해 특사를 북한에 보냈다. 이러한 내용이라면 워싱턴D.C.에서 국무성 또는 백악관의 대변인이 간접적 외교 행위인 성명서 발표로도 가능한 일이다. 그런데 미국은 그의 특사를 직접 북한에 보내 미국의 의사를 직접 전달하였다. 그 이유는 먼저 간접적인 의사표시 행위보다 직접적인 의사전달행위가 더 효과적이라고 생각했기 때문이고 그리고 그 6자회담이 미국에게 중요한 사안이라는 것을 강조하기 위해 행해진 외교 행위이다.

의사표시 행위는 단순하게 정부의 의사만을 전하게 되지만 의사전달 행위는 상대국가에 직접 자국의 의사뿐만 아니라 그의 목적, 사후 대책, 필요성 등을 구체적으로 설명할 수 있다. 동시에 의사전달 행위는 상대국가를 설득할 수도 있고 여러 가지를 생각할 수도 있다. 그렇기 때문에 의사전달 행위는 자국의 뜻과 의지를 상대국가에 분명하게 숙지시킬 수 있다. 그리고 전달되는 자국의 의사가 중요하다는 것을 강조할 수도 있을 것이다. 더욱이 자국의 의사를 전달하는 사람에 따라 이 행위의 중요성을 더 크게 할 수 있다. 예를 들면 의사를 전달하는 사람이 국장급 또는 차관급 인사인 경우와 장관급 또는 총리급 인사가 의사를 전달하는 경우에 전자보다는 후자의 의사전달 행위가 상대국가에게 더 효과적일 수 있다. 더욱이 정상회담을 통해 한 국가의 원수가 상대국가의 원수에게 직접 자국의 의사를 전달하는 것은 가장 위력적인 의사전달 행위이다. 외교에서 의사표시 행위보다는 의사전달 행위가 더 효과적이고 더욱 의사를 전달하는 사람의 지위가 높으면 보다 더 효과가 있을 것이다. 키신저에 의하면 “보다 큰 국가일수록 대사 및 대사관 직원을 제쳐놓고 특사 및 외교부장관 같은 고위 관리를 통한 외교를 더 많이 전개한다. 그리고 날이 갈수록 국가 정상 간의 회담이 많아지고 있다”라고 언급하였다.[6)]

또 다른 하나의 외교 행위에는 상대국가에 부정적으로 영향력을 행사하는 행위이다. 이러한 행위에는 선전을 통해서 상대국의 입지를 약화시키고 상대국가의 협상입지를 폭로해서, 또는 신뢰할만한 다른 정보를 폭로해서 영향력을 행사하기도 한다.[7] 국가는 이러한 영향력을 행사하는 외교를 교섭 및 협상 능력을 제고시켜 외교를 성공적으로 전개하려 한다.

국제정치에서 국가가 외교 행위로 그의 목적을 달성하기 위해서는 자국의 능력, 상대국가의 능력, 국가 간의 외교관계 등 여러 가지 요소를 종합적으로 취합하고 판단해서 구체적 행위로 옮기는 것이 외교를 성공적으로 전개할 수 있는 과정이고 방법이다.

3. 외교의 범위

외교를 연구하기 위해서는 연구의 범위를 명확히 하는 것이 필요하다. 앞의 외교의 정의에서 외교를 행위로 정의하였다. 이 외교 행위의 공간적 및 시간적 범위는 매우 크고 넓다. 그렇기 때문에 외교의 범위를 확정하면 연구의 깊이를 더 깊게 할 수 있다.

먼저 외교를 행위의 측면에서 그 범위를 명확히 하려 한다.

외교는 행위로 실행된다. 이 행위는 사람에 의해서 행해진다. 그러므로 사람 중심으로 외교의 범위를 정하는 것이 중요하다. 외교는 사람이 행하는 행위가 그의 핵심이다. 그러므로 외교는 실제로 대외적으로 행위하는 사람의 범위부터 정하는 것이 선결 조건이다. 앞의 정의에서 밝힌 바와 같이 외교의 행위자는 국가 관리이다. 국가 관리는 원칙적으로 정부에서 국가 업무를 수행하는 사람을 말한다. 여기에서 말하는 국가 관리에는 물론 군인도 포함된다. 군인은 정부산하기관인 국방부 소속 국가 관리라고 말할 수 있다.

6) Henry Kissinger, White House, years(Boston: Little, Brown, 1979), p. 163.

7) Bruce Russett and Harvey Starr, World Politics: The Menu For Choice, p. 162에서 인용.

국경을 접하고 있는 국가인 인접국가에 대해 위협의 의사표시로 접경지역에 대규모 군을 집결시키는 경우도 있다. 또 미국은 분쟁지역에 핵추진 항공모함 전단을 파견하여 미국의 이 지역에 대한 관심을 표현하기도 한다. 이때 이러한 국가의 업무를 수행하는 사람들은 군인이며 이들의 '의사표시 행위'는 외교 행위이다.

영국의 국왕은 상징적 존재로 국가 권력을 행사할 수 있는 권한은 갖고 있지 않다. 그러나 영국 국왕은 공식적으로 영국의 국가 원수이다. 이 영국 국왕의 공식적인 외국 방문은 형식상 의례적인 행위이지만 국왕의 방문은 영국을 대표하는 대외행위이기 때문에 이것은 외교 행위이다.

한편 국회의원의 대외행위는 외교 행위가 아니다. 왜냐하면 국회의원은 국가 관리가 아니기 때문이다. 어느 국가이든 국회 및 국회의원에게는 외교를 행할 수 있는 권한이 헌법상 부여되어있지 않다. 국회의원이 외교 행위를 하려면 대통령이 신임장을 주어 '외교 행위를 할 수 있는 권한'을 부여하여야 가능하다. 예를 들면 외국의 국가 원수 취임식에 국회의원이 축하 사절로 가는 경우 이 국회의원이 대통령의 신임장을 갖고 갔다면 그의 행위는 외교 행위가 될 수 있다. 그러나 대통령의 신임장 없이 취임식에 갔다면 그의 행위는 외교 행위가 아니라 '외교적 행위'라고 말할 수 있다.

국가 이름으로 국가 관리가 행하는 모든 행위가 외교는 아니다.

외교는 국제정치의 수단이다. 대외행위가 국가에 의한 국제정치 전개 과정의 일환으로 전개될 때 행해지는 대외행위가 외교이다. 국제정치는 국가 간의 정치(inter-national politics)이다. 국제정치는 직접적인 국가 이익, 안전보장, 등에 관련된 사안들에 대한 국가 차원의 행위가 국제정치이다. 다시 말하면 국가의 이름으로 국가 관리가 행하는 국제정치적 행위가 외교이다. 예를 들면 세계보건기구(WHO), 또는 국제노동기구(ILO), 만국우편연합(Universal Postal Union), 국제전기통신연맹(International Telecommunication

Union) 등 비정치적 국제기구의 회원으로 행하는 대외행위는 국제정치적 행위가 아니고 따라서 외교 행위가 아니다. 물론 이 기구에서 행위하는 사람은 국가의 이름으로 행위하는 국가 관리이지만 이 관리가 관여하는 사안은 국제정치의 범주에 속하는 사안이 아니므로 이 관리의 행위는 외교 행위가 아니다.

국가의 대외행위를 넓게 보면 모든 대외행위를 외교라고 말할 수 있다. 그러나 외교는 국제정치의 수단이다. 이러한 측면에서 외교를 논하면 국가의 대외행위는 외교정책목표를 성취하기 위한 외교정책을 추진하는 과정이어야 한다. 그러므로 외교는 국가 이익–외교정책목표–외교정책–외교의 과정으로 전개되는 행위가 진정한 외교이다. 다른 말로 말하면 다른 국가에서 천재지변으로 인해 많은 이재민이 발생했을 때 이 국가 이재민의 구호차원으로 물질적 지원을 제공하는 행위는 대외행위라고는 할 수 있겠지만 외교 행위는 아니다. 왜냐하면 이 구호행위는 국제정치의 수단으로 행해지는 행위가 아니기 때문이다.

외교의 시간적 범위를 정리하면 다음과 같다. 원칙적으로 국가에 의해 전개되는 외교는 국가 간 외교관계가 정상화 된 다음에 전개되는 것이 정상적 외교 행위이다. 그러나 국가 간 외교관계의 정상화 이전이라도 한 국가의 대외행위가 국제정치 차원에서 또 그의 수단으로 전개된 행위는 외교 행위이다. 국가 간 외교관계 정상화 이전이더라도 국제정치의 수단으로서 일방적으로 행해지는 '의사표시 행위'는 외교 행위이다 노태우 정부는 1988년 '민족자존과 통일번영을 위한 7 · 7 대통령 특별선언(일명 '7 · 7특별선언)' 이후 한국 정부는 중국대륙에 수립된 국가의 호칭을 중공(中共)에서 중국으로 바꾸어 불렀다. 중공이란 표현은 중국공산당(中國共産黨)을 지칭하는 것이며 그것은 중화인민공화국을 지칭하는 정식 국가 명칭은 아니다. 중국의 국명을 바꾸어 부르는 것은 중국을 국가로 인정하는 동시에 중국과의 관계 개선의 의지가 있다는 한국 정부의 '의사표시 행위'이다. 한국 정부의 이러한 중국의 국호를 바꾸어 부르는 행위는 정치적 합목성을 가진 국제정치 행위이다. 그러므로 노태우 정부의 중국 국명 개칭은 한국 정부의 일방적인 행위이고 수교 이전의 행위이지만 그것은 외교 행위이다.

국가 간 외교관계 정상화 이전에 행해진 일방적인 행위가 아닌 쌍무적 행위도 외교 행위 범주에 포함시킬 수 있다. 한국과 일본은 외교관계 정상화 이전에 외교 교섭을 거쳐 1965년 한일 양국은 외교관계를 정상화하였다. 미국도 중국과 외교관계 정상화 이전인 1971년 7월 미국 백악관 안보보좌관 키신저가 중국을 방문하고 주은래 중국 수상과 관계개선(rapprochement)을 위한 협상을 전개하였다. 위의 두 행위는 모두 외교관계 정상화를 위한 국제정치 행위기 때문에 이는 모두 외교 행위이다.

4. 외교의 중요성

제2차 세계대전 이후 외교의 중요성은 날로 증대되어가고 있다. 제2차 대전이 발발한 1939년 이전 시기까지 강한 군사력을 가진 국가는 전쟁을 통해, 또는 무력을 사용하여 그 국가의 목적을 달성하고 국가 이익을 신장시켜왔다. 그렇기 때문에 각 국가는 국가의 이익을 증대시키기 위한 또 국가 간 문제 해결을 위한 평화적 수단의 필요성을 느끼지 못했다.

카(E.H. Carr)는 군사력과 전쟁에 대해 다음과 같이 말했다.

“국가가 생존하는데 가장 중요한 요소인 군사력은 그 자체가 수단일 뿐만 아니라 목적이다. 지난 수백 년 동안 있었던 몇몇 중요한 전쟁은 무역이나 영토를 확대하기 위해 의도적으로 수행되었던 전쟁이었다. 그런 가운데 가장 심각했던 전쟁은 자국의 군사력을 더 강하게하기 위해서 또는 다른 국가가 군사적으로 더 강해지는 것을 방지하기 위해 감행되었던 전쟁이었다. 잠재적인 전쟁은 국제정치에서 매우 중요한 요소였기 때문에 군사력은 정치적 가치의 기준으로 인정되었다. 과거 모든 문명 국가들은 군사력의 우월성에 희열을 느꼈다. 희랍 도시국가는 페르시안이 유목민 집단(hordes)보다 희랍의 장갑보병부대가 더 강하다고 증명되었을 때 페르시아는 더 위대한 국가가 되었다. 과거 세계에서 군 병력을 포함해서 군사장비 효율성 및 장비의 질에 의해 국가가 평가되었다. 대규모 전쟁에서 승리한 국가들이 강대국으로 인정되었다. 보-불(普-佛)전쟁(France-Prussian War)에서 승리한 독일, 스페인과의 전쟁에서 승리한 미국 그리고 러시아와의 전쟁에서 승리한 일본은 강대국으로 인정되었다."[8]

이러한 추세 및 분위기 하에서 각 국은 과학기술의 발달에 편승하여 최첨단 무기를 개발하여 이 무기를 바탕으로 전쟁할 수 있는 능력을 강화시켰다. 이렇게 해서 군사 강국이 된 국가들은 필요하면 전쟁을 감행하였고 경우에 따라서는 다른 국가를 무력으로 식민지를 만들었다. 군사 강대국은 이렇게 해서 국력을 증강시켰고 필요한 요소들을 충족시켰다. 그러므로 능력있는 국가는 군사력 증강에 치중하고 이것으로 부강한 국가를 만들었다.

강한 군사력을 가진 일부 유럽국가들, 미국, 그리고 비서양 국가인 일본은 많은 국가들을 무력으로 식민지화해서 이 지역을 자원공급지 및 시장으로 만들어 국력을 크게 강화시켰다. 한 예로 1870년부터 제1차 세계대전이 발발할 때까지 전 유럽에 제국주의 분위기가 고조되어 서양의 강대국들은 경쟁적으로 식민지를 확장하였다. 유럽인들은 1800년대 세계의 1/3을 지배하였고 1878년에는 세계의 2/3를 그리고 1914년에는 세계의 4/5를 지배하였다. 그리고 1880년경에는 유럽국가들은 아프리카지역의 85%를 지배하였다. 특히 영국은 1900년 지구면적의 1/5을 그리고 세계인구의 1/4을 지배하였다.[9] 제2차 대전 이전까지 국제사회에서 전쟁 및 무력행사는 일반적

8) E.H. Carr, The Twenty Years' Crisis, 1919-1938(London: Marmillan & Co., LTD., 1958), pp. 108-113.

9) Charles W. Kegley, JR. and Eugene R.Wittkopf, World Politics, 8th ed.(Boston: Bredford /ST. Martin's 2001), p. 131.

으로 인정되었던 현상이다. 실제로 1480년부터 1941년까지 278건의 전쟁이 발생하였다.[10] 그러나 제2차 대전 이후 이러한 상황은 크게 변화되었다. 실제로 1945년부터 1967년까지 국가 간 정규군의 무력 충돌은 82건에 불과했다.[11] 이처럼 제2차 대전 이후 국가에 의한 무력 행사가 크게 줄어들었다. 바로 이러한 현상이 외교의 중요성을 크게 만들었다. 이렇게 국가에 의한 무력 행사가 줄어든 이유는 여러 가지를 나열할 수 있다.

여러 이유 가운데 가장 큰 이유 중의 하나는 군사력 또는 무력으로 국가를 부강하게 만드는 일이 현실적으로 거의 불가능하게 되었다는 것이다. 제2차 대전 이후 많은 식민지를 갖고 있던 강대국들이 이 식민지를 점차 독립국가로 탄생시켰다. 특히 제2차 세계대전이 끝난 다음 세계정치에서 가장 주목할만한 큰 변화는 식민주의 정책의 종식이다. 제2차 세계대전이 끝난 다음 과거 서양 강대국들은 식민지 가운데 약 120여 개국 이상이 새로운 독립 국가를 탄생시켰다. 그리고 강대국들은 다른 지역을 무력으로 정복하는 것을 더 이상 계속하지 않게 되었다. 이제 국제정치에서 무력 행사는 외교의 수단으로 이용되기 어렵게 되었고 그 대신 경제적 수단이 외교의 주요 수단으로 등장하게 되었다.

이러한 새로운 국제적 상황이 외교의 중요성을 더욱 증대시켰다. 오늘날 국가가 자국의 이익을 증대시키고 국력을 신장시키는 일을 군사력이 아니라 외교가 담당하게 되었다. 오늘날 각국은 경제발전을 통해 국력을 강화하고 이 경제력을 바탕으로 외교를 전개하여 국가가 필요한 것을 얻으려하고 있다. 핵무기를 포함한 강력한 전력자산을 갖고 있는 국가가 이것을 이용하여 국가를 부강하게 만드는 국가는 없다. 세계 최고의 군사 강국인 미국이 이것을 이용하여 미국의 부를 극대화하지 않는다. 오늘날 막강한 경제력을

10) Quincy Wright, A Study of War, vol. I (Chicago: University of Chicago Press, 1942)., p. 650.
11) K.J, Holsti, International Politics, 5th ed. (Englewood Cliffs, New Jersey: Prentice-Hall, 1988), pp. 271-272.

갖고 있는 국가는 경제력을 이용하여 국력을 증강시킨다. 이제 이렇게 국력을 증강시키는 일은 외교가 해야 할 임무이다. 제2차 대전 이전까지 전쟁 및 무력행사가 국력을 증강시켰다면 오늘날에는 외교가 그 임무를 수행하게 되었다.

외교가 국가 이익을 증대시키는 일을 적극적으로 전개할 수 있게 만든 중요한 요소는 과학 · 기술의 발달 그리고 교통과 통신의 발달이다. 교통 · 통신의 발달은 각국의 정상을 포함하여 특히 고위 관료들 간의 접촉 및 교류를 매우 원활하게 할 수 있는 계기를 마련하였다. 다시 말하면 외교의 수준과 질과 양을 크게 향상시켰다. 외교 행위가 적극적으로 또는 공격적으로 전개될 수 있는 환경이 조성되면서 외교의 효율성이 커지고 외교의 활동 영역이 확대되면서 따라서 외교의 중요성이 매우 높게 평가되고 있다.

오늘날은 외교가 국력을 증대시키는데 큰 역할을 한다. 오늘날 무역은 모든 경제 선진국가들의 국력 증강에 주요한 수단이 되고 있다. 한 국가가 무역으로 국가의 부를 증진시키기 위해서는 해외시장이 필요하다. 이러한 해외시장의 획득 및 확대를 추진하는데 선봉에서 임무수행을 담당하는 것은 외교이다. 이러한 무역시장을 넓히려면 외교가 적극적으로 전개되어야 한다. 특히 각 국가는 점차 보호무역에 관심을 갖는 경향이 있다. 국가의 이러한 보호무역의 장벽을 극복하려는 일도 오늘날에는 외교가 수행하여야할 임무이다.

이처럼 오늘날에는 외교의 적극적이고 능동적인 행위가 크게 요구되고 있다. 적극적이고 능동적인 외교란 영토 밖에서 국가의 이익을 증대시킬 수 있는 일을 찾아내고 또는 만들어 그것을 추진하는 행위를 말하는 것이다. 해외 공관에서 일하는 외교관은 물론이고 모든 국가의 관리는 자국의 영토 밖에서 국가의 이익을 찾아내고 그것을 획득하는 것이 요구된다. 눈 앞에 전개되는 현안을 처리하는 일, 또는 관행적인 일 또는 의례적인 일을 하는 것은 지극히 소극적인 외교이다. 모든 국가의 관리들은 항상 무엇을 어떻게 하여야 국가의 이익을 증대시키고 국가를 발전시킬 수 있을 것인가를 연구하고 검토하여야 하다. 이것이 적극적이고 능동적인 외교이다.

한 국가의 적극적이고 능동적인 외교는 외교정책 목표를 설정하고 이 목표를 실현하기 위한 외교정책을 결정하고 그리고 이 외교정책의 실현을 위한 외교 행위를 할 때 이 행위는 적극적이고 능동적인 외교 행위이다. 한 국가가 명확하고 구체적인 대외적 목표를 설정하고 있을 때 이 목표를 성취하기 위한 외교정책이 구체적이고 체계적으로 결정된다면 이것을 실현시키기 위한 적극적이고 능동적인 외교가 전개될 수 있다. 외교정책목표도 없고 외교정책도 없이 행해지는 외교는 적극적이고 능동적일 수 없다.

예를 들면 자국 내에 국가 산업발전에 근간이 되는 에너지 자원을 갖고 있지 못한 국가는 안정적이고 지속적인 에너지의 공급이 중요하다. 확실한 에너지 공급원(供給源)의 확보는 이 국가의 중요한 외교정책 목표가 된다. 그 다음으로는 이 목표를 달성하기 위한 외교정책을 마련해야할 것이다. 이렇게 구체적인 외교정책이 결정되면 이 정책을 실현하기 위한 구체적인 대외행위가 요구될 것이다. 이러한 대외행위는 필연적으로 적극적이고 능동적인 외교 행위로 전개될 것이다. 이처럼 명백하고 구체적인 외교정책 목표 그리고 외교정책이 존재하게 되면 여기에는 적극적이고 능동적인 외교가 전개될 것이다.

5. 외교의 기능

외교가 존재하고 존재하여야 할 이유는 국가의 주권이 미치지 않는 지역에 대해 그리고 다른 국가를 상대로 해서 자국의 안전을 보장하고 자국의 이익을 증진시키는 일을 외교가 하여야하기 때문이다. 외교는 이런 일을 하기 위해 존재하는 것이다. 앞에서 언급한 바와 같이 외교는 언어, 행위, 문자 등을 통해 상대국가에 자국 정부의 의사를 표시하고 또 의사를 전달하며 자국민의 안전과 이익을 증대시키는 행위를 하는 것이 외교이다.

첫째, 외교에서 가장 중요한 요소 중의 하나는 국가 간의 외교관계이다. 이 외교관계는 국가 간의 모든 교류, 접촉, 상호작용, 이익 공유 등의 기초가 된다. 그러므로 외교는 국가 간의 외교관계를 우호적이고 긴밀하게 하는 일이 우선적으로 해야 할 일이다. 국가 간의 외교관계가 갈등적이거나 적대적이라면 국가 간에 안전을 위태롭게 하고 서로의 이익을 침해하는 일도 자행될 수 있다. 그러므로 한 국가가 다른 국가와 외교관계를 발전시키기 위해 국가가 무엇을 어떻게 하여야할 것인가를 찾아서 행동으로 옮기는 일은 외교의 중요한 기능 중의 하나이다.

둘째, 외교만이 할 수 있는 일이 또 하나 있다. 그것은 국가 간에 발생한, 또 존재하는 현안을 해결하는 일이다. 국가 간에 존재하는 현안을 무력으로 해결하는 것도 하나의 방법일 수 있다. 그러나 오늘날 현안 해결을 위해 무력을 행사한다면 표면적으로는 해결된 것으로 보이지만, 무력에 의한 해결은 강압적이고 일방적인 해결이다. 이러한 해결은 문제의 당사국이 합의에 의한 해결이 아니기 때문에 겉으로는 해결된 것처럼 보이지만, 다른 한 쪽의 동의가 없는 일방적인 해결이기 때문에 문제의 근원은 남아있게 된다. 그러므로 이러한 해결은 반쪽 해결이다. 국가 간 현안의 완전한 해결은 각 당사국이 동의하고 합의하여 이루어지는 것이다. 그것을 할 수 있는 존재는 외교이다.

셋째, 외교의 가장 중요하고 핵심적인 기능은 외교정책의 실현이다. 국내정책은 자국의 영토 안에서 추진되지만 외교정책은 한 국가의 영토 밖에서 추진되는 정책이다. 원론적으로 국가는 그 국가의 능력에 따라 외교정책목표를 성취시켜 국가 이익을 증대시키기 위해 외교정책을 결정한다. 그러므로 하나의 국가는 외교정책을 추진해서 그것을 실현시키는 일이 매우 중요하다. 다른 말로 말하면 외교정책이 실현되지 않으면 국가 이익의 증대는 있을 수 없다. 외교는 외교정책 실현의 핵심적 기술이다.[12)]

12) Bruce Russett and Harvey Starr, World Politics: The Menu For Choice, p. 160.

국가는 자국의 이익을 극대화하기 위해 영토 밖을 향한 목표를 설정한다. 즉 외교정책 목표를 설정한다. 이것은 국가가 영토 밖에서 성취시키고자하는 목표이다. 이 목표를 성취시키기 위해서는 이 목표를 성취시킬 수 있는 외교정책이 필요하다. 외교정책이란 이 목표를 성취시키기 위해 정부가 무엇을 하겠다는 정부의 의사결정이다. 그리고 외교는 정부에 의해 결정된 정책을 추진하는 행위이다. 외교정책이 존재하는 이유는 외교정책 목표를 성취시키기 위함이다. 외교정책 목표가 없는 외교정책은 존재할 이유도 또 가치도 없다. 정부가 외교정책을 결정한 다음에는 그 정책을 실천하여 그것을 실현시켜야 외교정책 목표를 달성할 수 있다. 외교정책을 실천하여 그것을 구현시키는 수단은 외교이다. 외교는 외교정책의 실천과 실현을 위해 어떻게 하겠다는 구체적인 의사표시 또는 의사전달 행위들이다. 외교는 외교정책 목표 그리고 외교정책에 따라 가장 효율적인 행위를 구사하여 소기의 목적을 달성하게 된다.

국가가 그의 국력에 맞는 외교정책 목표를 설정하고 그 목표를 성취시킬 수 있는 적절한 외교정책을 결정하고 그것을 실천 및 구현할 수 있는 적절한 행위인 외교가 전개되어야 국가의 안전을 보장할 수 있고 국가 이익을 증대시킬 수 있다.

네 번째 외교의 기능은 앞의 3가지 기능을 원활히 수행하고 만족할만한 결과를 얻을 수 있는 기반을 조성하는 외교이다. 그것은 외교의 성공을 위해 세계적으로 국가의 가치 및 위상을 제고시키는 임무를 수행하는 외교이다. 외교의 다른 기능은 상대국가의 관리를 상대로 전개하는 행위이지만 국가의 가치를 제고시키는 외교는 다른 국가의 국민들을 상대로 전개하는 외교이다. 이 외교의 기능은 국가의 가치를 높게 제고시키고 국가의 품격을 높여 많은 국가의 국민들로부터 자국을 존경하게 만드는 기능을 말한다. 이처럼 국가의 가치가 제고되고 국가의 품격이 높아진다면 이것은 모든 외교를 성공적으로 전개할 수 있는 바탕을 마련하게 될 것이다.

CHAPTER 02

외교 기능의 이론화

1. 외교관계 발전의 이론화

국가 간의 정치, 경제, 외교, 문화 등의 관계는 국가 간 외교관계의 그늘 아래에서 전개되고 동시에 국가 간의 외교 관계는 국가 간 각 분야의 관계 수준을 결정한다. 국가 간의 정상적인 외교관계는 목적을 추진하는데 필요한 자산이다.[1] 국가 간 외교 관계의 좋고 나쁨은 국가 간 여러 관계의 질과 양을 결정한다. 하나의 예로 국가 간의 외교 관계가 매우 우호적이고 협조적이라면 그 국가 간의 경제관계를 상호 보완적이고 또한 상호 이익을 증대시키는 방향으로 상부상조하게 될 것이다. 그러나 국가 간의 외교관계가 지극히 갈등적이라면[2] 이 국가 간의 정치, 경제 등 여러 관계에서 상호 이익을 공유하기 어렵게 될 것이다. 국가 간 유익하고 협조적인 외교 관계를 발전시키고 유지하기 위해서는 다음과 같은 요건들을 갖추어야 한다. 이러한 요건들이 자연적으로 충족되기를 기다리는 것이 아니라 이러한 것들을 인위적으로 충족시키기 위한 적극적이고 능동적인 외교가 요구된다.[3]

1) Warren Christopher, "Nationalization of Diplomatic Relations," in Elmer Plischike(ed.), Modern Diplomacy, 2nd ed.(Washington, D.C., American Enterprise Institute for Public Policy Research, 1979), pp. 37ff.

2) 갈등적 외교관계란 국가가 대체로 약 15여 년간에 걸쳐 무력충돌을 세 차례 이상 경험한 관계 또는 국가 간에 강도 높은 대립·충돌 등이 장기적으로 지속되는 경우 또는 무력 충돌이 산발적으로 일어나는 경우 또는 분쟁이 명백하게 종결되지 않는 경우를 말한다. Charles S. Gochman and Zeer Maoz, "Militarized Interstate Dispute, 1816-1976," Journal of Conflict Resolution, vol. 28, no. 10, (December, 1984), pp. 585ff.

➔➔ **동일한 외교정책 노선**: 한 국가가 다른 국가와 동일한 외교정책 노선을 갖는다면 이것은 국가 간 외교 관계 발전의 근간이 될 것이다. 외교정책 노선이란 외교정책 결정 및 외교 행위의 원칙 및 방향을 결정 지어주는 기본 틀을 말한다. 다시 말하면 외교정책 노선은 일차적으로 외교정책 결정 및 외교 행위의 범위, 한계 등의 길잡이 역할을 한다.

국가 간 외교정책 노선을 동일하게 또는 유사하게 갖는다면 국가 간 외교정책 및 외교에서 상당한 조화를 이룰 수 있게 될 것이다. 이러한 상황은 이해(利害)의 상충은 적고 정책 공조가 자연스럽게 이루어지게 될 것이다. 국가 간에 이렇게 될 수 있도록 동일한 외교정책 노선을 갖는다면 이들 국가 간의 외교관계는 매우 긴밀하고 돈독하게 형성되고 유지될 것이고 각기 이익 증대에 기여하게 될 것이다. 국가 간 외교정책 노선을 동일하게 또는 유사하게 갖는다면 국가들은 자연스럽게 그리고 필연적으로 국가 간 조화로운 외교정책을 가지게 되고 동시에 국가 간 조화로운 외교 행위를 하게 될 것이다. 국가 간 동맹관계를 갖는 것이 국가 간 확실하게 동일한 외교정책 노선을 가질 수 있는 하나의 방편이다. 실제로 동맹관계를 갖고 있는 국가 간에는 동일한 외교정책 노선을 갖고 조화를 이룰 수 있는 외교정책을 갖고 같은 방향의 외교 행위를 하게 될 것이고 이들 국가 간에는 이익 조화론적인 외교관계를 갖게 될 것이다. 이러한 국가 간의 외교관계는 크게 발전하게 될 것이다.

한국과 미국은 1953년 이래 동맹관계를 유지하고 있다. 한국과 미국은 당연히 동일한 외교정책 노선으로 갖고 있다. 그리하여 한국과 미국은 서로 상충되는 외교정책을 가지는 경우는 없다. 만일 한 · 미 양국이 특정 사안에 대해 서로 다른 외교정책을 가질 수 있는 상황이 형성된다면 양국은 정책을 결정하기 전에 협의를 거쳐 정책을 조율하게 된다. 실제로 2018년 북한의

3) 송영우, 현대외교론(서울: 평민사, 2003), pp. 18ff 참고.

비핵화 정책결정 과정에서 한국과 미국 간에 이견이 있었다. 그러나 한국과 미국은 대북정책을 조율하기 위해 '실무협의체(working group)'를 만들어 대북정책을 조율하고 있다. 동맹관계를 갖고 있는 국가 간에는 특정 사안에 대해 서로 상충되는 외교정책을 갖는 일은 있을 수 없다. 그러므로 동맹관계를 갖고 있는 국가 간의 외교관계는 우호적이고 협조적이다.

지리적으로 멀리 떨어져있고 역사, 문화적으로 깊은 연관성을 갖고 있지 않은 서유럽 국가들과 한국은 미국을 통한 간접적인 동맹관계를 갖고 있다고 말할 수 있다. 서유럽 국가들은 일찍이 1949년 미국과 북대서양조약기구(NATO)를 결성하여 이들 국가들은 미국의 동맹국가가 되었다. 따라서 이 동맹국들은 미국과 동일한 외교정책 노선을 갖게 되었다. 이로써 한국과 서유럽국가들은 미국을 매개로하여 간접적인 동맹관계를 갖게 되었다. 그리하여 한국과 서유럽국가들은 미국과 동일한 외교정책 노선을 갖게 됨으로써 따라서 한국과 서유럽 국가들도 동일한 외교정책 노선을 갖게 되었다. 이러한 연유로 인하여 한국과 서유럽국가들의 외교관계는 매우 우호적이고 친화적이다. 과거부터 오늘에 이르기까지 한국은 서유럽국가들과 심각한 갈등관계를 가졌던 경우가 없었다. 이렇게 된 배경에는 한국과 서유럽국가들이 미국을 매개로 동일한 외교정책노선을 갖고 있기 때문이다.

국가 간 동맹관계를 갖게 되면 동일한 외교정책 노선을 갖는다고 언급하였다. 한국과 휴전선을 사이에 두고 대치하고 있는 북한은 중국과 동맹관계를 갖고 있다. 북한과 중국은 1961년 7월 '우호 · 협력 · 상호원조' 조약을 체결해서 동맹관계를 갖게 되었다. 그러므로 중국과 북한은 동일한 외교정책 노선을 갖는다. 그러므로 중국과 북한은 매우 우호적인 그리고 친화적인 외교관계를 갖고 있다고 말할 수 있다. 중국과 한국은 우호적이고 친화적인 외교관계를 갖게 하는 어떠한 근거도 갖고 있지 않기 때문에 양국은 외교관계를 발전시키는 데에는 한계가 있다. 북한이 한국에 대해 적대적인 입장을 견지한다면 중국은 한국에 대해 같은 외교적 입장을 갖게 될 것이다.

중국은 북한과 동맹관계를 갖고 있기 때문이다.

2016년 7월 한국 정부가 영토 내에 사드(THAAD) 설치를 결정하였을 때 중국은 한국에 대해 여러 보복 조치를 취하였다. 한 국가가 다른 국가에 대한 보복을 가한다는 것은 국가 간의 외교 관계가 친화적이고 협조적이지 않다는 것을 의미하는 것이다. 한국과 중국과의 관계가 이처럼 갈등적인 이유는 기본적으로 외교정책 노선을 다르게 갖고 있기 때문이다.

한국 내에서 한국이 친미국적이냐 또는 친중국적이냐 하는 견해를 피력하는 사람들이 있다. 이런 경우에 한국, 미국 그리고 중국 3국의 외교정책 노선을 보면 그의 해답을 얻을 수 있다. 이에 대한 해답은 외교정책 노선을 동일하게 갖고 있는 국가가 외교적으로 함께 가는 것이 해답이다. 그러므로 한국은 동맹관계를 갖고 있고 동일한 외교정책 노선을 갖고 있는 미국과 언제나 함께 가야한다.

한국은 친중국적인 외교정책 노선을 가질 수 없다. 미국과 중국은 서로 상반된 외교정책노선을 갖고 있다 중국과 미국은 시리아, 이란, 아프가니스탄 등에 대해 서로 다른 입장을 갖고 있다. 더욱이 미국의 중국정책 그리고 중국의 미국정책은 조화를 이루기 어렵다. 우선 미국과 중국은 정책 결정의 근간이 되는 이념을 달리 갖고 있고 또 양국은 정치, 경제, 군사적 측면에서 경쟁적이고 대립적이다. 이러한 상황에서 미국과 동맹관계를 갖고 있는 한국과 중국의 외교관계의 발전에는 한계가 있다. 더욱이 중국은 북한과 동맹관계를 갖고 있다. 그렇기 때문에 중국과 한국의 외교관계는 친화적이고 협조적이기 어렵다.

외교관계 발전의 이론화에 커다란 장애물이 우리 앞에 놓여있다. 앞에서 국가 간 동맹관계를 갖고 있다면 이 국가들은 동일한 외교정책 노선을 갖고 친화적이고 협조적인 외교관계를 갖고 외교 관계는 발전하게 될 것이라고 언급하였다. 한국과 일본은 직접 동맹관계를 갖고 있지는 않지만 서유럽 국가들처럼 미국을 매개로 하여 간접 동맹관계를 갖고 있다고 말할 수 있다. 그러므로 한-미-일은 동인한 외교정책 노선을 갖고 있으므로 한 · 일 양국 간의 관계는 당연히 친화적이고 협조적이어야 할 것이다. 그런데 이러한 조건을 충족하고 있는 한국과 일본의 외교관계는 친화적이라고 말하기 어려운 부분이 있다. 한국과 일본은 과거사 문제, 역사왜곡, 일본의 사죄, 위안부 문제 등 양국이 이 문제들을 완전히 해소하지 못했기 때문에 양국 간에는 여러 문제에 대해 이견(異見)과 갈등이 상존하고 있다. 이것이 한-일 외교관계 발전을 저해하고 있고 이것이 외교관계 이론화에 예외로 존재하고 있다. 한국과 서유럽 국가들과 한국과 일본과의 외교관계는 많이 다르다.

국가 간 외교정책 노선을 동일하게 갖는다면 외교관계 발전에 크게 도움이 된다고 앞에서 언급하였다. 국가 간 동맹관계를 갖는다면 동일한 외교정책 노선을 갖게 되고 친화적이고 협조적인 외교관계를 가질 수 있다는 것도 앞에서 언급하였다. 국가 간 동맹관계를 갖지 않고도 외교관계 발전을 도모할 수 있는 방법은 구체적으로 협동하고 협업하는 것이다. 국가 간 정치, 경제, 군사 등 여러 부분에서 협업하고 협동하면 국가 간의 관계 발전에 기여하게 될 것이다. 예를 들면 국가 간 군사훈련을 함께하는 것은 국가 간의 관계를 긴밀하게 할 수 있다. 각각의 해군이 공해상에서 합동 군사훈련을 한다면 군사적으로 목표 지향점을 동일하게 가질 수 있게 될 것이다. 또한 국가 간 공동으로 신형 무기 개발 또는 합동으로 육 · 해 · 공군의 전술 및 전략 연구 등과 같은 군사적 협력체제를 유지 · 발전시키는 사업을 지속적으로 진행한다면 국가 간의 관계가 긴밀해지면서 외교정책 결정의 성향, 범위 등을 함께 논의하고 접근성을 높일 수 있게 될 것이다. 그리고 국가 간 군사정보를 공유하고 동시에 국가의 안전 보장을 깊숙히 논의하는 기회를 자주 갖게되면 외교정책 노선도 크게 접근하게 되고 이러한 일들이 지속되면 외교정책면에서 여러 이해를 공유할 수 있게 될 것이다. 만일 한 국가가 다른 국가와 동맹조약과 같은 국제법적 근거 없이 동일한 또는 유사한 외교정책

노선을 갖기를 원한다면 일차적으로 군사적 측면에서 다양한 협력 및 협조 체제를 긴밀하게 갖는 것이 요구된다. 군사분야 협력체제를 강화하는 방편으로는 공동으로 해상 통로 확보, 어로 수역 확보, 또는 해상에서 해적 퇴치 등과 같은 군사적 행위를 함께하는 일은 군사적 협조체제를 강화하면서 이것을 통해 외교정책 노선의 공동 추구도 가능하게 될 것이다. 특히 국가 간 군사적 협력체제의 강화는 군사적 전략체제를 강화시키는 계기가 마련될 수 있다. 이것은 동시에 외교정책 노선의 접근을 매우 용이하게 할 것이다. 이 결과는 국가 간 외교관계 발전에 기여할 것이다. 이러한 군사적 측면의 접근은 국가 간 상부상조의 자세를 이끌어낼 수 있는 훌륭한 단초가 될 수 있고 군사적 또는 국가 안보차원에서의 협조적인 외교정책노선의 접근성을 강화할 수 있고 이것의 발전은 동일한 외교정책 노선을 걷게하는데 지름길이 될 수 있다.

2018년 12월 4일부터 6일까지 마두로 베네수엘라 대통령이 러시아를 방문하여 푸틴 러시아 대통령과 정상회담을 가졌다. 이 회담에서 러시아는 베네수엘라에 석유 · 금광산업에 60억 달러를 투자하기로 하였다. 이처럼 양국은 경제협력에 합의하였다. 그리고 러시아는 베네수엘라와 군사훈련을 하기 위해 러시아 전략폭격기 여러 대를 베네수엘라에 파견하고 합동군사훈련을 실시하였다. 미국은 베네수엘라가 인권을 탄압하고 경제를 파탄 낸 독재국가라고 마두라 정권에 제재를 가하였다.[4] 러시아는 미국과 갈등관계에 있고 베네수엘라도 미국과 불편한 관계를 갖고 있어 이 두 국가는 미국에 대한 부정적인 공통의 외교정책 노선을 가질 수 있다. 베네수엘라 대통령의 행보는 적극적이고 능동적인 외교 행위의 전형이다. 두 말할 나위없이 보다 많은 국가와 동일한 외교정책 노선을 갖기 위해서는 당연히 이러한 적극적이고 능동적인 외교가 필요하다.

4) 朝鮮日報, 2018.12.12.

국가 간에 외교관계를 발전시키는 방편으로는 다른 국가에 대한 지속적인 관심을 갖고 상대국가의 정책에 적응하도록 노력하고 지지를 표명한다면 국가 간 외교관계 발전에 많은 도움이 될 것이다. 한 국가가 특정 국가와의 외교관계를 발전시키는 것을 원한다면 위에서 언급한 것과 같은 행보를 보여야할 것이다.

예를 들면 중동의 사우디아라비아는 주요 산유국이고 또 석유수출국기구(OPEC)의 핵심국가이다. 한국이 사우디아라비아로부터 원활하게 원유를 공급받기 위해 사우디아라비아와의 외교관계를 긴밀하고 돈독하게 가질 필요가 있다. 이렇게 하기 위해서 한국은 사우디아라비아에 관심을 갖고 국제사회에서 사우디아라비아의 정책을 지지하고 또 그 정책에 적응한다면 양국 외교관계는 발전할 수 있을 것이다. 특히 한국 정부는 사우디아라비아와 함께 할 수 있는 일들을 찾아 그것을 추진하는 것도 양국 관계 발전에 도움이 될 것이고 이것이 사우디아라비아로부터 원활하게 원유를 공급받을 수 있는 방법이 될 수 있다.

➔➔ **국가 간 정책 공조:** 외교정책에서 국가 간 정책공조를 하게 된다면 국가 간의 외교관계는 매우 돈독하고 친화적인 관계로 발전하고 그 관계가 유지될 것이다. 국가 간 외교정책 노선을 다르게 갖고 있는 국가 간에는 특히 외교정책의 공조가 자연스럽게 이루어지는 것은 아니다. 외교정책 노선을 다르게 갖고 있는 국가 간에 정책 공조를 가능케 하기 위해서는 적절한 수단이 동원되어야 한다. 그것은 국가들로 하여금 공동운명체 의식을 갖게 하는 것이다. 국가들이 일체감을 갖게 된다면 정책공조가 쉽게 이루어질 수 있을 것이다.

먼저 국경을 접하고 있는 국가 간에는 특단의 수단이 강구되지 않더라도 비교적 쉽게 공동운명체 의식을 가질 수 있고 따라서 정책적 공조를 할 수 있을 것이다. 동시에 이러한 국가 간에는 자연스럽게 돈독하고 친화적인 외교관계를 갖게 되고 또 발전시킬 수 있을 것이다. 그러나 국경을 접하고 있는 국가 간에도 무력충돌이 발생하기도 한다. 이러한 갈등을 해소하고 친화적인 외교관계를 갖게 하는 일은 외교가 추진해야 할 일이다. 또 이것을 가능케하는 것이 국가의 외교력이다. 국경을 접하고 있는 국가 간에는 안전보장 측면에서 공동운명체 의식을 갖는 것은 다른 경우보다 비교적 용이하게 그런 의식을 갖게 하는데 크게 도움이 되는 요건이다.

또한 외교정책의 공조를 가능케 하고 외교관계를 발전시킬 수 있는 수단은 국제기구를 만들어 이 기구의 회원들로 하여금 운명공동체 의식을 갖게 하고 정책공조를 모색하는 것이다. 이 국제기구가 모든 회원국들의 국가 이익을 크게 증대시키는 기구가 된다면 회원국들은 스스로 공동운명체 의식을 갖게 되고 정책공조를 하게 될 것이다. 이러한 국제기구가 되려면 안전보장 또는 경제 중심의 국제기구이어야 할 것이다. 유럽연합(EU)같은 국제기구는 회원국들에게 여러 경제적 혜택을 제공할 수 있기 때문에 각 회원국들은 이 기구의 발전을 위해 정책 공조를 게을리 하지 않을 것이고 동시에 각 회원국 간의 외교관계 발전에도 기여하게 될 것이다. 또 북대서양조약기구(NATO)도 회원국의 안전 보장을 위해 만들어진 국제기구이므로 이 회원국들도 공동운명체 의식을 갖게 하고 정책공조도 하게 될 것이다.

➔➔ **필요성 창출:** 국가 상호간에 서로를 필요로 한다면 각 국가는 이 필요를 충족시키기 위해 긴밀한 외교관계를 갖기를 원하고 또 그렇게 될 수 있도록 협력하게 될 것이다. 이와 같이 국가 간의 필요성을 창출하고 그 필요를 충족시키는 일도 국가의 여러 부서의 관리들이 대외적으로 추진하여야 할 일이다. 만일 한 국가가 자국의 발전을 위해 어떤 특정국가와 긴밀한 관계 수립이 요구된다면 그것을 충족시키기 위한 방안을 찾고 그것을 구체적으로 추진하여야 국가 간 외교관계가 발전될 수 있다. 그러므로 오늘날 많은 국가들이 무역에 지대한 관심을 갖고 있으므로 무역으로 국가 간의 필요

성을 만드는 것도 하나의 방편이다. 그 하나의 좋은 예가 자유무역협정(FTA)이다. 자유무역협정을 체결한 국가 간에는 무역의 확대 그리고 이것을 통한 이익 증대, 경제발전을 위해 상호협조 하게 되고 상호간 정책적으로 협조하게 될 것이다. 국가 간 이러한 과정이 지속된다면 국가 간의 경제 관계, 더 나아가 외교 관계도 발전하게 될 것이다. 이와 같이 자유무역협정을 체결하는 것은 국가 간 상호 상대국가를 필요로 하게 되고 따라서 외교관계도 발전시키게 될 것이다. 이렇게 자유무역협정을 체결하는 것은 국가 간의 필요를 창출하고 그것을 충족시키는 일이기 때문에 국가 간 외교관계 발전에 크게 기여하게 될 것이다.

이처럼 필요한 국가 간 협정 등을 통해 필요를 충족시키는 경우도 있지만 그와는 달리 어느 한 국가가 다른 한 국가와 긴밀하고 돈독한 외교관계를 원한다면 전자국가가 후자국가에게 필요로 하는 것을 일방적으로 충족시켜 준다면 이 국가 간의 외교관계는 크게 발전하게 될 것이다. 이 경우 후자국가는 전자국가에 의해 필요가 충족되므로 전자국가를 필요로 하게 되고 그리고 전자국가는 후자국가와 돈독한 관계를 가질 수 있게 되므로 양국의 외교관계는 발전될 수 있을 것이다.

실제로 제2차 대전 이후 최강의 경제부국이 되고 군사 대국이 된 미국은 냉전체제하에서 소련과 경쟁하게 되면서 보다 많은 국가와 동맹관계를 갖기 위해 많은 서방 국가에 군사원조 및 경제원조를 제공하였다. 그 결과 미국은 많은 국가와 긴밀하고 친화적인 외교관계를 갖게 되었다. 한편 냉전시기 소련도 중국 및 동유럽 국가들에게 많은 원조를 제공하고 이들 국가들과 동맹관계를 가졌다. 이것 역시 부강한 국가가 여러 국가와 돈독한 외교관계 폭을 넓게 갖기 위해 전자국가가 후자 국가의 필요를 충족시키고 이들과 외교관계를 발전시킨 경우이다.

한국과 일본은 과거 불행한 과거를 갖고 있다. 그러나 오늘날 세계적 흐름으로 보아 한국과 일본은 지리적으로 인접한 국가이기 때문에 양국은 돈독하고 긴밀한 외교관계를 갖는 것이 필요하다. 특히 한국과 일본은 각각 미국과 동맹관계를 갖고 있고 동시에 동일한 외교정책노선을 갖고 한-미-일 3국은 외교정책의 공조를 도모하고 있다. 그럼에도 불구하고 한국과 일본의 외교관계를 돈독하고 친화적이라고 말하기 어렵다. 구체적인 예로 한국과 일본이 외교관계를 정상화하고 한국의 대통령은 일본을 공식 방문하였으나 상징적으로 그리고 대외적으로 일본을 대표하는 일본 국왕은 아직 한국을 공식 방문한 일이 없다. 이 같은 사실이 한-일 외교관계의 어려움을 단적으로 잘 보여주고 있는 것이다. 그 외에도 한-일 간에는 독도문제, 역사 교과서 왜곡문제, 위안부 문제 등 풀어야 할 어려운 문제들이 산적해있다. 더욱이 이 문제들보다 더 심각한 문제는 한-일 간에는 뼈아픈 과거가 있다. 이 과거는 한-일 관계를 어렵게 하는 핵심이다. 오늘날 어떠한 것도 한국인들 가슴 속에 새겨져있는 깊은 상처를 뛰어넘을 수 있는 것은 없다. 이 깊은 상처가 쉽게 아물 수 없기 때문에 한-일 외교관계가 발전하기 어렵다. 그러나 정치 · 문화 교류 및 관계를 비교적 원활한 편이다. 이러한 상황에서 한-일 외교관계가 친화적으로 발전하도록 하는 일은 외교가 하여야 할 일이다. 한국 외교관계 가운데 해결해야할 난제 중의 하나는 일본과의 외교관계를 한 차원 높게 발전시키는 것이다.

중국은 경제가 크게 성장하며 이것을 바탕으로 외교적 필요를 창출하고 있다. 하나의 예로 중국은 2013년 한 해에 라오스, 태국, 루마니아, 헝가리, 세르비아 등에 고속 철도 건설에 합의하였다. 중국의 이러한 사업 제의는 이들 국가에게 중국을 필요로 하게 만들었다. 중국의 이들 국가들에 대한 필요성의 창출은 양국 외교관계 발전에 도움이 될 것이고 중국도 이러한 결과를 염두에 두고 있었을 것이다. 이렇게 부강한 국가들은 그들이 갖고 있는 자산을 이용하여 다른 국가와 외교관계를 발전시킬 수 있는 기회의 창출이 가능하다. 그렇기 때문에 부강한 국가들은 많은 국가들과 폭 넓은 친화적인 외교관계를 가질 수 있다.

국력이 약한 국가는 보다 많은 국가와 친화적인 외교관계를 갖는 것이 더욱 절실하다. 그러나 이러한 국가들은 자력으로 이러한 일을 할 수 없다. 국력이 약한 국가는 그 국가만이 가질 수 있는 특성을 활용하여 다른 국가와 외교관계의 폭을 넓히고 외교관계의 발전을 도모하는 것이 중요하다.

스위스는 국력이 큰 국가는 아니지만 국제정치상으로 중립국이라는 이점을 잘 활용하고 있어 많은 국가와 친화적인 외교관계를 갖고 있다. 중립국이라는 요소가 폭 넓은 친화적인 외교관계를 갖게 하는 것이 아니라 스위스가 그 중립국이라는 요소를 잘 활용하고 있다. 스위스는 여러 국제기구 본부를 유치하고 또 많은 국제회의를 주최하려 보다 많은 국가들과 더불어 살려고 노력하여 스위스는 많은 국가와 친화적인 외교관계를 갖고 있다. 이러한 것이 국가의 능력이다.

➔➔ **인적 접촉 및 교류의 확대:** 국가 간 외교관계를 발전시키는 데 효과적이고 필수적인 방법은 우선 정부 관계자들 간의 빈번한 접촉 그리고 이들 간의 교류를 확대하는 것이다.

우리가 국가 간의 외교관계가 나빠지면 정부 관리들의 접촉이나 교류가 크게 줄거나 아니면 접촉 및 교류가 단절되는 경우를 흔히 볼 수 있다. 그와는 달리 국가 간의 외교관계가 우호적이고 협조적이면 정부 당국자 간의 접촉 및 교류가 많아지는 경우도 볼 수 있다. 이처럼 인적 접촉 및 교류는 국가 간 외교관계의 척도가 될 수 있다. 그러므로 국가 간 외교관계를 발전시키려면 정부 당국자들 간의 접촉 및 교류의 확대가 요구된다.

국가 간의 외교관계가 갈등적인 상태라면 이러한 관계를 타계하기 위한 하나의 방법으로 낮은 직급의 관리들 간의 비공식 및 비공개 접촉 및 교류를 시도하고 더 나아가 이들 간의 접촉 및 교류를 확대하는 것이 바람직하다. 이러한 접촉 및 교류가 원만하게 이루어지면 보다 높은 직급의 관리들의 접촉 및 교류를 확대하는 것이 좋은 순서이다. 국가 간의 외교관계가 갈등적인 상태에서 정상회담을 추진하는 것은 바람직한 방법은 아니다. 왜냐하면 정상회담은 국가 간의 갈등관계를 마무리하는 마지막 단계에서 가능한 회담이기 때문에 갈등적 상태에서의 정상회담이 개최되는 것은 불가능하다.

국가 간 외교관계가 악화되어 외교적 통로가 막혀있을 때에는 정치적 부담이 거의 없는 의회 의원들로 하여금 접촉 및 교류를 갖게 하는 것이 좋은 방법이다. 1955년 동서 냉전 시기 미국과 동맹관계를 갖고 있는 일본이 그의 국회의원 대표단을 중국에 보냈고 중국의 모택동은 이들을 접견하였다. 그리고 1956년 2월 중국 외교부는 양국 외교관계 정상화 문제를 교섭하고 싶다는 성명서를 발표하였다.[5] 이후로부터 양국의 외교관계 정상화가 이루어질 때까지 일본은 양국의 관계 발전을 위해 비정부차원의 인사들을 중국에 보내어 양국 관계 발전을 모색하였다.[6] 외교관계가 정상화되어 있는 국가 간에는 당연히 정부 차원의 관리들로 하여금 공개 및 비공개 그리고 공식 및 비공식 접촉 및 교류를 갖게 하는 것은 국가 간 외교관계 발전에 크게 도움이 될 것이다. 국가 간에 외교관계가 정상화되었거나 아니되었거나 국회의원들의 대외 접촉 및 교류는 정부 측 관리와는 달리 이 의원들은 권한도 없고 따라서 책임도 없기 때문에 이들의 다른 국가와의 교류 및 접촉을 적절하게 이용된다면 외교에 도움이 될 것이다.

다른 한편 국가 간 원만한 외교관계를 유지하여 온 국가 간에도 인적 접촉 및 교류가 아주 적거나 또는 단절되어 있다면 이 국가 간의 외교관계는 악화 될 수 있다. 국가 간 이러한 상태가 지속된다면 상호 무관심한 관계로 발전하기 쉽다. 이러한 무관심한 국가 간의 외교관계는 관계 발전에 도움이 되지 않을 것이다. 그러므로 국가는 다른 국가와 아무런 현안이 없더라도 인적 접촉 및 교류는 어떠한 형태로든지 지속되어야 국가 간 외교관계 발전에

5) Home News Library of the Sinhwa News Agency(ed.), China's Foreign Relations: A Chronology of Events(Beijing: Foreign Languages Press, 1989), p. 221.

6) 위의 책, pp. 222ff 참고.

도움이 될 것이다. 국가 간 이러한 인적 접촉 및 교류가 상시 이루어진다면 실제로 국가 간 중대한 문제가 발생했을 때 이 문제를 다루고 또 해결할 수 있는 바탕을 갖게 될 것이다. 더 나아가 이러한 인적 접촉 및 교류가 지속적으로 이루어지고 있다면 국가 간 해결하기 어려운 문제의 발생을 미연에 예방할 수 있게 될 것이다.

국가 간 최고의 인적 교류 및 접촉은 정상회담이다. 국가 간의 정상회담은 실무자들의 교섭 및 협상의 결과에 의해 개최된다. 실제로 정상회담이 개최되면 대체로 국가 간 어려운 현안들이 잘 마무리되었다고 생각해도 좋을 것이다. 정상회담은 실무자들 간에 협의를 통해 만들어진 결과를 최종적으로 추인하는 마지막 과정이다. 그러므로 정상회담의 개최는 양국 간에 가로놓여있는 걸림돌이 제거되었다는 것을 의미하는 외교 행위이다. 그러므로 국가 간 정상회담이 개최된 다음에 국가 간의 여러 분야의 관계는 매우 순조롭게 발전하게 될 것이다.

경우에 따라서는 국가의 실무자들 간 핵심과제에 대한 합의 없이 절차상의 문제에만 합의하고 정상회담을 개최하는 경우가 있다. 이러한 정상회담은 정상들의 인기를 제고시키기 위한 과시적인 정치적 행사(行事) 목적으로 개최되는 정상회담이다. 이러한 정상회담의 예는 2018년 6월 싱가포르에서 개최되었던 미국 트럼프(Donald Trump) 대통령과 북한의 김정은의 회담이다. 원래 이 회담은 북한의 비핵화를 목적으로 개최되었던 회담이었다. 이와 함께 그 해 4월부터 9월까지 3차례 개최되었던 소위 '남북정상회담'도 역시 정치적 행사로 행해진 보여주기 위한 과시(誇示)적 행사였다. 이 두 정상회담은 철저한 실무자 간의 준비없이 거행된 회담이었다. 이러한 지적을 뒷받침하는 근거는 지금까지 북한은 비핵화를 실현하지 않고 있다는 것이다. 이러한 형식에 치우친 정상회담은 국가 간 외교관계 발전에 크게 도움이 되지 못한다. 이것을 증명하는 것으로 미국과 북한 그리고 한국과 북한 간의 관계는 정상회담 후 오히려 악화되었다.

한국과 일본의 외교관계는 실질적으로는 갈등적 관계이다. 한국이 일본과 이러한 갈등적 관계의 지속을 원하지 않는다면 다양한 형태의 인적교류 및 접촉이 요구된다. 한-일 간의 외교관계 발전을 위해서는 먼저 권한도 없고 책임도 없는 인사들의 접촉 및 교류를 지속적으로 유지하는 것이 바람직하다. 이런 목적을 위한 인적 접촉 및 교류는 국회의원, 또는 원로 정치인, 원로 언론인, 학자 등의 접촉 및 교류가 좋은 방법이다. 이들의 접촉 및 교류는 경우에 따라 각 정부의 간접적인 의사소통의 통로가 될 수 있다.

➔➔ **상호의존관계의 확대 및 심화:** 오늘날 국제사회의 주된 추세 중의 하나는 세계화 또는 국제화이다. 세계화 또는 국제화는 여러 분야에서 국가 간 서로 주고받는 상호 의존의 확대 및 심화를 말하는 것이다. 실제로 많은 국가들은 이러한 추세에 따라 다른 국가와 정치, 경제, 군사 등 다양한 분야에서 주고 받기를 증대시키고 있다. 각 국가가 자국의 국가 이익을 극대화하기 위한 상호의존의 확대 및 심화는 국가 간의 관계 발전에 기여하게 될 것이다. 여러 분야 가운데에서도 경제 분야의 상호 의존은 전대미문의 확대 및 심화를 가속화하고 있다. 특히 오늘날 국가 간 경제 분야의 상호의존은 국가 간의 관계 발전에 크게 도움이 될 것이다. 예를 들면 오늘날 무역이 크게 활성화되어 가고 있다. 국가 간 서로 필요한 요소들을 주고받는 무역이 확대되면 이들 국가들의 경제관계는 매우 돈독해지고 따라서 국가 간의 외교관계도 크게 발전하게 될 것이다. 왜냐하면 각 국가는 상대국가를 필요로 하기 때문이다.

국가 간 상호의존 가운데 국가의 안전 보장상 상호의존 관계는 특히 국가 간의 외교관계 발전에 크게 도움이 될 것이다. 국가 간에 국경을 접하고 있는 국가들은 또는 바다를 똑같이 접하고 있는 국가들은 서로의 안전을 위해 여러 분야에서 상부상조하게 될 것이다. 이와 같은 상호의존은 필연적으로 국가 간의 외교관계 발전을 가져오게 될 것이다.

국가 간 상호의존을 심화·확대하는 과정에서 이 상호의존의 균형을 유지하는 것이 절대로 요구된다. 국가 간 상호의존이 필요하지만 이 상호의존이 균형을 잃고 불평등하게 전개된다면 이것은 자칫 국가 간 주종관계 또는 종속관계를 낳을 수 있다. 이러한 불평등한 상호의존관계는 국가 간 정치적 지배–복종 관계를 형성하게 될 것이다. 이러한 관계는 국가에 도움이 되지 않을 수 있다. 진정으로 국가 간 외교관계를 발전을 위해서는 모름지기 평등한 상호의존 관계의 설정이 요구된다. 평등한 상호의존 관계를 위해서는 일차적으로 국력에서 큰 차이가 없는 국가 간의 의존관계를 적극적으로 갖는 것이 필요하다. 왜냐하면 국력이 비슷한 국가 간의 상호의존 관계는 불평등한 관계를 발전하지 않을 것이기 때문이다.

2. 문제 해결 외교의 이론화

국가 간에 발생한 문제 해결의 주된 방법에는 2가지가 있다. 하나는 국가 간 문제가 발생했을 때 가치와 이해(利害)의 공유를 목적으로 합의를 도출하는 과정이 있다. 그 과정은 교섭(negotiation)이다. 교섭이란 당사국 간 합의를 이루기 위해 상호의견을 주고받는 과정이다. 이러한 과정은 '행정적 해결'이라고 한다.

다른 하나의 방법은 당사국 가운데 하나의 당사국이 상대국을 압도할 수 있는 힘을 갖고 있는 국가가 그 힘을 이용하여 자국 위주로 그리고 일방적으로 자국에게 유리하게 문제의 해결을 도모하는 방법이 있다. 이때 한 당사국에 의해 이용되는 힘은 가시적인 힘인 무력, 경제적 힘 등이 있고 비가시적인 힘은 영향력, 압력 등이 있다. 이러한 방법은 '정치적 해결'이라고 한다.

① 행정적 해결

행정적 해결의 주요한 방법은 교섭이다. 이 교섭은 국가 간에 발생한 비정치적 문제를 해결하는 수단이다. 행정적 해결은 대체로 발생된 현안이 각 당사국의 중대한 국가 이익이 아닌 현안 해결을 할 때 이용되는 수단이며 그것은 교섭이다. 이러한 교섭은 대체로 당사국 간 이해를 나누어 가질 수 있는 문제를 해결하는 경우에 이용되는 외교적 수단이다. 특히 이 행정적 해결은 각 당사국이 동의할 수 있는 현안의 해결을 위해 합의 도출을 목적으로 하는 경우에 이용되는 수단이다. 그러므로 국가의 중대한 이익과 직접적으로 관련이 있는 정치적 문제는 행정적인 방식으로는 해결이 가능하지 않고 비정치적인 현안 즉 당사국들이 이해를 공유할 수 있는 문제는 행정적 방법으로 해결을 도모할 수 있다.

행정적 해결을 통해 문제를 원활하게 해결하기 위해 현안의 당사국들은 본 교섭을 갖기 전에 에비 회담을 갖는다. 이 예비회담은 본교섭을 개최하기 위한 준비단계이다. 이 예비회담에서는 본 교섭을 위한 의제 등 여러 사항들을 논의하고 구체적인 사항에 대해 합의를 한다. 이 에비 회담에서 당사국 간 합의가 필요치 않은 중요한 요소가 있다. 그것은 상대 국가의 교섭 의지(in good faith)를[7] 파악하는 것이다. 교섭의 의지는 구체적으로 발표되거나 상대국가에 공식적으로 전달되는 것은 아니다. 이 교섭의 의지는 자력으로 간파하여야하는 것이다. 이러한 의지의 간파는 교섭의 성패에 크게 영향을 미친다. 예비회담과정에서 상대국가가 진정으로 문제 해결을 위한 교섭을 할 의지를 갖고 있는지 또는 문제 해결보다는 선전 등 다른 의도를 갖고 교섭을 하려는 것인지를 예비회담에서 간파하고 교섭에 대응할 수 있는 전략을 수립하여야 성공적인 교섭을 할 수 있다. 각 당사국의 의지는 예비회담에서 공식적으로 표출되는 것이 아니라 상대국가의 머릿속에 있는 의지를 간파하여야 한다. 물론 교섭에 임하는 당사국이 스스로 당사국 모두를 위한 합의를 도출할 의지가 있다고 말한다. 그러나 당사국이 말하는 의지를 액면

7) Bruce Russett and Harvey Starr, World Politics : The Menu For Choice (San Francisco : W.H. Freeman and Company, 1981), p. 164.

그대로 믿는 것은 자칫 위험을 초래할 수 있다.

일반적으로 예비회담에는 회담장소, 교섭 참가자의 범위, 회담 대표의 격, 좌석배치, 사용 언어, 회담의 공개 여부 및 회담 내용의 발표 여부, 일정, 교섭의 의제 등을 결정한다.[8] 예비회담에서 이러한 요소들이 순조롭게 합의된다면 본 교섭의 결과를 낙관할 수 있다. 예비회담에서부터 합의가 원만하게 이루어지지 않는다면 본 교섭은 시작도 어려울 수 있다. 예를 들어 본 회담의 공개 문제도 매우 중요하다. 회담 자체를 공개적으로 진행한다면 합의를 위한 자유로운 의사교환에 상당한 제한이 따르게 될 것이다. 이렇게 공개적으로 교섭을 진행한다면 충분한 그리고 진정성있는 의견 교환이 불가능하다. 이러한 공개적인 교섭을 주장하는 것은 문제 해결을 위한 합의 도출보다는 오히려 선전, 또는 정보 수집 등과 같은 다른 것에 더 큰 비중을 두려는 의도로 보여진다. 또한 예비회담에서 결정해야 할 중요한 사항은 본 교섭에서 다루어야 할 의제의 결정이다. 본 교섭의 목적은 주어진 의제를 논의하고 해결하는 것이 주된 목적이다. 예비회담에서 의제를 결정하지 못한다면 상대국가의 의도를 생각해야 할 것이다. 예비회담에서 의제를 결정하는데 어려움이 있다면 그것은 본회담을 통해 문제를 해결하려는 의지를 의심하지 않을 수 없다. 또한 예비회담에서 의제를 결정하는데 고도의 정치적 의제, 예를 들면 국가의 중대한 국가 이익과 연관성이 있는 문제를 의제로 결정하려 한다면 그것 역시 문제 해결을 위한 의지가 없다고 판단할 수 있다. 이러한 정치적 의제는 특히 실무자 간의 교섭에서는 논의되기 어려운 문제이다. 더욱이 의제에 대한 합의 없이 본 교섭을 개최한다는 것은 문제를 갖지 않고 문제를 해결하려는 것과 같은 것이다. 본 교섭을 하기 위한 예비회담이 본회담의 성패를 좌우하게 된다. 대체로 본 교섭을 개최하기 위한 예비회담의 과정이 순조롭게 진행되었는지 아니면 많은 의견의 충돌로

8) 송영우, 현대외교론, pp. 58ff 참고.

예비회담의 과정이 원만하게 진행되지 못했는지는 본 교섭의 결과를 어느 정도 예측하게 한다. 예비회담이 순조롭게 진행되었다면 그 교섭은 성공적으로 마무리 될 수 있을 것으로 판단할 수 있고 그 과정이 순탄치 않았다면 그 교섭의 결과는 비관적으로 나타나게 될 것이다. 예비회담이 순조롭게 마무리된다면 문제 해결의 의지가 있음을 엿볼 수 있고 예비회담 과정이 어렵게 진행되었다면 상대국가의 교섭 의지를 의심하여야 할 것이다. 동시에 이 예비회담은 본 교섭의 성공을 불가능하게 만든다.

국제정치에서 국가 간에 전개되는 모든 일들은 국가 간 외교관계에 근거를 두고 행해진다. 국가 간 외교관계의 수준은 모든 외교의 근본 바탕이 되고 있다. 국가 간의 교섭도 예외 없이 국가 간 외교관계의 수준, 정도 등에 따라 성패가 좌우된다. 즉 국가 간의 외교관계가 상호 이익을 공유하고 균점할 수 있을 정도의 돈독한 협조적 관계를 갖고 있는 국가도 있고 그와는 달리 상대 국가의 이익을 침해할 정도의 갈등 관계를 갖고 있는 국가도 있다. 그리고 이 두 관계의 중간관계인 평범한 통상적 외교관계를 갖고 있는 국가도 있다.[9)]

국가 간 교섭을 함에 있어 상대국가와 어떠한 외교관계를 갖고 있는가를 판단하고 교섭에 임하여야 한다. 국가 간 돈독한 협조적 관계를 갖고 있는 국가와의 교섭이라면 모두에게 이익이 되는 합의 도출에 초점을 맞추어 교섭의 전략을 준비하면 좋을 것이다. 한편 상대국가와 오랫동안 갈등적 관계를 갖고 있는 국가와 교섭을 준비하려면 합의 도출 방법도 검토하고, 또한 상대 국가의 비정상적인 교섭 과정도 염두에 두고 교섭을 준비해야할 것이다. 갈등적 외교관계를 갖고 있는 국가는 교섭에서 합의 도출이 아닌 다른 목적을 가질 수도 있다. 갈등적 외교관계를 갖고 있는 국가 간에는 합의를 도출하려는 목적보다는 다른 목적(side-effect)을 갖고 교섭에 임하는 국가도

9) Klaus Knorr, The Power of Nations (New York: Basic Books, INC., Publishers, 1975), p. 3 참고.

있을 수 있다. 예를 들면 어떤 국가는 교섭을 통해 선전을 도모하기도 하고, 또는 교섭을 통해 제3국에게 영향력을 행사하려는 경우도 있다. 그리고 어떤 국가는 교섭을 통해 정보를 수집하려는 국가도 있고 또는 상대국가를 속이려는 목적에 교섭을 이용하기도 하며, 어떤 국가는 상대국가의 능력, 목적, 또는 상대국가에 거짓 정보를 제공하려고도 하고 또는 교섭 그 자체를 목적으로 교섭을 이용하기도 한다.[10)]

교섭에 있어 무엇보다도 중요한 것은 외교관계의 정도가 매우 중요한 고려사항 중의 하나이다. 그리고 돈독한 협조적 관계와 갈등적 관계와의 중간 관계인 평범한 통상적 관계를 갖고 있는 국가 간의 교섭에 있어서도 이것을 준비하는 단계에서도 역시 여러 가지 상대국가에 대한 연구가 필요하다.

이와 함께 교섭에서 상대국가의 의도, 목적 등을 파악하는 것도 매우 중요한 요소이다. 이러한 의도, 목적 등을 교섭 전에 정확히 파악하는 일은 쉽지 않다. 그러나 상대국가의 이러한 의도, 목적 등은 정식 교섭을 위한 예비 회담을 갖는데 여기에서 상대국가의 의도, 목적 등을 간파할 수 있을 것이다.

돈독한 협조적 외교관계를 갖고 있는 국가 간에 전개되는 교섭은 기본적으로 상호 이익이 되는 합의 도출에 초점을 맞추어 교섭을 전개할 것이다. 이러한 외교관계를 갖고 있는 국가 간에도 본 교섭을 위한 예비회담 단계부터 여러 의견을 교환하여 상당한 의견의 일치를 보고 본 교섭의 결과에 대해서도 어느 정도 합의를 이루어 본교섭의 결과를 예측 가능하게 한다. 이러한 외교관계를 갖고 있는 국가 간에는 예비회담에서 이미 많은 부분에 견해를 같이하고 있기 때문에 본 교섭에서는 협상(business of bargaining)[11)], 즉 무엇인가를 주고받는 거래 같은 일은 필요하지 않을 것이다. 교섭은 각 당사국이 자국의 의사를 주고 받으며 합의에 도달하는 것이다. 그러나 이러

10) Bruce Russett and Harvey Starr, World Politics : The Menu For Choice, p. 164.

11) 위의 책, p. 165.

한 의사 교환만으로 합의에 이루지 못하면 합의를 위해 무엇인가를 주고받는 거래 즉 협상이 전개된다. 협상이란 교섭 과정에서 의사교환 이외에 교섭의 성공을 위해 행해지는 과정이다. 국가 간의 평범한 통상적인 외교관계는 그 관계의 정도가 매우 광범위하다. 대부분의 국가들은 많은 국가와 이러한 외교관계를 갖고 있다. 이렇게 외교관계의 범위가 넓지만 그 중에도 평범한 통상적 외교관계를 어느 정도는 판가름이 가능하다.

평범하고 통상적인 외교관계를 갖고 있는 국가 가운데 자국의 동맹국과 동맹관계를 갖고 있는 국가는 어느 정도 돈독한 외교관계를 갖고 있는 국가로 분류할 수 있다. 예를 들면 독일은 한국과 협조적 관계를 가질만한 국제정치적 또는 국제법적 근거는 없다. 그러나 한국과 독일은 미국과 각각 동맹관계를 갖고 있다. 이러한 한국과 독일은 상호 이익을 증진시킬 수 있는 최소한의 간접적인 근거는 마련되어 있다고 생각된다. 만일 독일과 한국 간에 현안의 해결을 위한 교섭을 전개한다면 돈독한 협조적 외교관계를 갖고 있는 국가에 준하는 교섭을 준비하고 동시에 바람직한 결과를 예측할 수 있을 것이다. 독일은 한국과의 외교관계는 협조적 외교관계에 버금가는 관계를 갖고 있는 국가로 분류할 수 있다. 한국과 독일은 외교관계 정상화 이후 오늘날까지 양국은 충돌 또는 갈등을 경험하지 않았다. 또한 한국과 독일은 미국과 각각 동맹관계를 갖고 있고 따라서 동일한 외교관계 노선을 갖고 있고 또 필요한 경우에 외교정책의 공조를 할 수 있는 정도의 외교관계를 갖고 있다.

역시 국제정치적 및 국제법적 근거는 없지만 국가 간 경제적으로 예를 들면 무역, 투자 등으로 상당한 경제관계가 형성되어 있다면 이러한 국가 간의 현안을 해결하기 위한 교섭은 그 결과를 낙관할 수 있을 것이다. 현안의 성격에 따라 교섭의 과정이 여러 형태로 전개되겠지만 이 현안이 국가의 중대한 안보나 핵심적인 국가 이익이 아니라면 이러한 현안을 다루는 당사국들은 양국의 경제를 위해서라고 그 현안은 각 당사국들에 의해 수용될 수 있을 정도로 해결될 수 있을 것이다. 평범한 통상적 외교관계를 갖고 있는 국가 간의 교섭은 이 외교관계 이외의 다른 여러 관계를 검토하고 이에 맞는 교섭의 준비 및 전개가 요구된다.

한국과 독일 간의 외교관계와 같이 한국과 중국과의 외교관계도 평범한 통상적 외교관계르 갖고 있는 국가로 분류할 수 있다. 독일은 미국과 동맹관계를 갖고 있지만 중국은 한국과 휴전선을 사이에 두고 대치하고 있는 북한과 동맹관계를 갖고 있다. 이러한 측면에서 보면 독일과 중국은 똑같이 평범한 통상적 외교관계를 갖고 있는 국가로 분류하고 있지만 내면적으로 보면 차이를 보이고 있다. 한국과 독일은 '우호적인 평범한 통상적 외교관계'를 갖고 있는 국가로 분류하고 한국과 중국은 '비우호적인 평범한 통상적 외교관계'를 갖고 있는 국가로 분류할 수 있다. 한국이 중국 및 독일과 현안을 해결하기 위해 교섭을 하여야 할 경우가 발생한다면 한국은 본 교섭을 준비할 때 한국이 독일 및 중국과 갖고 있는 평범한 통상적인 외교관계의 내용을 점검하고 교섭을 준비해야할 것이다. 먼저 독일과의 교섭 준비는 협조적 외교관계를 갖고 있는 국가와의 교섭을 준비하는 수준에서 교섭을 준비해도 좋을 것이다. 그러나 중국도 한국과 평범한 통상적인 외교관계를 갖고 있는 국가이지만 독일과 같은 수준의 외교관계를 갖고 있는 국가로 분류하기는 어렵다. 왜냐하면 중국은 북한과 동맹관계를 갖고 있기 때문에 한국과의 교섭에서 북한을 의식하지 않을 수 없을 것이다. 중국은 한국과의 교섭에서 북한에 피해를 입힐 수 있는 것이 있다면 중국은 교섭을 어렵게 할 수 있다. 그 뿐만 아니라 중국은 한국에 대해 부정적이고 배타적인 태도를 견지하고 있다. 2017년 한국 정부가 주한미군이 운영하게 된 고고도방어미사일(THAAD)을 한국 남부에 배치하기로 결정한 다음 중국 당국은 공식적으로 한국의 결정을 크게 비난하였을 뿐만 아니라 중국내에서 운영되는 한국기업의 영업활동을 은밀하게 방해하고 중국인 단체의 한국여행을 금지시켰다. 이처럼 중국은 필요하다고 생각하면 언제라도 한국의 국가 이익을 침해

할 수 있는 국가이다. 그러므로 한국이 중국과 교섭을 갖는 경우는 독일의 경우와는 크게 다른 준비가 요구된다.

다른 한편 한국은 중국과 상당한 경제적 상호의존 관계를 갖고 있다. 한국과 중국의 이와 같은 경제적 관계를 중국과 북한 간의 동맹관계의 외교적 위력을 어느정도 약화시킬 수는 있다. 실제로 한국 정부의 사드 배치에 대해 중국 정부가 공식적으로 그리고 직접적으로 한국에 관세인상 같은 경제보복은 가하지 않고 중국내에 있는 한국기업 활동을 은밀하게 방해하는 조치를 취하였다. 중국 당국의 이러한 결정은 한국과 중국간의 경제적 상호의존 관계가 작동한 것으로 판단된다.

대체로 돈독한 협조적 외교관계를 갖고 있는 국가 간에는 교섭에서 협상이 전개되는 경우는 상대적으로 많지 않을 것이다. 그러나 일반적으로 평범한 통상적 외교관계를 갖고 있거나 또는 갈등적 외교관계를 갖고 있는 외교관계를 갖고 있는 국가 간에는 본교섭이 시작되면 협상이 필요하다. 왜냐하면 이러한 두 가지 외교관계 중에 하나의 외교관계를 국가들은 각기 다른 또는 서로 상충되는 목적과 이익을 갖고 있기 때문이다.[12] 이러한 측면에서 볼 때 '우호적인 평범한 통상적 외교관계'를 갖고 있는 독일과의 교섭에서는 협상의 필요성이 적을 것이고 '비우호적인 평범한 통상적 외교관계'를 갖고 있는 국가 간의 교섭에서는 협상이 전개될 가능성이 크다.

갈등적 외교관계를 갖고 있는 국가 간의 교섭은 앞의 두 개의 외교관계와는 질적으로 커다란 차이가 있기 때문에 특별한 교섭이 전개될 수있다.

이러한 관계를 갖고 있는 국가 간에도 현안이 발생할 수 있다. 국가 간 현안은 대체로 접촉, 교류, 상호작용 등이 많은 국가 간에 현안이 많이 발생한다. 갈등적 외교관계를 갖고 있는 국가 간에는 접촉, 교류, 상호작용 등이 적기 때문에 현안이 그다지 많이 발생하지는 않는다. 그러나 이러한 외교관

12) 위의 책, p. 165.

계를 갖고 있는 국가 간에도 현안이 발생할 수 있고 발생되면 해결하도록 시도하여야할 것이다. 이 경우에도 문제의 해결 방법으로 우선적으로 생각할 수 있는 것은 교섭이다. 외교관계의 측면에서 보면 이 경우의 교섭은 합의 도출이 어려울 것으로 판단된다.

이러한 갈등적 외교관계를 갖고 있는 국가 간에도 실제로 교섭이 시작된다면 문제 해결을 도모할 수 있을 것이다. 적어도 교섭을 시작한다는 것은 상호 문제 해결의 의지가 있는 것으로 판단된다. 갈등적 외교관계를 갖고 있는 국가 간에 전개되는 교섭에서 가장 중요한 요소는 각 당사국들의 교섭에서 합의를 도출하려는 교섭 의지이다. 이 경우 더욱 중요한 것은 어느 한 당사국의 일방적 승리(zero-sum-game)를 도모하는 것이 아니라 이익을 공유하려는 의지이다. 이러한 이익의 공유 의지가 없다면 그것은 교섭을 원만하게 전개할 수 없을 것이다. 이러한 갈등적 외교관계를 갖고 있는 국가 간의 교섭에서는 각 당사국이 어떠한 의지를 갖고 있는냐에 따라 교섭이 순조롭게 진행되고 합의도출 여부가 판가름될 것이다.

이러한 외교관계를 갖고 있는 국가 간의 교섭에서 의제는 교섭의 성패를 가늠케한다. 이 교섭이 의제가 정치적인 것이거나 또는 국가의 핵심 이익과 직접적인 관계가 있는 것이라면 이 교섭은 순수한 문제 해결보다는 이러한 의제를 제시하는 당사국이 교섭 의지를 의심하지 않을 수 없다.

앞에서 언급한 바와 같이 정식 교섭이 시작되기 전에 교섭을 원만하게 그리고 성공적인 합의 도출을 위해 교섭의 당사국은 예비회담을 갖는다. 그렇기 때문에 예비회담은 중요하다. 특히 갈등적 외교관계를 갖고 있는 국가 간에 갖게 되는 예비회담은 더욱 중요하다. 왜냐하면 이 예비회담에서 상대국가의 교섭의 의지, 목적 등을 파악할 수 있는 좋은 기회이고, 이 예비회담의 결과에 따라 본 교섭을 준비하여야 하기 때문이다. 국가 간 교섭에서 교섭으로만 문제를 해결하고 만족할만한 결과를 얻는다면 그 외교 행위는 성공적인 외교이다. 문제의 당사국간 의사의 교환으로만 문제를 해결했다는 의미이다. 이 말의 의미는 교섭 과정에서 협상 없이 교섭만으로 문제를 해결했다는 것을 말하는 것이다. 좀 더 구체적으로 말하면 협상 없이 문제를 해결했다는 것을 지적하는 것이다. 앞에서 언급한 것처럼 협상이란 당사국간 의사의 교환만으로 문제를 해결할 수 없었기 때문에 각 당사국들이 또는 어느 하나의 당사국이 유형 또는 무형의 가치를 주거나 또는 빼앗는 협상을 통해 문제의 해결을 도모하는 과정을 말하는 것이다. 유형 또는 무형의 가치에는 다양한 자원, 원조로부터 제재, 무력행사의 위협 또는 무력행사까지 다양한 것들을 포함하고 있다. 교섭과정에서 전개되는 협상에서도 국가 간의 외교관계의 수준, 정도 등이 중요하게 작용한다. 국가 간의 외교관계가 돈독하고 협조적 외교관계를 갖고 있는 국가 간의 교섭에서는 협상이라는 과정없이 문제 해결을 위한 합의에 도달할 수 있다. 또한 이러한 외교관계를 갖고 있는 국가 간에 교섭과정에서 협상이 전개되더라도 상대국가에게 피해를 주는 협상은 전개되지 않을 것이다. 돈독하고 협조적 외교관계를 갖고 있는 국가 간에 협상이 전개되더라도 상부상조의 정신으로 협상하고 교섭을 마무리할 것이다.

평범한 통상적인 외교관계를 갖고 있는 국가 간에는 앞에서 말한 것과 같이 이 외교관계의 수준 또는 정도에 따라 교섭만으로 문제를 해결할 수도 있다. 그러나 교섭과정에서 협상이 필요하게 된다면 그 협상의 내용 역시 평범한 통상적 외교관계의 수준, 정도 등에 따라 협상의 내용이 결정될 것이다. 교섭 과정에서 협상이 전개된다면 '우호적인 평범한 통상적 외교관계'를 가진 국가 간의 협상은 상부상조의 차원에서 협상이 전개될 것이고 '비우호적인 평범한 외교관계'를 갖고 있는 국가 간에 협상이 전개된다면 부정적인 측면에서 협상이 전개될 것이다.

갈등적 외교관계를 갖고 있는 국가 간에 교섭이 이루어진다면 이 교섭에서는 협상이 반드시 필요하게 될 것이다. 앞에서 말한 바와 같이 이러한 관계를 갖고 있는 국가는 서로 상충되는 이익과 목적을 갖고 있기 때문이다. 갈등적 외교관계를 갖고 있는 국가 간에도 협상없이 교섭만으로 문제 해결의 가능성이 매우 적다는 것은 상식적인 것이다. 그렇다면 이러한 외교관계를 갖고 있는 국가 간에는 필연적으로 협상이 요구될 것이다. 그리고 이러한 협상은 긍정적인 측면보다는 부정적인 측면의 협상이 전개될 가능성이 상대적으로 클 것이라고 말할 수 있다. 갈등적인 외교관계를 갖고 있는 국가 간에 교섭 중에서 협상이 전개된다면 이 협상에는 무력행사 또는 행사 위협 같은 수단이 협상의 도구로 이용될 수 있는 가능성을 완전히 배제할 수 없다.

국가는 문제 해결을 위한 교섭을 준비할 때 교섭 과정만으로 문제 해결의 가능성을 극대화할 수 있는 준비 과정이 필요하다. 그 준비는 교섭 전의 예비회담에서부터 철저하게 준비되어야 할 것이다. 예비회담 과정에서 자국에 유리한 것 예를 들면 의제, 회담장소 등에서 유리한 고지를 점령하여야 한다. 예비회담의 성공은 교섭의 절반의 성공이라고 말할 수 있다.

교섭을 준비할 때 협상도 함께 준비하여야 한다. 협상은 교섭 성공의 핵심 고리이다. 협상력을 제고하는 길은 무엇을 주고 무엇을 박탈할 수 있을 것인가를 준비하는 것이다. 당사국 자신이 갖고 있는 것을 상대국가에 줄 수 있는 것으로 준비하고 그 가운데 무엇을 주는 것이 상대국가를 설득하고 이해를 구하는데 도움이 될 수 있는지를 연구하고 검토하고 준비하여야 할 것이다. 그 뿐만 아니라 필요한 경우 상대국가로부터 무엇을 빼앗는 것이 상대국가를 가장 어렵게 하는지를 또한 연구하고 검토하고 준비하는 것이 협상력을 크게 강화하는 지름길이다.

국가의 협상력의 제고는 항상 그리고 꾸준히 준비되어야 한다. 미래에 행사할 수 있는 협상력은 오랫동안 그리고 가능한 범위 내에서 넓게 제고될 수 있도록 키워야한다. 그런 가운데 국력에 한계가 있기 때문에 협상력이 발휘될 수 있는 범위를 우선적으로 그리고 구체적으로 선정하여 집중적으로 협상력을 효율적으로 발휘될 수 있는 기초를 마련하는 것이 필요하다. 이 협상력은 자연스럽게 생성되는 것이 아니라 국가가 스스로 만드는 것이다. 이러한 협상력은 국가가 갖고 있는 유형 및 무형의 자산을 외교에서 실제 사용 가능한 힘으로 전환하여야 생겨나는 것이다. 국가의 경제적 부(national income wealth)가 곧 국가의 경제적 능력(economic power)은 아니다. 국가의 경제적 능력이란 다른 국가의 행위, 정책 또는 시장력(market power)을 바꿀 수 있는 능력을 말하는 것이다.[13] 이와 같이 한 국가가 다른 국가의 능력, 정책, 행위 등을 통제하거나 또는 지배할 수 있는 능력을 갖추는 행위를 '힘의 전환(power conversion)'이라고 한다.[14]

이렇게 해서 만들어진 힘을 영향력이라고 한다. 힘의 전환을 다른 말로 표현하면 '정치적 투자(political investments)'라고 할 수 있다. 한 국가가 영향력 행사의 근거를 갖기 위해 다른 국가에 여러 자산을 제공하는 행위를 정치적 투자라고 한다. 이 투자는 한 국가의 다른 국가에 대한 그의 정책, 또는 행위를 지배할 수 있는 힘을 갖게 해 준다. 이 힘을 영향력이라 한다.[15]

국가의 힘의 전환은 영향력을 강화하고 협상력을 제고시키고 강화시키는 매우 효과적인 방법이다.

이러한 협상력의 제고 및 강화는 국가의 무형 및 유형의 자산이 한계가 있기 때문에 모든 국가에 대해 협상력을 제고하고 강화할 수는 없다. 우선적으로 협상력의 제고 및 강화의 첫 번째 대상 국가는 인접 국가이다. 인접 국가 중에는 긴밀하고 협조적 관계를 갖고 있는 국가도 있고 또 평범한 통상적 외교관계를 갖고 있는 국가 그리고 갈등적 외교관계를 갖고 있는 국가도 있다. 돈독한 협조적 외교관계를 갖고 있는 국가는 교섭에서 협상력의 발휘 없이 문제 해결과정이 대체로 순조롭게 진행되어 합의 도달에 크게 어려움이 없을 것이다. 갈등적 외교관계를 갖고 있는 국가는 이웃국가이지만

13) Klaus Knorr, The Power of Nations (New York: Basic Book, INC., Publishers, 1975), p. 80.

14) Joseph S. Nye, JR., "The Changing Nature of World Power," Political Science Quarterly, vol. 105, no. 2(Summer 1990), pp. 177ff.

15) Bruce Russett and Harvey Starr, World Politics, pp. 126-135 참고.

이 국가에 대한 힘의 전환이 전개되기는 어려울 것이다. 실제로 한 국가가 갈등적 외교관계를 갖고 있는 국가 간에 유형 및 무형의 자산의 제공 또는 교류가 이루어지고 있지 않는 것이 일반적 현상이다.

협상력의 제고가 집중되어야 할 대상국가는 인접국가 가운데 '비우호적인 평범한 통상적인 관계'를 갖고 있는 국가이다. 이러한 외교관계를 갖고 있는 국가에는 유형 및 무형의 자산이 제공 또는 교류가 가능할 것이다. 그러므로 이러한 외교관계를 갖고 있는 국가에 대한 힘의 전환은 가능하기도 하고 또 실제 협상력 제고 및 강화에 도움이 될 것이다.

다음으로 협상력을 높이고 강화해야 할 대상 국가는 경제적인 교류가 많고 상호 의존도가 높은 국가이다. 이러한 국가와는 다른 어느 국가보다도 문제가 발생할 소지가 많다. 그렇기 때문에 이런 국가에 대한 협상력의 제고가 필요하다. 협상력의 제고 및 강화는 앞에서도 말한 바와 같이 지속적으로 그리고 꾸준히 이루어져야 한다. 특히 교섭 과정에서 협상이 전개되는 경우를 대비해서 협상력 제고 및 강화에 무엇이 필요 요건인지를 간파하고 준비하여야 한다. 특히 평범하고 통상적인 외교관계를 갖고 있는 가운데 앞에서 말한 경제적 교류가 많고 상호의존도가 높은 국가에 대해 협상력의 제고 및 강화를 위한 준비가 필요하다. 예를 들면 경제적으로 밀접한 관계를 갖고 있는 국가들에 대해 이들 각각의 국가들이 무엇이 부족하고 또 무엇을 원하고 있는지를 파악하고 이것을 이용하여 협상력의 제고 및 강화를 도모하여야 앞으로 있을지도 모를 교섭에 대비하는 일이 요구된다.

일반적으로 싸우지 않고 이기는 자가 진정한 승리자라고 한다. 교섭에 있어서도 협상 없이 문제 해결을 위한 합의에 도달하는 것이 최상의 교섭이다. 교섭에서 협상 없이 합의에 도달하기 위해서는 교섭을 위한 예비회담에서 당사국들이 합의에 도달하는 것이 당사국 모두에게 이익이 된다는 사실을 확신시키는 것이다. 이러한 사실을 확신시키는 방법은 어느 하나의 당사국에게만 유리한 합의는 가능하지 않다. 그러나 각 당사국이 이해(利害)를 공유하기 위해 교섭과정에서 합의에 이르는 것이 당사국 모두에게 유익하다는 것을 인식하는 것이 중요하다. 기본적으로 교섭에 임하는 당사국 가운데 자국에게 유리한 합의만을 위해 교섭에 임하는 국가가 있다면 그것은 처음부터 교섭의 성공을 담보할 수 없다. 그러므로 교섭에서 각 당사국에게 이익이 창출되는 길은 평등하게 이익을 나누어갖는 것이 교섭의 실패보다는 훨씬 모두에게 유익하다는 사실을 예비회담과정에서부터 확인하는 것이 협상 없이 교섭만으로 문제 해결을 위한 최선의 길이다.

교섭에서 협상이 전제된다면 협상과정에서 보다 융통성의 폭이 넓은 국가 관리를 교섭 대표로 하는 것이 필요하다. 협상 과정에서 융통성의 폭은 관리의 직급이 높을수록 그 폭이 넓다. 두 말할 나위도 없이 국가의 정상이 어느 누구보다 융통성의 폭이 가장 넓다. 그러므로 정상회담이 교섭 가운데 융통성의 폭이 가장 넓을 것이다. 정상회담도 예비 회담의 합의에 따라 진행된다. 정상회담을 위한 예비회은 이것을 이끄는 대표의 직급도 다른 예비회담보다 직급이 높고 또 국가 정상이 이 대표에게 주어지는 권한도 어느 경우보다 클 것이다. 따라서 예비회담 대표에게는 융통성도 크게 갖게 될 것이다. 그러므로 예비회담 대표는 정상회담에서 합의에 도달할 수 있는 결과물의 도출이 그의 주요한 임무이다. 이러한 의미에서 국가 정상간의 교섭 및 협상 과정에서 합의 도출 가능성은 매우 크다고 말할 수 있다. 그러므로 국가적으로 중요한 문제의 해결은 실무진 수준이 아니라 정상회담을 통한 문제 해결의 모색이 바람직하다.

문제 해결을 위한 교섭의 꽃은 정상회담이다. 왜냐하면 한 국가의 정상은 그 국가의 모든 정책의 최종 결정자이기 때문이다. 그러므로 문제의 해결에 있어서도 최종 해결사는 국가의 정상이다. 정상회담에서 문제 해결을 위한 교섭을 전개한다는 것은 그 문제가 당사국 모두에게 매우 중대한 문제라고 말할 수 있다.

2018년 5월 싱가포르에서 제1차 미-북 정상회담에 이어 2019년 2월 베트남의 수도 하노이에서도 제2차 미-북 정상회담이 개최되었다. 두 차례의 미-북 정상회담의 의제는 북한의 비핵화문제였다. 이 두 차례의 미-북 정상회담은 북한이 갖고 있는 핵탄두, 생화학무기 등 모든 핵 프로그램을 포기하는 것이 이 회담의 주된 의제였다. 한편 북한은 단계적 및 부분적 비핵화를 주장하였다. 이처럼 비핵화에 대한 양 측의 견해 차이가 컸기 때문에 양 측 정상 간의 합의 도출은 실패하였다.

이 미-북 정상회담의 실패는 예견되었던 일이다. 일반적으로 정상회담은 실무회담에서 합의된 내용을 추인하는 과정이다. 그런데 이 정상회담을 위한 미-북 실무회담에서는 정상회담에서 추인할 내용에 합의하지 못했다. 그래서 정상회담에서 역시 서로 다른 비핵화 내용을 논의하게 되어 두 정상이 양 측의 다른 비핵화를 위한 합의 도출에 실패하였다. 두 차례의 미-북 정상회담은 예비회담이 부실하게 진행되었기 때문에 정상회담의 실패는 예견되었던 것이다. 여기서 강조하고자 하는 것은 본 교섭을 위한 예비회담의 중요성이 크다는 것이다. 예비회담의 진행과정 및 그의 합의 내용을 살펴보면 본 교섭의 결과를 예측할 수 있다.

나는 정상회담을 교섭의 꽃이라고 하였다. 왜냐하면 각 국의 정상들은 정부의 최종결정권자이기 때문에 어느 누구보다 협상의 폭을 넓게 갖고 협상력을 발휘할 수 있다. 이렇게 커다란 협상력을 발휘하여 문제를 해결하는 것을 나는 정치적 타결(妥結)이라고 한다.

정상회담은 아니지만 정상의 최 측근 인사들이 10여 년 이상 해결하지 못했던 문제를 정상으로부터 위임받은 커다란 협상력을 발휘하여 문제를 해결한 경우가 있다. 그것은 한국과 일본 간의 외교관계 정상화의 물꼬를 트는 결정이었다.

1962년 11월 당시 한국의 중앙정보부장 김종필이 일본을 방문하여 일본 외상 오히라(大平正芳)이 만나 협상을 하였다. 한 · 일 국교정상화의 최대 쟁점은 청구권 문제였다. 청구권이란 일본이 한국에 지불해야할 돈이 얼마냐 하는 것이었다. 김종필과 오히라는 청구권 액수에 합의하여 이 문제를 해결하였다.[16] 한 · 일 양국의 정상으로부터 신임을 받고 있는 힘 있는 정치인이 커다란 폭의 협상력을 발휘하여 청구권 문제의 정치적 타결을 이루어내어 한 · 일 국교정상화를 성공시키는 데 결정적 역할을 하였다.

② 정치적 해결

국가 간 현안이 발생했을 때 국가 간 갈등이 고조되었을 때, 다른 국가의 행위 및 정책을 강제로 바꾸기 위해 자국의 의지 및 정책을 강제하기 위해, 또는 자국의 정치적 목적을 위해 군사력, 무력, 폭력 등을 사용한다. 이러한 국가의 문제 해결을 정치적 해결이라고 한다. 정치적 해결도 외교 행위이다. 외교는 국제정치의 수단이다. 국내정치이든 국제정치이든 모든 정치에서 힘은 핵심이다.[17] 국제정치에서도 힘이 그의 핵심이므로 국제정치의 수단인 외교도 힘에 근거해서 힘을 무기로 사용할 수 있다. 다시 말하면 외교가 국제정치의 수단이고 국제정치적 행위를 하기 때문에 외교도 힘의 그늘에서 벗어날 수 없다. 국가가 다른 국가와 문제를 해결하는 데 있어 힘에 의한 해결을 도모한다. 국제정치의 수단인 외교에서 이용되는 힘은 가시적이고 직접적인 힘의 행사 및 행사의 위협이 있고 다른 하나의 힘은 비가시적이고 간접적인 힘 즉 영향력의 행사 두 가지가 있다.

전쟁을 하지 않고 가시적인 직접적 힘의 행사 및 비가시적인 간접적 힘의 행사로 외교정책목표를 달성하는 외교를 '무력외교(gunboat diplomacy)'라고

16) 청구권 내용은 대한민국 정부, 한 · 일 회담 백서, 1965. 3, pp. 51-54 참고.

17) Roger Hilsman, The POlitics of Policy Making in Defense and Foreign Affairs, 3rd ed.(Upper Salle River, NJ.: Prentice-Hall, INC., 2000), pp. 76-77; From Max Weber, Essays in Sociology, ed. and trans, H.H. Gerth and C. Wright Mills(New York: Oxford University Press, 1946), p. 78; Hans J. Morgenthau, Politics among Nations, 3rd ed.(New York: Alfred · A · Knopf, 1962), pp. 27ff.

한다. 제2차 세계대전이 끝난 다음 약 40여 년 동안 미국은 300여 차례 무력외교를 감행하였고 소련은 제2차 세계대전이 끝난 다음 30여 년간 지상, 해상 공중에서 190여 차례 무력 외교를 진행하였다.[18] 예를 들면 소련은 1979년 아프가니스탄을 침공하였고, 미국은 이집트와 함께 소련의 인도양 진출을 견제하기 위해 인도양에 미국 해군 함정의 순시를 강화하였다. 또한 미국은 1983년 리비아의 독재자 카다피(Muammar Qaddafi)로 하여금 수단(Sudan)을 공격하지 못하게 하기 위해 지중해 지역에 항공모함을 주둔시켰다. 1989년에는 파나마 공화국의 노리에가(Manuel Noriega)의 부정선거 행위를 경고하기 위해 미국이 파나마에 미군을 파병하였다. 그 외에도 미국은 여러 차례 무력외교를 감행하였다.[19]

클라우제비츠(Karl von Clausewitz)는 그의 저서 '전쟁론(On War)'에서 다음과 같이 언급하였다.

"군사적 도구는 목적을 위한 수단이며 또한 반대하는 사람에 영향력을 행사하는 방법이다. 전쟁은 자신의 의사를 관철시키기 위해 반대자를 강제하려는 의사를 갖고 있는 폭력적 행위이다. 전쟁은 국가의 정치적 목적과 분리될 수 없다. 전쟁은 목적을 위해 감행된다. 그런 고로 전쟁은 또 다른 하나의 정책의 연속이다. 전쟁은 정치적 행위일 뿐만 아니라 진정한 정치적 수단이다."[20]

실제로 외교에서 군사력, 무력 등의 행사는 문제를 해결하기 위해서 강대국에 의해서 자행되고 있다. 국내 정치와는 달리 국제정치에서는 법이, 즉 국제법이 효율적으로 작동되지 않기 때문에 힘(力)이 정치적으로 이용된다.

18) Charles W. Kegley, JR. and Eugene R. Wittkopf, American Foreign Policy, pp. 97–98; Stephen S. Kaplan, Diplomacy of Power(Washington, D.C.: The Brookings Institution, 1981), p. ix.

19) Charles W. Kegley, JR. and Eugene R. Wittbopf, American Foreign Policy, pp. 97–98 참고.

20) Bruce Russett and Harvey Starr, World Politics, pp. 171–172.

이러한 측면에서 보면 국제사회는 미개한, 비문명적인 사회이다. 국제사회에서 이러한 폭력적인 외교 행위는 오래 전부터 있었다. 제2차 대전 이후에도 이러한 폭력적 외교 행위는 과거에 비해 숫적으로는 많이 줄었지만 여전히 계속되어오고 있다.

상대적으로 약간 강한 군사력을 갖고 있는 국가가 자국보다 조금 약한 군사력을 갖고 있는 국가에 대해 무력외교를 전개한다면 그 무력외교는 자칫 전쟁으로 발전할 가능성이 매우 크다. 자국보다 조금 더 강한 군사력을 가진 국가가 자국에 대해 무력외교를 감행한다면 이의 대상국가는 그 무력외교에 굴복하지 않고 그에 대항하게 될 것이고 이것은 외교가 아니라 전쟁으로 발전할 수 있다.

중국은 1979년 2월 17일 베트남을 침공하였다. 중국에 의하면 베트남은 중국과 국경을 접하고 있는 공산주의 국가이고 그리고 베트남은 중국으로부터 경제적 및 군사적으로 많은 자원을 받은 국가로 생각했다. 그리하여 중국은 아시아에서 다른 국가와 (특히 소련) 전략적으로 대등한 지위를 갖기 위해 베트남을 그의 휘하에 두려는 생각으로 무력 침공을 감행하였다. 그러나 베트남은 중국에 강력하게 저항하여 중국은 침공 6주만에 굴욕적 철수를 단행하였다.[21]

1979년 중국의 베트남에 대한 침공은 무력외교가 아니라 전쟁으로 발전하였다. 1979년 중국의 군사력은 베트남을 크게 압도할 수 있는 절대적인 군사력을 갖고 있지 못했기 때문에 무력외교를 행할 수 있는 국가가 아니었다.

국가 간에 문제가 발생했는데 교섭도 없이 또 무력행사도 없이 문제를 해결하는 외교가 있다. 그것은 영향력 행사를 통한 문제의 해결을 말하는 것이다. 앞에서 말한 바와 같이 힘의 전환 또는 정치적 투자를 통해 영향력을

21) Henry Kissinger, On China(New York: The Penguin Press, 2011), pp. 340ff.

행사할 수 있는 근거를 갖고 있는 국가라면 이 힘을 이용하며 일방적으로 그리고 자국에 유리하게 문제 해결을 도모할 수 있다.

미국은 세계적으로 핵무기 확산의 억제를 그의 외교정책 목표 중 하나로 규정하고 있다. 그리하여 미국은 북한의 핵을 인정하지 않으려한다. 그리하여 미국은 1994년 미국–북한 제네바합의로부터 2005년 9월 6자회담의 '9 · 19 공동성명'에 이르기까지 북한의 비핵화를 모색하였다. 그럼에도 불구하고 북한은 2006년 10월부터 2016년 10월까지 5차례 핵실험을 단행하여 핵무기를 생산할 수 있는 단계에까지 이르게 되었다. 특히 2017년 2월 미국 대통령에 취임한 트럼프(Donal Trump) 대통령은 2018년 초부터 북한을 완전하고 검증 가능하며 되돌릴 수 없는 비핵화(CVID)를 추진하려고 2018년 5월과 2019년 2월 북한의 김정은과 정상회담을 가졌다. 그러나 이 두 차례의 정상회담에서도 북한의 비핵화는 실패하였다.

앞에서 언급한 바와 같이 한 국가 외교정책의 최종 결정자이고 최대 큰 폭의 협상력을 갖고 있는 정상 간의 두 차례의 정상 회담에서도 북한의 비핵화는 실패하였다. 두 차례의 미국과 북한의 정상회담에서 북한의 비핵화의 실패는 이러한 교섭 형태의 외교적 방식으로 북한의 비핵화는 실현 불가능하다는 것을 실증한 것으로 판단된다.

미국의 북한 비핵화에 실패한 원인은 북한 핵에 대한 미국의 인식 및 판단의 잘못에 있다. 북한에게 핵무기는 북한 정권의 존립, 생존의 문제이다. 북한 정권은 핵무기 보유만이 정권을 유지할 수 있다고 생각하고 있다. 북한은 본격적으로 핵무기 개발에 착수하면서 1990년대 소위 '고난의 행군시기'를 거치면서 헤아릴 수 없을 정도로 수많은 사람이 굶어죽고 수많은 사람이 고통을 겪었다. 그런 가운데 핵무기를 개발하였다. 그리고 핵 실험을 하면서 유엔이, 그리고 세계 여러 국가가 북한에 엄격한 경제제재를 가하고 있고 북한 주민들을 굶주림에 허덕이고 있다. 그럼에도 불구하고 북한 정권은 핵을 포기하지 않고 있다. 이러한 사실들을 미루어보아 북한의 핵문제는 정치적 문제라기보다 북한 정권의 생존 문제이다. 이 북한의 핵문제는 두 차례의 미-북 정상회담에서도 해결되지 못했다. 그러므로 앞으로 더 많은 미-북 정상회담 그리고 남북 정상회담이 개최되더라도 북한은 핵무기를 포기하지 않을 것이다. 한국, 미국 그리고 북한 간 여러 차례의 정상회담에서도 북한의 비핵화는 실패하였다. 그렇기 때문에 북한의 핵무기는 북한 정권과 운명을 같이 하게 될 것이다.

3. 기획 외교의 이론화

한 국가는 그의 영토 내에서 다양한 정책을 결정하고 이것을 추진하고 실현시켜 국가 이익을 증진시키고 국가의 발전을 도모한다. 또한 국가는 그의 영토 밖에서 역시 적극적이고 능동적인 대외활동으로 국가의 안전 보장을 도모하고 국가의 이익을 증대시켜 국가의 발전을 위해 노력한다. 국가가 이렇게 하기 위해서는 외교정책을 외교로 실현시켜야 한다.

국가는 영토 밖에서 국가 이익의 극대화를 위해 외교정책목표를 설정하고 그 목표를 성취시키기 위해 외교정책을 결정하고 결정된 정책을 추진하여 그것을 실현시키기 위한 행위는 외교이다. 즉 외교의 가장 중요한 존재 이유 중의 하나는 외교정책을 추진하여 그것을 실현시키는 것이다. 한 국가의 정부가 그의 영토 밖에서 외교정책을 실현시켜야 국가의 이익을 증대시킬 수 있다. 외교정책이란 한 국가의 정부가 외교정책목표를 성취시키기 위해 무엇을 하겠다는 정부의 의사 결정이고 이 결정을 실현하기 위해 추진하는 대의 행위가 외교이다. 외교는 구체적인 행위로 표현된다. 외교는 국가와 국가 간에 행위를 통해 정책을 실현시키는 대외 행위이다.[22] 국가 간 외교정책을 외교라는 수단을 통해 실현시키는 궁극적 목표는 국가 이익의 증대에 있다. 국가 이익을 증대시키는 외교를 전개하려면 국가 이익을 증대시킬 수

22) 송영우, 현대외교론, p. 22.

있는 외교정책목표를 설정하여야한다. 그러면 그 목표를 성취시키기 위한 외교정책을 결정하고 그 정책을 실현시키기 위한 외교를 전개하게 된다. 결론적으로 말하면 국가가 외교정책목표-외교정책-외교를 하나의 틀로 만들어 이것을 추진하게 된다면 국가 이익 증대에 크게 기여하게 될 것이다. 이러한 틀을 만들어 국가 이익을 증진시키는 외교를 '기획외교(project diplomacy)'라고 한다. 이러한 틀을 갖추어 외교를 전개할 때에 외교정책 실현의 의미가 있는 것이다. 국가가 능동적으로 그리고 선제적으로 외교정책목표를 설정할 때 이 목표는 국가 이익을 증진시킬 수 있도록 설정될 것이다. 그렇게 되면 그에 따라 외교정책도 능동적으로 결정될 것이고 이 정책을 실현하는 구체적인 외교 행위도 당연히 능동적이고 적극적으로 전개되어 국가 이익 증대에 기여하게 될 것이다. 국가가 영토 밖에서 국가 이익을 극대화하기 위해서는 외교정책목표-외교정책-외교가 선제적으로 그리고 능동적으로 마련되어야 한다. 어떤 국가는 선제적 및 능동적이 아니라 수동적으로 또 소극적으로 외교정책 목표를 결정하는 경우도 있다. 이것은 다른 국가의 선제적이고 능동적인 외교정책 목표에 적응하게 될 뿐이다. 국가가 효율적으로 외교정책목표를 설정하고 외교정책을 실현하기 위해 그리고 성공적인 외교를 전개하기 위해 준비되는 외교가 기획외교이다. 기획외교를 준비하는 목적은 성공적인 외교를 전개하기 위한 바탕을 만들기 위해서이다. 성공적 외교의 바탕이란 자국의 국가 이익을 증대시키기 위한 능동적이고 적극적인 외교의 동기를 말하는 것이다. 능동적인 외교의 동기는 기획외교에 의해 결정된 능동적인 외교정책을 추진하게 만드는 계기를 말하는 것이다. 외교정책목표가 없다면 능동적인 외교정책을 결정할 수 없고 따라서 적극적이고 능동적인 외교도 전개할 수 없다. 외교정책목표가 없다면 어떠한 외교정책도 그리고 외교도 모두 수동적으로 전개될 것이고 이 모든 것들이 수동적이라면 이러한 것들은 오히려 다른 국가 이익 증대에 기여하게 될 것이다. 외교정책목표가 능동적으로 설정된다면 동시에 외교정책 및 외교는 능동적으로 전개될 것이다. 만일 외교정책목표 없이 다른 국가의 요구 또는 압력에 의해 외교정책이 결정되었다면 이 외교정책의 동기는 물론 수동적이다. 이렇게 외교정책이 결정된다면 외교정책 자체가 다른 국가의 외교정책 목표에 초점이 맞추어져 결정되었기 때문에 이 외교정책을 추진하여 그것이 실현된다면 이렇게 하는 외교는 다른 국가 이익 증대에 기여하게 될 것이다.

수동적 외교정책이란 자국의 외교정책목표를 성취하기 위해 결정된 외교정책이 아니고 다른 국가로부터 주어지는 요구, 그의 필요 등에 따라 결정되는 외교정책을 말하는 것이다. 다른 국가의 압력 등에 편승해서 어떤 특정국가에 어떤 외교정책의 결정을 요구한다는 것은 전자 국가의 외교정책목표 성취에 도움이 되는 정책 결정을 요구하는 것이고 이렇게 결정된 정책은 전자 국가 이익 증대에 도움이 될 것이다. 예를 들면 2003년 한국 정부의 이라크 파병 결정은 미국의 요구에 의해 결정된 정책이었고 이 외교정책은 미국의 외교정책 목표 달성에 도움이 되었던 한국 정부의 수동적인 외교정책이었다.

국가의 이익을 증대시키기 위해 만들어진 성공적이고 대표적인 기획외교 중의 하나는 제2차 대전 이후 미국의 대 소련 봉쇄정책이다.

제2차 세계대전이 채 끝나기도 전인 1945년 6월 스탈린은 일방적으로 폴란드의 동서 국경을 설정하고 폴란드 정부 내에 소련 앞잡이들을 침투시켜 공산정부를 수립하였다. 스탈린의 이러한 행위는 폴란드에서 자유선거를 실시한다는 얄타협정을 정면으로 위반하는 것이다. 그리고 스탈린은 계속해서 동유럽 전 국가에서 공산당의 지위를 강화하였다. 이렇게 스탈린은 소련의 세력을 유럽에서 확장하고 있었다. 이것은 스탈린의 팽창정책의 시작이었다. 이러한 행위는 미국에게는 바람직하지 못한 정책이었다. 소련은 그 뿐만 아니라, 1945년 7월 포츠담에서 개최된 미국, 영국 그리고 소련의 정상회담에서 스탈린은 이탈리아의 식민지였던 아프리카지역의 소련 신탁

통치, 4대강국이 관할하고 있는 루르(Ruhr)지방 그리고 루마니아 및 불가리아의 점령 · 통치를 요구하였다. 그러나 스탈린에 이러한 요구는 미국 및 영국에 의해서 모두 거절되었다. 그 결과 포츠담 회담에서는 아무런 성과를 거두지 못했다. 그 후 1945년 12월 모스크바 3상회의, 그리고 파리 및 뉴욕에서 두 차례의 외상회담을 가졌으나 소련을 설득시키지 못했다. 그 결과 동유럽은 소련의 수중에 들어갔고 동서 긴장은 고조되었다.[23]

이처럼 소련의 세력 확장 정책이 계속되자 영국의 처칠(Winston Churchill)은 소련의 팽창주의에 경종을 울리는 연설을 하였다. 처칠은 1946년 3월 5일 미국 미주리주 풀톤(Fulton, Missouri)에서 그의 유명한 '철의 장막(iron curtain)' 연설을 하였다. 처칠은 이 연설에서 소련의 팽창을 막기 위해 발틱의 스테틴(stettin in the Baltic)에서부터 아드리일해의 트리스티(Trieste Adriatie)까지 철의 장막을 쳐야한다고 주장하였다.[24]

이렇게 동유럽에서 소련의 세력이 확대 · 강화되자 미국은 소련의 세력 확장을 막는 것을 미국의 외교정책 목표로 설정하였다. 미국 트루만 정부가 소련의 세력 확장을 크게 우려하고 있을때인 1946년 2월 소련으로부터 장문의 전보가 미국 정부에 보내졌다. 이 전문은 주소련 미국 대사관에 근무하는 미국의 외교관인 케난(George Kennan)이 제공하였다. 이 전문은 '긴 전문(Long telegram)'이라고 한다. 이 전문에서 케난은 "소련의 외교정책은 공산주의 이념의 열정과 낡은 싸리스트(transisit) 팽창주의를 합쳐놓은 것이다"라고 지적하였다.[25] 케난은 "공산주의 이념은 세계에 대한 스탈린의 심

23) Henry Kissinger, Diplomacy(New York: Simon & Schuster, 1994), pp. 432ff 참고.

24) Winston S. Churchill speech, "The Sinews of Peace," March 5. 1946, at Westminter College, Fulton, MO., in Robert Rhodes James (ed.), Winston S. Churchill: His complete Speeches 1897–1963(New York/London: Chelsea House in Association with R.R. Bowker, 1974), vol. VII, (1943–1949), pp. 7285ff.

25) George F. Kennan, "Long Telegram" from Moscow, February 22, 1946, in Foreign Relations of the United States, 1946(Washington, D.C.: U.S. Government Printing Office, 1969), vol. VI, pp. 666–709.

장이다. 스탈린은 서양 자본주의 국가들을 적대국가로 간주하고 있다. 미국과 소련간의 갈등은 양국의 상호 오해나 또는 소통의 결핍으로 인해 생겨난 것이 아니라 외부 세계에 대한 소련의 근본적인 인식에서 비롯된 것이다"라고 말했다.[26]

실제로 1946년 2월 스탈린은 "자본주의 국가와의 충돌은 불가피한 것이다"라는 연설을 하였다.[27] 케난은 스탈린의 이 연설 직후에 본국에 전문을 보냈다. 이제 미국은 소련에 대한 입장을 분명하게 가질 수 있게 되었다. 미국은 소련의 세력 확장을 저지하는 것이 커다란 외교정책 목표가 되지 않을 수 없게 되었다. 이것이 미국이 제2차 대전 이후 최초로 갖게 된 외교정책 목표로 자리매김하게 만들었다. 이제 미국은 이 소련의 세력 확장 저지라는 목표를 달성하기 위한 외교정책을 수립하게 되었다. 미국은 소련 세력의 확장의 저지를 외교정책목표로 설정하고 그것을 위한 외교정책으로 봉쇄정책(policy of containment)을 수립하였다. 이 봉쇄정책은 소련 세력 및 영향력의 확장을 억제하려는 정책이었다. 이로써 동서 간 그리고 미-소 간 냉전이 시작되었다.[28] 실제로 트루만 대통령은 봉쇄정책을 다음과 같이 생각하고 있었다. "이 정책은 소련을 포위하고 군사적 공격을 위협하며 소련 세력의 확장을 예방하는 것이다."[29] 이제 미국은 이 봉쇄 정책을 실현하기 위한 외교를 전개하기 시작하였다. 미국에 의해 전개된 외교는 소련을 포위하고 봉쇄하기 위해 많은 국가와 동맹조약을 체결하는 것이었다. 이 군사 동맹은

26) Henry Kissinger, Diplomacy, pp. 447-448.

27) Charles W. Kegley, JR. and Eugene R. Wittkopf, American Foreign Policy, p. 59에서 인용.

28) 냉전(cold war)이라는 말은 미국의 언론인 리프만(Waler Lippman)이 '뉴욕헤럴드 트리뷴'(New York Herald Tribune)지에 연속적으로 글을 발표하였다. 그 후 리프만은 이 글들을 모아 1947년 '냉전'(The Cold War)이라는 제목의 작은 책자를 발간하였다. 이로부터 냉전이라는 말을 사람들이 사용하게 되었다(Charles W. Kegley, JR. and Eugene R. Wittkopf, American Foreign Policy, p. 61.

29) Chales W. Kegley, JR. and Eugene R. Wittkopf, World Politics, 8th ed.(Boston: Bedford/ST.Martins, 2001), p. 106에서 인용.

주로 소련을 지리적으로 포위할 수 있는 국가와 우선적으로 체결되었다.

미국은 1949년 동맹외교의 기본 바탕이 되는 서유럽 국가들을 한 데 묶는 동맹인 북대서양조약기구(NATO)를 만들었다. 그리고 미국은 1953년 한국과 1954년에는 일본과 그리고 동남아지역에 동남아시아조약기구(SEATO)를 만들었고 미국-호주-뉴질랜드 3국의 동맹조약(ANZUS Part), 중동조약기구(METO) 등을 만들며 소련의 세력 확장을 저지하기 위해 지역적 집단 방위체제를 구축하였다.[30)]

미국의 이러한 방위체제 구축은 미국의 소련 세력의 팽창저지 목표를 위해 결정된 봉쇄정책을 실현시키기 위한 외교 행위였다. 이와 같은 일련의 과정을 기획외교라고 한다. 미국의 이 기획외교로 소련의 더 이상의 세력 확장은 저지되었다. 소련의 세력은 동유럽 국가들을 지배하는 것으로 끝을 맺었다.

1960년대 말 미국은 닉슨 대통령이 등장하면서 또 다른 하나의 외교정책 목표를 설정하였다. 미국은 소련 세력을 억제하거나 또는 소련으로 하여금 진지하게 교섭에 임할 수 있게 하는 것; 하노이 정권을 고립시키고 베트남 전쟁을 빠른 시일 내에 종결짓는 것; 인도차이나로부터 명예롭지 못게 철수하면서도 미국의 위신을 유지하는 것 그리고 끝으로 다극체제가 시작되는 이 시점에서 미국이 새로운 국제환경을 지배할 수 있는 변함없는 역량을 과시하는 것들을 그의 외교정책목표로 설정하였다. 닉슨 대통령은 이러한 외교정책 목표를 수립하면서 이 목표 성취에는 중국의 역할을 매우 중요하다고 인정하였다. 닉슨 대통령은 이 외교정책 목표를 성취하기 위해 미국과 중국과의 관계개선(rapprochement)을 외교정책으로 결정하였다.[31)]

30) 송영우, 국제정치학(서울: 건국대학교출판부, 2006), p. 341 참고.

31) Henry Kissinger, Does America Need a Foreign Policy? (New York: Simon & Schuster, 2001), p. 134ff.

미국은 중국과의 관계개선을 외교정책으로 결정한 다음 이 정책을 실현하기 위한 외교를 다음과 같이 전개하였다.

미국과 중국은 관계개선도 그리고 외교관계도 정상화되기 이전인 1955년 8월부터 제네바에서 대사급 회담을 처음 가졌고 1958년 9월에 개최된 제74차 회의부터는 폴란드의 바르샤바에서 개최했다. 처음 회담에서는 미-중 간 관계개선을 논의한 것이 아니라 상대국가에 거주하고 있는 자국인의 귀국 문제와 여러 현안들을 논의하였을 뿐 미국과 중국의 관계개선 문제는 이 미-주 대사급 회담의 의제가 아니었다. 이러한 미-중 대사급 회담도 중국의 문화혁명으로 인하여 1968년 중단되었다.

닉슨 대통령은 1970년 초에 "나는 미-중 대사급 회담이 재개되기를 희망한다"라고 말하였다. 그로부터 2주 후인 1970년 2월 20일부터 3월 20일까지 미국과 중국의 대사급 회담은 재개되었다. 이것이 미국과 중국의 관계개선을 위한 첫 번째 외교 행위였다. 그리고 닉슨 대통령은 1970년 10월 5일 미국의 시사 주간지 '타임(Time)'지와의 회견에서 "내가 죽기 전에 하고 싶은 일이 있다면 중국에 가는 것이다"라고 말하면서 중국과의 관계 개선을 원한다는 의사 표시를 하였다.[32] 또한 닉슨대통령은 1971년 2월 의회에서 행한 외교정책에 대한 대통령보고서에서 "우리는 중국과 대화할 준비가 되어있다"라고 역시 미국의 의사를 표시하였다.[33]

백악관 안보보좌관인 키신저는 미국의 미-중 대사급 회담팀에 어떤 형태이든지 직접 대화의 창구를 마련하라고 주문하였다. 그러나 1970년 미국군이 캄보디아를 침공했다는 이유로 중국은 1970년 5월 20일 개최 예정이었던 바르샤바 대사급 회담을 취소하였고 그 후 미-중 대사급 회담은 재개

32) "I Did Not Want the Hot Words of TV and Other Presidential Reflection in a Crisis Week," Time(Weekly magazine, October 5, 1970.)

33) Richard M. Nixon, U.S. Foreign Policy for the 1970's: Building the Peace, Report to the Congress(GPO, 1971), vol. 2, p. 109.

되지 않았다. 그러자 미국의 닉슨 대통령 및 키신저 두 사람은 직접 해외로 나아가 중국과의 관계개선을 위한 외교를 전개하였다. 먼저 닉슨 대통령은 1970년 7월 파키스탄과 루마니아를 방문하여 중국과 관계개선을 희망한다는 미국의 뜻을 중국 측에 전달하여 줄 것을 요청하였다. 그리고 키신저는 과거 프랑스 주재 중국 대사였던 황전과 각별한 친분을 갖고 있는 전 하노이 주재 프랑스 대사 세인테니(Jean Sainteny)에게도 미국의 희망 사항을 중국 측에 전달해 줄 것을 요청하였다. 미국의 이러한 의사 표시 및 의사 전달이 있은 다음 모택동은 1970년 12월 3일 미국의 언론인이고 모택동의 오랜 친구인 스노우(Edgar Snow)와 대담하는 자리에서 "닉슨 대통령이 여행자로서 또는 대통령의 신분으로 중국 방문을 환영한다"라고 말했다.[34] 모택동도 이렇게 미국과 관계개선을 희망한다는 의사표시를 하였다.

닉슨 대통령과 키신저의 의사가 중국 측에 전달된 다음 1970년 12월 8일 미국 주재 파키스탄 대사는 본국으로부터 전달된 중국 주은래 수상의 긍정적인 의사를 키신저에게 전달되었다. 그리고 모택동은 일본에서 개최된 세계 탁구선수권대회에 참가한 미국 탁구팀을 중국으로 초청하였다. 미국도 이 중국의 초청을 수락하고 1971년 4월 14일 중국을 방문하고 북경 인민대회당에서 주은래 수상이 미국 탁구팀을 맞이하고 환영한다는 인사를 하였다. 주은래 수상은 환영 인사에서 "여러분들은 미국 국민과 중국 국민간의 관계에 새로운 장을 열었다"고 말했다. 소위 중국의 '핑퐁외교'는 1971년 1월 중국에 전달된 미국의 의사에 대한 중국의 답변이라고 생각한다. 그리고 1971년 4월 29일 주 미국 파키스탄 대사는 손으로 쓴 주은래 수상의 편지를 외교경로를 통해 미국 측에 전달했다. 이 편지에는 닉슨대통령, 키신저 안보보좌관 등 미국의 특사를 받아들이겠다는 내용이 있었다. 그리하여 미국은 1971년 5월 주은래 수상의 초청을 수락하였다. 그리고 이 미국의 의사가

34) Edgar Snow, "A Conversation with Mao Tse Tung," LIFE 70; no. 16(April 30, 1971), p. 47.

중국에 전달되었고 6월 2일 주은래 수상은 "닉슨대통령이 중국의 초청을 수락했다는 사실을 모택동에게 전달했다는 사실을 미국에 알려주었다" 이렇게 해서 일 년간 전개된 미국과 중국 간의 외교는 조화를 이룰 수 없는 갈등관계로부터 미국 대통령이 중국을 직접 방문할 수 있는 단계로 발전시켰다.[35]

결과적으로 미국의 또 하나의 기획외교는 소기의 목적을 달성하였다. 미국의 외교 노력은 높게 평가되어야 하겠고 동시에 중국의 적극적 외교도 또한 평가되어야 한다. 중국은 제1단계 문화혁명을 마무리 짓고[36] 문화혁명으로 어려워진 중국의 정치, 경제, 사회 등 여러 분야에서 극도의 혼란과 어려움에 직면하게 되었다. 그 뿐만 아니라 소련과의 여러 차례 무력충돌, 외교적 갈등 등으로 중국은 국내외적으로 어려움을 겪고 있었다. 이즈음 중국 공산당은 미국과의 관계 개선으로 어려움을 극복할 수 있는 돌파구로 생각하여 미국과의 접근을 모색하였다. 이러한 이유로 미국이 적극적인 외교에 중국도 적극적으로 참여하여 미-북관계 개선에 성공하였다.[37]

1988년 2월 출범한 노태우 정부도 기획외교를 전개하여 소기의 목적을 달성하였다. 이 시기는 동서 간 그리고 미국과 소련 간 긴장이 완화되고 데탕트가 자리잡고 있던 시기였다.[38] 노태우 정부는 1988년 7월 7일 '민족자존과 통일번영을 위한 7 · 7 대통령 특별선언'을 발표하였다. 그리고 노태우 정부는 북방외교를 외교정책목표로 설정하였다. 정부는 북방외교를 다음과 같이 설명하고 있다.

35) Henry Kissinger, On China(New York: The Penguin Press, 2011), pp. 215ff 참고.

36) "关於: 建國以来党的若干历史问题的决议", 人民日報, 1987年 7月 1日 참고.

37) 송영우, 중국적 정치(서울: 지영사, 2012), pp. 284ff 참고.

38) 미국은 공식적으로 데탕트(de'tente)를 다음과 같이 정의하고 있다. "데탕트란 경쟁자들이 차이점을 제한하고 규제하고 궁극적으로 경으로부터 협력하는, 환경하에서 협력과 자제로 기존 이익의 창출을 모색하는 것", Charles W. Kegley JR. and Eugene R. Wittkopf, American Foreign Policy, p. 65에서 인용.

"중국, 소련을 비롯한 전통적인 친북한적인 북방사회주의 국가와 정상적인 외교관계를 수립하므로써 북한으로 하여금 한반도의 현실을 받아들이도록 하고, 북방사회주의 여러 국가와의 외교관계 발전을 통하여 종래 서방국가만을 대상으로 하였던 우리 외교를 전방위 외교로 전환하고 중국, 소련 등 사회주의 국가들과의 통상, 경제 교류 등을 통하여 경제적 실익추구를 도모하는 것이다."[39]

노태우 정부는 북방외교를 외교정책목표로 설정하고 그 목표를 성취시키기 위한 외교정책으로 공산주의 종주국인 소련과의 외교관계 정상화를 추진하기로 하였다. 그리고 노태우 정부는 이 정책을 실제적으로 실현시키기 위한 외교에 착수하였다. 북방외교를 선언하고 추진할 수 있게 하였던 원동력은 한국의 급속한 경제발전과 1988년 9월에 개최되었던 서울 하계올림픽의 성공이었다. 이 올림픽에 소련 등 공산권 국가들이 대거 참여하여 이들 국민들과 유대를 강화할 수 있는 계기가 되었다. 한국과의 외교관계 정상화를 실현시킨 당시 소련 대통령 고르바초프(Mikhail Gorbachev)는 그의 회고록에서 "소련의 경제가 날로 약화되어가고 있는 가운데 경제 기적을 이룩한 동아시아의 4마리 용 중의 하나인 한국에 관심을 갖게 되었다"술회하였다.[40]

노태우 정부의 북방외교는 국제 정세, 소련의 국내사정, 한국의 발전 등과 잘 조화를 이루어 적절한 시기에 추진되었다. 이러한 여러 조건들이 이 북방외교를 성공 가능하게 하였다.

1988년 말 소련은 다른 자본주의 국가 국민 및 다른 개도국의 국민과 동등한 대우를 받고 소련에 입국할 수 있도록 한국에 대해 문호를 개방하였다. 그 직후 한국과 소련 양국은 우편, 전신, 전화 그리고 테렉스를 개통하였다. 1989년 1월 현대 그룹의 정주영 회장은 소련을 방문하고 소련의 상공

39) 外交部, 韓國의 北方外交, 執務資料, 90-113(東欧), p. 28.

40) Don Oferdorfer, The Two Koreas(Reading, Massachuster: Addison-Wesley, 1997), p. 205 에서 인용.

회의소 소장과 공동으로 사업을 추진한다는 데에 합의하였다. 그로부터 2주일 후 소련의 상공회의소 부소장 골라노프(Vladimir Golarnov)는 서울을 방문하고 두 국가의 수도에 비공인 무역사무소 설치에 합의하였다. 지금까지 전개되고 있는 양국의 일련의 행위들은 모두 민간 차원이지만 이 시기는 한국과 소련 간 외교관계 정상화되기 이전이었기 때문에 이 모든 행위들은 양국 정부의 승인에 의해서 민간인에 의해 이루어진 것들이었다. 1989년 4월 한국과 소련은 각각 서울과 모스크바에 공식적인 무역사무소를 개설하였고 1989년 12월 8일 영사관계 설정에 합의하였고 1990년 3월 양국은 각각 영사관을 설치하였다. 그리고 1990년 1월 집권당의 대표이고 노태우 대통령을 후계하게 되는 김영삼 당대표를 소련에 보내고 비공식적으로 고르바초프 소련대통령과 면담하도록 하였다.

1990년 당사 소련은 산업자금이 필요했으나 소련 정국이 불안하기 때문에 다른 국가로부터 자금 지원이 어려웠다. 그 때 고르바초프는 1990년 5월 전 주미 소련 대사였던 도브리닌(Anatoly Dofrynin)을 귀국토록 하고 소련 지도부의 외교정책 보좌관으로 임명하였다. 그리고 그로 하여금 한국 정부의 초청을 수락하고 한국에 가서 재정적 지원을 요청하도록 하였다. 도브리닌은 1990년 5월 22일 서울에 도착하여 다음날 청와대에서 비밀리에 노태우 대통령과 그의 안보보좌관을 만났다. 그리고 도브리닌은 소련 대통령이 한국 정부의 지도자를 만날 의사가 있음을 노태우 대통령에게 알려주었다. 그리고 고르바초프는 미국 워싱턴에서 부시(George H.W. Bush) 대통령과 정상회담이 예정되어 있었다. 그리하여 도브리닌은 2주일 후 샌프란시스코에서 한-소 정상회담을 갖기로 합의하였다. 1993년 도브리닌의 회고에 의하면 구체적인 액수는 말하지 않았지만 수십억 달러의 차관을 노태우대통령과 논의하였다. 노태우 대통령은 도브리닌에게 "한국과 소련 간 외교관계가 정상화되면 한국은 소련 경제 회복에 크게 기여하겠다"고 말했다.[41] 그리고 드디어 1990년 6월 5일 미국 샌프란시스코에서 한국의 노태우 대통령과 소련 대통령 고르바초프와 정상회담을 가졌고 마침내 1990년 9월 30일 한국과 소련은 외교관계를 정상화하였다. 그리고 노태우 대통령은 1990년 12월 한국 대통령으로서는 처음으로 소련을 방문하여 한–소 정상회담을 가졌고 1991년 4월에는 처음으로 소련의 고르바초프 대통령이 한국을 방문하고 제주도에서 3번째 한–소 정상회담을 가졌다. 그리고 1992년 8월 중국과도 외교관계를 정상화하여 노태우 정부의 기획 외교인 북방외교의 대미(大尾)를 장식하였다.

모든 국가는 특히 약소국가는 기획외교가 반드시 필요하다. 약소국가의 외교정책은 자칫 강대국의 외교정책에 대응하는 수동적 외교정책을 갖기 쉽다. 약소국일수록 능동적인 외교정책을 갖기 위해 기획 외교를 전개하여야 국가 이익을 증대시킬 수 있다.

한국의 경우 미국, 중국 등 주변 강대국에 대한 기획외교를 추진하여야할 국가이다. 한국은 주변 국가에 비해 상대적으로 국력이 취약하기 때문에 이들 국가에 대한 선제적 조치로 기획외교를 마련하여야 할 것이다. 기획외교도 여러 분야에 걸쳐 마련하는 것이 바람직하다. 예를 들면 양국 간 외교관계의 증진을 위한 기획외교도 필요하고, 또는 무역의 활성화, 군사적 협력 방안 모색 등등 여러 분야에 대한 기획외교가 요구된다. 모든 기획외교가 반드시 소기의 목적을 달성할 수 있는 것도 아니다. 어떤 기획외교는 성공하지 못하는 경우도 있을 것이다. 또한 기획외교는 그 추진 기간이 매우 긴 것도 있고 짧은 것도 있을 수 있다. 기획외교를 구상하면서 강조해야할 부분은 외교정책목표의 적절성이다. 이것을 기획하는 국가의 능력, 그 대상 국가와의 외교관계의 정도, 추진 시기 등을 고려하여 목표를 설정하여야 한다. 따라서 그 목표의 성취를 위한 외교정책 및 외교는 외교정책목표, 상대국가와의 외교관계의 정도에 따라 결정되어야 할 것이다.

41) 위의 책, pp. 206ff.

외교는 외교정책 추진의 핵심적인 정치적 기술이다.[42] 외교가 그의 기술을 발휘하기 위해서는 외교정책이 있어야 한다. 그리고 외교정책은 외교정책 목표를 성취하기 위해 필요한 것이다. 여기서 강조되고 있는 것은 외교정책을 추진하여 실현시키는 것이 외교의 최고의 기능이라는 것이다.

기획외교는 능동적으로 선제적으로 마련된다. 한 국가의 정부가 스스로 무엇을 성취시켜야 국가의 이익을 크게 증대시킬 수 있다는 생각에서 기획외교는 시작된다. 앞에서 여러 기획외교의 예를 보아서 알 수 있듯이 모든 기획외교는 능동적으로 선제적으로 전개되었다.

먼저 외교정책목표는 물론 능동적으로 또 선제적으로 설정되어야 한다. 왜냐하면 이 외교정책목표는 자국의 국가 이익의 증대를 위한 것이기 때문이다. 그러나 외교정책목표가 그 목표를 설정한 국가의 이익만을 충족시키려는 것이라면 보다 많은 시간, 노력이 요구되고 보다 많은 국력의 소모가 요구된다. 외교정책목표가 한 국가에 의해 주도적으로 설정되지만 그 목표를 다른 국가와 공유할 수 있는 것이라면 보다 적은 노력으로 또 보다 짧은 기간 내에 목표를 쉽게 달성할 수 있다. 앞의 예에서 본 것처럼 1970년대 미국과 중국의 외교관계개선은 미국이 능동적이고 선제적으로 설정한 외교정책목표이지만 그러나 중국도 문화혁명, 경제정책의 실패, 권력투쟁 등으로 국가가 어려움에 처해있었기 때문에 어려움을 극복하기 위한 돌파구로 미국과의 외교관계 개선을 생각하고 있었다. 실제로 중국도 선제적으로 미국과의 외교관계 개선의 의사표시를 하였다. 모택동은 1970년 10월 8일 전승절을 기념하는 군의 퍼레이드가 천안문 광장에서 거행될 때 미국 언론인 스노우를 그의 옆에 세워서 그 행사를 관람케 하였다.[43]

42) Charles O. Lerche and Afdul A. Said, "Diplomacy–Political Technique for Implementing Foreign Policy," in Elmer Phischke(ed.), Modern Diplomacy(Washington, D.C.: American Enterprise Institute for Public Policy Research, 1981), p. 19; Bruce Russett and Harvey Starr, World Politics: The Menu For Choice, p. 160.

43) Henry Kissinger, On China, p. 225.

모택동의 이러한 행위는 미국과의 외교관계 개선을 희망한다는 적극적이고 선제적인 의사표시였다. 이와 같이 미국과 중국은 양국이 모두 관계 개선을 희망하였고 그것을 위한 외교정책을 결정하고 외교를 전개하였다. 그 결과 미-중 관계 개선이 성공적으로 이루어졌다.

또한 1980년대 노태우 정부의 북방외교도 소련, 중국 등과 외교관계 정상화라는 외교정책목표를 공유하였기 때문에 이 목표는 크게 어렵지 않은 과정을 거쳐 성공하였다.

그와는 달리 미국 트럼프 대통령의 북한의 완전한 비핵화(CVID)라는 외교정책 목표는 쉽게 그 목표를 달성하지 못하고 있다. 이 목표가 성공하지 못하고 있는 이유는 미국과 북한이 이 목표를 공유하고 있지 못하기 때문이다. 이 경우 한국의 속담이 떠오른다. 우리 속담에는 '손바닥도 마주쳐야 소리가 난다'라는 말이 있다. 미국과 북한은 비핵화에 있어 손바닥을 마주치지 못해 소리가 나지 않는 것처럼 미국과 북한이 목표를 공유하지 못하기 때문에 목표성취가 어려웠다. 당사국 간 목표를 공유하지 못하면 이 목표 성취에 상당한 시간과 노력이 요구된다.

제2차 대전 후 미국 트루만 대통령의 소련 세력 확장 저지라는 목표는 성공하였다고 평가한다. 미국의 봉쇄정책으로 미국이 설치해 놓은 눈에 보이지 않는 방어벽을 소련은 넘지 않았다. 그 대신 소련은 동유럽 국가들을 공산국가화하고 소련의 위성국가로 만들었다. 이처럼 소련이 동유럽을 장악할 수 있게 되어 미국의 대소련 세력 확장 저지라는 미국의 외교정책목표를 수용하여 이 목표를 공유한 것으로 평가한다.

외교가 추진하게 되는 외교정책에는 그의 결정 배경, 동기, 계기 등에 따라 외교정책의 역할과 기능이 달라질 수 있다. 외교정책은 설정된 외교정책 목표를 성취시키기 위해 정부에 의해 능동적으로 또 적극적으로 결정되는 외교정책이 있고 다른 한 편으로는 앞의 외교정책과는 달리 외교정책 목표

없이 정부에 의해 수동적으로 또 소극적으로 결정되는 외교정책이 있다. 이 외교정책 목표에 이름을 붙인다면 전자는 능동적 그리고 적극적인 외교정책목표이고, 후자는 수동적이고 소극적인 외교정책목표라 하겠다. 능동적 외교정책은 이미 설정된 외교정책 목표를 성취시키기 위해 정부가 선제적이고 주도적으로 결정하는 외교정책이다. 이 능동적 외교정책은 국가의 외교정책 목표를 성취시켜 국가의 이익을 극대화할 수 있는 외교정책이다. 다른 한편 수동적 외교정책은 결정의 배경, 동기 등이 자의적이라기보다 타의적이라고 말할 수 있다. 이러한 수동적 외교정책은 그 국가의 외교정책목표와 같은 맥락에서 결정된 것이 아니다. 그것은 외교정책 목표 없이 결정된 정책이다.[44]

한 국가가 외교정책을 결정하는데 그의 동기, 배경 등이 수동적이고 타의에 의한 것이라면 그 외교정책은 자국의 국가 이익을 증진시키지 못하고 자칫 국가에 손실을 가져다 줄 수도 있다. 예를 들면 한 국가가 다른 국가에 대해 특정 상품의 수입 관세를 크게 인하하도록 요구하고 만일 이 요구를 수용하지 않는다며 보다 큰 불이익을 감수하게 될 것이라고 압력을 가하였을 때 후자국가가 그 압력에 굴복하여 전자국가의 상품에 대해 관세를 인하하는 결정을 한다면 이 결정은 후자 국가의 산업발전과 시장에 매우 불리하게 작용할 것이다. 후자국가의 이 결정은 그 국가의 외교정책 목표와 무관하게 결정되었고 또한 이 관세 인하 정책의 결정은 자의적인 동기 및 배경하에서 이루어진 것이 아니기 때문에 그 외교정책은 수동적인 정책이고 국가 이익을 증대시키지 못하고 오히려 국가 이익을 훼손하는 정책이다. 국가의 수동적인 외교정책은 국가가 회피해야 할 것이다.[45] 다시 말하면 외교정책목표가 있으므로 능동적인 외교정책이 결정되고 따라서 국가 이익을 증대시킬 수 있는 외교정책의 실현을 위한 외교가 전개된다. 이렇게 하기

44) 송영우, 외교정책론, 2nd ed.(서울: 지영사, 2006), pp. 23-24.

45) 위의 책, p. 24.

위해서는 기획외교가 추진되어야 한다.

4. 국가 위상 제고 외교의 이론화

➔➔ **국가 위상 제고의 의미:** 한국이 일본의 식민상태였던 1943년 11월에 제2차 세계대전 수행 및 전후 처리문제를 논의하기 위해 이집트 카이로에서 미국의 루즈벨트 대통령 및 동맹국 지도자들이 회동하였다. 이 회동에서 지도자들은 다음과 같은 결정을 하였다.

"한국인들이 노예 상태에 있다는 사실을 염두에 두고 앞의 3강대국들은 적절한 시기에 한국을 자유롭고 독립적인 국가로 탄생시킬 것이라고 결정하였다"[46] 이 카이로 회담에서 3강대국의 지도자들은 당시 한국인들의 상황을 노예상태로 보았다. 이것이 3지도자들의 한국에 대한 평가였다. 이것은 한국인의 위상을 매우 낮고 나쁘게 평가한 것이다. 이러한 평가가 한국을 제2차대전이 끝난 직후 독립국가로 만들지 않고 3년간의 미군정을 실시하게 만들었다. 한국과 한국인이 국제사회에서 이처럼 낮고 나쁘게 평가받지 않는 것이 매우 중요한 일이다. 지금 말한 것은 과거의 일이지만 앞으로도 한국과 한국인을 높고 좋은 평가를 받는 것이 우리의 미래를 밝게 할 것이기 때문에 우리가 높은 평가를 받기 위해서는 국제사회에서 우리의 위상을 제고시키는 일을 열심히 하여야 할 것이다. 국가의 위상 제고는 모든 국가가 반드시 해야 할 일이다. 주지하는 바와 같이 국가의 위상 및 평가가 수치로 나타나는 것은 아니다. 또 국가의 위상이 어떤 사람 또는 국제기구 등에서 특정 자료에 의해서 점수가 정해지는 것도 아니다. 국가의 위상은 여러 경로를 통해서 또 여러 사실들을 통해 세계인의 뇌리에 입력되는 것이다.

46) "Statement Released After the Cairo Conference by President Roosevelt, Generalissimo Chiang Kai-Shek, and Prime Minister Churchill, December 1, 1943," in Se-Jin Kim(ed.), Documents Korea-American Relations, 1943-1976(Seoul: Research Center for Peace and Unification, 1976), p. 27.

오늘날 세계적으로 높고 좋은 평가를 받는 국가를 지목하라면 나는 북유럽 3국 덴마크, 노르웨이 그리고 스웨덴을 들고 싶다. 나의 지목에 동의하지 않는 사람은 많지 않을 것이다. 우리는 이들 국가에 가서 살아보지 않아도 이들 국가에 대한 여러 자료들을 통해 이들 국가의 정황(情況)을 알고 있다. 이런 것들을 통해 이 국가들을 평가한다.

실제로 유엔개발계획(UNDP)의 2003년도 '삶의 질' 지수(UNDP quality-of-life index-여기에서 참고되는 요소에는 개인소득 뿐만 아니라 교육, 의료수준 그리고 평균수명이다)를 발표하였다. 여기에서 가장 살기 좋은 국가로는 노르웨이, 아이슬랜드, 스웨덴, 오스트레일리아, 네덜란드, 벨기에로 나타났다.[47] 이 국가들은 유엔에 의해 공식적으로 인정된 살기 좋은 국가이다. 국제기구의 이러한 평가는 곧 국가의 위상을 크게 제고시킨 것이다. 이러한 평가를 받는 국가는 세계적으로 존경받는 국가이며 모두가 부러워하는 국가이다. 국가로 하여금 이와 같은 자리매김을 하게 만드는 것이 국가의 위상제고이다.

특별한 이유가 없더라도 국가가 다른 국가 그리고 다른 국가 국민들로부터 좋은 평가를 받는 것은 기쁜 일이다. 오늘날 대부분의 국가들이 문호를 개방하고 있고 많은 사람들의 왕래가 자유롭게 이루어지고 있다. 이러한 시기에 살고있는 사람으로서 어디서나 좋은 평가를 받고 있는 국가의 국민이라면 언제 어디서나 기쁜 마음으로 살아갈 수 있을 것이다. 이것만으로도 좋은 평가를 받는 국가의 국민은 자랑스럽게 당당하게 살아갈 수 있을 것이다.

영국의 컨설팅 그룹-'헨리 앤드 파트너스'-은 전세계 200여 국가의 여권(旅券)을 94등급으로 분류하였다. 여권만 있으면 비자를 받지 않고도 언제든지 마음대로 방문할 수 있는 국가를 여행자유 정도에 따라 여권 강대국과 여권 약소국을 순위를 정하였다. 다음은 비자 없이 갈 수 있는 국가의 숫자이다.

47) "Norway Tops Quality of Life Index," New York Times, July 9, 2003, p. A6.

1위 – 미국, 영국, 독일, 핀란드, 스웨덴 : 174개국

2위 – 캐나다, 덴마크 : 173개국

3위 – 한국, 일본, 프랑스, 벨기에, 이탈리아 : 172개국

.

.

.

86위 – 북한, 에티오피아, 부르디, 방글라데시 : 42개국

94위(최하위) – 아프가니스탄 : 28개국[48)]

이러한 순위는 국가의 평가, 위상 등과 무관하지 않을 것으로 생각된다. 앞의 순위를 차지하고 있는 국가들은 일반적으로 선진국가로 평가되는 국가들이다. 이 국가들의 국민들은 보다 많은 국가에 자유롭게 여행할 수 있게 되었는데 이것은 그의 국가가 세계로부터 좋은 평가를 받고 있기 때문이라고 생각한다.

국제사회에서 힘 있는 국가는 국제적으로 좋은 평가를 받을 수 있는 요소이다. 힘 있는 국가로 평가받으면 국제사회에서 그 국가의 위상은 분명히 높아진다.

오스트레일리아 싱크탱크 로위연구소가 아시아 24개국의 군사, 경제, 외교 등 8개 분야를 분석해서 "2019 아시아 파워지수(Asia Power Index-API)"를 발표했다. 이 발표에 의하면 1위 미국-84.5점, 2위 중국-75.9점, 3위 일본 -42.5점, 4위 인도-41, 5위 러시아-35.4, 6위 한국-32.7 … 16위 북한 -14점이라고 하였다.[49)] 이 발표된 국가 가운데 상위에 있는 국가들은 힘이 있는 국가들로서 다른 많은 국가들로부터 좋은 평가를 받게 될 것이며 따라서 국가의 위상도 높아질 것이다.

48) 朝鮮日報, 2015. 4. 7.

49) 朝鮮日報, 2019. 5. 30.

국가의 위상이 제고되면 국제사회에서 높은 평가를 받는 국가로서 세계적으로 존경받는 선망의 대상이 될 것이다. 그리하여 많은 세계인은 이 국가에 방문을 희망하게 될 것이다. 세계적으로 많은 사람으로부터 높은 평가를 받는 국가는 그것 자체가 훌륭한 관광자원이 되고 많은 관광객을 유치할 수 있게 될 것이다. 스위스는 국가의 규모는 작지만 세계적으로 많은 사람들이 방문하고 싶어하는 국가이다. 그 이유 중의 하나는 많은 사람들로부터 스위스는 안정되고 여유로운 국가로서 높은 평가를 받고 있는 국가기 때문이다.

)가 중요한 이유 중의 하나는 대부분의 국가에서 참정권이 확대되어 국민의 정치 참여 기회가 많아지고 있다. 그리하여 국민들이 대외정책 결정에도 적지 않은 영향을 미치고 있다.[50] 그러므로 한 국가의 외교정책이 많은 국가의 국민들로부터 지지를 받게 되면 그 국가의 외교정책은 보다 좋은 성과를 얻어낼 수 있을 것이다.

➔➔ **국가 위상 제고를 위한 외교:** 국제사회에서 국가의 위상을 제고하는 데 외교가 담당해야 할 몫이 있다. 먼저 국가의 위상 제고에는 상당한 국가의 자산이 있어야 한다. 이것을 위한 국가의 자산에는 국가가 가지고 있는 모든 유형 및 무형의 자산들이 포함된다. 이 유형 및 무형의 자산에는 한 국가의 정치, 경제, 사회, 교육, 문화 등의 수준, 규모, 능력, 안정성 등을 담고 있다. 정치적으로는 자유 민주주의 체제 및 제도가 잘 정착되어 국가가 안정되어 있고 국민 생활이 또한 안정되어 있는 국가는 상당한 정치 자산을 갖고 있는 국가이다. 여기에는 국민의 인권, 기본권 등이 잘 보장되어 있고 법질서가 잘 확립되어 있는 것도 국가의 정치적 자산이다. 경제적으로는 자본주의 시장경제가 견고하게 확립되어있고 국민 생활이 부족함이 없이 여유로운 생활이 가능한 것도 국가의 경제자산이다. 모든 사람에게 교육의

50) Aller C. Hansen, USIA: Public, Diplomacy in the Computer Age(New York: Praeger Publishers, 1984), pp. 1-4.

기회가 균등하게 보장되어 있고 교육의 질적 수준이 높은 것도 국가의 자산이다. 사회적으로 안전하고, 사회적 갈등이 없고 모두가 더불어 살 수 있는 사회 역시 국가의 자산이다. 모든 사람의 삶을 윤택하게 하는 수준 높은 문화를 모두가 향유할 수 있다면 그것도 국가의 문화 자산이다.

국가 가운데에는 상당히 높은 수준의 자산을 갖고 있는 국가도 있고 그렇지 못한 국가도 있다. 국가적 자산의 정도에 관계없이 국가의 위상은 제고되어야 하고 여기에는 외교가 담당해야할 것이 있다. 지하에 상당한 양의 금이 매장되어 금광이 있더라도 그것을 채굴하고 제련하여 순금을 얻을 때 그 금광이 의미가 있는 것이다. 이처럼 국가의 자산도 자국 영토에만 머물러 있다면 그 자산은 국가의 위상 제고에 아무런 역할도 하지 못하는 것이다. 한 국가가 갖고 있는 자산으로 국가의 위상을 제고시키는 일은 전적으로 외교가 담당해야 할 일이다. 다른 한편 국가가 갖고 있는 자산이 많지 않아도 국가의 위상은 제고되어야 할 것이다. 이런 어려운 처지에 놓여있는 국가의 경우에 외교는 더 많이 노력하여 국가의 위상 제고에 매진하여야 할 것이다.

1980년대 한국의 전두환 정부는 초헌법적인 과정과 절차를 거쳐 탄생 된 정부였다. 당시 정부 하에서는 국민의 기본권이 제한되고 정치가 비민주적으로 행해지던 시기였다. 이 시기 한국에 대한 세계적 평가는 좋지 않았을 것이고 동시에 국가 위상도 높을 수가 없었을 것이다. 더욱이 한국은 분단된 한반도 남쪽에 위치하여 북한과 휴전선을 마주하며 군사적으로 대치하고 있어 안보도 불안하다고 말할 수 있다. 이 시기는 동서가 또 미국과 소련 간의 극단적 갈등으로 양 측의 긴장이 매우 고조되었던 시기다. 이때 미국은 동서 냉전의 한 쪽인 민주진영을 이끌고 있던 세계 최고의 부강한 국가였다. 이러한 시기에 미국으로부터 신임을 받는다는 것은 세계에서 한국을 평가하는 데 크게 기여할 것이다.

보수주의적 색채가 매우 짙은 미국의 레이건(Ronald Reagan)이 1981년 1월 미국의 새로운 대통령으로 취임하였다. 미국의 레이건 대통령은 취임 1주일 만에 한국의 전두환 대통령을 초청하여 한-미 정상회담을 가졌다. 레이건 대통령은 취임 후 국가 원수 가운데 첫 번째로 한국의 전두환 대통령을 초청하였다. 이 정상회담은 미국에 의해 한국의 전두환 정부를 공개적으로 인정하는 외교 행위였다. 이 한-미 정상회담은 세계인으로 하여금 한국 정부에 대한 나쁜 인식을 바꾸어놓을 수 있는 좋은 계기였다. 왜냐하면 세계 제1의 부강한 국가이고 선진국인 미국의 대통령이 한국의 대통령을 초청하여 한국 정부를 인정하였다는 사실은 다른 국가에게도 한국에 대해 좋은 인상을 가질 수 있게 할 수 있기 때문이다. 이 정상회담에서 양국 정상은 다음과 같이 합의하였다. 첫째, 한국은 한반도와 동북아시아 평화유지에 중요한 요충지이다. 둘째 1954년에 발효된 한 · 미 상호방위조약에 따른 상호 의무의 준수를 재확인하였고 미국은 한반도와 동북아에서 안보와 평화를 보장하고 주한미군의 철수 계획을 백지화하고 한국의 방위 능력을 강화하는데 필요한 방위산업 기술과 무기체계의 판매를 확인하고, 양국의 협력관계 강화를 다짐하였다.[51] 정통성을 갖고 있지 못한 전두환 정부가 이러한 결과를 창출했다는 것은 외교의 성공을 대변하는 것이다. 동시에 이러한 외교의 업적은 국제사회에서 한국의 위상 제고에 크게 기여하였을 것이다. 1980년대 미국이 한국의 안전을 보장하고 지원을 하겠다는 선언은 세계인들에게 한국에 대한 평가를 보다 높게 할 수 있게 만들었을 것이다. 그리고 전두환 정부는 권위있는 세계적 국제기구인 세계은행 및 국제통화기금(IMF) 총회를 한국에서 개최하도록 하였다. 이것 역시 세계인으로 하여금 한국에 대한 평가를 높게 할 수 있는 계기를 마련하였을 것이다. 이러한 국제회의를 주최한 것도 국가 위상 제고를 위한 성공적 외교의 결과물이라고 말할 수 있다. 어려운 시기에 한국의 관리들의 외교적 노력으로 한-미 정상회담을 성사시키고

51) 경향신문사, 실록 제5공화국(서울: 경향신문사, 1987), pp. 199ff.

또 세계적으로 권위있는 국제기구의 총회를 한국에서 개최할 수 있게 한 행위는 한국 외교의 능력이고 한국 외교의 성공이라고 말할 수 있다.

특히 한국이 1988년 하계 올림픽을 유치하고 그것을 성공적으로 개최하였다. 이것은 세계적으로 한국을 수준 높은 국가로 평가할 수 있는 매우 좋은 행사였다. 실제로 분단국가인 한국의 서울에서 올림픽의 개최는 한국이 안전하다는 것을 증명한 것이다. 그리고 올림픽을 전후하여 많은 세계인들이 한국을 방문하여 한국의 발전상을 볼 수 있었다. 이 올림픽의 효과는 계량할 수 없을 정도로 매우 컸던 것이다. 그렇기 때문에 서울 올림픽은 세계적으로 한국의 위상 제고에 크게 기여했을 것이다.

21세기 현재 베트남은 권위주의 정부가 지배하는 사회주의 국가로서 이제 막 문호를 개방하여 경제발전을 도모하고 있는 개발도상국가이다. 이 정도의 국가라면 국제적으로 평판이 좋지 않을 것이다. 베트남도 위상 제고가 필요하다. 경제 발전을 적극적으로 추진하고 있는 베트남은 외국과의 경제교류가 활발하여야 경제발전에 도움이 될 것이다. 베트남이 다른 경제 선진국으로부터 투자, 기술 이전 등이 절실하다. 이것을 위해서는 국가에 대한 높은 평가, 위상의 제고가 요구된다. 이러한 일은 외교의 몫이다. 베트남은 이것을 위해 2018년 G20 정상회담을 개최하였고 또한 베트남은 2019년 2월 제2차 미국과 북한의 정상회담을 주최하였다. 이 두 개의 국제회의를 베트남에서 개최한 것은 베트남 외교의 성공이다. 이 두 국제회의를 베트남에서 개최한 것은 베트남의 위상 제고에 기여하였을 것이다. 이것은 베트남에 대한 평가를 보다 높게 할 수 있게 할 것이고 이것은 다른 경제 선진국과의 경제교류에 크게 도움이 될 것이다.

국제사회에서 체계적이고 조직적으로 국가의 위상을 제고하는 데 가장 핵심적 역할을 수행하는 외교중의 하나는 공공외교이다.[52] 공공외교는 국가에

52) 공공외교(public diplomacy)란 용어는 1965년 투프츠(Tufts)대학교 플레처스쿨(Fletcher School)

의해 그리고 국가 관리에 의해 다른 국가 국민들에게 전개되는 외교로 효과적으로 그리고 체계적으로 국가의 위상을 제고시킬 수 있는 최선의 방편이다. 동시에 공공외교는 많은 외국 국민들에게 자국을 잘 알리고 이해시켜 이 외교를 행하는 국가를 좋아하게 만들고 이 국가의 외교정책을 지지하게 만들 수 있다. 다른 국가 국민들에게 자국의 자랑거리를 많이 알리게 되면 이 국민들은 많은 것을 보고 그 국가를 좋게 평가하고 동시에 그 국가를 지지하게 될 것이다. 이것은 곧 공공외교의 산물이다.

공공외교의 역사는 짧다고 말할 수 없다. 프랑스는 17, 18세기에 유럽 전역에 자국의 문화를 전파했다. 그에 따라 프랑스어는 외교에서 사용되는 국제언어가 되었다. 그리고 프랑스 정부는 1883년에 알리앙스 프랑세즈(Alliance Francaise)를 설립하여 프랑스 언어와 문화를 여러 국가에 전파하였다. 프랑스 문화를 외국에 보급하는 사업은 프랑스 외교의 중요한 요소였다. 그리고 이탈리아, 독일 등 다른 국가들도 기관을 설립하여 그들의 문화를 세계에 전파하였다. 미국도 1917년 윌슨 대통령은 공공정보위원회(Committee on Public Information)를 설립하고 이 위원회가 한 일은 미국을 보호하는 모험적 사업이라고 위원회의 책임자는 말했다. 이 위원회는 아메리카주의의 복음(Gospel of Americanism)이라는 책자를 만들어 보급하였다. 그리고 정부가 운영하는 뉴스센터를 설립하여 운영하였고 미국을 긍정적으로 평가하게 하는 영화를 만들어 보급하기도 하였다. 1930년대 말 루즈벨트(Fraklin D. Roosevelt) 대통령은 "미국의 안전 보장은 다른 국가 국민들에게 접근해 이들의 지지를 얻는 능력에 좌우된다"고 말했다. 미국 국무부는 1938년에 문화관계부서를 신설하고 다시 2년 뒤에는 아메리칸 대륙 문제부서(Office-Inter-American Affairs)를 만들어 이 지역에 미국의 문화와 관련 정보를 널리 알리고 전파, 1939년에는 독일도 중남미 지역에 일주일당 7시간

의 굴리온(Edmund Gullion)학장에 의해 처음으로 사용되었다. Allen C. Hansen, USIA-Public Diplomacy in the Comupter Age(New York: Praeger Publishers, 1984), p. 2.

분량의 방송 프로그램을 내보냈고 미국은 약 12시간씩 방송했다. 그 후 1941년경에는 24시간 방송했다.[53] 제2차 세계대전이 끝난 다음에는 공공외교의 중요성이 크게 강조되면서 선진국들은 공공외교를 위한 국가 기구 및 조직을 갖추기 시작하였다.

미국은 공공외교를 체계적으로 수행하기 위해 1953년 미국 정보국(U.S. Information Agency-USIA)을 창설하고 1978년 4월에는 국제통신국(International Communication Agency-ICA)을 신설하였다. 그리고 1982년 미국 공공외교를 담당하는 기관의 이름을 다시 미국정보국(USIA)로 개칭하였다. 미국의 대사관 및 영사관에 근무하는 관리들은 공공외교업무를 담당하는 그리고 문화업무를 담당하는 관리로서 언제나 미국 정부의 주요 교육 및 문화교류 프로그램을 추진하였다.

일찌기 많은 세계적 지도자 가운데 전 사다트(Anwar Sadat) 이집트 대통령, 지스까르 데스텡(Valery Giscard d'Estaing) 프랑스 대통령 그리고 독일의 쉬미트(Helmut Schmidt)수상은 미국 정부의 교육 교환 프로그램에 의해 미국을 방문하였다. 이것은 미국 공공외교의 작품이다. 그리고 중남미 국가의 국민들이 미국 정보국에 의해 만들어지고 미국의 대중외교를 수행하는 외교관들에 의해 배포되는 텔레비전 프로그램, 영화 등을 보는 것도 역시, 미국 공공외교이다. 또한 개발도상국가의 학자 및 학생들이 그 국가에 주재하는 미국 공공외교관에 의해 제공되는 여러 혜택으로 미국에서 연구활동을 하게하는 것도 공공외교이다. 또한 미국의 음악인이 미국 정부의 지원으로 해외 여러 도시에서 연주여행을 하는 것도 미국 공공외교이다. 이렇게 미국 공공외교관에 의해 행해지는 행위는 많은 외국인들에게 미국을 잘 이해시키고 미국을 선호하게 만드는 외교로 미국에 대한 좋은 평가 그리고 위상 제고에 크게 도움이 될 것이다. 미국 정부에 의해 실시되는 행위로 국민들이 참여

53) Joseph S. Nye, Jr., Soft Power(New York: Public Affairs, 2004), pp. 101-102.

하는 국제적 소통(International communication) 문화 및 교육 행위는 모두 공공외교이다. 공공외교는 다른 국가에 대해 행해지는 외교정책의 주요한 수단이다.[54] 이와 같은 공공외교에서 특별히 강조되어야 할 것은 공공외교를 전개하는 국가의 좋은 전통, 가치관, 민주적인 제도, 역사 등을 정확히 알리고 이해시키는 일이다. 이러한 요소들이 다른 국가 국민들에게 공공외교를 통해 잘 이해하도록 하여 이 공공외교를 전개하는 국가와 국민을 좋아하게 만들어 이 국가의 외교 정책들을 지지하게 만들어야 그것이 진정한 공공외교이다.

선진국들은 공공외교를 위한 많은 재원을 투자한다. 공공외교에 가장 많은 투자를 하는 국가는 프랑스로서 국민 1인당 17달러를 공공외교에 투자한다. 이 액수는 두 번째로 많이 공공외교에 투자하는 캐나다보다 4배 더 많은 재원을 투자하고 있다. 공공외교에 3번째로 많은 재원을 투자하는 국가는 영국이고 4번째로 많은 투자를 하는 국가는 덴마크이다. 미국의 공공외교를 담당하고 있는 국무부의 국제문화 프로그램에 대한 예산은 미국인 1인당 소득의 65센트를 배정하고 있다.[55] 선진국들의 이와 같은 재원의 투자는 곧 공공외교가 외교정책에 영향을 미칠 수 있기 때문에 그의 중요성을 뒷받침하고 있는 것이다. 한 국가가 많은 국가 국민들로부터 높은 평가를 받고 이들로부터 존경의 대상이 되는 국가의 외교정책은 이들 국민들로부터 지지를 받을 수 있을 것이다. 존경할만한 국가의 외교정책이므로 이 정책은 이 국가를 존경하는 국가의 국민들로부터 지지를 받는 것은 당연한 일이다. 그 반대로 많은 국가의 국민들로부터 멸시당하고 무시당하고 있는 국가의 외교정책이 이들 국민들로부터 지지받는 일은 생각할 수 없는 일이다.

공공외교는 주로 문화적 요소인 교육, 예술, 스포츠 등을 통하여 다른 국가

54) Allen C. Hansen, USIA, pp. 1ff.

55) Joseph S. Nye, Jr., Soft Power, p. 82에서 인용.

국민들에게 자국의 우수성을 알리고 적극적으로 자국 문화를 수출하여 자국의 문화를 숭상하고 심취하도록 하는데 역점을 두고 있다. 이것을 위하여 국가들은 문화협정을 체결하기도 하고 해외에 문화원을 설치하여 운영한다. 이러한 문화협정 및 해외문화원을 성공적으로 운영하기 위해서는 전문인력으로 하여금 이 업무를 담당하게 하여야 한다. 여기에서는 교육, 다양한 예술 등을 기반으로 하여 대중외교를 전개하여야 하기 때문에 이 분야에 전문성을 가진 사람들로 하여금 이 분야에 종사하도록 하는 것이 대중외교의 성공을 위해 바람직한 일이다.

공공외교의 전개는 간단(間斷)없이 지속적으로 전개되어야하고 그리고 집중적으로 추진되어야 한다. 공공외교가 전개된 국가에 대해서는 지속적으로 전개되어야 그 효용성이 더 커진다. 이것을 잠깐 하였다가 그만 중단한다면 시간이 지나면서 먼저 전개되었던 공공외교 행위가 사람들의 뇌리 속에서 사라지거나 지워지게 된다. 이러한 현상은 공공외교가 만들어두었던 의미, 가치 등을 뇌로부터 증발시켜 아무런 효과도 거둘 수 없다.

또한 공공외교의 의미 및 효능을 증대시키기 위해 반드시 필요한 것은 집중적으로 전개하여야한다는 것이다. 세계 200여 국가에 고르게 공공외교를 전개한다는 것은 매우 어려운 일이다. 특히 각 국가는 인적 및 물적 자원의 한계로 인하여 공공외교에도 한계가 뒤따르게 될 것이다. 그러므로 공공외교는 주어진 인적 및 물적 자원을 가지고 집중적으로 전개되는 것이 중요하다. 그 집중의 대상은 자국과의 관계 정도에 따라 결정되어야 한다. 먼저 공공외교는 우선 자국과 정치, 경제, 군사 등에서 밀접한 관계를 갖고 있는 국가에 집중적으로 전개되어야 한다. 국제정치적으로 정책노선을 같이 갖고 있고 정책공조를 이루고 있는 국가, 예를 들면 동맹관계를 갖고 있는 국가, 경제적으로 교류가 많고 상호의존도가 높은 국가 등에 대해 공공외교를 집중하여야 이들 국가들과 국가 이익을 공유하는데 도움이 될 것이다. 이러한 국가들의 국민들로부터 호감을 얻고 정책을 지지 받도록 하는 것은 국가 이익 증대에 큰 도움이 될 것이다. 한국의 경우, 일본과 정치, 경제, 안보 측면에서 보다 긴밀한 관계를 가질 필요가 있다. 한국과 일본은 주지하는 바와 같이 긴밀한 관계를 현재도 갖고 있고 앞으로도 그런 관계를 유지하여야 할 것이다. 그러므로 한국은 일본의 많은 국민들로부터 좋은 평가를 받고 그들로부터 한국의 정책들을 지지하게 만드는 것이 국익 증대에 도움이 될 것이다. 일본 국민에 대한 공공외교가 계속해서 검증적으로 전개되는 것이 요구된다. 특히 일본에 대한 공공외교가 지속적으로 그리고 집중적으로 집중되어야 할 이유가 있다. 한국과 일본 간의 과거사가 양국 국민 감정에 나쁘게 작용하고 있다. 그러므로 한국과 일본은 각기 상대국가 국민에 대해 공공외교의 집중적 전개가 절실히 요구된다.

역시 한국과 중국도 인접 국가로 양국 국민은 문화적으로 서로를 잘 이해하고 있다. 그리고 오늘날 한국과 중국은 정치, 경제, 군사 등 여러 면에서 접촉 교류가 매우 활발하고 특히 경제적으로 상호의존도는 대단히 높다. 2019년 현재 한국 GDP대비 대중수출은 10%이다. 또한 중국이 군사, 경제적으로 부강한 국가가 되면서 한국은 중국과 긴밀한 관계를 갖고 있어야 할 국가이다. 지난 2017년 한국 정부가 사드(THAAD)배치를 결정하자 중국은 중국에 진출해있는 한국 기업에 대해 적지않은 어려움을 강제하였다. 중국 당국은 한국 상품 불매, 한국에 대한 중국인의 단체 여행금지 등으로 한국 기업에 피해를 입하고 있다. 이처럼 중국은 우리에게 필요한 국가인데 다른 한편 한국 정부 및 기업에 대해 부정적인 정책과 입장을 견지하고 있다. 이러하므로 한국은 중국 국민에 대한 적극적인 공공외교가 지속적으로 그리고 집중적으로 전개되어야 할 커다란 필요성을 갖고 있다. 이러한 상황에서 우선 중국 국민들에게 대한 이해를 높이고 한국을 높게 평가할 수 있도록 하는 공공외교가 필요하다. 궁극적으로 중국 국민들로 하여금 한국의 정책을 지지하게 만드는 공공외교의 전개가 반드시 필요하다.

CHAPTER 03

외교역량 강화 외교의 이론화

1. 외교역량의 의미

외교는 국제정치의 절대적 수단이다. 국제정치는 두 말할 나위도 없이 국가 간의 정치이다. 오늘날 국가는 국제정치의 주된 행위자이다. 각 주권 국가는 배타성을 강하게 갖고 있고 따라서 배타적으로 정책을 결정하고 행위한다. 이러한 국가 간에 전개되는 국제정치에서 국가 간의 이해(利害)는 조화보다는 상충되는 부분이 더 많다. 그리하여 각 국가는 상호 경쟁하고, 대립하며 자국의 국가 이익 증대에 힘을 기울이고 있다. 이러한 분위기 하에서 국제정치는 전개된다. 많은 사람들에 의해 인정되고 있듯이 힘은 모든 정치의 핵심요소이다.[1] 국제정치도 정치이므로 여기에서도 힘은 핵심적 요소이다. 국제정치도 권력정치이다.[2] 기본적으로 그리고 궁극적으로 힘을 빼놓고는 국제정치를 논할 수 없다. 그러므로 국제정치에서도 필연적으로 힘이 작동된다. 국제정치 과정에서도 힘이 작동되는데 그 힘은 구체적으로 외교의 성공을 위해서 실제적으로 행사된다. 이 힘이 곧 외교역량이다. 외교역량은 외교의 원동력으로서 외교정책 목표가 달성될 수 있도록 뒷받침하는 근원이다. 외교역량은 구체적인 외교 행위로 전개된다. 외교 행위에는 힘의 행사, 위협, 전쟁, 여러 형태의 군사적 개입, 선전, 비밀작전, 무기 판매, 군사

1) Roger Hilsman, The Politics of Policy Making in Defense and Foreign Affairs, 3rd ed.(Upper saddle River, NJ.: Prentice-Hall, INC., 2000), pp. 76ff 참고.

2) Hans J. Morgenthau, Politics Among Nations(New York: Alfred · A · Knopf, 1962), pp. 28ff.

원조, 경제원조 등이 있다.[3] 국제정치 전개과정에서 국가 간 이해를 조율하고 문제의 해결을 도모하는 등 이런 과정에서 각 국가는 필요한 경우 힘을 이용할 수 있다. 이때 이용되는 국가의 힘을 외교역량이라고 한다. 국가 간 국제정치가 전개되는 과정에서 이해를 조율할 때 자국에 보다 더 유리하게 조율할 필요가 있을 때 또는 문제를 해결하는 경우에도 자국에 유리한 결과를 얻기를 원할 때 힘을 갖고 있는 국가는 그의 목적을 달성하기 위해 그 힘을 사용하게 될 것이다. 이때 외교적으로 사용되는 힘이 곧 외교역량이다. 이것은 적극적 외교역량이다. 적극적 외교역량은 자국의 외교를 성공적으로 수행하기 위해 사용되는 국가의 힘이다.

적극적 외교역량으로 발휘되는 핵심적 역량은 영향력이다. 영향력이란 자원, 다른 사람의 의지와 행위, 정책, 결과 등을 지배할 수 있는 능력을 말한다. 특히 국제정치에서 행사되는 영향력은 다른 국가의 정책 결정자의 결정 및 행위를 지배할 수 있는 국가의 힘을 말하는 것이다. 더 구체적으로 말하면 영향력을 행사하는 국가는 그것의 대상국가로 하여금 전자국가의 의지대로 정책을 결정하고 행위하도록 만드는 능력을 말하는 것이다.[4] 이렇게 할 수 있는 힘이 적극적 외교 역량이다. 국가 간에 행사되는 영향력은 그것을 행사하여 효력을 발휘할 수 있는 근거를 갖고 있어야 한다. 지렛대를 이용하여 무거운 물건을 움직이려면 그 지렛대를 지탱할 수 있는 바탕이 있어야 하는 것처럼 국가가 영향력을 행사하려면 그것을 행사할 수 있는 바탕이 있어야 한다. 국가에 의해 행사되는 영향력의 바탕은 객관적 국력의 격차 그 자체가 아니라 국가 간에 형성된 불평등 의존관계이다. 국가 간의 상호 의존관계에서 A국가는 B국가에 많이 의존하고 있고 B국가는 A국가에 조금 의존하고 있다면 B국가는 A국가에 대해 영향력을 행사할 수 있는 바탕을

3) Charles W. Kegley, JR. and Eugene R. Wittkopf, American Foreign Policy, 5th ed.(New York: St. Martin's Press, 1996), p. 88.

4) Bruce Russett and Harvey Starr, World Politics(San Francisco: W.H. Freeman and COmpany, 1981), pp. 126ff.

갖게 된다. 그러므로 조금 의존하고 있는 B국가는 필요한 경우 많이 의존하고 있는 A국가에게 B국가의 의지대로 정책을 결정하고 행위하도록 명령할 수 있는 힘을 갖게 된다. 이미 A국가는 여러 분야에서 B국가에 의존하고 있기 때문에 A국가는 B국가의 의지에 따르지 않는다면 A국가는 B국가로부터 불이익 또는 손실을 감수하게 될 것이다. A국가는 B국가에 많은 것들을 의존하고 있기 때문에 B국가는 A국가에 피해를 입게 할 수 있는 근거를 갖고 있다.

국가 간의 불평등한 상호 의존관계는 유형 또는 무형 자산을 주고받는 과정에서 형성된다. 한 국가가 다른 국가로부터 보다 많은 유형 또는 무형의 자산을 지속적으로 제공받으면 이 국가는 그것을 많이 제공한 국가에 의존하게 되기 때문에 양국 간에는 불평등한 상호의존 관계가 형성된다. 이러한 관계 하에서 많은 자산을 제공한 국가는 그것을 제공받은 국가에 영향력을 행사할 수 있는 근거를 갖게 된다. 실제로 한 국가가 그의 안전 보장을 다른 국가에 의존하게 된다면 또는 다른 국가로부터 많은 경제 지원을 받아 그 국가에 경제적으로 의존해서 살게 된다면 이 국가 간에는 불평등 의존관계가 형성되고 이 불평등 의존관계는 영향력 행사의 근거가 된다.[5] 이렇게 해서 행사되는 영향력이 눈에 보이지 않는 비가시적인 적극적 외교역량이다.

한편 영향력 이외에 다른 하나의 적극적 외교역량에는 군사력을 포함한 가시적인 강제력의 행사가 있다. 국가는 강제력의 행사 및 행사의 위협으로 다른 국가의 정책 및 행위를 지배하고 통제하려 한다. 이러한 행위를 일명 '무력외교(gunboat diplomacy)'라고 한다.[6] 이처럼 가시적인 강제력을 이용하는 적극적 외교역량의 행사는 크고 강한 군사력을 갖고 있는 국가들만이

5) 위의 책, pp. 134ff; Robert O. Keohane and Joseph S. Nye, Power and Interdependence, 2nd ed.(Glenview, Illinois: Scott, Foresman and Company, 1989), pp. 11ff.

6) Charles W. Kegley, JR. and Eugene R. Wittkopf, American Foreign Policy, 5th ed.(New York: St. Martin's Press, 1996), p. 97.

할 수 있는 외교 행위이다. 이러한 외교 행위는 제2차 세계대전 이후 다른 국가의 주권 및 영토를 침탈하는 식민정책, 제국주의 정책 등이 크게 사라진 다음 생겨난 외교 행위이다. 제2차 대전 이후에는 군사력을 포함한 강제력의 행사 또는 그의 위협만으로 소기의 목적을 달성할 수 있기 때문에 이러한 폭력적 수단을 이용하여 적극적 외교 역량을 발휘하게 된다. 군사력의 위협, 또는 행사를 수단으로 외교적 목표를 달성하려는 것이 무력외교이다.

실제로 1979년 소련이 아프가니스탄을 침공한 다음 미국은 이집트와 함께 인도양에 해군의 무력 순찰을 강화하여 소련으로 하여금 더 이상 서쪽으로 진출하지 말라는 의사를 표시하였다. 또한 미국은 1983년 리비아의 독재자 카다피(Muammar Qaddafi)로 하여금 수단(Sudan)을 공격하지 못하게 만들기 위해 중동지역에 미국 해군 전력을 진주시켰다. 또 미국은 1994년 3만 5천 명의 미군을 페르시아만에 파견하여 이라크의 대통령 후세인(Saddam Hussein)으로 하여금 쿠웨이트를 위협하는 적대행위를 저지시키려하였다. 미국의 이러한 행위들의 목적은 다른 국가의 정책 및 행위에 영향력을 행사하려는 외교 행위이다. 실제로 미국은 1946년부터 1986년까지 40년 동안 다른 국가의 정책결정에 영향력을 행사하기 위해 약 300여회에 걸쳐 군사력을 활용하였다.[7]

제2차 세계대전 이후 소련도 군사력이 크게 강력해졌다. 그리하여 소련도 전후 외교정책 목표를 성취하기 위해 약 190여 회 육군, 해군, 공군의 군사력을 사용하였다.[8] 이러한 군사적, 폭력적인 강제행위는 정상적인 또는 평화적인 외교 행위가 소기의 목적을 성취시키지 못하게 되었을 대 국가는 이러한 강제적 행위를 행한다. 물론 이러한 강제 행위는 강력한 군사력이 전제되어야 한다.

7) 위의 책, pp. 97-98.

8) Stephen S. Kaplan, Diplomacy of Power(Washington D.C.: The Brookings Institution, 1981), pp. ix, 1ff.참고.

다른 한편 적극적 외교역량과는 상반되는 외교역량이 있다. 그것은 소극적 외교역량이다. 적극적 외교역량이 공격적 외교역량이라면 소극적 외교역량은 수비적 외교역량이라고 말할 수 있다. 소극적 외교역량이란 다른 국가로부터 자국에 가해지는 영향력 또는 압력 행사의 대상이 되지 않거나 또는 이러한 것들이 가해질 때 이에 굴복하지 않거나 또는 피해를 최소화할 수 있는 능력을 말한다. 또 다른 국가로부터 자국에 가해지는 강제적 행위에 대해서 대항할 수 있는 능력도 소극적 외교역량이라고 한다.[9] 국가가 자국의 핵심 이익을 지키고 자국이 지키고자하는 가치, 이념, 노선, 정책 등을 수호하기 위해서는 반드시 확실한 소극적 외교역량을 갖고 있어야 한다. 한 국가가 견실하게 국정을 운영하고 관리하기 위해서는 적극적 외교역량을 갖고 있지 않더라도 강한 소극적 외교역량을 확보하고 있어야 한다. 이것이 소극적 외교역량의 존재 의미이다.

적극적 외교역량이나 소극적 외교역량이나 모두 외교역량의 근간은 상호의존관계이다.

2. 적극적 외교역량

주지하는 바와 같이 적극적 외교역량은 아무도 모르는 사이에 자연스럽게 형성되는 것이 아니라 크고 강한 국력을 갖고 있는 국가에 의해 인위적으로 만들어지는 것이다. 여러 국가가 많은 국가에 대해 적극적 외교역량을 행사할 수 있는 바탕을 만드는 것은 아니다. 크고 강한 국력을 갖고 있는 국가가 정치, 경제, 군사 등 여러 분야에서 필요로 하는 국가를 선정해서 적극적 외교역량을 행사할 수 있는 바탕을 구축하는 것이다. 미국은 강하고 큰 국력을 갖고 있다. 그러나 미국이 아프리카에 있는 특정 국가에 적극적 외교역량을 행사할 수 있는 바탕을 만들기 위해 유형 또는 무형의 자산을

9) 송영우, 현대외교론, 4th ed. (서울: 평민사, 2003), pp. 92ff.

지속적으로 제공하여 불평등한 상호의존 관계를 형성하지 않는다. 왜냐하면 미국은 아프리카에 있는 특정국가를 정치적, 외교적, 전략적으로 필요로 하지 않기 때문이다. 또한 패권국가인 미국은 북한 정권에 대한 적극적 외교역량을 행사할 수 있는 근거를 전혀 갖고 있지 않다. 그리하여 미국은 북한의 핵무기를 포기시키지 못했다. 왜냐하면 미국은 지금까지 북한에 적극적 외교역량을 행사할 수 있는 바탕을 만들어놓지 못했기 때문이다.

1950년대 초 한국과 일본은 각각 미국과 군사동맹 조약을 체결하고 한국과 일본은 미국에 안전 보장을 크게 의존하고 있다. 한국과 일본은 미국과 군사동맹조약의 체결로 불평등 상호의존 관계가 형성되었고 이것은 미국으로 하여금 한국과 일본에 적극적 외교역량을 행사할 수 있는 근거를 갖게 하였다. 한국과 일본은 미국에 적극적 외교역량을 행사할 수 있는 바탕을 제공하고 있기 때문에 미국과의 정책 공조는 필수적인 것이다. 미국과의 실질적인 정책공조의 내용은 한국과 일본이 미국의 정책을 수용하고 따르는 것이다. 미국이 한국 및 일본과 군사동맹관계를 갖는 이유는 외교적 전략적으로 두 국가를 필요로 하기 때문이다. 미국이 한국과 일본을 필요로 하는 이유는 전략적으로 동아시아에 중국 등 다른 국가의 세력이 진출하는 것을 막고 서태평양을 수호하는데 한국과 일본을 필요로 하기 때문이다.

1970년대 박정희 대통령은 비밀리에 핵무기 개발을 시도하였다. 미국이 이 사실을 알고 박대통령에게 핵무기 개발 포기를 강력하게 요구하였다. 박대통령은 결국 미국의 요구를 수용하고 핵무기 개발을 포기하였다. 한국 정부가 미국의 이러한 요구를 수용하였던 배경은 한국의 안전 보장을 미국에 의존하고 있었기 때문이다. 다시 말하면 한국은 안전 보장을 매개로 미국과 불평등 의존관계를 형성하고 있었기 때문에 미국의 요구를 수용하여야만 했다.[10)]

10) Don Ofendorfer, The Two Koreas(Reading, Massaachusetts: Addison-Wesley, 1997), pp. 68ff 참고.

한편, 북한 정권은 오래 전부터 핵무기를 개발하여왔다. 2020년 현재 정확한 숫자는 알려진 바는 없으나 미국 등은 북한의 핵무기 보유를 사실상 인정하고 있다. 그렇기 때문에 2017년에 취임한 미국의 트럼프(Donald Trump)대통령은 북한의 비핵화를 외교정책 목표로 설정하였다. 그리고 미국은 북한의 완벽하고 검증 가능한 되돌릴 수 없는 비핵화를 추진하였다. 미국의 트럼프 대통령은 북한의 비핵화를 위해 2018년 6월 싱가포르에서 그리고 2019년 2월 베트남 하노이에서 북한 정권의 김정은과 두 차례 회담을 가졌다. 그러나 북한 정권은 비핵화를 위한 어떠한 실질적 조치도 취하고 있지 않다. 이것은 미국 외교의 실패라고 말할 수 있다. 미국은 세계 최대 강대국이지만 미국은 북한에 대해 핵무기 포기를 강요할 수 있는 적극적 외교역량을 갖고 있지 않기 때문에 미국은 북한의 핵정책을 변경시킬 수 있는 능력을 갖고 있지 않다.

미국은 세계 제일의 강대국이고 북한은 최빈국 중의 하나이지만 현재로서 미국은 북한 정권의 의지 및 정책을 변경시킬 수 있는 능력을 갖고 있지 않다는 것을 입증하는 것이다. 다시 말하면 강대국 미국은 북한 정권에 대해 행사할 수 있는 적극적 외교역량을 갖고 있지 않다는 것을 반증하는 것이다. 또한 트럼프 정부는 막강한 군사력을 갖고 있지만 북한에 대해 강제력을 통한 적극적 외교역량도 행사하지 않았다. 과거 미국 행정부는 미국의 전략폭격기들로 하여금 북한지역 인근을 비행하여 북한을 위협하였지만 북한은 어떠한 반응도 보이지 않았다.

국가가 다른 국가에 어떠한 것이든 크게 의존하게 되면 적극적 외교역량을 행사할 수 있는 바탕을 제공하게 된다. 그러나 북한은 미국에 어떠한 분야도 의존하고 있지 않다. 그러므로 미국의 북한에 대한 적극적 외교역량은 없고 그 대신 북한의 미국에 대한 소극적 외교역량은 즉 미국에 저항할 수 있는 능력은 강하다고 말할 수 있다.

국가가 필요로 하는 에너지 자원 가운데 큰 비중을 차지하고 있는 자원은 원유이다. 21세기에도 이 원유는 거의 모든 국가에 절대적으로 필요한 자원이다. 예를 들면 한국, 일본 등을 포함해서 여러 국가들은 국내에서 원유를 거의 생산하지 못하고 국가가 필요로 하는 원유의 전부 또는 대부분을 특정 국가로부터 수입한다. 이때 하나의 특정 국가로부터 많은 양의 원유를 지속적으로 수입하게 되면 이러한 상황은 원유 수출국과 수입국간에 불평등한 상호의존관계를 생산하게 된다. 이 결과에 의해 원유 수출 국가는 그의 수입 국가에 대해 원유 수출을 무기로 활용하여 원유 수입 국가에 영향력을 행사할 수 있게 된다. 즉 원유 수출국가는 원유 수입 국가에 대해 강한 적극적 외교역량을 갖게 된다.

최신 첨단 과학기술을 갖고 있는 국가도 강한 적극적 외교역량을 가질 수 있다. 한 국가가 특정 국가로부터 새로운 첨단 기술을 가져와 완제품을 생산하여 그것을 수출함으로써 국가 이익을 증대시킬 때 그 기술의 수입 국가는 그 신기술의 제공국가에 의존하게 된다. 이 의존의 정도가 매우 크다면 이들 국가 간에도 불평등 의존관계가 형성되고 강한 적극적 외교역량도 생산된다.

독일의 메르켈 정부는 2018년 '노르트스트림2'라는 프로젝트명으로 불리는 사업을 시작하였다. 이 사업은 러시아 서부 나르바에서 출발해 발트해를 지나 독일 북부 그라이쯔스발트까지 1,225km에 이르는 해저 가스관을 건설하는 것이다. 이 공사는 2020년 말에 완공되며 그 다음 해부터 본격적으로 러시아산 천연가스가 독일에 공급된다. 처음 이 사업을 시작할 때 독일 내에서는 반대가 적지 않았다. 당시 독일에서는 '러시아가 가스관을 잠그면 나라가 마비된다. 그렇게 되면 독일이 러시아에 종속될 우려가 있다'고 주장하였다.[11] 이 주장은 바로 독일이 러시아의 가스 공급으로 러시아에 에너지를 의존하게 되면 독일은 러시아에게 영향력 행사의 근거를 제공하고

11) 朝鮮日報, 2020.9.8.

러시아에게 독일에 대한 적극적 외교 역량을 강화시켜줄 수 있다는 것이 이 사업을 반대하는 사람들의 주장이다.

오늘날은 전 세계가 하나의 상품 시장화되어 가고 있다. 그리하여 많은 국가들이 무역을 국가 경제발전의 동력으로 삼고 있다. 각 국가는 무역을 활성화하기 위해서는 수입 및 수출 시장을 필요로 한다. 그렇기 때문에 국제적 시장은 경제적으로 무기가 될 수 있다. 특히 수출시장은 상당한 위력을 갖고 있다. 예를 들어 미국은 밀, 콩 등 농산물을 많이 생산하고 있다. 미국은 이것을 다른 국가에 수출하여야 미국 농민의 소득을 증대시킬 수 있고 미국 경제에도 크게 도움이 될 것이다. 미국으로서는 그의 농산물을 수출할 수 있는 시장을 확보하는 것이 매우 중요하다. 미국이 그의 농산물을 특정국가에 집중적으로 또 지속적으로 수출하게 되면 미국은 그 국가의 시장에 의존하게 될 것이다. 이 의존은 불평등한 의존관계를 형성하게 되고 미국의 농산물을 수입하는 국가는 미국에 적극적 외교역량을 행사할 수 있는 근거를 제공하게 될 것이다. 미국의 밀 및 콩을 수입하는 국가는 미국의 농산물 수입시장을 무기로 사용할 수 있다. 이 수입 농산물 시장의 폐쇄는 미국 농민에 커다란 위협이 될 수 있다.

국가 간에 어떠한 가치 또는 어떤 자산의 거래에 있어 그 거래의 결과가 불평등한 의존관계를 만들게 된다면 이것은 국가 간에 외교역량의 질과 양을 결정하게 된다. 많은 것을 제공한 국가는 적극적 외교역량을 발휘할 수 있는 국가가 될 것이다.

국가 간에 불평등 상호의존 관계를 형성하지 않아도 적극적 외교역량이 존재할 수 있다. 한 국가가 자의적으로 또는 주관적으로 특정국가를 자국에 위협을 가하고 피해를 강요할 수 있는 국가로 생각하는 경우에 적극적 외교역량이 존재할 수 있다. 이것은 '잠재적'인 적극적 외교역량이라고 한다. 이 '잠재적' 적극적 외교역량은 특정국가가 다른 국가에 직접적으로 압력을 가하지 않아도 또 위협을 가하지 않아도 국가가 자의적으로 압력이나 위협을 느낄 수 있게 하는 외교역량을 말하는 것이다. 한 특정 국가의 이웃에 강한 군사력을 갖고있다면 이 특정 국가는 인접국가가 강한 군사력을 갖고 있는 것만으로도 이웃 국가는 위협이나 압력을 스스로 느낄 수 있다. 더욱이 강한 군사력을 갖고 있는 국가가 대규모 군사훈련을 하는 경우 또는 특정 국가의 국경 지역에 많은 병력을 이동하는 경우에 그 특정 국가는 큰 위협을 느끼게 될 것이다. 다른 국가로부터 직접적으로 위협이나 압력을 가하지 않아도 그것을 느끼는 것이 곧 '잠재적'인 적극적 외교역량이다.[12)]

경제적인 측면에서도 이웃국가를 최대의 수출시장으로 삼고 있는 국가가 있다면 이웃 국가에 대해 언제나 그 수출시장에 관심을 갖고 예의 주시하고 있을 것이다. 큰 수출시장을 갖고 있는 국가의 정책변화, 또는 관계 법령의 수정 또는 변화는 다른 국가에 잠재적 압력 또는 영향력으로 작동할 수 있는 소지(素地)를 갖고 있다. 이것 역시 '잠재적인' 적극적 외교역량으로 작용할 수 있다.

미국은 근본적으로 강한 군사력을 갖고 있는 정치적 강대국이다. 특히 미국의 강한 국력은 실제 행사되지 않아도 '잠재적인' 적극적 외교역량이 될 수 있다. 티베트의 독립을 주장하는 티베트의 정신적 지도자 달라이 라마는 중국공산당의 최대의 적이다. 미국의 대통령은 2010년 6월, 2011년 7월 그리고 2014년 2월에 이 달라이 라마를 미국으로 초청하여 백악관에서 공개적으로 접견했다. 미국의 이러한 행위는 중국에 대한 내정 간섭일 수도 있고 중국의 주권 침해일 수도 있다. 미국의 이러한 행위는 중국의 강력한 저항을 불러일으킬 수 있는 일이지만 중국은 미국의 이러한 행위에 대해 외교수사를 통한 항의 정도에 그칠 뿐 적극적으로 대응하지 못하고 있다. 이러한 행위에 대해 중국이 미국에 대해 적극적이고 구체적인 조치를 취하지 못한 것은 중국이 미국의 힘을 의식한 결과이다. 만일 중국이 달라이라마의

12) Bruce Russett and Harvey Starr, World Politics: The Menu For Choice(San Francisco: W.H. Freeman and Company, 1981), pp. 127-129.

미국 초청을 문제 삼아 미국에 대해 부정적인 외교적 행위를 취한다면 미국으로부터 응분의 공격을 받을 수 있다고 생각했기 때문에 중국은 형식적인 의사표시 행위만 취하였다. 중국의 이러한 행위는 미국의 '잠재적인' 적극적 외교역량을 의식하였기 때문이다. 미국의 강한 국력이 미국의 '잠재적인' 적극적 외교역량을 만들어낸 것이다.

미국은 1979년 중국과 외교관계를 정상화할 때 중국은 하나라는 데에 동의하였다. 그러므로 대만은 중국의 일부라는 것을 인정하였다. 그런데 미국은 중국의 반대에도 불구하고 대만에 무기를 판매하고 있다. 트럼프정부는 2019년 7월 대만에 22억 달러 규모의 MIA2T전차와 스팅어 미사일 판매를 승인했고, 같은 해 8월 20일 대만에 F-16V전투기 66대 80억 달러 규모의 판매를 승인하였다. 이에 대해 2019년 8월 21일 중국 외교부 대변인은 정례 브리핑에서 "미국이 중국의 내정을 간섭했으며 중국의 주권과 안보 이익을 크게 훼손하였다. 미국은 무기판매와 대만과의 합동 훈련을 즉각 취소하라. 이번 무기판매에 참여하는 미국 기업에 대한 제재를 포함한 중국의 이익을 지키기 위해 필요한 조치를 취할 것"이라고 경고하였다.[13)]

미국은 중국의 정치적 이익을 크게 훼손하면서도 대만에 무기를 판매하고 있다. 미국의 이러한 결정은 중국을 두려워하지 않는 '잠재적인' 적극적 외교역량을 갖고 있다는 데에서 비롯된 것이다. 미국의 이러한 '잠재적인' 적극적 외교역량은 미국이 갖고 있는 강력한 국력에서 비롯된 것이다.

2009년 프랑스 파리에서 유럽연합(EU) 정상회담에 달라이 라마를 초청하여 그의 방문을 환영하였다. 그러자 중국은 이에 대한 항의 표시로 이 정상회담에 참석을 취소하였다. 그러자 프랑스는 중국 정부를 달래기 위해 티베트에 대한 중국의 주권을 인정하였다.[14)] 달라이 라마를 사이에 두고 전개된

13) 朝鮮日報, 2019.8.22.

14) Richard McGregor, The Party(New York: Haper Collins Publishers, 2012), pp. xxiii-xiv.

미국과 프랑스의 외교적 행보는 크게 대비된다. 미국은 중국을 의식하지 않고 그를 초청하였고 프랑스는 중국을 의식해서 중국의 뜻에 굴복하였다. 결국 프랑스는 '잠재적인' 적극적 외교역량을 갖고 있지 않다는 것을 보여주고 있는 것이다.

한 때 한국 정부도 달라이 라마를 초청하려는 의사를 갖고 있었다. 그러나 한국 정부는 그것을 실현시키지 못했다. 그 이유는 중국을 크게 의식하였기 때문이라고 생각된다.

잠재적인 적극적 외교역량은 강한 국력을 가진 국가만이 가질 수 있는 것이다. 그러므로 모든 국가가 그러한 외교역량을 갖는 것은 아니다. 일반적인 적극적 외교역량도 강한 국력이 요구된다. 국력이 약한 국가가 적극적 외교역량을 갖는 것은 어렵다. 약한 국가가 자력으로 적극적 외교역량을 갖는 것은 그 국가의 외교능력이다. 약한 국가가 강한 국가의 힘을 이용하여 적극적 외교역량을 갖는 것은 그 국가의 능력이다. 약한 국가가 강대국을 이용하여 다른 국가에 압력을 행사할 수 있는 방법을 찾는 것이 국가의 외교능력이다. 앞에서 지적한 바와 같이 1956년 이집트가 영국 및 프랑스 소유의 수에즈 운하 회사를 국유화하는데 성공하였다. 이때 이집트는 냉전시기 미국 및 소련 두 패권 국가의 힘을 이용하여 전쟁 없이 이 회사를 국유화하였다. 다른 약소국가도 그의 형편에 맞는 소재를 이용하여 외교력을 발휘하는 노력이 요구된다.

3. 소극적 외교역량

소극적 외교역량은 적극적 외교역량과는 상반(相反)되는 개념이다. 국가간에 적극적 외교역량이 발생하게 되면 필연적으로 생겨나는 것이 소극적 외교역량이다. 소극적 외교역량은 자국에 대해 적극적 외교역량이 발휘될 때 그것에 대응하는 능력의 정도를 말하는 것이다.

예를 들면 한 국가가 특정 국가로부터 경제적 지원을 지속적으로 많이 받아왔기 때문에 그 국가에 경제적으로 의존하게 되었을 때 원조 제공 국가로부터 압력 또는 영향력 행사의 대상이 된다. 다른 국가로부터 가해지는 압력 또는 영향력에 대항하거나 대응하는 능력을 소극적 외교역량이라고 한다. 만일 적극적 외교역량을 행사하는 국가가 요구하는 것들을 모두 수용한다면 그 국가는 소극적 외교역량을 전혀 갖고 있지 않다고 말할 수 있다. 이와는 달리 적극적 외교역량을 행사하는 국가의 요구 가운데 일부분만을 수용한다면 그 국가는 어느 정도의 소극적 외교역량을 갖고 있다고 말할 수 있다. 소극적 외교역량은 무엇을 얼마나 다른 국가에 의존하고 있는가에 따라 작용한다. 자국의 안전 보장을 다른 국가에 전적으로 또는 많이 의존하고 있는 국가는 상대적으로 소극적 외교역량이 취약할 수 밖에 없다. 그 좋은 예가 한국이다. 한국은 6 · 25 전쟁을 경험하였고 현재까지 2만 명 이상의 미군이 한국 영토 내에 주둔하고 있고 휴전선을 사이에 두고 남북한의 무장세력이 대치하고 있다. 이러한 한국의 경우 그의 안전 보장을 미국에 크게 의존하고 있다. 이러한 사실을 미루어보아 미국의 한국에 대한 적극적 외교역량은 매우 강하고 한국의 미국에 대한 소극적 외교역량은 매우 약하다고 말할 수 있다. 1970년대 한국의 박정희 대통령의 핵무기 개발을 중지시킬 때 미국은 최대의 "위협과 압력"을 가하였다. 적극적 외교역량과 소극적 외교역량은 반비례한다. 적극적 외교역량이 크고 강하면 상대적으로 소극적 외교역량은 작고 약하다. 미국과 북한 간의 국력의 차이는 매우 크지만 앞에서 말한 바와 같이 미국은 북한과 평등한 상호의존관계를 갖고 있기 때문에 미국은 북한에 적극적 외교역량을 행사할 수 있는 근거를 전혀 갖고 있지 않고 북한은 미국에 대해 강한 소극적 외교역량을 갖고 있다고 말할 수 있다. 따라서 북한 정권은 미국 대통령과 2018년 6월 싱가포르에서 그리고 2019년 2월 베트남 하노이에서 두 차례 비핵화를 위한 정상회담을 하였지만 북한 정권은 어떠한 비핵화 조치도 취하지 않고 있다. 북한 정권은 미국에 대해 매우 강한 소극적 외교역량을 갖고 있다고 말할 수 있다. 북한과 미국과의 관계처럼 국가가 다른 국가와 평등한 상호의존관계를 갖는 것이 강한 소극적 외교역량을 갖게 되는 것이다.

2017년 7월 한국 정부가 경상북도 성주에 미군의 무기체계인 사드(THAAD)를 설치할 수 있도록 기지를 제공하였다. 중국은 한국 영토에 이 미군의 무기 체계의 설치를 크게 반대하였다. 그러나 중국은 국가 차원의 한국에 대한 영향력이나 압력을 행사하지 못했다. 다만 중국 당국은 중국인 단체의 한국 방문을 금지시키는 조치 등 소극적인 조치를 취했다 그러나 민간 차원의 한국 상품 불매운동 및 반한(反韓)시위를 전개하는 정도로 한국의 사드 배치를 반대하였다. 중국은 한국의 사드 배치를 저지하기 위한 한국에 대한 적극적 외교역량을 행사하지 못했다. 그 이유는 한국과 중국의 상호의존관계가 평등했기 때문에 중국은 한국에 대한 적극적 외교역량을 행사할 수 있는 근거를 갖고 있지 못했다. 따라서 한국의 중국에 대한 소극적 외교역량은 강하다고 말할 수 있다. 동시에 중국은 한국에 대해 적극적 외교역량을 갖고 있지 않다고 말할 수 있다. 오늘날 중국은 그의 영향력 또는 압력으로 한국의 외교정책 또는 외교 행위를 중국의 의지대로 만들거나 변경시킬 수 있는 능력은 없는 국가이다.

4. 외교역량 강화 방안

국제정치가 전개되는 과정에서 자국의 국가 이익을 증진시키기 위해서는 적극적 외교역량을 강화하는 외교를 전개하여야하고 그리고 국가의 주요 가치 및 국가 이익을 수호하기 위해서는 소극적 외교역량을 강화하여야 한다. 국가는 이 두 종류의 외교역량을 함께 강화하여야 한다. 그러나 이 두 외교역량 가운데 어느 것 하나를 우선 강화하여야 한다면 국력이 약한 국가는 국가 이익을 증진하기보다는 국가 이익 및 국가의 주요 가치의 훼손을 최소화하는 일이 선행되는 것이 바람직하다. 특히 국력이 강하지 않은 국가는 먼저 소극적 외교역량을 크고 강하게 갖도록 노력하는 것이 중요하다.

국력이 강한 국가는 외교역량을 강화하는 외교를 전개하는데 그 운신의 폭이 크고 또한 어떠한 제한도 없이 자유롭게 외교역량의 강화를 위한 외교를 전개할 수 있지만 국력이 강하지 않은 국가는 적극적 외교역량을 강화하는 데에는 한계가 있다.

역량(力量)이란 문자 그대로 어떤 일을 해낼 수 있는 해낼 수 있는 힘을 말하는 것이다. 외교역량이란 외교라는 업무를 수행해낼 수 있는 힘이다. 그러므로 외교역량은 한 국가의 국력이 그 근본 바탕이 되고 이 국력을 활용해서 외교역량을 강화하는 것이 정부의 주요 임무이다.

적극적 외교역량이거나 소극적 외교역량이거나 외교역량을 강화하기 위해서는 국력을 한 데 모으고 그것을 활용하는 것이 매우 중요하다. 국력을 한데 모은다는 것은 국가가 갖고 있는 힘을 필요한 시기에 사용할 수 있도록 확보하고 정비한다는 것이다. 예를 들면 국가가 갖고 있는 전략적 자원, 기술, 국내시장, 군사력, 등을 어떤 경우에 어떻게 사용할 수 있을 것인가를 연구해서 항상 준비하는 것을 말하는 것이다.

① 적극적 외교역량 강화 방안

앞에서 말한 바와 같이 적극적 외교역량의 핵심적 역량은 영향력이다. 영향력이란 한 국가가 그의 목적을 성취시키기 위해 상대국가의 정책결정자들로 하여금 그들의 정책 및 행위를 변경 또는 유지시킬 수 있는 역량을 말하는 것이다. 이와 같은 영향력은 먼저 국가 간에 형성되어있는 불평등 상호의존 관계로부터 생겨난다.[15)]

국가 간의 불평등 의존관계는 영향력 행사를 필요로 하는 국가에 의해 인위적으로, 합목적적으로 그리고 정치적으로 형성된다. 영향력의 행사를 필요로 하는 국가는 여러 요소, 자산 등을 불평등한 상호의존관계의 형성을

15) Robert O. Keohane and Joseph S. Nye, Power and Interdependence, 2nd ed.(Glenview, Illinois: Scott, Foresman and Company), pp. 8ff.

위해 이용한다. 예를 들면 무형의 자산으로 안전 보장을 불평등 상호의존관계 형성에 이용한다. 강한 군사력을 갖고 있는 국가는 외부의 공격에 취약성을 갖고 있는 국가와 상호방위조약을 체결하고 국가의 안전을 위협 받고 있는 국가의 안전을 보장하며 불평등한 상호의존관계를 형성하고 이것을 근거로 강한 군사력을 갖고 있는 국가는 안보의 취약성을 갖고 있는 국가에 영향력을 행사할 수 있게 된다.

1947년 미국의 외교관인 케넌(George F. Kennan)은 "X"라는 익명으로 외교 전문 학술지(Foreign Affairs)에 논문을 발표하였다.[16] 그는 이 논문에서 "소련 지도자들의 외교정책은 공격적이다. 그리하여 소련은 팽창정책을 추진할 것이다. 그러므로 미국은 확고한 대소련 봉쇄정책을 준비해야 할 것이다"라고 지적하였다. 트루먼 대통령은 이러한 제안을 전후 미국 외교정책의 기조(基調)로 삼았다. 제2차 대전 종전 직후 터키와 그리스의 국내 정치, 경제 상황이 매우 혼란스러웠다. 이때 트루먼 대통령과 미국의 고위 관리들은 터키 및 그리스의 혼란은 공산주의자들에 의해 야기된 사건이라고 믿었다. 이때 트루먼 정부는 소위 "트루먼 독트린"을 선언하였다. 이 톡트린의 내용은 "반공산주의 정부가 외부세력에 의해 위협을 받는다면 미국은 반공 정부에 정치적, 경제적 그리고 군사적 원조를 제공하며 지원한다"는 것이었다.[17]

제2차 대전 이후 대소련 봉쇄정책을 외교정책의 근간으로 삼었던 트루먼 정부는 대소봉쇄를 위해 터키와 그리스가 필요하였다. 그리하여 트루먼 독트린을 선언하며 이 두 국가의 안전을 보장하고 경제 및 군사원조를 제공하였다. 그리하여 그리스와 터키는 미국과 불평등 의존관계를 갖게 되었고 미국은 이 두 국가에 대해 영향력을 행사할 수 있는 근거를 갖게 되었다.

일본은 1951년 미국과 상호방위조약을 체결하였고 한국은 1953년 미국과

16) By "X, The Source of Soviet Conduct", Foreign Affairs, vol.25,(July 1947), pp. 556ff.
17) Charles W. Kegley, JR. and Eugene R. Wittkopf, American Foreign Policy, p. 61.

역시 상호방위조약을 체결하였다. 한국과 일본은 미국과의 방위조약의 체결로 각각의 안전을 보장받았다. 동시에 한국과 일본은 미국과 불평등 상호의존관계를 형성하였고 이 관계를 미국에게 한국과 일본에 대한 영향력을 행사할 수 있는 근거를 제공하였다. 1950년대 냉전시기 한국과 일본은 소련이 이끄는 공산주의 세력으로부터 그들의 능력으로는 안전을 보장할 수 없었다. 그렇기 때문에 한국과 일본은 미국과의 방위조약이 절대로 필요하였다. 그뿐만 아니라 한국은 정치적으로는 독립하였으나 경제적으로는 자립이 불가능하였다. 한국은 독립한 이후에도 약 20여 년간 미국으로부터 상당한 경제원조를 제공받았다.[18)]

미국의 대소련 봉쇄정책이 완전히 체제를 갖추기 전인 1948년 8월 미국의 경제조정처장인 호프만(Paul G. Hoffman)은 "한국은 군사적 측면에서 보면 전략적으로 중요한 지역이 아니다. 그렇기 때문에 경제적 지원이 필요하지 않다"라고 말했다.[19)] 그러나 미국이 대소봉쇄정책을 체계적으로 추진하면서 미국은 한국을 필요로 하게 되었다. 따라서 미국은 한국과 상호방위조약을 체결하게 되었고 많은 경제 및 군사원조를 제공하였다. 이와 같은 행태는 미국이 그의 대소 봉쇄정책의 수행을 위해 그리고 미국이 정치, 군사적으로 필요한 국가를 거의 영향력 행사의 대상으로 만들기 위한 전략으로 이용되고 있다. 궁극적으로 미국은 정치적 및 전략적으로 필요한 국가와 불평등한 상호의존관계를 만들어 그의 적극적 외교역량을 강화하였다.

미국은 세계 제1의 부강한 국가이다. 한편 중국은 경제적으로는 아직은 개발도상국가 수준의 국가이다. 그럼에도 불구하고 미국과 중국은 불평등한 상호의존관계를 형성하지 못하고 있다. 그렇기 때문에 미국은 중국에 대한 적극적 외교역량을 행사할 수 있는 근거를 갖고 있지 않고 따라서 중국은

18) Donald Stone Macdonald, U.S.-Korean Relations from Liberation to SelfReliance (Boulder: Westview Press, 1992), pp. 239ff 참고.

19) Ibid., pp. 239-240에서 인용.

미국에 대해 강한 소극적 외교역량을 갖고 있다. 이런 가운데 미국 트럼프 정부는 중국에 대한 적극적 외교역량의 강화의 수단으로 미국의 국내 시장을 이용하고 있다. 중국의 경우 무역이 그의 국민총생산(GDP)에서 상당히 큰 비중을 차지하고 있고 또한 미국의 시장은 중요한 중국의 수출시장이다. 2010년 기준 중국과 미국의 무역거래 규모는 3,853억 달러로 이는 중국 무역의 23%를 차지하고 있는 것이다.[20] 중국은 그의 수출의 약 1/4을 미국에 수출하고 있으므로 중국에게 미국 시장은 매우 중요하다. 그러므로 중국의 미국시장에 대한 의존도는 매우 높은 편이다. 그러므로 미국은 그의 시장을 중국에 대한 영향력의 근거로 이용할 수 있다.

실제로 미국의 트럼프 대통령은 2018년 3월 22일 '중국의 경제침략을 표적으로 하는 대통령 행정명령'에 서명하였다.

미국은 2018년 7월 6일 중국으로부터 미국으로 수출되는 중국상품 818개 340억 달러에 대해 25%의 관세를 부과하였고 8월 23일에는 279개 상품 160억 달러에 그리고 9월 24일에는 5,745개 품목 2,000달러에 대해 10%의 관세를 부과하였다. 또한 12월 2일에는 2019년 1월부터 계획했던 2,000억 달러의 수입 관세를 10%에서 25%로 인상한다고 발표했다.[21] 이러한 조치들은 미국의 중국에 대한 적극적 외교역량으로 활용하기 위한 조치들이다. 이러한 조치들은 중국이 미국 시장에 크게 의존하고 있기 때문에 미국이 중국 내 영향력을 행사하기 위해 행해지는 조치들이다. 그러나 미국의 이러한 조치들은 미국과 중국 간에 불평등 상호의존관계가 형성되어 있지 않아 미국이 중국에 대한 적극적 외교역량을 행사할 수 있는 근거를 갖고 있지 않다.

1979년 1월 1일 미국은 중국과 외교관계를 정상화하며 대만과 단교하고

20) 중국 해관 총서(중국 세관 통계).

21) 朝鮮日報, 2018.12.3.

하나의 중국만을 인정한다고 선언하였다. 그럼에도 불구하고 미국 트럼프 정부는 2019년 8월 대만에 F-16V 전투기 66대를 판매하기로 최종승인하였다. 이에 대해 중국 외교부 대변인은 2019년 8월 21일 정례브리핑에서 "미국 정부의 대만에 대한 무기판매는 중국에 대한 내정간섭이며 중국의 주권과 안보 이익을 크게 훼손했다. 이번 무기 판매에 참여하는 기업에 대한 제재를 포함해 중국의 이익을 지키기 위해 필요한 조치를 취할 것"이라고 하였다.[22] 미국의 중국 주권 침해 및 안보 이익 침해 행위에 대해 중국 정부는 미국의 기업에 대해 필요한 조치를 취하겠다고 했으나 미국에 대해 어떠한 조치를 취하겠다는 언급은 없다. 중국이 미국에 대해 직접적인 조치를 언급하지 않은 것은 미국의 정치적 경제적 위력에 굴종하는 처사이다.

국가 간 불평등 상호의존관계를 심화시켜 영향력을 강하게 그리고 효과적으로 행사할 수 있는 근거를 만드는 가장 효과적인 수단은 지속적인 경제 및 군사원조의 제공이다. 이것이 적극적 외교역량을 확대 · 강화하는 최선의 방법이다. 이러한 행위 자체가 외교정책을 실현시키려는 기본적인 수단이다.[23]

국가가 적극적 외교역량을 강화하는 방법은 다른 국가와 불평등 상호의존관계를 형성하는 것이다. 이것을 위한 최선의 방법은 특정국가에 경제, 군사원조 등을 지속적으로 제공하는 것이다. 이러한 원조는 국민의 세금으로 제공되는 것이기 때문에 원조를 제공하는 국가는 정치, 경제, 군사 등 여러 측면을 고려해서 제공하게 된다. 예를 들면 미국은 '상호안전법(Mutual Security Act)'에 의해 1953년부터 1961년까지 여러 국가에 241억 달러를 다른 국가에 원조로 제공하였고 그리고 '외국원조법(Foreign Assistance Act)'으로 1962년부터 1992년까지 2,326억 달러를 제공하였다.[24] 이렇게 오랫

22) 朝鮮日報, 2019.8.30.

23) Charles W. Kegley, JR. and Eugene R. Wittkopf, American Foreign Policy, p. 144.

24) 위의 책, p. 137.

동안 미국은 다른 국가에 원조를 제공하였지만 아프리카 지역 등 가난에 허덕이고 있는 국가에는 적극적으로 원조를 제공하지 않았다. 이 원조는 미국이 국제정치적으로 필요한 국가에 제공되었고 이것으로 피원조국과 미국은 불평등한 상호의존관계를 형성하였다. 그럼에도 불구하고 원조는 그것을 받는 국가의 필요에 의해서 제공되는 것이 아니라 그것을 제공하는 국가에 의해 선택적으로 제공되는 것이 원조의 일반적인 행태이다. 그러나 적극적 외교역량을 강화하는데 더욱 효율적인 원조는 그것을 제공받는 국가의 필요를 충족시키는데 필요한 원조를 제공하는 것이다. 왜냐하면 절대적으로 필요한 요소가 원조로 제공된다면 그 요소의 존재가 그 국가의 생존에 필수적이기 때문에 이 원조의 위력은 매우 클 것이다. 제공되던 요소의 제공이 중단된다면 피원조국가의 폐해는 매우 심대할 것이다.

국가가 강한 적극적 외교역량을 갖게 하는 또 다른 하나의 수단은 군사력의 투사(power projection 또는 force projection)이다. 군사력의 투사란 한 국가가 군사적 수단 또는 위협 등을 이용하여 자국의 영토로부터 멀리 떨어져 있는 해외에서 자국의 외교정책을 추진할 수 있는 능력을 의미하는 것이다.[25)]

강한 군사력을 갖고 있는 국가라도 그것을 국제정치에서 사용하지 못한다면 그 군사력은 국제정치의 수단으로서 효용성을 가질 수 없다. 국내에만 군대를 유지하고 있는 국가는 그의 군사력을 국제정치적으로 이용할 수 없다

중국은 2006년 기준으로 약 255만 명의 병력을 갖고 있다.[26)] 오늘날까지도 중국은 그의 영토 밖에 한 명의 군인도 해외에 주둔시키지 않고 있다. 이러한 중국의 현상은 군사력의 투사 능력을 전혀 갖고 있지 않다고 말할 수 있다. 그러므로 중국의 군사력은 매우 크지만 이것을 외교의 수단으로는 이용할 수 없다. 이러한 측면에서 중국의 적극적 외교역량은 취약하다고

25) 민병오 외 옮김, 현대 동아시아의 이해(서울: 명인사, 2008), p. 214.

26) IISS, The Military Balance 2006(London: Rautledge, 2006), p. 264.

말할 수 있다.

미국은 세계 제1의 군사 강대국인 동시에 최상의 군사력 투사 능력을 갖고 있다. 미국은 많은 국가와 동맹관계를 갖고 있다. 미국이 중심이 되어서 여러 유럽 국가들을 회원국으로 하는 북대서양 조약기구(NATO)를 만들었다. 미국이 이 기구의 회원국들 가운데 독일, 이탈리아 등 유럽지역에 미군을 주둔시키고 있고 또한 동아시아 지역의 한국, 일본 등에 역시 미군을 주둔시키고 있다. 2018년 현재 미국은 한국에 미군 2만 8,500명 그리고 일본에 5만 2,000명, 독일에 3만 5,000명을 주둔시키고 있다.[27] 또한 미국은 태평양지역에 또 중동지역 등에 미국의 핵추진 항공모함 전단을 파견하고 있다. 이처럼 미국은 전 세계적으로 상당한 군사력을 투사하고 있다. 미국은 19개국에 미군 해외기지를 갖고 있다.

이러한 군사력과 함께 이 군사력의 행사 의지가 있어야 한다. 그래야 이 군사력이 정치적으로 그의 위력을 발휘할 수 있다. 이 군사력 행사의 의지는 실제 군사력 행사의 전력(前歷)에서 확인할 수 있다. 미국은 1950년부터 1994년 사이에 그의 외교정책 목표를 성취시키기 위해 8번의 공개적인 군사력을 행사하였다. 그리고 1946년부터 1986년 사이에 미국은 약 300여 차례 다른 국가의 외교정책 결정에 영향력을 행사하기 위해 군사력을 이용하였다.[28]

이와 같은 사실은 미국의 군사력과 군사력의 행사 의지를 확인할 수 있다. 미국은 실제로 군사력을 그의 적극적 외교역량으로 활용하고 있음을 알 수 있다. 미국의 강한 군사력이 국제정치적에서 영향력으로서 위력을 발휘할 수 있는 이유는 미국이 그동안 외교정책 목표의 성취를 위해 실제로 군사력을 사용했던 많은 경험을 갖고 있기 때문이다. 강한 군사력과 강한 행사

27) 朝鮮日報, 2019. 9. 26.

28) Charles W. Kegley, JR. and Eugene R. Wittkopf, American Foreign Policy, p. 97ff.

의지를 갖고 있는 국가는 그 자체가 위력적인 적극적 외교역량으로 활용이 가능하다.

실제로 군사력을 행사하지 않아도 군사력을 적극적 외교역량으로 이용할 수 있다. 이러한 수법은 과거 소련 지도자들이 주로 이용하던 방법이다. 다른 국가에 영향력을 행사하기 위해 또는 압력을 행사하기 위해 활용하던 수단은 다음과 같은 것이 있다. 예를 들면 화력의 시험, 해외에 있는 군사 기지들을 새로 구축하거나 또는 폐쇄하는 것, 특정 국가에 대한 육상 · 해상의 봉쇄, 군사력의 위력 시위, 군부대의 외국 방문, 정찰, 예비병력의 동원, 대규모 군병력의 특정 지역으로 이동, 철수 등이 군사력의 정치적 이용 방법이다.[29] 이러한 군사적 행위를 공개적으로 많이 하는 것도 적극적 외교역량을 강화하는 방법 중의 하나이다.

적극적 외교역량의 강화를 위해 이용되는 군사력의 이용 방법 중의 하나는 무력외교(gunboat diplomacy)이다. 무력외교는 군을 해외에 파견하여 적대 세력을 위협하는 행위를 말하는 것이다. 무력외교는 일반적으로 힘에 기초한 위협으로 상대국가를 설득하고 압박하는 행위를 말하는 것이다. 1996년 중국은 대만 항구 인근을 목표로 미사일 실험 발사를 감행하며 대만에 군사적 위협을 가하였다. 이에 대해 미국은 대만 해협 부근에 두 개의 항공모함 전단을 파견하여 중국에 경고하는 조치를 취하였다.[30] 미국의 항공모함 전단의 대만 해협 파견 이후 중국의 대만에 대한 미사일 위협은 소강상태에 이르게 되었다. 미국의 이러한 행위는 미국의 무력외교로 인정되어 적극적 외교역량 강화에 기여하게 된다. 이처럼 군사력은 적극적 외교역량 수단으로는 매우 효율적인 수단이다. 국가가 갖고 있는 군사력을 실제로 다른 국가의 정책이나 행위를 변경시키는 데 사용하여 그 국가의 무력 사용 의지를

29) Stephen S. Kaplan, Diplomacy of Power(New York: The Brookings Institution, 1981), p. 15.

30) Charles W. Kegley, JR. and Eugene R. Wittkopf, World Politics, 8th ed.(Boston: Bedford/St.Martin's, 2001), p. 528.

자주 표출한다면 그 국가의 군사력을 통한 적극적 외교역량을 강화시키는데 크게 도움이 될 것이다.

군사력 이외에도 경제적으로 또 전략적으로 중요한 자원을 독점적으로 또는 상당량을 보유하고 있다면 그 국가는 그 자원을 적극적 외교역량으로 활용할 수 있다. 중요한 것은 이 자원을 적시에 그리고 적재적소에 이용하는 것이다.

원유는 경제적으로 또 전략적으로 매우 중요한 자원이다. 특히 중동국가들은 원유 수출 국가이다. 그리하여 산유국들은 원유를 그들의 적극적 외교역량으로 활용하고 있다.

1973년 10월 제4차 중동전쟁이 끝난 다음 그 해 12월 28일 알제리 수도 알지에에서 아랍국가 정상회담을 개최하였다. 이 회담에서 "중동분쟁에 대한 각 국가의 태도에 따라 원유 공급여부를 결정하기 위해 중동의 원유 수입 국가들을 우방국, 중립국, 그리고 적대국으로 분류한다"고 발표하였다. 이때 이 정상회의에서 한국을 적대국가로 분류하여 원유 수출금지 국가로 분류하였다.[31] 이때에도 아랍국가들이 원유수입국가들을 이렇게 분류했다는 것이 원유를 외교의 무기로 활용하는데 상당한 효과가 있었다. 원유를 외교의 무기로서 위력을 발휘하게 하는데 이러한 국가 분류는 적극적 외교역량 강화에 크게 도움이 되었다.

이러한 결과가 발표되자 한국 정부는 아랍국가들이 갖고 있는 한국에 대한 인식을 바로 잡기 위해 1973년 12월 15일 친아랍적인 새로운 중동정책을 발표하였다. 새로운 중동정책의 주요내용은 다음과 같다. "모든 국제분쟁은 평화적인 방법으로 해결되어야 하고 무력에 의한 영토 획득은 용납되어서는 안 된다. 이스라엘은 1967년 제3차 전쟁과 1973년 제4차 전쟁에서 점령한 지역으로부터 철수하여야 한다. 또한 팔레스타인 사람들의 정당한

31) 析正烈, "韓國과 중동," 김학준 · 홍순호 외, 제3세계의 이해(서울: 형성사, 1979), pp. 286.

주장은 인정되고 존중되어야 한다" 등이다.[32] 이렇게 중동의 원유 생산국가들은 원유를 무기로 한국의 대중동 정책을 변경시켰다. 이렇게 원유는 이들 국가들의 적극적 외교역량 강화의 주요 수단으로 이용되고 있다. 또한 석유수출국기구(OPEC) 아랍 회원국들은 미국과 네덜란드의 아랍-이스라엘 분쟁에 대한 정책을 변경시키기 위해 1973년 이 두 국가에 원유 수출 금지 조치를 취했다. 특히 석유수출국 기구가 집단적으로 원유를 외교의 무기로 활용함으로써 이들 국가의 적극적 외교역량강화를 더욱 극대화할 수 있었다.

중국은 희토류에 속하는 마그네슘, 시리엄, 실리콘, 비스무스 그리고 서치라이크의 96%를 세계 여러 국가에 공급한다. 이 자원들은 휴대전화, 하이브리드 자동차, 터빈 등에 사용되는 것들이다.[33] 중국은 이 희토류 자원을 적극적 외교역량을 활용한 일이 있다. 2010년 9월 센카쿠(尖閣)열도 부근에서 일본 해상보안청 순시선과 중국 어선이 충돌하는 사건이 발생했다. 이 사건으로 중-일 관계는 크게 악화되었다. 이때 일본 당국은 중국 어선의 선장을 억류하였다. 이때 중국 당국은 중국 선장 억류에 대한 항의 표시로 희토류의 일본 수출을 금지하는 강경조치를 취하였다. 그러자 일본 정부는 중국의 강경조치에 굴복하여 중국의 선장을 석방하였다.[34]

중요한 자원을 독점적으로 또는 대량으로 보유하고 있는 국가는 그 자원 전체가 적극적 외교역량을 강화하는데 중요한 자산이 될 수 있다. 이러한 자원도 적시에 그리고 적재적소에 이용하여야 외교역량을 강화할 수 있다. 어떤 자원을 적극적 외교역량으로 이용할 때 그 자원을 필요로 하는 국가가 쉽게 획득할 수 없는 것이어야 그의 위력이 커진다. 그러므로 국가가 어떤 자원을 적극적 외교역량으로 이용할 때 외교의 대상국가의 여러 사정을

32) 국회입법도서관 입법조사국, 한국외교관계자료(입법참고자료, 제193권 1976), p. 227.

33) Martin Jarques, When China Rules The World, 2nd ed.(London: Penguin Books, Ltd, 2012), p. 199.

34) 조양현, "일본의 동아시아 공동체론," 한상일 · 이숙종(공편), 일본과 동아시아(서울: 동아시아연구원, 2011), p. 227.

고려하고 검토해서 결정적인 영향을 미칠 수 있는 자원을 선정하여야 그것이 적극적 외교역량으로 효과적으로 작용할 수 있다.

일본은 수출 심사 우대국 명단을 갖고 있다. 일명 '화이트국가(white list)'를 선정해서 이에 포함된 국가에 대해 수출하는 특정 품목에 대한 심사를 쉽고 빠르게 하는 구조를 갖고 있다. 그런데 일본정부는 한국이 국제법을 위반한다는 이유로 한국을 이 화이트국가 리스트에서 제외하였다. 한국은 2004년 아시아에서 유일하게 이 리스트에 선정되었다. 그런데 일본정부는 한국이 국제법을 위반하는 국가라고 지칭하면서 한국을 이 리스트에서 제외하였다. 한국과 일본정부는 2015년 12월 위안부 치유 · 화해 합의 협정에 서명하였다. 그리고 2018년 11월 한국은 한국 여성 가족부 장관 명의로 재단법인 '화해 · 치유재단'을 해체하였다. 또한 한국의 대법원을 2018년 10월 30일 일본의 강제징용 피해자들에게 1억 원씩 배상하라고 판결하였다.

일본정부에 의하면 이 2개의 사건을 한국 정부의 국제법 위반이라고 결론짓고 한국에 대한 보복으로 한국을 백색국가 목록에서 삭제하였다. 그러므로 한국의 주요 수출품들의 핵심 소재 및 부품에 대한 수출규제 강화조치를 취하였다.

2018년 기준 한국이 일본으로부터 수입되는 품목 가운데 일본에 크게 의존하고 있는 상품은 약 10여개에 달한다. 실제로 대일 의존도가 높은 상품은 방직용섬유와 그 제품 99.6%, 화학 공업생산품 98.4%, 차량항공기 · 선박 수송기기 관련품은 97.7%등 10여 개 이상의 수입상품 90%이상을 일본에 크게 의존하고 있다.[35] 이 정도의 대일의존이라면 그 의존도는 매우 높은 것이다. 이렇게 한국의 대일 의존도가 높다면 일본은 이 제품들을 외교의 수단으로 활용이 가능하다. 그러나 일본은 한국을 화이트리스트에서 제외하였으나 한국에 대한 수출은 계속되고 있다. 일본은 이러한 조치를 외교적

35) 朝鮮日報, 2019.8.2.

수단으로 활용하지 않고 있다. 일본의 이러한 한국에 대한 수출 규제 조치의 효율성을 떠나 일본이 이러한 무기를 갖고 있다는 것이 중요한 일이다.

국가 간 불평등 상호의존관계는 국가 간 많이 주고 많이 받는 과정에서 형성된다. 이러한 관계형성에서 많이 주고 많이 받는 것도 중요하지만 그 양 못지않게 중요한 것은 주고받는 것의 질이 매우 중요하다. 주고받는 것의 질은 그것을 주는 국가보다 받는 국가 측면에서 정의되어야 한다. 이 불평등 상호의존관계는 영향력을 창출하는 것이다. 그리고 국가 간 주고받는 것의 질은 영향력의 크기와 위력을 결정한다. 국가 간 불평등 상호의존 관계를 형성할 때 유형 및 무형 즉 국가가 필요로 하는 요소를 제공하는 국가는 위력적인 영향력을 생산할 수 있는 불평등 의존관계를 형성하게 되고 이것은 국가 이익 증대에 기여하게 될 것이다. 국가 간 불평등 의존관계를 형성하는 과정에서 자산의 양보다 질에 초점을 맞추어 자산을 제공한다면 위력적인 영향력을 행사할 수 있는 근거를 만들 수 있게 될 것이다. 국가가 제공하는 자산의 질이란 그것을 제공 받는 국가의 필요성의 정도를 말하는 것이다. 다시 말하면 자산을 제공 받는 국가가 그 자산을 절대적으로 필요로 한다면 그 자산은 절대적 위력을 발휘할 수 있다. 자산을 제공 받는 국가가 절대적으로 필요로 하는 자산이 불평등 의존관계 형성에서 가장 크게 작용하는 자산이고 이것이 좋은 질의 자산이다.

예를 들면 강한 국가로 둘러싸인 약한 국가가 절대적으로 필요로 하는 요소는 안전 보장이다. 어떤 국가가 이 국가의 안전을 보장하는 군사동맹조약을 체결하는 것이 약한 국가에게는 최고의 선물이 될 것이다. 이 동맹조약은 양국 간 불평등 상호의존관계를 형성하게 된다. 강대국이 약한 국가에 동맹관계를 갖는 것이 강대국에게는 적극적 외교역량 측면에서 최고 수준의 질 좋은 자산이 될 것이다. 어떤 국가가 경제발전을 위해 고급 산업 기술을 필요로 한다면 이 고급기술의 지속적 제공은 제공국가에게는 적극적 외교역량으로 활용할 수 있는 질 좋은 자산이 될 것이다. 고급 기술의 제공은 하루 이틀 제공해서 경제발전이 이루어지는 것이 아니다. 그러므로 기술을 제공하는 국가는 기술의 정도, 양, 제공 시기 등을 정치적으로 이용이 가능하다. 이러한 고급기술은 불평등 상호의존관계 형성 및 유지에 매우 위력적인 무기가 된다.

더 위력적인 영향력 행사의 근거는 여러 가지 자산 즉 안전 보장, 경제원조, 군사적 원조 등 함께 제공하는 것이다. 한 국가에 의해서 다른 국가에 다양한 자산이 지속적으로 제공된다면 이것에 의해 형성된 불평등 의존관계는 절대적인 영향력 행사의 근거이다. 다시 말하면 이러한 자산의 제공은 최상의 적극적 외교역량이라고 말할 수 있다. 국가 간 이러한 절대적인 불평등 의존관계를 유지하고 있는 국가는 대외정책뿐만 아니라 국내정치에서도 간섭하게 된다. 실제로 많은 국가와 상호불평등 의존관계를 갖고 이들 국가에 대해 상당한 적극적 외교역량을 행사할 수 있는 국가는 진정한 정치적 강대국이다.

결론적으로 한 국가가 특정국가에 대해 다음과 같은 요건들을 하나 이상 확보하게 된다면 이 국가는 특정국가에 대한 외교역량을 강화하게 될 것이다.

첫째, 정신적 및 물질적 자산을 지속적으로 제공
둘째, 산업구조 편중, 핵심 원료 및 기술 독점
셋째, 안전 보장 의존도 제고(提高), 무력의 위협 및 행사
넷째, 해상 통로의 독점
다섯째, 무역, 금융 등 다양한 시장의 확장 및 개방

② 소극적 외교역량 강화 방안

국가 간에 불평등 상호의존 관계가 형성되면 한 국가는 상대국가에 대해 적극적 외교역량을 갖게 되고 그의 상대국가는 취약한 소극적 외교역량을 갖게 된다.

약소 국가 차원에서 볼 때 소극적 외교역량은 국가의 운명과도 직결될 수 있다. 오늘날에는 소극적 외교역량이 취약하다고 하여 지구상에서 국가가 소멸되는 경우는 없을 것이다. 그러나 취약한 소극적 역량은 국가의 경제적 이익을 포함해 다양한 가치를 침해 또는 훼손당하기도 하지만 심지어는 국가 존립의 근간이 되고 국가와 국민을 지켜주는 국가의 기본가치, 이념, 체제 등의 존립을 위협할 수 있다. 그뿐만 아니라 국내 정치에도 간섭하여 국가 권력의 행사도 제한하는 내정간섭도 가능하다.

실제로 미국은 안전 보장을 근거로 일본과 불평등한 의존관계를 갖고 있다. 따라서 미국의 일본에 대한 적극적 외교역량은 강하고 일본의 미국에 대한 소극적 외교역량은 취약하다. 실제로 미국은 일본 국내정치에 간여하기도 하였다. 오부치 게이조 총리시절 일본은 이란의 유전개발권을 얻으려고 외교적 노력을 경주하였으나 미국의 압력으로 그 노력을 포기하기도 하였다. 이러한 현상이 소극적 외교역량 취약성의 의미를 잘 보여준 경우이다. 이러한 일본의 경우는 소극적 외교역량 강화의 필요성을 강조하고 있는 것이다. 미국의 일본에 대한 이와 같은 처사는 일본의 국익을 크게 훼손하였을 뿐만 아니라 일본의 정체성을 파괴하는 처사였다. 그러나 미국으로부터 안전을 보장 받고 있는 일본은 아직까지 독자적으로 그의 안전을 보장할 수 있는 능력을 보유하고 있지 않다. 일본은 군대도 보유하고 있지 못하다. 일본이 군대를 보유하려면 군의 보유를 가능케하는 새로운 헌법을 가져야 한다. 두 말할 나위도 없이 소극적 외교역량을 강하게 가지려면 다른 국가와 불평등 상호의존관계를 갖지 않는 것이다. 물론 모든 주권 국가는 정치, 경제, 안보 등의 측면에서 자립할 수 있는 능력을 가지려한다. 그러나 이러한 요소들의 자립이 어려울 때 약소국가는 강대국의 도움을 필요로 한다.

북한 정권은 오래 전부터 경제적으로 큰 어려움을 겪었다. 북한은 1990년대 소위 고난의 행군시기를 겪었다. 이 시기 공식적으로 발표된 것은 없지만 전해오는 것으로는 수십만 이상의 북한 주민이 굶어죽었다고 한다. 이렇게 어려운 상황에서도 북한 정권은 다른 국가로부터 적극적인 지원을 받지 않았다. 북한 정권은 수많은 사람이 죽어나가는 데에도 누구의 도움도 받지 않았다. 북한 정권은 수많은 주민의 희생과 자주를 바꾸었다. 북한은 1948년 정권 수립 아래 소련 및 중국으로부터 지원을 받았지만 그 지원이 제한적이었던 것으로 보인다. 북한 정권은 문호를 개방하지 않고 폐쇄적인 입장을 견지하며 고립노선을 걸었다. 북한 정권은 결국 어느 국가와도 평등한 상호의존관계를 유지하며 매우 강한 소극적 외교역량을 가져왔다. 특히 세계가 반대하는 가운데 핵무기를 보유하게 되었다. 군사적 및 경제적으로 세계 최강의 국가인 미국도 북한 정권의 핵 보유를 막지 못했다. 북한 정권은 어떤 국가로부터 제한받지 않고 대내외 정책 결정을 자유롭게 할 수 있는 존재라는 것을 보여주고 있는 것이다. 북한 주민들은 매우 어렵게 살고 있지만 북한 정권은 고립노선의 견지로 강한 소극적 외교역량을 갖는 정권이 되었다. 북한의 이러한 강한 소극적 외교역량은 수많은 북한주민을 희생시킨 고난의 행군이라는 어려운 시기를 겪고 만들었다. 그 대신 이러한 강한 소극적 역량은 곧 북한 정권의 독재자들을 기쁘게 만들었다. 물론 북한 정권의 사례는 극단적인 경우이다.

약소국가는 여러 분야에 부족한 요소들이 많아 독자적으로 경제적 자립이 어려운 국가들이다. 그러므로 이러한 국가는 필연적으로 외부의 지원이 요구된다. 이렇게 외부 즉 다른 국가의 도움이 필요할 때 이 약소국가는 어려움의 해결과 함께 다른 국가에 대한 의존도를 생각해야한다. 당장의 어려움을 덜기 위해 한 특정 국가로부터 분별없이 지원을 받아들이게 된다면 궁극적으로 어려움의 해소도 이루지 못하고 다른 국가에 크게 의존하게되어 자칫 국가의 핵심가치, 기본 이념, 정체성 등을 잃어버릴 수 있다. 부강한 국가로부터 약소국가에 제공되는 지원은 앞에서 말한 바와 같이 약소국이 필요로 하는 자원을 제공하기보다는 제공국가의 필요에 따라 원조가 제공된다. 이것은 국가 간 불평등한 상호의존 관계를 심화시키게 된다. 특정 국가로부터의 부분별 자원은 심대한 불평등 의존관계를 형성하게 될 것이고 이것은 특정국가에 정치적으로 종속적인 국가가 될 수 있다. 급할수록 돌아가라는 말이 있듯이 국가는 어렵더라고 자국에 대한 지원을 다변화하여야 소극적 외교역량을 강하게 가질 수 있다. 국가가 정치적 종속국가로 전락하지 않고 국가의 자립을 확보하고 강한 소극적 외교역량을 가질 수 있는 방책(方策) 중의 하나는 약소국가들 간의 공조(共助)를 도모하는 것이고 그리고 다른 하나는 강대국과의 접촉, 교류, 관계의 폭과 깊이를 조절하는 것이다.

먼저 국가의 안전 보장의 위협을 느끼는 약소국가는 필연적으로 부강한 국가의 도움을 필요로 하게 된다. 이런 경우에 이 약소국가 하나의 특정국가와의 동맹관계 또는 군사적 협정을 갖지 말고 집단적 안전 보장 장치를 마련하는 것이 필요하다. 이 약소국가는 강대국이 아니라 주변의 다른 여러 약소국과 군사적으로 연대를 모색하는 것이 바람직하다. 그리고 이 약소국가는 보다 많은 약소국과의 집단적으로 안전 보장을 위한 유대강화를 모색하여야 할 것이다. 한국과 같이 강대국과 인접해있는 국가는 주변에 약소국이 없기 때문에 이러한 약소국 간의 집단적 안전 보장 장치는 존재하기 어렵다.

동남아 10개국은 아세안(Association of Southeast Asian Nations-ASEAN)이라는 국제기구를 만들었다. 이들 국가 주변에는 강대국이 없어서 이러한 국제기구를 만들어 정치, 경제 등 여러 분야에서 상부상조하며 살아가고 있다. 그리고 이 국가들은 서로의 존재를 인정하며 동시에 외부세계에 대해서도 동일보조를 취하고 있다. 한 때 인도차이나 반도에 위치하고 있는 국가들 간에는 반목하며 갈등 충돌이 있었으나, 시간이 지나갈수록 아세안국가들은 평화롭게 지내고 있다. 특히 아세안 국가들 가운데에는 부강한 국가가 존재하지 않기 때문에 이들 국가 간에 불평등 상호의존 관계가 형성되고 있지 않다. 그렇기 때문에 이들 국가 간에는 적극적 또는 소극적 외교역량이 존재하지 않고 있다. 이 아세안은 외교역량 측면에서는 매우 모범적인 국제기구이다. 특히 아세안 국가 가운데 경제적 생활 수준은 다소 차이가 있지만 어떤 특정 국가가 다른 회원국가를 압도할만한 큰 국력을 가지고 있는 국가는 없다. 아세안 회원국 간의 상호의존 관계는 정치적 또 외교적으로 지배-복종의 관계를 형성할 수 있는 여지는 없다. 아세안은 특정지역을 공동으로 개발하기 위해 회원국 간 공동으로 투자를 확대하고 외국인 투자의 증대를 공동으로 추진하고 있다. 또한 아세안 회원국가들은 '특혜무역협정(preferential Trading Arrangements)'을 체결하였다. 이 회원국들은 공동유효 특혜관계를 창설하여 대규모 관세 인하를 추진하였다.[36] 약소국으로 이루어진 아세안은 지역 및 각 국가의 경제 발전을 적절한 외부 세계의 도움과 회원국 간 협력으로 이루어나가고 있다. 그러므로 아세안 국가들은 외부의 위협 없이 지역 및 국가발전을 도모하고 있다.

과거 약소국들이 국제정치적으로 또 외교적으로 소극적 외교역량을 강하게 갖고 독립적으로 행위할 수 있게 만들었던 훌륭한 비책이 있었다. 그것은 냉전시기 미국과 소련 중심의 양극 체제 하에서 추구되었던 비동맹외교노선(nonalignment orientation)이었다. 냉전시기 아시아-아프리카의 몇몇 국가들은 미국 및 소련으로부터 자유로운 외교를 전개하기 위해 비동맹외교노선을 채택하였다. 이 외교노선은 군사적으로만 미국 및 소련과 동맹관계를 갖지 않고 경제, 사회, 문화적으로는 강대국과의 교류 등은 금하지 않는다. 실제로 미국과 소련은 비동맹 핵심국가들을 각기 자국지지 세력으로 만들기 위해 이 국가들에게 많은 경제원조를 제공하기도 하였다. 특히 이집트, 인도 등은 미국과 소련으로부터 많은 경제적 지원을 받았다. 1956년 이집트의 나세르(Gamal Afdel Nasser) 대통령은 미국의 동맹국인 영국, 프랑스의 소유인 수에즈운하 회사를 국유화하였다. 이집트가 이 회사를 국유화할 수 있었던 배경에는 미국의 전폭적인 지지가 있었다.[37] 비동맹외교 노선을 채택한 국가들 가운데 이집트, 인도 등은 미국이나 소련의 통제를 받은

36) 김완순 · 한복연 공저, 국제경제기구론(서울: 박영사, 1998), pp. 425ff 참고.

37) 송영우, 국제정치학, 4th ed.(서울: 건국대학교 출판부, 2006), p. 402 참고.

것이 아니라 오히려 이 국가들은 미국 또는 소련의 정책에 영향을 미칠 정도였다.

또한 비동맹회의 주요 국가들은 인도, 인도네시아, 가나 등이 중심이 되어 1964년 유엔무역개발회의(United Nations Conference on Trade and Development)를 창설하였다. 이 기구의 목적은 유엔을 통해 기존의 국제경제질서를 개발도상국가들의 이익을 증대시킬 수 있는 새로운 국제경제질서를 추진하는 것이었다. 이들의 목적이 달성되지는 못했지만 약소국들이 이렇게 힘을 모으면 힘을 발휘할 수 있다는 사실을 세계에 보여준 것이 비동맹회의이다. 이 시기 이들의 소극적 외교역량은 강화되었고 더 나아가 이들은 강대국에 적극적 외교역량을 발휘할 수 있을 정도의 위력을 갖고 있었다. 양극체제 하에서 소극적 외교역량을 강하게 갖는 방법은 비동맹외교노선을 채택하는 것이었다.

흔히 하는 말로 약소국은 뭉쳐야 산다. 국력이 취약한 약소국은 개별적으로 이 험한 세상을 헤쳐 나가는 일은 매우 어렵다. 특히 약소국은 경제적 자립도가 낮기 때문에 경제적으로 강대국의 예속되어 경제적 식민지가 될 수도 있다. 약소국이 경제적 자립도를 높이고 정치, 경제 등의 독립성을 확보하려면 약소국들이 하나로 뭉치는 것이다. 약소국들은 지역공동체를 형성해서 상부상조하며 살아가는 것이 독립성도 확인하고 국가의 발전도 도모할 수 있다.

세계적으로 경제 지역공동체를 구성하여 경제 발전을 도모한 지역은 중남미지역이다. 중남미지역의 국가들은 스페인 및 포르투갈의 쇠락으로 19세기 초에 정치적으로 독립국가가 되었다. 그러나 경제적으로는 자립이 어려웠다. 그리하여 주로 미국에 의존하며 살아왔다. 한 때 인구(人口)에 많이 회자(膾炙)되었던 종속이론(dependency theory)을 탄생시켰던 지역이 바로 중남미 지역이다.[38] 그리하여 중남미 국가들은 일찍이 1950년대 후반부터 지역적 경제통합을 추진하였다. 이 지역 국가들은 1950년대 중미공동시장

(CACM), 1960년대 안데안협정(Andean Pact), 남미공동시장(MERCOSUR) 등을 만들어 경제블럭을 형성해서 경제적 발전 및 자립을 도모하였다.[39] 중남미 지역은 경제적으로 미국에 크게 의존하여 살고 있는 지역이기 때문에 미국에 대한 소극적 외교역량을 강화하기 위해서는 경제적 지역공동체가 절실하였다. 중남미 국가들이 이러한 지역공동체를 공고히 한다면 어느 정도 소극적 외교역량을 보강할 수 있을 것이다.

미국은 풍부한 자원과 발달된 고급 기술을 활용하여 세계 최고의 부강한 국가가 되었다. 한편 남미 대륙 국가들은 미국에 원료 공급지였고 또한 노동력을 제공하는 인력시장이었다. 그 결과 미국은 부강한 중심국가가 되었고 그리고 경제적으로 소극적이고 폐쇄적인 남미국가들은 세계경제의 주변국가로 전락하고 말았다. 그리하여 주변국가로 전락한 남미 국가들은 세계경제의 중심국가인 미국에 의존하여 살게 되었다. 남미국가들이 경제발전을 위해 또 경제적 자립을 위해 지역 내 경제공동체를 설립하였으나 미국에 의존하는 경제 여건은 크게 변할 수 없었다. 왜냐하면 중심국가인 미국의 힘이 압도적으로 강하여 남미국가들은 경제발전의 활로를 찾을 수가 없었기 때문이다. 오늘날까지도 중남미 국가들이 경제적으로 자립할 수 없었던 이유 중의 하나는 이들 국가 내의 기득권 세력들의 독점적 경제행위가 경제발전의 발목을 잡았고 또 다른 하나의 요인으로는 미국의 지원이다. 미국의 이 지역에 대한 지원은 중남미국가들의 경제적 자립을 할 수 있는 기반 조성에 매우 소극적이었다. 즉 미국이 이 중남미지역 국가에 대해 자본 및 고급 기술 지원이 제한적이었기 때문에 중남미국가들의 경제발전은 불가능하다.

제2차 대전 이전에 많은 약소국들은 제국주의 국가들의 식민지로 살아왔다. 그러나 이 전쟁이 끝난 다음부터 1960년에 이르는 기간 동안 대부분의

38) 부유한 국가들의 착취로 인해 저개발 국가가 생긴다는 주장. Charles W. Kegley, JR. and Eugene R. Wittkopf, World Politics, pp. 145-146.

39) 김완순 · 한복연 공저, 국제경제기구론, pp. 410ff.

식민지 국가들은 정치적으로 독립국가가 되었다. 그러나 신생국가들은 대부분 오랫동안의 식민지 생활로 인하여 경제적으로 자립할 수 있는 여건을 갖추지 못했기 때문에 외국의 도움이 절실하였다. 이 신생국들은 선진국의 경제적 지원을 필요로 했다. 선진국의 신생개발도상국가에 대한 경제지원은 경제적 지원을 제공하는 선진국에 의해 결정된다. 경제적 지원은 선진국이 필요로 하는 국가에 일방적으로 제공된다. 뿐만 아니라 선진국의 개도국에 대한 지원은 독점적으로 제공된다. 선진국에 의해 경제지원국으로 결정되면 그에 의해 제공되는 경제지원의 정도 즉 경제원조의 양과 질은 전적으로 선진국에 의해 결정되어 제공된다. 선진국의 개도국에 대한 경제원조는 선진국 국민의 세금으로 제공된다. 선진국의 경제원조는 분명 원조 제공 국가의 정치적 의미, 목적 등을 담고 있다. 그러므로 선진국에 의해 정치적, 전략적으로 지목되어 이들의 원조를 제공 받는 국가는 원조 제공국가에 의존하지 않을 수 없다. 이러한 경우에는 필연적으로 선진국과 개도국 간에 불평등 의존관계가 형성된다. 부강한 국가의 소극적이고 자국 중심적인 원조의 제공은 약소국가의 부강한 국가에 대한 의존도를 높일 뿐이다.

선진국과 개도국 간에 형성되는 불평등한 상호의존 관계는 선진국의 일방적 및 독점적으로 여러 형태의 지원이 제공되기 때문에 만들어지는 것이다. 현실적으로 개도국의 입장에서 선진국의 이러한 지원을 피하는 일은 불가능하다. 만일 개도국이 선진국의 이러한 일방적인 지원을 거부한다면 선진국은 이 개도국에 압력 또는 위협을 통한 보복적 행위를 취할 수도 있다.

한국과 일본은 제2차 세계대전 이후 미국과 절대적인 불평등 의존 관계를 갖게 되었다. 한국은 3년 간의 미군정을 거쳐 그리고 일본은 6년 여의 미군정을 거쳐 그 이전과는 전혀 다른 정치, 경제체제 등을 갖고 새로운 자유민주주의 체계 및 자본주의 시장경제체제를 갖고 탄생되었다. 일본은 헌법상 정규 군대를 보유할 수 없는 국가로 태어났고 한국은 남북 분단 상태에서 태어났고 또 북한 정권의 남침으로 6 · 25전쟁을 겪었다. 그리고 한국과 일본은 미국과 상호방위조약을 체결하여 한 · 일 양국은 각각 미국에 의해 안전을 보장받게 되었다. 다른 국가에 의해 자국의 안전을 보장받는 국가의 소극적 외교역량은 가장 취약하다. 국가에게 안전 보장보다 더 중요한 요소는 없다. 그러므로 국가의 안전 보장을 다른 국가에 의존한다면 안전을 보장하는 국가에 대한 의존도는 그 어느 것보다 가장 심대할 것이다. 그러므로 한국과 일본은 외교정책 또는 외교 행위에서 미국으로부터 자유로울 수 없다. 제2차 대전 이후 새로운 정치, 경제 체제 등을 갖고 태어난 한국과 일본은 신생국가로 태어나기 전인 1945년부터 한국과 일본은 미국과 평등한 상호의존관계를 설정할 수 없는 상황에서 태어났다.

미국은 전쟁에서 일본에 승리하며 동아시아에서 일본을 정치적, 전략적으로 필수 불가결한 국가로 생각했다. 미국이 일본을 절대적으로 필요한 국가로 생각하는 배경은 미국의 세계전략 및 동아시아 전략에서 비롯되었다. 미국은 서태평양을 그의 국제법적인 영토가 아니라 그의 국제정치적 영토라고 생각하고 있다. 국제정치적 영토라는 표현은 국제법적 효력을 갖는 것이 아니라 미국이 서태평양을 정치적으로 또 전략적으로 매우 중요하게 생각한다는 의미이다. 미국은 태평양지역 수호의 전초 기지로 일본을 선정하고 동시에 일본과 1951년 9월 8일 미국과 안보조약을 체결하였다(1952년 4월 28일 발효). 이제 미국은 안전을 보장하고 일본은 미국의 정치적 영토인 태평양지역을 수호하는 중요한 군사기지가 되었다. 1951년 2월 일본은 미국에게 원하는 만큼의 군대를 미국이 원하는 장소에 그리고 미국이 원하는 기간만큼 미군을 일본 영토 내에 주둔시킬 수 있는 권리를 부여하였다.[40)]

일본은 1951년 9월 8일 미국과 샌프란시스코 강화조약 체결로 완전한 독립주권국가가 되었다. 그럼에도 불구하고 일본이 미국에 미군의 주둔에 관한 권리를 부여하는 것은 주권의 포기와 같은 것이다. 일본의 미국에

40) 양기호 옮김. 미국은 동아시아를 어떻게 지배했나(서울: 메디치미디어, 2013), pp.160-161.

이러한 권리 부여는 불평등 의존관계를 넘어 주종관계를 연상케한다. 이제 일본은 미국의 '안보상 보호국(security protectonate)'이라는 표현도 탄생하였다.[41] 이러한 상황 하에서 일본의 미국에 대한 소극적 외교역량 운운하는 것은 비현실적인 것이라 생각된다. 오늘날 일본은 경제규모로 세계 3위의 경제 대국이다. 그러나 국제정치적으로 또 세계전략적으로 미국의 그것들로부터 자유로울 수 없다. 그렇기 때문에 일본의 소극적 외교역량은 매우 제한적이다.

1953년 7월 27일 남북한 간 휴전협정이 체결된 다음 오늘날(2021년)까지 한국 영토에 수만명의 미군이 주둔하고 있다. 2019년 미국 의회는 한국땅에 2만여 명 이상의 미군을 주둔시켜야한다는 내용을 의결하였다. 휴전 이후 한국은 미국에 의해 안전이 보장되었다. 한국은 휴전선을 사이에 두고 수많은 남 · 북 군이 대치하고 있다. 이러한 상황에서 한국 영토에서 미군의 주둔은 한국 안보에 결정적 요소라고 말할 수 있다. 이 땅에서 미군의 철수는 곧 미국이 정책적으로 한국을 포기한다는 것을 의미하는 것이며 동시에 북한의 남침을 자극할 수도 있다. 1950년 1월 12일 국립 프레스클럽(National Press Club)에서 미국의 에치슨(Dean Acheson)국무장관은 다음과 같이 연설하였다. "한국은 미국의 방위선 밖에 위치할 뿐만 아니라 이 지역의 안전을 보장하지 않을 것이다"라고 말했다.[42] 소위 에치슨 라인의 선포였다. 이로부터 5개월 후인 6월 25일 북한은 남침을 감행하였다. '6 · 25전쟁'의 직접적인 원인은 에치슨 라인의 선포라고 말할 수 있다. 이러한 상황은 한국도 일본과 같이 미국의 '안보상 보호국'이라고 말할 수 있다. 역시 한국도 미국에 대한 강한 소극적 외교역량을 언급한다는 것은 비현실적이다. 그렇기 때문에 한국도 일본도 미국과의 동맹을 크게 강조하는 것이다. 현재

41) 위의 책, p. 76에서 인용.

42) Secretary of State Dean Acheson, "Crisis in Asia: An Examination of U.S. Policy," U.S. Department of State Bulletin, vol.XXII, no. 551(January 23, 1950), p. 116.

로서 한국과 일본은 미국에 대한 소극적 외교역량을 강화하는 일은 거의 불가능하다.

약소국가가 강대국에 대한 소극적 외교역량을 강하게 갖기 위해 경제를 포함한 다양한 지원을 하나의 특정국가로부터 받지 않고 여러 국가로부터 받는다면 약소국의 소극적 외교역량을 강하게 가질 수 있을 것이다. 그러나 이러한 주장은 현실성이 크게 떨어진다. 왜냐하면 외국으로부터 제공되는 지원은 그것을 제공을 받는 국가에 의해 결정되는 것이 아니라 그것을 제공하는 국가에 의해서 지원대상국가가 결정되기 때문이다. 강대국의 약소국에 대한 지원에는 정치적 의미, 목적 등이 담겨져있기 때문에 약소국가가 지원의 제공 국가를 선정하는 일은 불가능하다. 인도적 차원의 원조를 제외하고 강대국이 어떠한 의미도 갖지 않고 다른 국가에 지원을 제공하지 않는다. 그렇기 때문에 강대국은 그의 정치적 이익 및 목적에 따라 지원을 제공하게 되고 강대국의 이러한 지원은 필연적으로 불평등 의존관계를 형성하게되고 따라서 소극적 외교역량은 취약하게 된다. 강대국이 약소국에게 경제, 안보 등 다양한 지원을 제공할 때 강대국이 갖고 있는 정치적 이익 및 목적은 약소국으로 하여금 정치적으로 강대국을 추종하도록 만들어지는 것이다. 약소국으로 하여금 다양한 지원을 제공하는 강대국의 이익과 정책에 부합하도록 정책을 결정하고 행위하도록 하려는 것이다. 그러므로 이러한 약소국은 정책결정에서의 자유가 제한될 뿐만 아니라 소극적 외교역량은 발휘될 수 없다.

중국은 1978년 12월 중국공산당 11계 3중전회에서 실용주의에 입각한 경제개발의 추진을 결정하였다. 중국공산당은 구체적으로 경제 발전을 도모하기 위해 개혁 · 개방정책을 추진하였다. 중국은 1840년 아편전쟁으로부터 약 100여 년간 외국에 의해 중국 대륙이 식민상태에 놓이는 수모를 경험하였다. 외국에 의한 반식민지를 경험한 중국공산당은 이러한 과거를 의식해서 경제발전을 추진하면서 외국에 대한 의존을 크게 염두에 두고 개혁 개방 정책을 추진하였다. 중국이 경제발전에 필수요건인 자본이 크게 부족하였다. 그래서 중국 당국은 외국자본의 유입에 많은 노력을 하였다. 특히 외국자본 유입에서 부강한 국가에 대한 의존을 의식해서 중국적인 외국인 투자방안을 마련하였다.

중국은 1988년 '대만동포투자장려규정', 1990년의 '홍콩, 마카오 화교 동포의 투자 촉진' 그리고 1994년 '대만동포투자보호법' 등을 제정하였다. 중국의 경제발전은 외국인의 돈으로가 아니라 중국동포 즉 중국인의 돈으로 경제발전을 도모하겠다는 것이 중국 당국의 뜻이었다. 1995년까지 누적 외국인 총 투자는 22만 8,903건 가운데 화교 자본이 82%를 차지했고, 실제 투자 금액 기준으로도 비율은 67%였다. 특히 외국인 총 투자액 가운데 56%가 홍콩과 마카오로부터 유입되었다.[43] 특히 홍콩 및 마카오로부터 유입된 자본은 이곳에 거점을 둔 미국, 유럽 기업의 자본이 아니라 순수 홍콩 및 마카오인들이 소유하고 있는 기업의 자본이었다. 1997년 홍콩이 중국 정부에 반환되었지만 중국의 통계 출처에서 홍콩의 투자는 해외 투자로 분류된다.[44]

중국 당국은 특정 국가의 자본에 의지하지 않고 주로 세계 여러 곳에 살고 있는 화교 그리고 홍콩 및 마카오에 거점을 두고 있는 순수 중국인의 자본을 개혁 · 개방에 이용하였다. 중국 당국의 이러한 결정은 특정 국가에 크게 의지하지 않고 경제 발전을 도모하였기 때문이다. 중국 당국의 이러한 배경은 어떠한 국가와도 불평등한 상호의존 관계를 형성하지 않으려는 것이었다. 중국은 이렇게 함으로써 소극적 외교역량을 강화하고 독립적으로 경제발전을 이룩하려는 그들의 의지를 엿볼 수 있다. 중국은 다른 국가와는 달리 홍콩, 마카오 등과 함께 세계적으로 널리 산재해 있는 많은 중국인

43) 김기수 지음, 중국 경제 추락에 대비하라(서울: 살림 출판사, 2012), p. 63.
44) 도지영 옮김, 중국 경제(서울: 시그마북스, 2017), pp. 85-88.

들이 화교들의 거대한 자본을 갖고 있어서 중국은 다행스럽게도 이들의 자본을 이용할 수 있었다.

중국은 무역에서도 시장의 다변화를 도모하고 있다. 무역도 특정국가에 편중되면 역시 불평등 의존관계를 형성할 수 있다. 중국의 무역 대상국들을 보면 2010년 기준으로 유럽연합(EU) 27개국이 최대의 무역 대상국가이다.[45)] 이것도 유럽 하나의 특정국가에 크게 편중되지 않고 27개국을 상대로 무역을 함으로 어떤 국가와도 불평등한 의존관계는 만들어지지 않는다. 중국은 1986년부터 2015년까지 중국의 외국에 대한 수출내역을 보면 아시아지역 국가에 대한 수출이 전체 수출의 50% 내외를 기록하고 있고 북미지역에 19%내외를 그리고 유럽지역에도 약 19%를 기록하고 있다. 중국은 개혁 · 개방 추진 이후 수출입 모두 아시아지역이 절대적 비중을 차지하고 있다.[46)] 특히 중국은 아시아지역 여러 국가와 많은 무역 거래를 하고 있다는 것은 특정국가 특히 강대국 시장에 크게 의존하게 되는 것을 막기 4위해서이다.

중국이 경제적으로 특히 무역에서 특정국가에 의존을 최소화하려 노력하였음에도 불구하고 역시 미국과의 무역 관계는 예외적이었다. 하나의 예로 2014년 중국의 미국 수출은 4,680억 달러였고 미국의 대중국 수출은 1,230억 달러였다. 이 해 중국의 대미국 무역흑자는 3,450억 달러였고, 2017년도 중국의 대미국 수출은 5,056억 달러 그리고 미국의 대중국 수출은 1,304억 달러였다. 중국의 대미흑자는 3,752억 달러였다. 미국과 중국 간의 이러한 무역 불균형은 미국의 압력 대상이 된다. 그리하여 미국은 중국의 인권문제, 지식재산권 침해문제 등을 이유로 보복관세를 부과하고 있다. 2018년 3월 22일 미국의 트럼프 대통령은 이러한 대중국 무역적자를 '중국의 경제침략'이라고 표현하였다. 중국이 특정국가에 대한 의존을 회피

45) 박영준 · 홍승현 옮김, 중국, 세계를 가다(서울: 아산정책연구원, 2014), pp. 251ff.

46) 허용호, 중국 경제의 이해(서울: 비엔엠북스, 2017), pp. 221ff.

하였으나 미국에 대한 의존은 피하지 못하였다. 그리하여 미국으로부터 압력을 받고 있는 것이다.

약소국가가 외교, 경제, 안보 등의 다변화는 소극적 외교역량을 강화하는데 반드시 필요한 일이다. 이러한 다변화가 약소국가의 소극적 외교역량을 강화시킬 수 있다. 그런데 문제는 그것을 위한 적절한 방법을 강구할 수 있어야 한다는 것이다.

개도국 또는 약소국의 국가 발전을 위한 다변화에는 여러 제약이 따를 수 있다. 예를 들면 개발도상국 지위에 머물고 있는 중남미 지역국가들에게는 정치, 외교, 경제, 안보 등 분야에서 국가 발전을 위해 중남미 밖에 위치하고 있는 국가들과의 다양하고 긴밀한 교류를 쉽게 이루어질 수 없다. 왜냐하면 중남미지역은 국제법적으로가 아니라 국제정치적으로 미국의 뒷마당으로 간주되고 있기 때문에 다른 지역 국가의 이 지역에 적극적인 접근은 미국에 의해 허용되지 않는다. 중남미지역 국가들이 개도국 상태에 머무르고 있는 데에는 그들의 국내적 요인도 있겠지만 다른 하나는 역의 지역 국가와의 교류가 제한받고 있는 것도 또 다른 하나의 이유이다.

중남미 지역은 미국의 뒷마당이므로 국제정치적으로 미국의 주요 관심지역이며 따라서 이 지역은 미국의 국제정치적 관할 지역이라고 말할 수 있다. 한 예로 1962년 쿠바에 소련이 미사일 기지를 설치하려 할 때 미국은 소련과의 전쟁도 불사한다면서 여러 방법을 동원하여 결국 소련을 쿠바로부터 철수시키는데 성공하였다. 미국은 1823년 소위 '몬로 독트린(Monroe Doctrine)'선언 이후 중남미 지역을 국제정치적으로 배타적 관할권을 행사하여왔다. 그렇기 때문에 중남미국가들의 미국에 대한 소극적 외교역량은 매우 취약하고 동시에 국가발전도 크게 제약을 받고 살아왔다.

약소국가들이 다른 강대국에 의존하지 않고 살 수 있는 방법 중의 하나는 남-남 협력이라고 말할 수 있다. 그러나 이 남남협력은 각 국가의 국력이 매우 취약하여 경제적 자립에는 한계가 있다. 그러나 이 약소국가들이 성급하게 좋은 결과를 얻으려 하지 않고 작은 힘이지만 지속적으로 남–남 협력을 추진한다면 적어도 자립에는 시간이 걸리겠지만 소극적 외교역량 강화에는 도움이 될 것이다.

소극적 외교역량을 강화하는 모범적인 사례로 대만정부(중화민국)의 대미외교를 이야기할 수 있다. 대만은 중국 영토의 일부이고 중국이 통일해야 할 대상이다. 또 미국은 중국과 외교관계를 정상화하면서 대만은 중국의 일부라는 사실을 인정하고 대만정부를 국가로 승인하지 않고 있다. 이런 가운데 미국은 2019년 대만에 22억 달러 상당의 MIA2T전차, 스팅어 미사일, F–16V전투기 66대 등을 판매하였다. 그리고 미국은 대만과 합동군사훈련도 계획하고 있다. 이에 대해 중국 외교부 대변인은 정례브리핑에서 "이러한 미국의 행위는 중국에 대한 내정간섭이며 중국의 주권과 안보 이익을 크게 훼손하는 것이다. 미국은 대만에 대한 무기판매 및 합동군사훈련을 즉각 취소하라"고 하였다.[47] 미국의 이러한 행위는 대만을 우방국으로 생각하고 대만과 정책공조도 할 수 있다는 것을 암시하는 미국의 외교 행위다.

또한 미국의 트럼프 대통령은 2020년 3월 26일 '대만 동맹국제보호강화법'에 정식 서명하였다. 이 법안은 영문 앞 글자를 따서 일명 '타이베이법'이라고 부른다. 이 법안은 대만의 안전, 번영에 중대한 손실을 주는 국가에 대해 미국 행정부가 해당 국가와의 관계 조정을 검토하고 국제기구에 대한 참여를 지원한다는 내용을 담고 있다.[48]

이러한 사실들은 대만의 중국에 대한 소극적 외교역량을 크게 강화시키는 것이다. 이제 대만은 중국의 압력이나 위협으로부터 크게 자유롭게 되었다. 미국이 근간에 대만에 대해 이러한 전폭적인 지원 및 지지는 과거에는

47) 朝鮮日報, 2019.8.22.
48) 朝鮮日報, 2020.3.20.

없던 것이다. 트럼프 정부가 대만 정부에 이러한 조치를 취하는 것은 대만의 대미국 외교의 성과라고 생각한다. 대만의 이러한 외교는 다른 약소국가들에게 좋은 교훈을 제공하는 일이다.

CHAPTER 04

다양한 외교의 이론화

시간이 지날수록 국내외를 막론하고 각 분야에서 많은 발전이 이루어지고 다양해지고 있다. 이러한 진화에 따른 모든 것들은 다양해지고 복잡해지고 있다. 국제정치 분야에 있어서도 모든 것이 다양해지고 세분화되어가고 있다. 실제로 오늘날 각 국가는 다양한 측면의 접촉, 교류 그리고 상호작용 및 의존이 이루어지고 있다. 따라서 외교도 이러한 국가 간의 관계 변화에 따라 다양해지고 있다. 이러한 발전 및 변화는 국제정치의 구체적 행위인 외교도 당연히 다양해지고 또한 세밀해지고 있다. 이제 외교도 시대 흐름에 따라 다양하게 그리고 전문성을 갖고 전개되어가는 추세이다. 국제정치의 구체적인 실천의 주체인 외교도 다양한 행위로 전개된다. 외교도 시대에 변화 · 발전에 따라 그의 동기, 목적, 전개과정, 방법 등이 다양하게 행해진다. 외교는 추구하는 목표에 따라 정치적 외교, 행정적 외교, 경제적 외교, 군사적 외교, 공공외교 등으로 나뉘어져 행해지고 있다.

외교는 국제정치의 절대적이고 구체적인 수단이다. 주지하는 바와 같이 국제정치는 문자 그대로 국가 간의 정치이다. 국가는 국가 간의 정치를 통해 국가의 안전을 보장하고 국가 이익을 극대화하는 것이 기본 사명이다.

국가는 국제정치를 국가 이익의 차원에서 전개하기 위해 먼저 외교정책 목표를 설정하고 그 목표를 성취시키기 위해 구체적인 외교정책을 결정하고 이 정책을 실현시키기 위한 실제적인 행위 즉 외교 행위를 전개한다.

외교는 외교정책목표 및 외교정책을 구현하기 위한 행위이므로 외교는 이 목표 및 정책에 따라 구분된다. 외교정책의 목표가 구체적으로 경제를 지향한다면 그것을 추진하는 외교는 경제외교가 될 것이고 목표가 문화적 측면을 지향하는 것이라면 그것은 문화외교이다. 외교정책목표가 지향하는 주된 대상에 따라 외교는 다양하게 구분된다.

이처럼 외교를 분야별로 나누는 이유는 외교를 효율적으로 전개하여 소기의 목적을 달성할 수 있도록 하기 위해서이다. 외교를 분야별로 나누면 실제로 외교를 전개할 때 우선 전문성을 가진 관리들을 그 분야 외교에 참여시켜 외교의 효율성을 높이는데 크게 기여하게 될 것이다. 이와는 달리 비전문가를 외교 전개 과정에 투입시킨다면 전문성을 갖고 있는 사람에 비해 그 외교의 효율성은 떨어질 것이다. 예를 들면 2019년 10월 한국과 미국은 주한미군 방위비 분담 협의를 하였다. 이 한-미간의 협의에 어떤 사람을 대표로 선정하는 것이 보다 더 효율적인가하는 문제가 일부 제기되었다. 하나는 외교 전문가를 대표로 선정하는 것이 좋다고 주장하였고 다른 쪽에서는 금전 문제를 다루는 교섭인 만큼 경제전문가를 대표로 선정해야한다고 주장하였다. 결국 한국 정부는 경제관료를 대표로 선정하였다. 이러한 경우에 가장 성공적인 결과를 얻어내기 위해서는 누구를 대표로 선정하는 것이 좋으냐를 결정하기 이전에 이 주한미군 방위비 분담 교섭이 어떠한 성격의 외교인지를 확인하고 그에 따른 준비를 하는 것이 매우 중요하다. 외교를 전개하기 전에 그 외교의 목표, 성격 등을 면밀히 검토해서 그 외교를 성공시킬 수 있는 준비를 하여야한다. 이러한 것을 위해서 외교를 세분화하는 것이 바람직하다.

외교정책목표의 성격에 따라 외교를 다음과 같이 나누어 논의하려 한다. 외교를 분류하는 근거는 정부에 의해 설정되는 외교정책목표가 지향하는 주된 대상에 따라 정치적 외교, 행정적 외교, 경제적 외교, 군사적 외교, 문화적 외교 그리고 공공외교 6개 부문으로 나누어 이들을 검토하려 한다. 외교정책목표가 지향하는 주된 대상이란 외교정책목표의 직접적이고 구체적인 대상을 말하는 것이다. 외교정책목표는 그의 지향점을 분명히 하고 또한 목표를 구체적으로 명시하여야 한다. 왜냐하면 목표가 구체적으로 적시되지 않는다면 이 목표를 성취시킬 수 있는 구체적인 외교정책을 결정하기 어렵다. 동시에 구체적인 외교정책을 결정하지 못하면 이 정책을 실현하기 위한 외교 행위가 효율적으로 전개될 수 없다. 하나의 국가가 국제정치를 통해 국가의 안전을 도모하고 국가 이익을 극대화하기 위해서는 외교정책목표-외교정책-외교가 하나의 틀을 이루어 일사불란하게 작동되어야 소기의 목적을 달성할 수 있다. 국가가 설정한 외교정책목표가 지향점도 불분명하고 구체적인 대상이 뚜렷하게 명시되어있지 않다면 그 외교정책목표는 성취보다는 구호 또는 선전을 목적으로 만들어진 것이라고 말할 수 있다. 이러한 외교정책 목표의 설정은 국가 이익을 크게 증대시키는 데에 크게 도움이 되지 않는다.

1. 정치적 외교

정치적 외교란 한 국가의 단순한 의사표시 또는 의사전달로 외교정책을 추진해서 외교정책목표를 성취시키기 위한 외교를 말한다. 의사표시 행위 또는 의사전달행위는 외교 행위의 전형(典型)이다. 이러한 의사표시행위 또는 의사전달행위는 구두로, 문서로 그리고 다양한 형태의 행위로 표현된다. 의사전달행위는 국가의 관리들 간 대면해서 각기 자국의 의사 또는 정책을 직접 알리는 행위이다. 정치적 외교는 이렇게 의사를 직접 알림으로써 외교정책목표를 성취시키려는 외교이다. 한편 의사표시행위 역시 외교정책목표를 성취시키려는 간접적인 외교 행위로 다양한 형태로 자국의 의사를 상대국가에 알리는 행위이다. 이러한 의사표시행위에는 정부 대변인의 성명서 발표, 외교담당 부서의 정기적 또는 비정기적 기자회견 등이 있다. 그 외에도 해외에 주재하고 있는 공관장, 주재 외교관 등의 소환, 자국에 주재하고 있는 다른 국가의 외교관의 추방, 공관 폐쇄 등도 외교적 의미가 담겨져 있는 외교 행위이다. 그 뿐만 아니라 신문, 방송 등 대중매체 등을 통한 자국의 의사, 정책 등을 알리는 것도 외교 행위이다. 그뿐만 아니라 다른 국가 국경지대에 갑자기 많은 병력을 집결시키는 행위, 대규모 군사훈련, 상대국 지역에 항공모함 전단을 파견하는 행위 등도 자국의 의사를 다른 국가에 알리는 의사표시행위이다.[1)]

국가 간 의사표시행위 또는 의사전달행위로 그의 외교정책목표를 성취한다면 이것이야말로 정치적 외교의 교과서이다. 이러한 행위들이 상대국가에 직접적으로 영향력이나 압력을 행사하는 것은 아니지만 상대국가가 이러한 의사표시행위 및 의사전달행위를 압력 또는 영향력으로 느낀다면 그 행위들은 외교적으로 상당한 효력을 발휘하게 될 것이다. 이러한 행위들이 효력을 발휘하려면 의사표시행위 및 의사전달행위의 대상이 되는 국가들이 이 행위들을 행하는 국가로부터 어떠한 형태이든 불이익을 받을 수 있다고 인식할 수 있어야 한다. 국가로부터 이렇게 인식하게 만드는 것을 잠재적 영향력(potential influence)라고 한다.

다른 국가로부터 불이익을 받을 수 있는 국가는 국가 간 불평등 의존관계가 형성되어 있는 경우이다. 한 국가가 다른 국가로부터 지속적으로 안전보장부터 정치, 경제, 군사 등 여러 분야에 걸쳐 지지 및 지원을 받은 국가는 그것들을 제공한 국가와 불평등 상호의존관계를 형성하게 된다. 이 관계는 영향력 행사의 근거를 제공하게 된다.[2)] 이렇게 국가 간 불평등 상호의존관계가 형성되어 있다면 정치적 외교의 효력은 매우 크게 작용할 것이다. 그러나 이러한 관계가 형성되어있지 않더라도 정치적 외교는 전개될 수 있다. 그 뿐만 아니라 의사표시행위 및 의사전달행위가 시의(時宜) 적절하고 또

1) 송영우, 현대외교론(서울: 평민사, 2003), pp. 22ff 참고.

2) Robert O. Keohane and Joseph S. Nye, Power and Interdependence, 2nd ed.(Glenview, Illinois: Scott, Foresman and Company, 1989), pp. 11ff; Bruce Russett and Harvey Starr, World Politics(San Francisco: W.H. Freeman and Company, 1981), pp. 128ff.

상대국에게도 절대로 필요불가결한 사안에 커다란 영향을 미칠 수 있는 것이라면 그 정치적 외교도 소기의 목적을 달성할 수 있다.

일찍이 1953년 6월 '6 · 25전쟁'이 끝나기 직전 당시 이승만 대통령은 정치적 외교로 그의 외교정책목표를 성취시켰다. 그는 미국의 안전 보장 장치 없는 휴전을 반대하였다. 휴전이 성립된 다음에 미군이 한국으로부터 철수한다면 또 다시 북한의 남침이 감행된다면 한국의 안전은 보장될 수 없다. 이승만 대통령은 북대서양 조약과 같이 조약의 한 당사국이 조약 회원국 이외의 국가로부터 침략을 받는다면 모든 조약의 회원국이 자동으로 이 전쟁에 개입한다는 것과 같은 한미방위조약을 희망하였다. 그러나 미국 측은 한국의 안전 보장에 대한 장치 없이 북한과의 휴전협정을 마무리하려고 하였다. 마침내 1953년 6월 8일 미국 측은 북한 측과 포로 교환협정을 체결하였다. 6 · 25전쟁에서 발생 된 전쟁포로는 유엔군 사령관의 관할 사항이다. 그런데 미국은 한 · 미 방위조약에 대한 명확한 언급없이 북한 측과 포로교환협정을 타결하였다. 이승만 대통령은 포로교환협정에 반발함과 동시에 한국의 안전 보장 장치인 한-미 방위조약을 요구하는 의사표시 행위로 1953년 6월 18일 대구, 거제도 등에 수용되어 있던 반공포로[3] 2만 7천 3백 12명을 독단적으로 석방하였다. 이에 대해 미국의 아이젠하워 대통령과 덜레스 국무장관은 크게 반발하였다. 이들은 이승만 대통령의 반공포로 석방행위는 유엔의 권능을 유린하는 행위라고 하였다. 6 · 25전쟁의 포로석방 여부는 유엔군사령부가 결정하여야 하는 사항이다. 이승만의 포로 석방은 한국 대통령의 권한 밖의 일이다. 이승만 대통령의 포로석방 결정 이후 이승만 대통령이 휴전협정에 동의한다는 전제로 미국은 한-미 방위조약을 약속하였다. 그리하여 미국과 한국은 1953년 10월 1일 서울에서 한-미 방위조약을 체결하였다. 그러나 이승만 대통령이 원하는 북대서양조약이 담고 있는

3) 반공포로란 포로 가운데 북한으로의 송환을 거부하는 포로를 말한다.

회원국의 자동개입조항은 한-미 방위조약에는 담겨지지 못했다.

한-미 방위조약 체결에 이승만 대통령의 반공포로 석방이 얼마나 작용하였는지는 정확히 그 효력을 가늠할 수는 없다. 그러나 이승만 대통령의 독단적인 반공포로 석방 결정은 정치적 외교로 간주된다. 이 결정은 이승만 대통령의 한-미 방위조약이라는 한국의 외교정책목표를 성취하기 위한 외교 행위였고 정치적 외교 행위였다. 이승만 대통령의 반공포로 석방은 미국에 압력으로 작용한 것으로 판단된다. 이 당시 한국은 미국에 압력을 행사할 수 있는 근거를 갖고 있지 않았음에도 불구하고 이승만 대통령은 성공적인 정치적 외교를 행하였다.

1962년 10월 케네디(John F. Kennedy) 정부의 고위인사들은 항공사진을 통해 소련이 미국과 인접해있는 쿠바에 미사일 기지를 건설하였다는 사실을 확인하였다. 두 말 할 나위도 없이 이 미사일은 미국의 안전을 직접적으로 위협하는 것이기 때문에 미국 당국은 쿠바에 설치된 소련의 미사일의 제거를 외교정책목표로 선정하였다. 쿠바에 소련의 미사일이 존재한다는 것은 미국의 안전 보장에 최대의 위협이다. 그리하여 미국은 힘으로 소련의 미사일을 쿠바로부터 철수시키기로 하고 무력행사를 외교정책으로 결정하였다. 그리하여 먼저 미국 해군으로 하여금 쿠바의 해안을 봉쇄토록 하였다. 그리고 미국은 쿠바에 설치된 소련 미사일에 대한 공중폭격을 결정하였다. 미국의 법무장관 로버트 케네디(Robert Kennedy)는 주 미국 소련 대사 도브리닌(Anatoly Dobrynin)에게 쿠바에 설치된 미사일에 대한 공중폭격을 하겠다는 최후통첩을 직접 전달하였다. 이러한 소식을 전달받은 소련 수상 후르시초프(Nikita Khrushchev)는 미국이 쿠바를 공격하지 않는다는 약속을 받고 쿠바로부터 미사일을 철수하기로 하였다.[4] 당시 케네디 정부는 쿠바에 무력행사를 외교정책으로 결정하고 소련 측에 미국 의사의 전달이라는

4) K.J. Holsti, International Politics, 5th ed.(Englewood Cliffs, New Jersey: Prentice-Hall, Inc., 1988), pp. 287ff.

정치적 외교행외로 미국은 그의 외교정책목표를 성취하였다.

미국의 정치적 외교가 성공할 수 있었던 배경은 미국의 강력한 대응 의지와 군사력이다. 특히 쿠바에 설치된 소련의 미사일에 대한 미국의 강한 대응 의지의 전달이 소련으로 하여금 미국의 의지를 충분히 숙지할 수 있게 하였을 것이다. 쿠바에 설치된 소련 미사일의 제거를 위해 다음과 같은 6개의 결정을 하였다.[5]

① 이것들 이외의 다른 조치는 없다.
② 모든 외교적 압력을 구사한다.
③ 카스트로에게 비밀리에 접근한다.
④ 쿠바를 침공한다.
⑤ 쿠바에 있는 미사일 기지에 대해 공중폭격을 감행한다.
⑥ 쿠바에 대해 봉쇄를 실시한다.

특히 미국의 이러한 의사가 소련 및 쿠바에 전달되었을 것이다. 미국의 이러한 외교정책 및 외교가 미국의 목표를 성취시켰다고 판단된다.

1970년대 박정희 대통령은 비밀리에 핵무기 개발을 추진하였다. 뒤늦게 이 사실을 알게 된 미국은 정치적 외교를 통해 한국의 핵개발 계획을 무산시켰다.

미국은 세계적으로 핵무기 확산을 철저하게 막고 있었다. 그러므로 한국의 핵개발 사실은 미국이 갖고 있는 세계 전략의 중대한 대목이다. 그러므로 미국이 한국의 핵 개발을 저지시키는 것은 당연히 주요한 외교정책 목표이다. 그리하여 미국은 한국의 핵 개발 계획을 취소시키기 위한 외교정책으로 압력 및 영향력 행사로 결정하였다. 그리고 미국은 고위관리들을 동원하

5) Charles W. Kegley, JR. and Eugene R. Wittkopf, American Foreign Policy, 5th ed. (New York: St. Martin's Press, 1996), p. 468.

여 압력 행사에 나섰다. 그리하여 미국 관리들은 미국의 핵 개발 반대 의사를 한국의 대통령 및 관리들에게 직접 전달하였다. 1975년 가을 및 겨울 하비브(Philip Habib) 동아시아-태평양 차관보는 주미한국대사 함병춘과 여러 차례 강도 있는 대화를 나누었다. 또 만일 한국이 핵무기 개발을 계속한다면 수출입은행 설립을 돕지 않겠다고 위협하기도 하였다. 또한 스나이더(Richard Sneider) 주한미국대사 그리고 하비브 차관보는 한국의 핵 개발은 미국과의 안전 보장 관계를 의심하게 될 것이라고 위협하였다. 그리고 새로이 취임한 국방장관 럼스펠드는 1976년 5월 한국 국방장관에게 직접적으로 "한국이 핵 개발을 계속한다면 안보 및 경제 문제를 포함하여 모든 한-미 관계를 재검토하게 될 것"이라고 경고하였다. 미국의 이러한 강력한 압력에 굴복하여 박정희 대통령은 핵 개발을 포기하였다.[6)]

박정희 대통령이 핵 개발을 포기한 이유는 미국의 압력 및 위협 때문이다. 박정희 대통령은 핵 개발로부터 얻는 것보다 미국의 다양한 압력으로 잃는 것이 더 많다고 판단했기 때문이다. 미국은 한국에 커다란 불이익을 가할 수 있는 능력을 갖고 있는 국가이다. 미국의 압력에도 불구하고 핵을 개발한다면 미국은 한국에서 미군 철수를 감행할 수도 있다. 실제로 1970년대 후반 카터(Jimmy Carter) 대통령은 약 3,000여 명의 미군을 철수시킨 일이 있었다. 그 뿐만 아니라 1970년대 한국은 경제개발을 추진하던 시기였다. 이때 미국으로부터 경제적 혜택 및 지원을 받지 못하게 될 수도 있다. 이러한 가운데 한국 정부가 핵 개발을 고집한다면 많은 것을 잃게 되어 국가적으로 어려운 또는 위태로운 상황에 직면할 수도 있을 것이다.

2018년 10월 30일 한국 대법원은 과거 일본에 의해 강제로 징용된 피해자들에게 1억원씩 배상하라고 판결하였다. 그러나 일본 정부는 1965년 체결된 한-일 청구권 협정으로 모든 배상은 끝났다고 주장하고 있다. 그리고

6) Don Oberdorfer, Two Koreas(Reading, Massachusetts: Addison-Wesley, 1997), pp. 68ff 참고.

일본 정부는 한국 대법원 판결에 대한 대응 조치로 2019년 7월 1일 한국을 '화이트 리스트(white list)' 즉 일본 정부의 수출심사 우대국 대상에서 제외하는 결정을 하였다(한국은 2004년 아시아에서 유일하게 일본의 '화이트 리스트'에 포함되었다.). 그 후 한국 정부는 일본의 조치에 대한 대응조치로 2016년 한-일 양국 간에 체결된 '한-일 군사정보 보호협정(GSOMIA)'을 연장하지 않기로 결정하였다. 그리하여 이 협정은 2019년 11월 23일 24시에 자동적으로 종료되게 되었다.

한국 정부의 한-일 군사정보보호협정을 종료시킨다는 결정에 미국 정부는 민감하게 반응하였다. 미국 정부는 한-미-일의 여러 분야에서의 공조를 중요하게 생각하고 있다. 그러므로 미국은 한국 정부의 이 협정 종료를 반대하는 입장이었다. 미국 정부는 이 협정의 존속을 외교정책목표로 삼고 이 목표를 성취시키기 위해 압력을 행사하기로 외교정책을 결정하였다. 그리고 이 외교정책을 추진하기 위해 미국의 국방장관, 국무부 동아시아 차관보 등 미국의 관리들은 한국의 외교부, 국방부 등에 다양한 형태로 미국의 의사를 직접 전달하였다.

한-일 군사정보 보호협정의 종료를 완강히 주장하던 한국 정부는 이 협정이 종료되기 6시간 전인 2019년 11월 22일 18시에 조건부로 이 협정의 연장을 발표하였다. 이 협정의 종료를 완강하게 고집하던 한국 정부는 마침내 미국의 압력에 굴복하여 그의 결정을 번복하였다. 한국 정부는 처음부터 "일본 정부의 입장 변화가 없다면 한-일 군사정보 보호협정의 연장을 하지 않을 것"이라고 말해왔다. 그러나 한국 정부가 이 협정 종료를 결정한 다음에 일본 정부의 입장은 어떠한 변화도 없었다. 그럼에도 불구하고 한국 정부는 이 협정의 효력을 종료시키겠다는 결정을 번복하였고, 한-일 군사정보 보호협정을 연장하기로 결정하였다. 한국 정부의 결정을 번복시킨 미국의 한국에 대한 외교는 의사전달만으로 미국이 그의 외교정책목표를 성취시킨 전형적인 정치적 외교의 표본이다. 미국은 의사전달만으로 한국 정부의 결정을 번복시켰다. 이러한 한국 정부의 정책 번복은 한국과 미국과의 관계를 대변해준 예였다.

2000년대 일본도 미국의 압력으로 중요한 외교정책을 포기해야만 했다.

원유를 생산하지 못하는 일본에게 원유 공급은 매우 중요한 일이다. 그리하여 일본은 이란의 유전 개발권을 획득하기 위해 노력하였다. 우선 이란의 하타미 대통령을 일본으로 초청하였고 그 후 이란은 일본에게 아자데간 유전 개발권을 주었다. 이 유전의 추정 매장량은 약 260억 베럴로 세계 최대 규모였다. 일본으로서는 대단히 의미있는 외교적 성과였다.

당시 부시(George W. Bush) 정부는 이란과 갈등 관계를 유지하고 있어서 일본이 이란과 긴밀한 관계를 갖는 것을 허용하지 않았다. 그러므로 미국은 일본과 이란 간의 유전 개발을 통한 협력관계를 가져서는 안된다고 경고하였다. 심지어 당시 미국 부통령 체니(Dick Cheny)는 유전 개발권 획득에 참여한 일본 관료들을 주요 보직에서 물러나게 하였다. 미국은 일본에 대해 다양하게 압력을 가하여 결국 일본으로 하여금 이란의 아자데간 유전 개발권을 포기시켰다.[7)]

이란과 적대적 관계를 유지하고 있던 미국은 일본과 이란 간에 체결된 유전 개발 계약의 파기를 외교정책목표로 설정하고 그 목표를 성취시키기 위해 강력한 압력을 행사하기로 결정하고 부통령 등 미국 관리들은 눈에 보이지 않는 다양한 압력을 가해서 미국은 그의 외교정책목표를 성취시켰다.

앞에서 설명한 바와 같이 미국은 한국과 일본에 대해 압력 행사로 그의 외교정책목표를 성취시켰다. 그에 반해 한국과 일본은 그의 국가적 목표를 포기하였다. 지금까지 제시된 예는 한국과 미국, 그리고 일본과 미국과의 정치적 및 외교관계를 적나라하게 보여준 하나의 예이다. 이 예는 한-미 관계 및

7) 양기호 옮김, 미국은 동아시아를 어떻게 지배했나(서울: 메디치미디어, 2013), pp. 32ff. 참고.

미-일 관계가 불평등한 주종관계가 존재하고 있다는 것을 잘 설명해주고 있는 것이다.

이러한 불평등한 주종관계는 대한민국이 탄생하면서 그리고 일본은 제2차대전 후 과거를 버리고 새로운 입헌군주국가로 태어나면서 시작되었다. 한국은 3년의 미군정 그리고 일본은 6년 반의 미군정을 통해 각각에 미국식 정치, 경제, 교육, 제도 등의 모든 체제가 이식되었다. 그리고 한국과 일본은 그의 안전 보장을 미국에 크게 의존하게 되었다. 그 후에도 한국과 일본은 미국에 대해 보장되는 안정보장 토대 위에서 미국식 체제 속에서 살아왔다. 특히 한국과 일본은 미국의 세계 전략 및 동아시아 전략에 편승하여 언제나 미국의 외교정책노선에 따라 미국과 외교정책공조에 충실하여야 했다. 일본의 이란 유전 개발권 획득은 미국의 반(反)이란적인 미국 정책노선과 배치되는 것이고 한국의 핵개발 및 한-일 군사 보호협정의 폐기는 미국의 동아시아 전략에 어긋나는 것이었다. 그리하여 미국은 한국과 일본의 정책들을 변경시켰다.

한국과 일본은 태어날 때부터 미국과 주종관계를 갖고 태어났고 이것은 지금까지 미국과의 외교관계의 기조를 이루고 있다. 이러한 요소들이 미국이 일본과 한국에 대해 정치적 외교를 성공적으로 전개할 수 있게 하는 요소들이다.

정치적 외교는 상대국가에 대해 영향력, 또는 압력을 행사할 수 있는 지렛대를 갖고 있는 국가만이 성공할 수 있는 외교이다. 이러한 지렛대는 국가 간 상당한 불평등한 의존관계 또는 주종관계가 설정되어 있는 국가 간에만 정치적 외교의 성공을 가능하게 한다. 이러한 지렛대는 객관적 국력의 차이만으로 설치되는 것이 아니라 상당한 국력으로 지렛대를 설치할 수 있는 토대를 마련하는 것이 중요하다. 그 토대는 국가 간 상당한 불평등 관계 또는 주종관계이다. 이러한 토대는 자연적으로 형성되는 것이 아니라 그 토대를 원하는 국가가 인위적으로 만드는 것이다.

오늘날까지 미국은 세계 제일의 부강한 국가이다. 반면 북한은 인구 2,500만 명의 최빈국의 하나이다. 그런데 북한은 오래 전부터 핵무기를 개발해 왔다. 미국은 1990년대부터 북한의 비핵화를 위해 다양한 형태의 교섭 및 협상을 계속하였으나 미국은 성과를 거두지 못했다. 특히 2018년 초 미국의 트럼프 대통령은 '완전하고 검증 가능하고 되돌릴 수 없는 비핵화(CVID)'를 북한에 요구하면서 북한의 비핵화를 외교정책목표로 설정하였다. 그리고 트럼프 대통령은 미-북 간 정상회담을 통한 비핵화를 외교정책으로 결정하였다. 미국 트럼프 대통령과 북한 김정은이 2018년 6우러 싱가포르에서 그리고 2019년 2월 베트남의 하노이에서 2차례 회담을 가졌다. 이 두 차례의 회담에서 두 사람은 비핵화에 대한 상당한 논의를 하였다. 북한은 비핵화를 위한 어떠한 실질적 조치를 취하지 않고 있다. 2차례 북-미 정상회담에도 불구하고 미국의 외교정책목표의 성취는 요원한 것으로 보인다. 그 배경을 살펴보면 다음과 같다. 세계 제일의 부강한 국가인 미국이 정치적 외교로 북한을 상대로 그의 외교정책목표를 성취시키지 못하고 있다. 여기에서 알 수 있는 사실은 객관적인 국력만으로 정치적 외교를 성공적으로 전개할 수 없다는 것이다.

미국은 북한에 대해 정치적 외교의 핵심 수단인 영향력 및 압력을 효과적으로 행사할 수 없다. 왜냐하면 미국은 북한에 영향력 및 압력을 행사 할 수 있는 토대를 갖고 있지 않기 때문이다. 이 토대란 영향력 및 압력을 행사할 수 있는 지렛대를 설치하지 못했기 때문에 미국은 북한을 제어하고 통제할 수 없다. 한 국가가 다른 국가를 제어하고 통제하는 힘은 국가 간의 불평등 의존관계에서 생겨난다.[8] 그런데 미국은 북한과 이러한 불평등 의존관계를 형성하지 못했다. 그러므로 미국은 북한에 대해 영향력 또는 압력을 행사할 수 있는 토대를 만들지 못했고 따라서 미국은 북한 정권을 제어하거나 통제

8) Robert O. Keohane and Joseph S. Nye, Power and Interdependence, p. 11.

할 수 없게 되어 있다. 트럼프 대통령은 이러한 토대도 없고 능력도 없는데 북한의 비핵화를 외교정책목표로 설정하였다.

한편 북한 정권에게 핵무기 개발은 정권의 안전 보장, 체제보장, 대외협상용 등 다양한 목적을 위한 수단이다. 다시 말하면 북한 정권에게 핵무기는 그의 존립과 직결되어 있는 존재이다. 그렇기 때문에 근본적으로 북한에게 핵무기는 협상의 대상이 아니었다.

그런데 미국의 트럼프 대통령은 북한 정권에게 절대적인 존재인 핵무기를 포기시키려 했는데 그는 북한으로 하여금 핵무기를 포기시킬 수 있는 능력도 수단도 없었다. 트럼프 대통령이 가지고 있던 수단은 유엔 안전 보장이사회의 경제제재였다. 북한에 대한 경제제재가 지속되고 있지만 북한은 비핵화에는 어떠한 구체적인 모습도 보이지 않고 있다. 트럼프 대통령의 북한 비핵화 외교정책목표에서 먼저 국가는 외교정책목표를 설정함에 있어 그 목표를 달성할 수 있는 적합한 수단 및 방법을 함께 갖추어야 하여야한다는 좋은 교훈을 얻을 수 있었다. 목표가 아무리 좋아도 그것을 달성시킬 수 있는 수단 및 방법을 강구하지 못한다면 그것은 외교의 실패로 귀결된다.

2010년 9월, 센카쿠제도(尖閣列島 또는 釣魚島) 부근에서 일본 해안보안청 순시선과 중국 어선이 충돌하는 사건이 발생하였다. 이때 일본 당국은 중국 어선의 선장을 억류하였다. 그러자 중국은 일본 측에 대해 중국 선장을 억류한 사안에 대한 불만의 의사표시 행위로 일본에 희토류 수출 중단을 결정하였다. 일본은 중국의 요구대로 중국 어선의 선장을 석방하였다.[9] 이 사건은 중국이 전개한 정치적 외교의 성공사례이다. 이 외교는 불평등한 상호의존 관계에 근거한 주종관계가 설정되어있지 않더라도 정치적 외교가 성공할 수 있다는 사실을 보여주고 있다. 불평등한 상호관계가 형성되어 있지 않아

9) 조양현, "일본의 동아시아 공동체론과 미국," 한상일 · 이숙종 공편, 일본과 동아시아(서울: 동아시아연구원, 2011), p. 227.

상대국을 움직일 수 있는 지렛대가 없더라도 상대 국가를 통제하거나 제어할 수 있는 요소를 갖고 이것을 효율적으로 활용한다면 정치적 외교를 성공적으로 전개할 수 있다는 사실을 보여주고 있다.

2. 행정적 외교

행정적 외교는 국가가 설정한 외교정책 목표 또는 국가 간에 발생한 현안을 일방적으로가 아니라 대상국가와 자리를 함께하여 협의하고 합의하여 소기의 목적을 달성하려는 외교의 행태이다. 한 국가가 일방적으로 또 독점적으로 그의 목적을 달성하려 한다면 처음부터 행정적 외교가 아니라 정치적 외교를 전개하는 것이 옳을 것이다. 한 국가가 성취하려는 목표 또는 해결하려는 현안이 상대국가와 이해를 공유할 수 있는 것들이라면 간단히 상호의사를 교환해서 해결할 수 있을 것이다. 그러나 이렇게 할 수 없는 일들이 국가 간에 존재하기 때문에 행정적 외교가 필요하게 된다. 이렇게 어려운 난제들을 해결해야하기 때문에 성공적인 행정적 외교를 전개하기 위해서 여러 가지 절차, 과정 등이 작동되어야 한다. 특히 둘 이상의 국가들이 전개해야하는 행정적 외교에는 일정한 절차와 과정이 요구된다. 이러한 절차와 과정은 행정적 외교의 기본 형식인 교섭을 통해 전개된다.

① 행정적 외교의 전개

➔➔ **시작:** 둘 이상의 국가가 하나의 사안에 대해 그의 존재를 인정하고 그 사안에 대한 해결의 필요성을 인정하면 행정 외교가 전개될 수 있는 상황이 마련된다. 어떤 사안에 대한 존재는 한 국가에 의한 선언 또는 상대국가에 통고 등으로 인식된다. 각 당사국이 어떠한 방식에 의해서든 문제의 존재를 인식하고 해결의 필요성을 갖게 되면 일차적으로 행정적 외교를 전개할 수 있는 바탕은 마련되는 것이고 이로써 행정적 외교의 전개는 시작될 수 있다.

행정적 외교의 필요성을 인정한 당사국들은 이 외교의 원활한 전개를 위해 먼저 예비회담을 갖는다. 이 예비회담은 문자 그대로 본 회담 즉 교섭을 원만하게 진행하기 위한 준비회담이다. 이 예비회담에서는 본 회담의 개최 장소, 회담 대표의 직급, 대표단의 규모, 대표단의 좌석 배치, 사용할 언어, 회담의 공개 여부 및 회담 내용의 공개 여부, 본 회담 일정, 의제 등 절차상의 문제를 논의하여 결정하는 자리이다.

예비회담이 형식적인 것만을 결정하는 것이 아니라 본회담 결과에 영향을 미칠 수 있는 내용들을 결정해야 한다. 가장 중요한 것은 본 회담의 의제이다. 의제는 본 회담의 목적을 성취하기 위한 것이기 때문에 의제의 결정은 매우 중요하다. 의제 결정에는 본회담에서 어디까지 무엇을 논의할 것인가를 결정하는 것이기 때문에 행정적 외교의 핵심 문제이다. 바로 이 의제에 본 회담의 즉 행정적 외교의 목적이 담겨져 있는 것이다. 의제 이외의 다른 문제들은 예비회담에서 크게 어려운 문제들은 없다. 의제 이외의 다른 요건들은 절차적인 것들이다.

그러나 절차적인 것 가운데 예비회담에서 당사국 간 다툼의 여지가 있는 것은 본회담의 공개 여부이다. 일반적으로 국가 간의 회담은 비공개로 진행된다. 회담 과정에서 비밀을 요하는 내용들이 논의될 수 있기 때문에 대체로 외교문제를 다루는 행정 외교는 비공개로 한다. 그러나 회담의 공개를 요구할 수도 있다. 어떤 당사국은 이 회담으로 목적을 달성하거나 또는 문제를 해결하기보다는 다른 목적으로 이 회담을 이용하려는 당사국은 회담의 공개를 요구하기도 한다. 회담의 공개를 요구하는 당사국은 선전 또는 상대국을 비난하려는 의도를 갖고 회담의 공개를 요구할 수도 있다.

회담의 장소를 결정하는 경우에 우호적인 외교관계를 갖고 있는 국가의 경우에는 이 행정 외교의 당사국 중 하나의 국가의 도시에서 본회담을 갖기도 하고 또는 당사국을 왕래하며 회담을 갖기도 한다. 그러나 행정적 외교 당사국 간의 외교관계가 비우호적인 경우에는 중립적인 지역에서 회담을 갖는다. 지금까지 대체로 비우호적인 국가 간의 회담을 주로 중립국인 스위스의 제네바, 오스트리아 비엔나 등에서 개최되었다. 동서 냉전시기 미국과 소련의 관계는 대립적이고 갈등적이었다. 그리하여 미국과 소련 간의 고위 관료 및 국가 원수 간의 회담은 대부분 중립국에서 개최되었다.

그런데 1972년 5월 미국의 닉슨 대통령은 소련을 방문하여 모스크바에서 미-소 정상회담을 가졌다. 이 정상회담에서 미-소 양국은 핵무기 시대에 평화 공존에 기초한 상호협력 관계를 유지하는 것이 양국에 모두 유익하다는 내용을 골자로 하는 '미-소 관계 기본원칙(Basic Principle of Relations between the United States of America and the Union of Soviet Socialist Republics)'에 관한 협정을 체결하였다. 이 협정이 국제정치적으로 중대한 의미를 갖는다. 이 협정의 중요성은 그 내용 못지않게 정상회담의 개최 장소가 미국과 소련 간의 관계 변화를 암시하고 있다. 갈등적이고 적대적인 미국과 소련이 정상회담을 상대국가의 수도에서 갖는다는 것은 양 국의 관계가 좋은 방향으로 바뀌었다는 것을 표시하는 것이다. 또한 이러한 관계 변화를 입증이라도 하듯이 1973년 6월에는 소련 공산당 서기장 브레즈네프(Leonid I. Brezhnev)가 미국을 방문하여 미국의 수도 워싱턴에서 미-소 정상회담을 가졌다. 또한 1973년 미국과 소련은 핵전쟁 예방 협정에 서명하였다. 그리고 1974년 닉슨 대통령의 사임 이후 대통령에 취임한 포드(Gerald R. Ford) 대통령이 소련을 방문하여 블라디보스톡에서 정상회담을 갖기도 하였다.

미국과 소련의 이러한 교환 방문은 미국과 소련의 적대적 관계를 크게 완화시켰고 더 나아가 동-서 간의 긴장완화(detente) 분위기를 조성하였다. 이처럼 국가 간의 회의 장소가 국제정치적으로 커다란 의미를 갖고 있다. 한국은 미국 및 일본은 동맹조약으로 돈독한 협조적 관계를 갖고 있다. 그 결과 한국은 미국 및 일본과의 모든 회담은 각각 당사국에서 개최되고 있다. 만일 한국이 미국과 일본과의 회담을 당사국이 아닌 제3국에서 개최한다면 그것은 양국의 관계가 악화되었다는 것을 암시하는 것이다.

예비회담에서 중요하게 결정해야 할 사안은 본회담의 의제이다. 예비회담에서 본회담의 의제를 결정할 때 반드시 고려해야할 것은 의제의 성격이다. 의제가 고도의 정치적 사안이라면 행정적 외교의 전개 방법인 교섭에서는 다루어서는 안 되는 의제이다. 정치적 의미를 담고 있는 사안은 외교의 실무자인 사람이 교섭에서 논의하는 데에는 상당한 한계가 있다. 정치적 사안이란 국가의 핵심 이익, 주요 외교정책과 직접적으로 연관성을 갖고 있는 사안을 말하는 것이다. 예를 들면 북한의 비핵화를 위한 협의체인 '6자회담'을 가동하여 이 문제를 해결하려하였다. 북한의 핵은 고도의 정치적 사안이다. 북한에게 핵은 북한 정권의 핵심이익이다. 이러한 사안은 실무자들의 행정적 외교로는 해결이 불가능한 것이다. 우리가 실제 목격한 바와 같이 각 당사국의 정상 간에 두 차례의 회담을 하였지만 이 북한의 비핵화는 실패하였다. 그러므로 북한의 핵문제를 해결하기 위한 6자회담은 처음부터 잘못된 시작이었다.

예비회담에서 본회담에 관한 내용들은 매우 구체적으로 만들어야 한다. 예비회담에서 결정된 사항들이 실제로 준수되는 것이 본회담 성공의 필수 요건이다. 그렇기 때문에 예비회담이 본회담의 결과에 지대한 영향을 미칠 수 있다. 예비회담에서 본회담에 대한 내용들이 구체적이지 못하면 본회담에서 성공적인 해답을 구하는데 어려움이 있을 것이다.

➔➔ 행정적 외교의 전개 과정: 행정적 외교는 기본적으로 교섭이라는 형식으로 전개된다. 예비회담의 결과를 수용한 외교의 당사국들이 자리를 함께하여 각각의 국가들이 자국의 의사를 직접 전달하고 의사를 교환하며 전개된다. 이러한 직접의사전달 행위는 궁극적으로 합의 도출을 위한 과정이다. 이것이 곧 교섭이다. 교섭은 기본적으로 각 당사국들이 만족하는 합의를 도출하는 것이 목적이다. 교섭의 결과가 반드시 각 당사국에게 모든 이해(利害)가

균등하게 공유되는 것은 아니다. 사안의 당사국들은 국력, 교섭능력 등에 따라 각 당사국이 갖게 되는 결과는 다를 수도 있다. 예를 들면 한국과 미국이 어떤 사안에 대한 교섭을 전개하는 경우에 현실적으로 한 · 미 양국이 반드시 결과를 균등하게 나누어 갖는다고 말하기는 쉽지 않다. 왜냐하면 한국과 미국은 국력, 교섭능력, 상호의존도 등에서 모든 것을 똑같이 갖고 있지 않기 때문에 양국은 결과의 공유에서 차이가 있을 수 있다. 그러나 교섭의 결과는 이해의 균점(均霑)이 바람직한 일이다.

한편 사안의 당사국들이 국력, 교섭능력, 상호의존도 등에서 대등할 경우에도 교섭의 모든 결과를 균등하게 나누어 갖는 것은 아니다. 교섭 대상이 되는 사안의 성격과 내용에 따라 결과의 공유정도는 다를 수 있다. 한국과 일본은 국력, 교섭 능력, 상호의존도 등에서 현격한 차이가 있다고는 말할 수 없다. 그러므로 한국과 일본의 교섭에서 어느 한 국가에 크게 치우치는 결과를 낳지는 않을 것이다. 그러나 교섭의 대상이 되는 사안이 어느 한 국가에 절대적으로 필요한 것이라면 그것을 필요로 하는 국가는 결과에 관계없이 교섭 과정에서 수세적 일수 밖에 없다. 왜냐하면 교섭에서 절대로 필요한 것을 반드시 가져야한다는 압박감이 크기 때문이다.

한국이 미국 및 일본과 언제 그리고 어떠한 사안을 갖고 교섭을 하더라도 어느 한 쪽이 일방적으로 승리하여 교섭의 결과를 독점하게 되는 경우는 생겨나지 않을 것이다. 왜냐하면 한국은 미국 및 일본과 협조적 관계를 갖는 돈독한 외교관계를 갖고 있기 때문이다. 다른 한편 한국이 중국과 교섭을 하는 경우 교섭의 대상이 되는 사안에 따라 다소 차이는 있겠지만 한국과 중국의 외교관계가 모든 가치를 공유 할 정도의 외교관계가 설정되어 있지 않기 때문에 교섭의 결과를 균등하게 공유하기 어려운 경우가 많이 있을 것이다. 2016년 한국의 경상북도 성주에서 미군이 운영하는 사드(THAAD) 기지를 설치하기로 결정하자, 중국은 한국에 경제적 보복을 가하였다.

교섭에서 중요하게 작용하는 요소는 앞에서 살펴 본 바와 같이 국가 간의 외교관계이다. 국가 간 외교관계의 정도가 교섭의 결과에 지대한 영향을 미치기 때문이다. 국가 간 외교관계의 수준은 국가 간 모든 외교의 근간이 된다. 국가 간 외교관계가 우호적이고 협조적인 국가 간의 전개되는 교섭에서는 각 당사국이 만족하는 결과를 도출하려 할 것이다. 그러나 이러한 결과를 얻지 못하더라도 한 당사국이 교섭의 결과를 독점하는 결과는 만들어내지는 않을 것이다.

국가 간 외교관계의 측면에서 교섭의 다른 하나의 단면을 살펴보려 한다. 특히 국가의 외교관계가 우호적이지 않고 또한 협조적 관계가 설정되어 있지 않은 국가 간 전개되는 교섭을 조명해 본다.

국가 간의 관계가 대립적이거나 갈등적인 외교 관계를 갖고 있는 국가 간에 전개되는 교섭을 합의 도출이 아니라 다른 목적을 갖고 전개된다. 다른 목적이란 합의가 아닌 다른 부수적 효과(side effect)를 위해 교섭을 하는 경우가 있다. 부수적인 효과에는 자국의 정책을 선전하기 위해 또는 제3의 국가에 영향력을 행사하기 위해 교섭을 전개한다. 또한 교섭에서 부수적인 효과를 얻으려는 국가는 필요한 정보를 수집하기 위해 또는 상대국가를 기만하기 위해 교섭을 전개하기도 한다. 이러한 경우에 수집하려는 정보는 상대국의 능력, 목적, 문제점 등을 파악하기 위해 교섭을 전개하기도 한다.[10)]

이와 같은 교섭의 행태는 대체로 2가지 경우에서 찾아 볼 수 있다. 먼저 국가 간의 외교관계가 대립적이고 갈등적 관계를 갖고 있는 국가 간의 교섭에서는 이러한 현상을 쉽게 볼 수 있다. 이러한 외교관계를 갖고 있는 국가 간에는 이해를 공유하기보다는 교섭을 다른 정치적 수단으로 교섭을 전개하는 경우도 있다. 그러므로 교섭으로 소기의 목적을 달성하려면 예비회담 과정에서 교섭이 정상적으로 전개되기 위한 조치를 강구하여야 한다. 예비회담에서 특별히 강구되어야 할 조치는 의제에 대한 합의이다. 예비회담에서

10) Bruce Russett and Harvey Starr, World Politics, p. 164.

정치적인 의제는 채택되지 않도록 하여야 한다. 특히 당사국들에게 민감한 사안은 행정외교에서 다룰 수 있는 의제가 아니다. 민감한 사안은 국가의 중대한 이익과 직결되는 사안을 말하는 것이다. 이러한 사안은 행정적 외교에서 실무자들이 논의하고 결정할 수 있는 것이 아니다. 이러한 정치적 사안을 교섭의 대상으로 한다는 것은 교섭을 다른 정치적 목적으로 이용하려는 의도를 갖고 있는 것으로 판단된다.

➔➔ **교섭 및 협상(negotiation and business of bargaining)**: 교섭은 각 당사국이 자리를 함께 하여 예비회담에서 합의 된 의제를 중심으로 각각 의사를 전달하고 교환하여 각 당사국이 모두 만족할만한 결과를 도출하려는 외교 행위이다. 국가 간 교섭을 통해 이러한 결과의 도출이 불가능한 경우에 당사국들은 협상을 통해 돌파구를 찾아야 한다. 협상이란 이견을 조정하기 위해 상호 줄 것은 주고 그리고 받을 것은 받는 절차를 말하는 것이다. 협상이 필요한 것은 이 교섭을 아무런 결과 없이 끝내는 것보다 서로 조금씩 희생하고 또 서로 조금씩 양보해서 최선이 아닌 차선의 결과물을 얻는 것이 국가에 이익이 된다는 생각을 할 때 전개되는 과정이다. 협상이 당사국들의 뜻대로 전개된다면 이 협상으로 교섭을 마무리 지을 수 있다. 그러나 협상으로도 차선의 결과를 얻지 못하게 된다면 이 교섭을 이대로 중지하고 끝낼 것인지 아니면 협상 과정에서 자국에 유리한 결과를 얻을 수 있는 다른 방도를 찾을 것인지 깊이 생각해야 할 것이다. 특히 이 교섭의 결과를 중요하게 생각하고 있는 교섭의 당사국이 있다면 또는 협상에 유리한 결과를 얻을 수 있다고 생각하는 당사국은 필요한 조치를 강구하게 될 것이다.

한 당사국이 협상 과정에서 취할 수 있는 조치들에는 설득, 약속, 위협, 경고 등이 있다.[11]

11) Ibid., p. 165-166.

교섭 또는 협상에서 이러한 조치들이 동원되는 것은 바람직한 행위는 아니다. 그러나 외교에서 이러한 행위를 동원하는 것도 외교의 한 부분이다. 특히 협상 과정에서도 이것이 외교이기 때문에 당사국 간 외교관계가 작용할 수 있다. 교섭의 당사국 간 외교관계가 우호적이고 협조적이라면 대체로 행정적 외교의 일차적 과정인 교섭에서 합의 도출이 가능할 것이다. 이 교섭에서 목적을 달성하지 못하면 협상을 하게 되는데 협조적 외교관계를 갖고 있는 국가는 이 협상 과정에서 서로 주고받고 또는 양보하면 합의 도출에 성공할 수 있을 것이다. 이러한 돈독한 외교 관계를 갖고 있는 국가 간의 교섭 또는 협상에서는 완승 또는 완패의 결과는 만들지 않을 것이다.

그러나 당사국 간의 외교관계가 비우호적이고 갈등적인 외교관계를 갖고 있다면 교섭 또는 협상의 과정은 험난할 수 있다. 이러한 외교관계를 갖고 있는 국가 간의 교섭 또는 협상에서는 결과의 독점을 도모할 수도 있다. 그렇기 때문에 이러한 국가 간의 교섭 또는 협상 과정에서는 결과에 영향을 미치기 위해 설득은 물론, 영향력 행사, 위협, 심지어는 폭력적인 행위도 행할 수 있을 것이다. 모든 외교에서는 국가 간 외교관계의 정도 수준 등이 매우 중요하다.

➔➔ **국가 정상의 만남:** 정상의 만남은 외교 또는 교섭의 극치이다. 외교에서 정상 간의 만남 이상의 외교 행위는 없다. 형식에 있어 한 국가 외교의 최고의 행위자는 국가 원수이고 실질적으로도 국가 원수는 최고의 그리고 최종의 결정 권한을 갖고 있다. 그렇기 때문에 정상의 만남은 최고 수준의 외교 행위이다. 정상 간의 만남에서 얻고자 하는 결과를 얻지 못한다면 어떤 결과를 얻어내려는 외교는 종결되는 것으로 보아야 할 것이다. 그렇기 때문에 정상 간의 만남은 매우 신중하게 결정되어야 한다.

미국의 트럼프 대통령과 북한의 김정은(국무위원장)은 2018년 6월 싱가포르에서 그리고 2019년 2월 베트남의 하노이에서 만났다. 이 두 사람이 만나서 논의한 의제는 북한의 완전한 비핵화(CVID)였다. 두 사람은 두 차례 만남에서 아무런 결과를 얻지 못했다. 이것은 양 측의 외교의 실패였다. 양 측 정상이 두 번의 만남이 실패였다는 것도 중요하지만 이 만남의 실패 다음에 북한의 비핵화는 논의되지 못하고 북한 정권은 핵무기를 계속 보유하고 있다. 그리고 이 두 차례 정상 간의 만남에서의 실패는 북한의 핵 보유를 부정하지 못하는 상황에 이르게 되었다. 이들 만남이 실패로 끝난 것은 특히 미국 외교의 재앙(災殃)이었다.

국가 원수 간의 만남도 형식에서 서로 다른 행태의 만남이 있다. 하나는 정상 간 접촉(summit contact) 같은 간단한 만남이 있고, 두 번째는 정상회담(meeting)이 있고, 세 번째는 정상회의(conference)가 있다. 정상들의 만남은 대체로 만남을 위한 준비기간, 정상들 간의 대화의 시간 그리고 만남에서 개진된 내용 및 그 만남 결과의 발표, 이 세 가지를 정상 간 만남을 구분하는 기준으로 한다.[12)]

접촉 같은 간단한 만남은 특별히 계획되지도 않고 준비되지도 않은 만남을 말하는 것이다. 예를 들면 G-20같은 20여 개국의 정상들이 회의를 갖는 동안에 짧은 시간 만나 대화를 하는 경우를 말한다. 정상 간의 이러한 만남은 외교상 큰 의미는 부여할 수 없다. 2018년 문재인 대통령은 미국을 방문해서 백악관에서 트럼프 대통령을 만났다. 이 자리에는 양 국의 실무자들 그리고 언론사 기자들도 함께 있었다. 이 자리에서 양국 대통령은 불과 몇 분간의 대화가 있었다. 양국의 정상이 만났지만 이 자리에서는 정치적 또는 외교적인 깊이 있는 대화를 할 수 있는 자리는 아니었다. 두 정상의 이러한 만남 역시 정치적 또는 외교적으로 의미 있는 동석(同席)은 아니다. 이와 같은 정상 간의 동석에 이름을 붙인다면 정상 간의 접촉이라고 말할 수 있을 것이다.

12) Elmer Plischke, Diplomat in Chief(New York: Praegen, 1986), pp. 214ff 참고.

두 번째 만남은 준비된 정상 간의 만남으로 이 만남을 정상회담(summit meeting)이라고 명명할 수 있다. 이 회담은 정상 간의 만남 자체를 목적으로 준비된 회담이다. 예를 들면 한국에 새로운 대통령이 취임하면 빠른 시간 내에 미국을 방문하여 미국 대통령을 만난다. 이 한국 대통령과 미국 대통령의 만남은 준비된 만남으로 이것은 정상회담이다. 이와 같은 두 정상의 만남은 다분히 상견례(相見禮) 성격의 만남이다. 이 만남에서는 어느 정도 정치적 또는 외교적으로 의미있는 의사의 교환이 있을 수 있다. 특히 한국과 미국 두 정상 간의 만남은 동맹 국가 원수로서 양국 간의 돈독한 외교관계를 확인할 수 있는 자리가 될 수 있다. 그리고 2019년 12월 23일과 24일 문재인 대통령이 중국을 방문했다. 문대통령은 23일 북경에서 시진핑(習近平) 국가 주석을 만났고 24일에 성도(成都)에서 아베 일본 수상을 만났다. 이 두 차례의 정상 간의 만남은 모두 양국 정상회담이다. 이 정상회담은 준비 된 만남이다. 그러므로 이 정상회담은 단지 정치적 또는 외교적 의미를 담고 있는 의사 교환 정도는 이루어질 수 있는 회담이다.

이 정상회담에서는 국가의 문제 자체를 해결하지는 못하겠지만 문제 해결을 위한 계기, 또는 실마리 등을 제공하는 기회는 마련될 수 있을 것이다. 예를 들면 그 동안 교착 상태에 빠져있는 실무자들의 회의를 개최하는 사안에 대해서는 의견을 교환하여 어떤 결정을 할 수 있는 자리가 될 수 있다.

세 번째 국가 정상 간의 만남은 정상회의(summit conference)이다. 이 정상회의가 실질적인 정상 간의 만남이다. 정상회의도 행정적 외교의 기본 행태인 교섭이다. 정상회의는 먼저 이 회의를 위한 예비회담을 갖고 정상 간 이루어진 회의를 위한 준비를 한다. 이 예비회담에서는 의제, 참석자의 범위, 회의 후 기자 회견, 공동성명 발표 등 다양한 내용을 논의하고 결정한다. 이 정상회의에서는 중요한 정책, 사안 등을 결정하게 될 것이다. 그렇기 때문에 정상회의를 위한 예비회담은 상당한 시간 진행된다.

정상회의는 확대 정상회의 및 단독 만남의 과정으로 전개된다.

확대 정상회의는 각 국가의 정상과 고위 관료들이 자리를 함께 하는 회의이다. 이 확대 정상회의에서는 예비회담에서 논의되고 준비된 정책 및 사안들에 대한 각 정상의 의사 표시 및 의사 전달이 전개될 것이다. 이러한 각각의 의견 개진이 끝나면 단독 만남을 갖고 확대 정상회의에서 거론되었던 사안 및 정책에 대해 이견이 있었으면 그것을 조율하고 그리고 모든 사안 및 정책을 최종적으로 합의 결정하게 될 것이다. 단독 만남이 끝나면 공동 기자회견을 갖고 정상 간에 합의되고 결정된 내용을 양국 국민에게 알리는 절차를 거치며 정상회의를 마치게 된다. 이 정상회의가 진정한 정치적 및 외교적인 정상 간의 만남이다.

국제적으로 3개국 이상의 정상들의 만남이 있다. 이 3개국 이상 정상들의 만남은 형식 또는 내용에 있어 2개국 정상 간의 만남인 정상회의와 다소 차이가 있다. 3개국 이상의 정상들의 만남에서는 예비회담, 또 확대 정상회의 및 단독 정상회의의 절차를 갖지 않는 경우가 있다. 그러나 3개국 이상의 정상들의 만남에서는 중대한 사안을 결정하는 경우도 있다. 그러므로 양자 정상회의와는 다소 다른 점이 있으나 다자 정상회담도 '정상회의'라고 부르는 것이 옳을 것 같다. 왜냐하면 세계적으로 영향을 미칠 수 있는 사항을 결정하는 경우도 있기 때문이다. 2019년 12월 23일 중국 북경에서 개최되었던 한-중, 그리고 일본-중국 정상들의 만남을 정상회담이라고 하였다. 12월 24일에는 중국 성도에서 한국 대통령 그리고 일본 및 중국의 총리 이렇게 3정상이 만남을 가졌다. 이 3정상의 만남은 어떠한 구체적인 사안을 결정하지는 않았고 다만 이 세 사람이 상호 자국의 의사를 교환하고 공동 기자회견을 가졌다. 이 만남은 동아시아 국제정치에 영향을 미칠 수 있는 의미 있는 회의로 생각되어 이 만남은 정상회담이라고 할 수 있다. 그러나 이 만남은 개별 국가에게는 어떠한 구체적인 이익도 제공하지는 못했다.

세계사적으로 정상회의의 역사는 오래 전에 시작되었다. 국제정치에 그리고 외교적으로 큰 의미를 갖고 있는 정상회의를 살펴보려 한다.[13] 본 회담의 개최를 위해 예비회담을 개최한 다음 정상회의가 열리게 되었다. 이 회의는 30년 전쟁을 마무리하기 위해 각 국의 대표들이 한 자리에 모여 회의를 가졌다. 이 회의가 개최되었을 때에 유럽에는 완전한 주권 국가들이 탄생하기 직전이었다. 그리하여 이 대표들은 오늘날의 국가 원수와는 같지 않지만 각기 지역을 대표하는 사람들이 참가하였다. 30년 전쟁을 마무리하는 정상회의는 두 곳에서 개최되었다. 뮨스터(Münster)에서 개최된 회의에는 프랑스 대표, 신성 로마제국 대표, 스페인 대표, 그리고 독일 가톨릭 대표가 참가하였고, 그리고 오스나 브뤽크(Osna Brück)에서 개최된 회의에는 스웨덴 대표, 신성 로마 제국의 신교도 지역 대표(Protestant Estates of the Empire), 그리고 독일 신교도 대표들이 참석하였다. 이 두 곳에서 개최된 회의에서 4년간 토의 끝에 1648년 10월 웨스트팔리아조약(Treaty of Westphalia)을 체결하였고 이 조약은 30여 년간 지속되었던 종교전쟁을 종결지었다. 이 웨스트팔리아 조약은 신성로마제국을 해체시키고 유럽에 주권 국가를 탄생시켰다. 웨스트팔리아조약은 역사상 최초로 유럽 국제체제 내에 있는 모든 주요 국가들을 한 자리에 모이게 하였다. 이 회의에서 30년 종교 전쟁에 관련이 있는 종교, 정치 그리고 영토 문제에 관련된 모든 법칙을 만들어냈다. 이 조약 체결에 참여한 대표들은 유럽의 지도를 새로 만들었고 유럽에 평화를 가져올 수 있는 일련의 법칙을 만들었다.[14]

또 다른 하나의 세계적인 정상회의는 1814년 9월에 비엔나에서 개최되었던 세계 정상들의 회의였다. 이 비엔나 회의는 나폴레옹 전쟁을 마무리하고 유럽의 새로운 국제질서를 확립한 역사적인 정상회의였다. 그리고 이 비엔나 정상회의는 유럽의 지도를 나폴레옹 전쟁 이전 상태(Status quo aste fellum)로 재정립하였다. 그리고 비엔나 회의에서는 역사상 처음으로 정치

13) 정상회의에 관한 내용은 Elmer Plishke, Diplomatic in Chief, pp. 214ff 참고.

14) Robert Gilpin, War & Change in World Politics (Cambridge : Cambridge University Press, 1981), p. 36; Rene Alfrecht-Carrie, A Diplomatic History of Europe (New York: Harper & Row, Publishers, 1973), pp. 3ff.

적 강대국을 탄생시켰다. 비엔나회의에서는 영국, 오스트리아, 러시아, 프러시아를 강대국으로 인정하였다. 그리고 프랑스는 곧 강대국 대열에 참여시키도록 하였다. 이 5개의 강대국이 회의체를 구성하도록 하였고 이 비엔나회의와 함께 4국 동맹, 그리고 제2차 파리조약 참가국이 유럽국가들의 관계를 지배하는 기구가 되었다.[15)]

이렇게 세계적으로 정치적 강대국이 등장하면서 특히 이 강대국들의 정상들은 많은 정상회의 및 정상회담을 가졌다. 특히 이 강대국들은 불만을 해소시키기 위해, 강대국의 입지를 강화하기 위해, 동맹을 강화하기 위해, 분쟁을 해결하기 위해, 각자의 목적을 성취시키기 위해 등 여러 가지 이유로 정상회의, 정상 회담을 갖고 있다. 이러한 정상들의 만남은 국제정치적으로 또 외교적으로 매우 바람직한 외교의 행태이다. 특히 정상들이 어떠한 형태이든 만남을 갖는 것 자체가 세계 평화 그리고 국가 간의 평화에 기여할 것이다.

3. 군사적 외교

한 국가가 외교정책을 추진하여 외교정책 목표를 성취시키기 위해 군사력의 행사 또는 그의 행사 위협으로 자국의 의사를 직접 전달하거나 또는 간접적으로 의사를 표시하는 행위를 군사적 외교라 한다. 이러한 외교 행위는 폭력적인 수단이며 국제정치에서 지양되어야 할 행위이다.

이 군사적 외교는 오랜 역사를 갖고 있다. 그러나 정치, 경제, 과학 등의 발전 변화로 군사적 외교의 행태도 크게 변화되어 왔다. 여기에서 군사적 외교의 과거 및 현재를 살펴보려 한다. 군사적 외교의 과거 및 현재를 나누는 기준은 제2차 세계 대전이다. 제2차 세계 대전을 군사적 외교의 기준으로 삼는 이유는 군사력의 양과 질의 획기적인 변화 때문이다.

15) René Alfrecht-Carrié, A Diplmatic History of Europe, pp. 9ff 참고.

제2차 세계 대전을 궁극적으로 종식시킨 것은 원자폭탄이다. 1945년 8월 일본의 히로시마와 나가사키에 2개의 원자폭탄의 투하가 일본으로 하여금 항복을 선언하도록 만들었다. 이렇게 무서운 파괴력을 가진 핵무기의 등장은 군사력의 의미를 새롭게 정의하도록 하였다. 이제는 군사력을 외교의 수단으로 사용할 수 있는 범위, 한계 등을 재정립하게 만들었다. 제2차 세계대전 이후 세계적인 군사 강국들은 정치적 목적을 위해 다른 국가에 대한 군사력의 사용을 과거에 비해 자제해 온 것은 사실이다. 이것은 핵무기의 등장으로 생겨난 것이다. 1953년 당시 영국 총리 처칠(Winston Churchill)은 다음과 같이 말했다. "가공할만한 파괴력을 가진 핵무기는 장차 인류의 안전을 보장할 수 없다. 커다란 파괴력을 가진 무기는 언제 어디서라도 사람을 죽일 수 있다. 그러나 누구도 다른 사람을 죽이기를 원하지 않는다."[16)]

외교의 수단으로서 군사력 이용의 빈도가 낮아진 중요한 이유는 외교의 수단이 다양해졌기 때문이다. 앞에서 설명한 것처럼 정치적 외교가 다양하게 전개되고 있어 이것이 군사력을 대치(代置)하게 되었다. 더욱이 제2차 대전 종전 이후는 경제가 크게 발전하였고 경제를 통해 세계가 종횡으로 연결되어 있기 때문에 경제가 외교의 수단으로 많이 이용되고 있다. 또한 대체로 강대국들은 강한 경제력을 갖고 있기 때문에 경제를 외교의 수단으로 이용하고 있다. 세계 대부분의 국가들은 경제 발전에 매진하고 있다. 그리하여 대외적으로 경제활동을 활발히 전개하고 있다. 오늘날 세계적으로 국가간 빈번한 상호작용으로 상호의존도가 매우 높다. 경제가 날이 갈수록 외교에서 위력적인 수단이 되어가고 있다. 특히 국가가 군사력을 외교의 수단으로 이용한다는 것은 영향력을 통한 외교가 실패하였다는 것을 의미하는 것이다.[17)]

16) Charles W. Kegley, JR. and Eugene R. Wittkopf, World Politics, 8th ed. (Boston : Bredford/ST. Martin's 2001), pp. 413-414.

17) Bruce Russett and Harvey Starr, World Politics, p. 137.

군사력을 통한 외교가 바람직하다고 말하기는 어렵지만 그러나 군사력은 그 위협만으로도 외교적 효력을 발휘할 수 있는 도구이다. 외교에서 군사력은 빠른 시일 내에 가시적인 성과를 낼 수 있는 도구이다. 그렇기 때문에 강한 군사력을 갖고 있는 국가는 어려운 시기에 효과가 크고 빠른 결과를 얻을 수 있는 군사력의 외교적 이용은 크게 억제되기 어렵다. 그러나 분명한 사실은 제2차 대전 이후 어떠한 강대국도 무력으로 다른 주권 국가를 점령하고 식민지를 만드는 일은 한 번도 없었다.

➔➔ **군사적 외교의 과거 및 현재 :** 군사력이 국가에 의해 대외적으로 이용된 역사는 그다지 짧지 않다. 특히 오래 전부터 힘 있는 국가들은 전쟁 등 무력 행사로 국가적 목표를 성취하였다. 제2차 세계대전 이 전에 수많은 크고 작은 전쟁들이 전개되었다. 이러한 전쟁들이 과거 특히 2차 대전 이전의 군사적 외교를 대변해주고 있다. 2차 대전 이전에 영토 밖에서 사용되는 군사력은 직접 국가의 이익을 극대화하고 국력을 강화하기 위해 이용되었다. 특히 강한 군사력을 갖고 있는 국가들은 군사력을 이용하여 다른 국가 또는 다른 지역을 정복해버리는 것이다. 이 시기에 강대국들은 특정한 그리고 구체적인 외교정책 목표를 설정하고 그것을 성취시키기 위해 군사력을 사용하기도 하고 그리고 강대국이 필요로 하는 지역 또는 국가를 군사력으로 정복하였다. 특히 2차 대전 이전에는 군사적 강대국들은 아시아, 아프리카 지역에 많은 식민지를 거느리고 있었다. 일본의 제국주의 정책으로 인해 한반도가 일본의 식민지였다. 그러나 제2차 세계대전 이후에는 지구상에 새로운 식민지가 만들어지지 않았고 그리고 2차 대전이 끝난 다음 십수 년에 걸쳐 지구상의 모든 식민지는 독립하여 주권국가가 되었다. 이와 같은 사실은 외교의 수단으로 사용되는 군사력에 대한 개념을 새롭게 만들어냈다. 이 새로운 개념은 2차 대전의 종전으로부터 등장하였다.

주지하는 바와 같이 2차 대전 이전까지 하나의 국가가 국력을 극대화하는 유일한 방법은 무력을 사용하여 다른 국가를 정복하고 그 국가를 식민지화하여 국력을 확대 강화하였다. 우리는 과거 수많은 전쟁의 역사를 알고 있다. 과거 전쟁 또 무력행사는 다른 국가를 식민지로 만들어 국력을 강화하였다. 한편 제2차 세계대전 이후 국가에 의한 무력 행사로 국가 간의 국지적 무력 충돌은 있었지만 국가 간 전면적인 전쟁은 발발하지 않았고 동시에 지구상에 식민지도 사라졌다. 바로 이러한 차이는 외교의 수단으로 이용되는 군사력에 대한 인식을 근본적으로 새롭게 하였다. 이제 세계적으로 전쟁과 같은 직접적인 군사력의 행사를 외교의 수단으로 사용하는 일은 크게 감소하였다.

오늘날 국가에 의해 외교의 수단으로 이용되는 군사력은 폭력적인 무력을 실제로 행사하는 것이 아니라 다른 국가의 특정 행위 또는 정책의 유지 또는 변경을 위해 군사력을 이용한다. 일반적으로 행해지는 군사적 행위에는 다음과 같은 행위들이 포함된다.[18]

이들 행위 중에는 무력의 사용, 해외에 있는 영구적 또는 임시 시설을 설치하거나 또는 제거하는 일, 봉쇄작전, 군사훈련 또는 시위, 군수물자 또는 병력의 이동 또는 호위 행위, 군부대의 외국 기지 방문, 정찰, 순찰, 감시, 경계 대세의 변경, 예비 병력 동원, 그리고 군 병력의 이동 또는 특정지역으로부터 철수 등이 포함된다. 외교의 수단으로 이용되는 이러한 군사적 행위의 목적은 다른 행위자들에게 영향력을 행사하기 위해서이다. 영향력 행사의 목적은 다른 행위자에게 이행하지 않으려는 것을 이행하도록 만들거나 또는 하고 있는 행위를 하지 못하게 하려는 것이다.[19]

제2차 대전 이후 군사 강대국들은 정치적 목적을 위해 군사력을 외교의 수단으로 많이 이용하였다.[20]

18) Stephen S. Kaplan, Diplomacy of Power (Washington, D.C.: The Brookings Institution, 1981), p. 15참고.

19) 위의 책, pp. 15–16에서 인용.

20) 이러한 행위를 gunboat diplomacy 또는 coercive diplomacy라고 한다. Charles W. Kegley,

실제로 미국은 1946년부터 1984년까지 286회의 군사외교(gunboat diplomacy)를 감행하였다. 그리고 소련은 1940년대 중반부터 1970년대 말까지 150여 회의 군사외교를 행하였다.[21] 강대국들은 정치적 목적을 위해 다른 국가의 행위자들에게 영향력을 행사하기 위해 군사외교를 전개하였다.

미국이 외교정책목표를 성취시키기 위해 이용되는 독특한 군사적 외교의 수단에는 다음과 같은 것들이 포함된다. 무력 행사의 위협, 전쟁, 다양한 형태의 군사적 개입, 선전, 은밀한 군사작전, 군사원조, 무기판매, 그리고 경제원조가 미국 군사외교의 수단들이다.[22]

1979년 소련이 아프가니스탄을 침공하였을 때 미국은 소련군의 서쪽으로의 진출을 막아야한다는 외교정책목표를 설정하였다. 미국은 이 목표를 성취시키기 위한 수단으로 인도양 해역의 해상 순찰을 강화하였다. 그리고 미국은 소련 측에 미국의 의사를 표시하기 위해 이집트군과 함께 해상 순찰을 실시하였다.

그 뿐만 아니라 미국은 그의 외교정책목표를 성취시키기 위해 그의 군대를 직접 다른 국가에 투입하기도 하였다. 실제로 미국은 1983년 그라나다, 1989년 파나마, 1991년 이라크 등 8차례 직접 그의 군을 파견하였다. 미국이 1989년 파나마에 미군을 파견한 것은 파나마 국내 문제에 개입하기 위해서였다. 파나마의 독재자 노리에가(Manuel Antonio Noriega) 장군이 파나마에서 실시된 선거 결과를 인정하지 않으려하자 미국은 그 선거 결과를 인정하지 않는다면 강력한 군사행동을 하겠다는 의사표시로 미군 2만 4,000명을 증파하기로 하였다.[23] 미국은 필요하다고 생각되는 경우에는 언제 그리고 어디라도 군사적 외교를 감행했다. 미국은 제2차 세계대전 이후 1950년

JR. and Eugene R. Wittkopf, World Politics, pp. 460, 509 참고.

21) 위의 책, p. 528에서 인용.

22) Charles W. Kegley, JR. and Eugene R.Wittkopf, American Foreign Policy, p. 88.

23) 위의 책, pp. 97-98.

한반도에서 발발한 6 · 25전쟁에 참가하면서부터 1994년 하이티(Haiti)에 군사 행위를 감행하기까지 총 8차례의 공개적인 군사적 외교를 전개하였다. 미국은 가장 작은 규모의 병력으로 그라나다에 대해 군사적 행위를 포함하여 여러 차례 소규모 군사적 개입을 하였다. 미국은 냉전 이후에도 외교정책목표를 성취하기 위한 군사적 행위는 줄어들지 않고 계속되었다.[24)]

2019년 말 친이란계 민병대 카타이브 헤즈볼라가 로켓으로 미군-이라크군 합동기지 K-103 공격을 가하였다. 이 공격으로 미군 통역관 1명이 살해되었다. 미국은 이란의 공격행위에 대한 보복으로 2020년 1월 3일 미군 무인폭격기로 이란 혁명수비대의 최고 정예부대인 쿠드스군의 사령관 가셈 솔레이마니를 저격하였다.[25)] 미국은 더 이상의 이란의 미국에 대한 공격적인 적대행위를 하지 못하게 하기 위해 군사적 행위를 감행한 것이다. 미국은 강한 군사력을 갖고 있기 때문에 언제나 필요하다고 생각하면 군사력을 실제로 행사했다.

제2차 대전 이후 소련은 양극체제에서 하나의 축으로 막강한 군사력을 갖고 있었다. 소련은 공산국가의 종주국으로 이 국가들을 그의 지배 하에 두고 자본주의 국가의 종주국인 미국과 경쟁하고 대립하였다. 그리하여 그의 휘하에 있는 공산국가들이 소련 진영으로부터 이탈하는 것을 소련은 용납할 수 없었다. 공산 진영에서 이들 국가들의 이탈은 자칫 공산주의 집단의 와해를 초래할 수 있기 때문에 이러한 이탈 행위는 소련으로서는 용서할 수 없는 일이다. 이러한 이탈 행위가 발생하면 소련은 가차 없이 군사력을 동원하여 이러한 행위를 제압하였다. 소련으로서는 공산국가들의 일탈을 막고 공산 진영의 단결을 도모하는 일은 당시 소련의 중대한 외교정책목표였다. 소련은 1956년 10월에 폴란드에 그리고 동년 11월에 헝가리에 군을

24) 위의 책, pp. 97ff.

25) 朝鮮日報, 2020년 1월 6일.

파견하여 민주혁명을 진압하였다. 그리고 1968년에는 바르샤바 조약기구(WARSAW Pact)가 직접 개입하기도 하였다.[26)]

1968년 체코슬로바키아 정부는 수 개월 동안 보다 민주적인 정부를 만들기 위해 노력하였다. 소련은 이 정부의 민주화 행위는 소련이 이끌고 있는 세계 공산주의 체제의 존재를 위협하는 행위라고 판단하였다. 그리하여 소련 등 바르샤바 조약기구(WTO) 회원국들은 체코슬로바키아의 민주화 운동을 저지시키기 위해 1968년 봄 그의 영토 내에서 군사훈련을 계획하였다. 그럼에도 불구하고 체코슬로바키아는 그의 입장과 정책을 바꾸지 않았다. 그리고 소련은 이 국가의 국경 근처에서 가상 전쟁훈련을 실시하였으나 이 정부는 소련의 요구를 거부하였다. 그러자 소련은 바르샤바 회원국의 군대로 구성된 연합군을 이끌고 체코슬로바키아 국경을 넘어 들어가 체코슬로바키아 정부를 붕괴시켰다. 레닌은 "전쟁은 다른 수단에 의해 행해지는 정책의 계속이다."라고 말했다.[27)] 소련은 레닌의 이러한 견해를 실제로 외교에 적용하는 국가인 것 같다.

가나(Ghana) 정부는 1968년 10월 그의 영해에서 소련의 어선과 선원들을 체포하고 구금하였다. 소련은 어선과 선원들의 석방을 위해 1969년 2월 그리고 1970년 12월 2차례 소련의 해군 함정을 서아프리카 해역에 파견하였다. 그리고 소련은 가나에 대해 군사적 및 경제적 압력을 가하였으나 가나 정부는 선박과 선원의 석방을 거절하였다. 가나 정부가 선박과 선원의 석방을 거부하는 이유는 이들이 가나의 전 대통령 엔크르마(Kwame Nkrumah)를 복귀시키는 음모를 꾀하였기 때문이라고 하였다. 그러나 소련은 그들의 노력이 모두 실패하자 약 4개월 뒤인 1971년 3월 4척의 해군 군함을 지중해로부터 가나 근해의 기니아만(Gulf of Guinea)에 파견하였다. 그러자 가나 정부

26) Stephen S. Kaplan, Diplomacy of Power, pp. 205ff 참고.

27) John T. Rourke, Marking Foreign Policy (Pacific Grove, California: Books/Cole Publishing Company, 1990), p. 76.

는 선박과 선원을 석방하였다.[28] 이는 성공적인 소련 군사적 외교의 하나이다. 지금까지 살펴 본 미국과 소련의 경우는 전쟁이 없는데도 불구하고 강대국들이 군비를 강화하고 유지하는 이유를 설명해주고 있다.

오늘날 전면전 및 국지전은 많지는 않지만 많은 국가들이 상당한 군사력을 보유하고 그것을 강화하는 이유는 그것을 외교수단으로 이용하려는 목적을 갖고 있기 때문이다. 오늘날 국가는 전쟁을 하기 위해서 군사력을 강화하기보다는 외교 수단으로 이용하기 위해서 군사력을 보유하고 있는 것이다. 군사력을 외교의 수단으로 이용하려는 것은 강대국의 전유물만은 아니다.

1974년 5월 이스라엘과 시리아는 6개월 동안 상호 무력을 행사하지 않기로 합의하고 '무력불사용협정(Israeli-Syrian Disengagement Agreement)'을 체결하였다. 1974년 11월 30일 이 협정에 규정된 무력행사 금지 기간이 만료될 즈음, 이스라엘은 이 협정의 연장과 유엔평화유지군의(the United Nations Disengagement of Forces) 계속 주둔을 원하였다. 그렇지만 시리아는 유엔평화유지군의 계속적인 주둔을 거부하였다. 이 협정의 만료일이 가까워졌지만 시리아로부터 협정 연장 및 유엔 평화유지군의 계속 주둔에 대한 확답이 없자 이스라엘은 골란고원의 중립지대에서 정규군과 예비군을 동원하여 이스라엘과 시리아 간의 전쟁을 가상하여 실전을 방불케 하는 대규모 군사훈련을 실시하였다. 이러한 군사훈련이 실시된 다음 시리아 정부는 유엔평화유지군 계속적인 주둔에 동의하였다. 이 결과는 이스라엘의 군사적 외교의 성공이라고 말할 수 있다. 외교 대상 국가 인근에서 군사훈련은 대상국가에 위협이 되고 그것은 군사적 외교 행위이다.

제2차 세계대전 이후 볼 수 있는 새로운 군사적 외교 행위가 있다. 군사력이 위협적으로 또는 폭력적으로가 아니라 국가 간의 친선 증진 목적으로 이용

28) 위의 책, p. 519.

되는 경우가 있다.

1970년대 소련은 자국의 군사 장비를 구입한 국가인 리비아, 알제리 등 아프리카의 제3세계 국가에 그리고 쿠바, 베트남 등에 비행단을 파견하고 또 정기적으로 소련군 간부들로 하여금 여러 국가를 방문하도록 하며 이 국가들과 친선을 도모하였다.[29] 또한 소련은 다른 국가와 친선을 도모하고 강압적 군사행동을 하지 않고 외교정책목표를 성취시키기 위해 군부대를 이용하기도 하였다. 소련은 1971년 브레즈네프(Leonid I. Brezhnev) 소련공산당 서기장과 코시긴(Aleksei Kosygin) 수상이 프랑스 국빈 방문을 앞두고 MIG기 부대로 하여금 프랑스를 방문케 하였다. 그리고 소련은 1975년에는 유도미사일을 장착한 구축함 두 척을 미국 보스톤을 방문토록 하였다. 이것은 소련이 미국과 데탕트를 강화하기 위해 행해진 평화적인 군사적 외교 행위였다.[30] 1986년 미국의 군함이 중국의 청도(靑島)항을 방문하였다. 이 방문은 미국과 중국 간의 관계가 우호적이고 협조적이라는 사실을 소련 등 여러 국가에 알리기 위한 군사적 외교 행위이다.

앞에서 말한 바와 같이 국가 간의 무기 거래도 군사적 외교 행위이다. 미국은 친선목적으로 중국 항구에 미국 군함을 방문하게 하는가 하면 또 다른 군사적 외교 행위로 대만에 무기를 판매하였다. 1992년 미국은 대만에 F-16 전투기 150대를 판매하였고 2010년에도 미국은 대만에 67억 달러 상당의 무기를 판매하였다. 또 2017년에 역시 미국은 대만에 미사일 등 약 13억 달러 상당의 무기를 판매하였다. 미국의 이러한 행위는 대만의 군사력을 강화시키는 행위인 동시에 중국의 '하나의 중국'이라는 기조를 무력화시키는 행위이다. 미국의 이러한 군사외교 행위에 대해 미국 주재 중국 대사 최천개(崔天凱)는 2017년 6월 29일 "미국의 대만에 대한 무기 판매는 미국과

29) FBIS, Soviet Union (November 23, 1977), p. F12 and (September 11, 1978), p. E3.

30) Stephen S. Kaplan, Diplomacy of Power, pp. 32-34.

중국 간 신뢰를 해친다. 이는 하나의 중국 원칙을 해친다"고 언급했다.[31)]

미국은 군사 강국답게 외교정책목표의 성취를 위해 군사적 외교를 매우 적극적으로 활용하고 있다.

미국은 핵무기를 개발하고 있는 북한을 위협하기 위해 수시로 한반도 주변에 미국의 핵추진 항공모함을 파견하기도 하고 또 미국의 최첨단 전략자산의 한반도 주변에 대한 비행을 감행하고 있다. 미국의 이러한 행위는 북한에게는 위협이 된다. 김정은은 미국 대통령 트럼프에게 보낸 편지에서 한·미 군사훈련이 완전히 중단되지 않은 데 불만을 표하면서 "나는 분명히 기분이 상하고 당신에게 이런 감정을 숨기고 싶지 않다. 정말 매우 불쾌하다"고 했다.[32)]

➔➔ **군사적 외교의 효력:** 군사적 외교의 효력이란 한 국가가 군사적 외교 행위를 감행하여 얼마나 많이 다른 국가의 외교정책 및 외교 행위를 자국의 외교정책목표 달성을 위해 적응시켰는냐를 평가하는 것이다. 군사적 외교 행위를 행하는 국가는 적대적으로 또는 상대적으로 강한 군사력을 갖고 있는 국가들이다. 군사적 외교 행위는 대체로 가시적이고 직접적이기 때문에 그의 효력은 매우 위력적이라고 말할 수 있다.

군사적 외교 행위에는 직접적인 행위와 간접적인 외교행외가 있다. 직접적인 군사외교 행위는 무력행사, 행사의 위협, 전쟁, 다양한 형태의 군사개입, 병력 및 함대의 집중 배치 등이 있다. 간접적인 행위에는 정찰, 순찰, 경계태세 변경, 군사원조, 무기판매, 은밀한 군사작전 등이 있다. 실제로 직접적으로 무력을 행사해서 인적 및 물적 피해를 입히는 행위가 효력은 더 있을 것이다. 당장 가시적인 군사행동이 전개되지 않는 군사적 위협 행위는

31) 朝鮮日報, 2017.7.1.
32) 朝鮮日報, 2020.9.11.

눈앞에 인적 및 물적 피해가 없는 간접적 군사 행위이기 때문에 직접적인 무력 행사에 비해 상대적으로 그 위력이 약하다. 따라서 군사적 외교의 성공률도 다르게 나타날 것이다.[33]

기본적으로 군사적 외교가 효력을 가지려면 다음과 같은 요건들을 갖추어야 할 것이다.

먼저 군사력을 외교적 수단으로 이용하여 성공을 도모하는 국가는 강한 군사력을 가지고 있어야 한다. 그리고 가지고 있는 군사력을 대외적으로 과시하여 많은 국가들이 이 국가의 군사력을 정확히 인지하도록 하여야 한다. 막강한 군사력을 갖고 있더라도 그것이 다른 국가에게 인지되지 않는다면 군사적 위협은 효력을 발휘할 수 없다. 한 국가가 자국의 군사력을 다른 국가에 인지시키는 방법은 핵실험, 미사일 발사실험, 기동훈련, 항공기 및 함정 전시회, 군병력 및 군사장비의 시위 행렬 등이 있다.[34] 이와 함께 군사력 행사의 의지를 다른 국가에 인식시켜야 한다. 그것은 군사력을 실제로 사용한 경험을 많이 갖고 있는 국가는 그의 군사적 외교 행위 의지를 다른 국가에 인지시킬 수 있다. 군사력을 실제로 행사한 군사적 외교는 높은 성공률을 보였고 반면 군사력의 행사 위협 등 간접적인 군사적 행위는 상대적으로 성공률이 낮다.

소련의 대표적인 군사적 외교 행위는 1970년대 말에 감행되었던 아프가니스탄에 대한 군사적 개입이었다. 아프가니스탄은 소련에 인접해있기 때문에 아프가니스탄은 전략적으로 소련에게 매우 중요한 지역이다. 그러하여 소련은 이 국가가 다른 서방 국가에 예속되는 것을 막고 아프가니스탄의 독립을 유지시키는 일은 소련의 중대한 외교정책목표이다.

소련은 1978년 아프가니스탄의 쿠데타 이후 이 국가에 상당한 군사적 영

33) 송영우, 국제정치학 (서울: 건국대학교 출판부, 2006), pp. 294ff 참고.

34) Bruce Russett and Harvey Starr, World Politics, p. 173 참고.

향력을 행사하였다. 소련은 이 국가를 철저하게 통제하기 위해 정치적 및 군사적 외교를 감행하였다. 특히 1978년 4월 친소련정부가 수립된 다음 이 정부를 지원하기 위해 상당한 소련군을 아프가니스탄에 파견하였다.[35] 소련은 상당한 군사력의 지원으로 아프가니스탄에 친소련 정부를 지원하여 10여 년간 아프가니스탄을 지배하였으나 1989년에는 아프가니스탄으로부터 철수하였다.

미국은 소련보다 많은 군사적 외교 행위를 전개하였다. 미국의 경우는 군사적 외교의 전개가 성공한 경우는 많다. 미국의 경우, 직접적으로 무력의 행사하는 경우는 많지 않다.

미국의 직접적인 군사행동이 실패로 끝난 대표적인 경우는 1960년대 베트남에서 전개하였던 군사행동이었다. 미국은 남베트남의 공산화를 막기 위해 군사행동을 감행하였다. 그러나 미국은 남베트남의 공산화를 막지 못했다. 미국 국무부 장관을 역임하였던 키신저는 1972년 중국과의 관계 개선을 추진한 이유 중의 하나로 "베트남에서 고통스러운 철수로 어려운 가운데 미국의 자존심(self-confidence)을 지키기 위해서 중국과의 관계 개선이 필요하였다"라고 언급하였다.[36]

미국의 경우는 제2차 대전 이후 그리고 냉전 이후 미국의 대부분의 군사적 외교 행위는 간접적인 행위로 군사력의 행사 위협이었다. 미국은 필요하다고 생각되는 경우에 미국이 자랑하는 핵추진 항공모함 전단을 파견하였다. 미국은 주로 중동지역, 대만해협, 한반도 근해에 항공모함 전단을 파견하였다. 미국의 이러한 군사적 외교 행위는 대체로 성공적이었다고 평가할 수 있다.

35) Stephen S. Kaplan, Diplomacy of Power, pp. 146-147.

36) Henry Kissinger, Does America Need a Foreign Policy (New York: Simon & Schuster, 2001), p. 140.

미국의 북한에 대한 군사적 외교에서 실패로 기록될 만한 사건이 있다.

1968년 1월 23일 북한의 순시선 등이 원산으로부터 12마일 떨어진 해역에서 북한의 영해를 침범하였다는 이유로 미해군의 전자감시선(U.S. Navy electronic surveillance ship) 푸에블로(Pueblo)호에 총격을 가하여 선장 등에게 중상을 입히고 이 미국 군함을 강제로 끌고 갔다. 그 후 미국은 이들의 석방을 위해 북한 당국에 항의 서한도 보내고 판문점에서 북한 대표와 만나 감시선과 선원의 석방을 요구하였다. 그럼에도 불구하고 북한은 이들을 석방하지 않았다. 그러자 미국은 북한에 대해 군사적 외교 행위를 전개하였다. 먼저 미국은 1월 24일 25척의 해군함정으로 구성된 기동타격대(Task Force77)를 동해에 진출시켰다. 그리고 미국은 핵추진항공모함 엔터프라이스(enterprices)호와 5척의 구축함을 한국의 동남쪽에 배치시켰다. 그리고 1월 31일 미국은 두 번째로 공격용 함정들을 다시 기동타격대를 구성해서 한반도 인근에 진주시켰고 세 번째로 2월 2일 잠수함 및 6척의 구축함을 한국 근해에 배치하였다. 더 나아가 미국은 2개의 전투폭격기 중대(squadrons)를 미국기지로부터 한국에 전진 배치시켰고 추가하여 전략공군사령부의 폭격기들을 서태평양 지역에 배치토록 하였다. 또한 한국에 있는 전술 공군부대도 전력을 증강시켰다. 그리고 마지막으로 존슨(Lyndon B. Johnson) 대통령은 1만 5천 명의 공군 및 해군 예비군의 동원 명령을 발령하였다. 미국의 이러한 군사적 위협에도 북한 당국은 감시선과 선원의 석방을 거부하였다. 이와 함께 미국과 북한은 1968년 일년동안 판문점에서 교섭을 전개해 왔다. 마침내 12월 22일 미국의 교섭 대표는 북한이 제시한 다음과 같은 문서에 서명하였다. "미국의 감시선은 북한의 영해를 침범하였고 나포 당시 이 감시선은 간첩행위를 하였다. 미국은 이에 대해 사과하고 재발 방지를 약속하였다." 그 후 12월 23일 선원들은 석방되어 미국 당국에 인계되었다. 그러나 푸에블로호는 돌아오지 않았다.[37)]

이 경우에 미국은 군사력을 직접 행사하지 않고 위협만 가하였다. 미국의 이 위협은 북한에 전혀 효력을 발휘할 수 없었다. 미국의 군사력 자체는 위협적이었지만 1968년은 미-소 냉전시기였기 때문에 미국의 북한에 대한 실력 행사는 다분히 제한적이었다. 북한은 이러한 상황을 잘 알고 있었기 때문에 미국의 군사적 위협은 무용지물이었다. 즉 이 시기 미국이 소련과 동맹관계를 갖고 있는 북한에 직접적으로 군사력의 행사는 불가능한 일이었다. 1968년 당시 미국과 소련의 냉전 상황이 막강한 미국의 군사력을 무력화시켰다. 그리하여 미국은 북한에 대한 군사적 외교에서 소기의 목적을 달성하는 데에 실패하였다.

2017년 2월 대통령에 취임한 미국의 트럼프 대통령은 북한 정권의 비핵화를 주요한 외교정책목표로 설정하였다. 미국은 이 외교정책목표를 성취시키기 위해 2017년 일 년 동안 북한을 굴복시키기 위해 미국이 갖고 있는 상당한 전략 자산을 한반도 일대에 전개하였다. 그러나 북한은 미국의 이러한 무력 위협에 미동(微動)도 하지 않았다. 결론적으로 북한에 대한 미국의 군사적 위협은 전혀 효력을 발휘하지 못했다. 세계 최강의 군사력을 보유하고 있는 미국의 군사적 위협이 북한으로부터 냉대를 받았다는 것은 군사력 자체를 두려워하지 않은 것이 아니다. 2017년 당시 동아시아의 국제정세는 미국으로 하여금 북한에 무력 공격을 가할 수 있는 상황이 아니었다. 다시 말하면 미국이 북한의 비핵화를 희망하고 있고 또 막강한 군사력을 갖고 있지만 미국이 그의 의지대로 북한에 대해 무력을 행사할 수 있는 상황은 아니었다. 북한은 중국 및 러시아와 지리적으로 인접해있고 또 동맹관계를 갖고 있다. 이러한 상황은 미국의 의지 및 능력을 발휘할 수 없게 만들었다. 미국 트럼프 대통령의 북한 비핵화 외교정책목표는 처음부터 잘못 설정되었다. 북한 정권의 핵무기는 정권의 생존권과 직결되어 있는 것이기 때문에 북한 정권에게 비핵화는 그의 머리속에 또 가슴 속에 들어있지 않았다.

37) Stephen S. Kaplan, Diplomacy of Power, pp. 359ff 참고.

그런데 미국이 군사적 위협만으로 북한을 비핵화시킨다는 것은 산에 가서 물고기를 잡으려는 것과 같은 형상이었다. 미국이 북한에 대해 군사적 위협이 아니라 실제로 무력을 행사하였다면 그의 목표를 성취할 수 있었을지 모른다. 그러나 미국의 무력 행사는 현실성이 없는 것이다. 지금도 북한은 고아가 아니라 러시아 및 중국이라는 부모 같은 든든한 후원자들의 지원을 받고 있다. 미국은 이러한 북한을 군사적 위협만으로 북한의 비핵화를 시도한 것은 매우 잘못된 것이었다. 미국의 각 정부는 외교정책목표를 설정하고 그 목표의 성취여부와 관계없이 이 목표의 성취를 위해 외교정책을 결정하고 그 정책을 추진하는 수단인 외교를 전개하였다. 그런데 트럼프 정부가 설정한 외교정책목표는 북한의 단호한 거부로 더 이상 미국의 외교정책목표로 남아있기 어렵다. 미국이 이번 기회에 깨달아야할 교훈이 하나 생겼다. 미국이 강한 군사력을 갖고 있더라도 그것만으로 그의 모든 외교정책목표의 성취는 어렵다는 것이다. 군사력을 통한 외교정책목표는 다른 국제정치 상황을 충분히 고려하여야 성취시킬 수 있다. 미국은 1968년 푸에블로호 사건 당시의 경험을 잊고 있는 것 같다.

미국은 북한에 군사적 외교를 감행하기 전에 북한과 중국이 1961년 7월에 체결된 '북중우호협력상호원조조약' 제2조를 알아야 할 것이다. "계약 쌍방은 어느 일방에 대한 어떠한 국가로부터 침략이 감행되면 이를 저지하기 위해 모든 조치를 공동으로 취한다. 일단 체약 일방이 어떠한 한 개의 국가 또는 몇 개의 국가들의 연합으로부터 무력 침공을 당함으로써 전쟁 상태에 처하게 되는 경우에 체약 상대방은 모든 힘을 다해 지체 없이 군사적 및 기타 원조를 제공한다."

4. 경제외교

➔➔ **경제외교 전개의 배경:** 제2차 대전 이후 각 국가들이 자본주의 시장경제를 도입하여 국가 경제를 크게 발전, 확대시켜 왔다. 제2차 대전 이후

에도 사회주의 체제를 유지했던 중국, 동유럽 국가 등 여러 국가들도 서구식 자본주의를 채택하였다. 그 결과 전 세계 대부분의 국가는 자본주의 시장경제라는 고리로 연결되어 국가 간 교류, 상호작용 등이 빈번하고 밀접하여졌다. 각 국가는 경제 중심으로 국가를 경영하기에 이르렀고 동시에 상호의존도가 높아졌다. 오늘날 각 국가는 안전 보장 못지않게 경제를 중요시하고 있다. 각 국가는 경제 발전이 국가를 발전시키는 원동력이고 국민의 생활 향상의 근본이라고 생각하며 경제를 대단히 중요하게 여기고 있다. 따라서 국가는 세계 여러 국가와 경제적으로 더불어 살지 않을 수 없게 되었다. 그렇기 때문에 경제는 발전의 원동력인 동시에 외교적으로 무기로도 이용되고 있다. 오늘날 국가는 자급자족하기 어렵고 고립되어서는 살기 어렵다. 특히 오늘날은 교통 · 통신이 크게 발달되어 국가 간 여러 분야에서 상호의존 관계가 모두 넓고 깊게 연결되어 있다. 이러한 국제경제적 상황이 외교의 무기로서 경제가 위력적으로 작용한다. 그렇기 때문에 이제 경제가 외교정책목표를 성취시키기 위해 결정된 외교정책의 추진 수단으로 경제를 외교적으로 이용하고 있다. 이렇게 경제를 외교의 수단으로 하여 전개되는 행위를 경제외교라고 한다. 제2차 대전 이전까지는 군사력이 외교의 수단으로 많이 이용되었으나 그것을 경제가 담당하게 되었다.

경제외교는 경제적으로 강하고 큰 능력을 갖고 있는 국가들에 의해서 주로 구사되는 외교 행위이다. 그러나 국력이 강하지 않은 국가들도 갖고 있는 자원, 국가 간의 경제관계 등에 의해서 경제외교를 전개하기도 한다. 예를 들면 중요하게 쓰이고 있는 희토류를 독점적으로 갖고 있는 국가, 또는 원유 등 에너지 자원을 많이 갖고 있는 국가 등도 필요에 따라 이러한 자원을 이용하여 경제외교를 전개하기도 한다. 특히 경제외교는 주로 징벌적으로 많이 이용되고 있다. 이러한 징벌적 경제외교는 개별 국가에 의해 전개되는 경우도 있고 집단적으로 전개되는 경우도 있다.

세계적으로 경제외교 활성화의 배경에는 국가 간 경제적 상호의존의 심화가 있다. 이러한 상호의존의 심화는 경제의 여러 분야 즉 무역, 금융, 자본, 투자, 기술 등의 교류가 많아지고 또 상호작용의 빈도가 높아지면서 많은 국가들이 경쟁하고 대립하면서 경제외교의 무대를 크게 만들었다. 제2차 대전 이후 국제정치에서 상호의존이 평등하게 이루어지지 않는 것도 역시 경제외교를 활성화시키는 요인이 되고 있다. 특히 경제 선진국과 후진국, 부유한 국가와 가난한 국가 간의 상호의존관계는 커다란 불평등한 의존관계를 형성하고 있다. 이러한 상황도 경제 외교 활성화에 한 몫을 하고 있다.

경제외교의 기본적이고 일차적인 목표는 다른 국가의 정책, 행위, 태도 등에 영향을 미쳐 이 외교를 전개하는 국가의 외교정책목표를 성취시키려는 것이다. 이러한 행위들은 경제에 근거하여 행해진다. 그러므로 경제외교가 성공하기 위해서는 국가 간의 경제관계가 관건이다. 국가 간의 경제관계가 영향력의 행사를 가능하게 하고 또 효력을 발휘하게 한다. 경제외교가 효력을 발휘할 수 있는 깊고 긴밀한 경제교류, 경제적 상호의존의 정도 등이 경제외교의 효율성 또는 성공의 근간이 된다.

1960년대에 접어들면서 선진국의 경제는 과학과 기술의 발달로 괄목할 만한 성장을 기록하였다. 세계무역은 매년 7% 이상 증가하였고 유럽과 북미 지역의 대부분의 국가에서 무역이 국민총생산(GDP)에서 차지하는 비율은 크게 증가하였고 동시에 각 국의 직접투자(FDI)와 해외생산(overseas production)은 다른 분야보다 더 빠른 속도로 증가하였다.[38)]

이러한 추세는 모든 국가로 하여금 국민의 생활 수준 향상을 국내정치의 핵심 과제로 만들었고 국민 경제의 성장은 중요한 정치적 목표가 되었다. 이와 같이 많은 국가의 관심이 국가 안보로부터 경제로 옮겨가게 되어 국가 간의 관계도 안보에서 경제 중심으로 변해갔다.

38) Peter J. Katzenstein, International Interdependence: "Some Long-Term Trends and Recent Changes," International Organization, vol. 29, no. 4(Autumn 1975), pp. 1021-1034 참고.

국제정치에서 경제외교를 활성화시킨 또 다른 하나의 중요한 배경은 군사력 행사의 한계 때문이다. 국제정치에서 군사력 행사의 한계는 제2차 대전 이후 제국주의적 행태를 찾아볼 수 없게 되었다는 데에서도 알 수 있다. 특히 제국주의는 전적으로 군사력에 의해 추진된다. 그러므로 국제적으로 제국주의가 사라진 것은 국제정치의 수단으로서 군사력의 행사는 크게 감소하였다는 것을 보여주는 증거이다.

제2차 세계대전 이전에는 전쟁 또는 무력행사가 한 국가의 목적을 성취하기 위한 절대적인 수단이었다. 그리하여 군사력 또는 전쟁능력은 국력이고 국가의 역량으로 간주되었다. 심지어 국력을 신장시키는 데에도 또 시장을 확대하거나 또는 주요 자원의 공급자를 획득하기 위해서도 많은 국가들은 무력을 사용하였고 전쟁을 감행하였다. 바로 세계 1차 및 2차 대전이 이러한 목적을 위해 수행되었던 전쟁이었다. 라이트(Quincy Wright)에 의하며 1480년부터 1941년까지 발생했던 전쟁은 278건이었다고 한다.[39] 그리고 1945년부터 1967년까지 발생했던 전쟁 및 무력충돌은 82건에 불과하였다.[40]

이러한 수치들은 먼저 과거에는 무력행사 및 전쟁이 정책 실현의 수단으로 많이 이용되었음을 시사해주고 있고 그리고 시간이 지남에 따라 그 수가 감소하고 있다. 그것은 국제사회에서 점차적으로 전쟁이나 무력행사가 정책 추진의 수단으로 사용되는 경향이 크게 줄어들고 있음을 보여주고 있는 것이다. 그 동안 국제정치에서 군사력이 수행하여 온 것을 경제가 군사력을 대신해서 수행하게 되었다. 그래서 이제는 국제정치에서 경제가 그의 주요 정책추진의 수단이 되었다.

오늘날 군사력 행사없이 또 식민지 획득없이도 부강한 국가가 된 경우가 있다. "제2차 세계대전 이전 독일과 일본은 군사력을 동원하여 제국주의를

39) Quincy Wright, A Study of War, vol. 1(Chicago: University of Chicago Press, 1942), p. 650.

40) K.J. Holsti, International Politics, p. 141.

추구하다가 전쟁에서 패배하였고 국가는 황폐화되었다. 그러나 이 두 국가는 식민지 없이 또 전쟁하지 않고 오늘날 세계적인 부유한 국가가 되었다. 한편 아직도 식민지를 거느리고 있는 포르투갈은 상대적으로 저개발 국가로 가난한 국가로 남아있다."[41]

➔➔ **경제외교의 방법 및 수단:** 한 마디로 말해서 경제외교는 돈, 부(富), 다양한 자산 등을 이용하여 외교정책목표를 성취시키기 위해 행해지는 외교이다. 국가들은 그들이 갖고 있는 경제력으로 그들의 필요에 따라 다른 국가에 상을 주고 또는 벌을 가함으로써 그의 외교정책목표를 성취시키기 위해 경제를 수단으로 하는 외교를 전개한다.

경제적으로 부강한 국가들은 그의 외교정책목표를 성취시키기 위해 다음과 같은 방법을 구사한다.[42]

1. 자국 화폐의 가치는 높이고 상대국가의 화폐가치를 절하시키는 재정 조작 행위를 한다.
2. 압력의 수단으로 이용하기 위해 약소국에 경제적 침투를 감행한다.
3. 물품 가격 조작, 투매(dumping), 수출입 물량의 제한, 교역통제 등과 같은 정책을 통하여 경제적 지위를 전략적으로 활용한다.
4. 다른 국가 상품의 구입을 거부한다.
5. 경제적 측면의 각 종 보조금을 사용한다.
6. 다른 국가로 하여금 특정 물품을 구입할 수 없도록 하기 위해 상품을 매점매석(買占賣惜)한다.
7. 중요 물품을 독점한다.

41) Klaus Knorr, The Power of Nations(New York: Basic Books, INC., Publishers, 1975), p. 125.

42) William C. Olson, David S. McLellan and Fred A. Sondermann(eds.), The Theory and Practice of International Relations, 6th ed.(Englewood Cliffs, New Jersey: Prentice-Hall, Inc., 1983), p. 154에서 인용.

실제로 국가들이 외교적으로 이용하는 수단들을 살펴보면 다음과 같다.

➔➔ **재정적 조작행위:** "한 국가의 경제적 및 사회적 구조는 그 국가의 화폐가치를 파괴시킴으로서 붕괴시킬 수 있다"로 레닌(V.I. Lenin)은 말한 바 있다.[43] 다른 국가에 의해 한 국가의 화폐가치가 파괴된다면 그 국가의 경제는 국민경제 및 경제성장과 발전에는 치명적인 상처를 입게 될 것이다.

구체적으로 화폐가치를 파괴시키는 행위는 인플레이션을 심화시키는 것이다. 화폐가치를 파괴시키고자 하는 국가에 투자된 자금을 일시에 인출하여 본국으로 가져가게 된다면 은행들은 자금부족을 겪게 될 것이다. 그렇게 되면 은행들의 신용도 역시 떨어지게 될 것이다. 우선 은행들의 자금 부족은 결과적으로 인플레이션을 유발하게 되어 화폐가치는 떨어지며 금융계는 어려움을 겪게 될 것이다.

또 다른 하나의 예로 국제금융계에서 주도적 역할을 하는 국가가 그의 외교정책목표의 성취를 위해 특정 국가에 제공되었던 금융보증을 철회하고 그 국가는 외채를 상환할 수 없는 국가라고 선언을 하게 된다면 금융기관은 파산하게 되고 이는 그 국가 내 여러 금융기관에 커다란 피해를 주게 되고 국가의 경제도 매우 어렵게 될 것이다. 이러한 상황 역시 인플레이션을 유발하고 국가 재정에도 심대한 영향을 미치고 국가 경제에 물론 나쁜 영향을 미친다.[44]

➔➔ **무역에 의한 경제외교:** 오늘날 세계 많은 국가들은 무역으로 국가 경제를 뒷받침하고 국가가 경제 발전에 기여 한다. 무역이 국가 경제에서 차지하는 비중이 커짐에 따라 무역은 경제외교의 주요한 수단이 되고 있다. 무

43) Peter Bernholz, The International Game of Power(Berlin: Walter de Gruyter & Co., 1985), p. 138에서 인용.

44) 위의 책, pp. 138-139.

역을 통한 경제외교의 수단에는 다음과 같은 것이 있다.

관세-한 국가의 상품이 다른 국가에 들어가려면 특별한 면세 장치가 없는 한, 반드시 관세가 부과된다. 원칙적으로 관세는 상품을 수입하는 국가가 세금의 수익을 얻기 위해 그리고 자국의 상품을 보호하고 경쟁력을 갖게 하기 위해 수입 상품에 관세를 부과한다. 이렇게 부과되는 관세가 모든 상품에 같은 비율로 적용되기도 하지만 때로는 정치적 목적으로 관세가 차등 부과되는 경우가 있다. 어떤 경우에는 징벌적 차원에서 어떤 국가의 상품에는 높은 세율이 그리고 어떤 국가의 상품에는 배려의 차원에서 낮은 세율을 적용하기도 한다.

예를 들면 한국도 일본도 미국에 자동차를 수출하는데 미국은 그의 정치적 필요에 따라 관세를 차등 부과할 수 있다. 한국의 대미 정책이 미국 정부에 적절치 않아 그것의 수정을 한국 정부에 요청하였으나 한국 정부가 미국의 요구를 수용하지 않는다면 미국은 한국 정부로 하여금 그 정책의 변경을 강제하기 위한 방편으로 한국 자동차에 대해 일본산 자동차보다 높은 관세를 부과한다면 한국 자동차의 경쟁력은 크게 약화될 것이고 한국 자동차의 대미 수출은 크게 감소하게 될 것이다. 이 결과는 한국의 무역과 경제에 도움이 되지 않을 것이다.

1995년 중국은 미국에 460억 달러를 수출하여 일본 다음으로 두 번째로 무역 흑자를 기록하였다. 미국은 중국 정부가 미국의 지적재산권을 보호하고 있지 않다고 여러 차례 중국 정부에 주의를 환기시켰다. 이러한 가운데 미국과 중국은 44차례 미국 지적 재산권 보호 문제를 논의하였으나 미국은 만족할만한 결론을 얻지 못했다. 그러자 미국 정부는 1996년 5월 15일 30억 달러 상당의 중국산 의류, 전자제품 등에 대해 100%의 관세를 부과하기로 결정하였다. 한 달 간의 유예기간을 거친 뒤 6월 17일부터 중국산 제품에 100%의 관세를 부과하게 되었다. 그러자 중국 정부는 미국의 보복 관세에 굴복하여 6월 13일 중국 내의 모든 음반 제조 공장을 폐쇄하기로 결정하며 미국의 지적 재산권 보호 의지를 표명하여 미국의 중국산 제품에 대해 취하려던 보복 관세 조치를 거두어들였다.

무역에서 경제외교의 도구로 최혜국 대우를(the most-favored treatment) 이용하기도 한다. 이것은 다른 국가로부터 수입되는 상품에 낮은 관세를 부과하는 제도이다. 이 대우는 특혜의 의미로 부여되기도 하고 징벌적으로는 이 특혜를 박탈하여 압력을 행사하는 수단으로 이용되기도 한다. 한 국가의 상품이 최혜국 대우를 받게 되면 그 상품은 유리한 가격 경쟁력을 갖게 될 것이다.

냉전시기 미국은 바르샤바 조약기구(Warsaw Treaty Organization) 회원국인 루마니아, 폴란드 그리고 이 기구의 회원국이 아닌 유고슬라비아에 최혜국 대우를 부여하였다. 그 목적은 이들 국가들로 하여금 소련과 다른 독자적인 대외정책을 가질 수 있게 하기 위해 무역상의 특혜를 부여한 것이다. 그러나 1981년 폴란드가 공산당 통치를 강화하기 위해 계엄령을 선포하자 미국 정부는 폴란드에게 주어졌던 최혜국 대우 지위를 박탈하여 계엄령 선포에 대한 불만을 표시하기도 하였다.

수입할당량(quota)－한 국가가 수입 물량으로 정치적 목적을 달성하려는 경제외교의 한 수단이다. 특정 국가에 압력을 가하려 할 때는 수입 물량을 줄이고, 반대로 구호적이고 협조적인 정책이나 입장을 유도하려 할 때는 수입 물량을 크게 증가시켜주어 정치적 목적을 달성하려는 경제외교의 수단이다. 넓은 시장과 강한 구매력을 갖고 있는 국가는 수입 할당량제를 경제외교의 수단으로 활용하고 있다. 무역에 상당한 비중을 두고 이는 국가에게 이러한 수단은 매우 위력 있는 경제외교의 수단이 될 것이다.

➔➔ **통상정지(embargo)**: 국가가 정치적 목적을 위해 특정 국가에 특정물품의 수출을 금지시키는 행위이다.

동 · 서 냉전시기에 미국을 중심으로 하는 북대서양조약기구 회원국들은

'대공산권 수출통제위원회(Coordinating Committee for Export to Communist Area)'를 결성하였다. 이 기구의 목적은 소련 및 다른 공산주의 국가들에게 전략물품 및 장비의 수출을 금지하거나 통제하여 이 국가들의 군사력이 강화되는 것을 막고 이 공산국가들의 태도 및 정책에 영향을 미치려는 경제외교의 수단으로 이용되었다.

한 때 위력적인 경제외교의 수단은 석유수출국기구(OPEC)의 석유수출 금지 조치였다.

1973년 10월 제4차 중동 전쟁이 발발한 직후 석유수출국기구의 아랍회원국들은 이스라엘을 지원하는 국가 특히 미국 등 선진국가들에 대해 경제적 압력을 가하기로 결정하고 16개 페르시아만 국가들은 석유가격을 70% 인상하기로 결정하였다. 그리고 이 회원국들은 첫째 이스라엘이 불법으로 점령한 지역으로부터 완전히 철수하고, 둘째, 팔레스타인 사람들의 합법적인 권리가 보장되고 그리고 셋째, 유엔의 적절한 결의가 이행되어야 한다는 세 가지 조건이 충족될 때까지 매일 5%씩 원유를 감량 생산 한다고 선언하였다.[45] 원유 금수 조치가 단행되자 일본은 공개적으로 이스라엘에 대한 외교적 지지 포기를 선언하였다. 미국은 이스라엘에 대한 군사적 지원은 중단하지 않았지만 중동 정책을 수정하였다. 미국 국무장관 키신저는 이스라엘에게 일정 지역을 아랍국가에게 양보하라고 권고하기 시작하였다. 특히 미국이 중동의 평화를 보장하고 이스라엘과 아랍 측이 영토 문제를 해결하게 되면서 원유가 서방국가들에게 다시 공급되기 시작하였다. 석유수출국기구의 아랍회원국의 통상 정지 조치는 외교적 성공을 거두었다고 평가할 수 있다.

➔➔ **원조:** 국제정치에서 중요하다고 인정되는 경제외교의 수단 중의 하나는 원조이다. 원조란 한 정부가 다른 국가에 다양한 가치를 제공하는 행위

45) Robert L. Wendzel, International Politics(New York: John Wiley & Sono, 1981), p. 243 참고.

를 말한다. 원조는 구체적으로 물품, 자본 등의 자산을 수단으로 이용한다. 시장에 기초가 되는 민간의 무역, 민간의 투자 등은 원조에 포함되지 않는다. 이러한 것들은 국가에 의해 행해지는 것이 아니기 때문에 원조는 아니다. 즉 원조는 국가에 의해 다른 정부에 다양한 가치가 제공되는 것을 의미한다. 기술원조 및 군사원조는 원조의 범주에 포함된다.[46]

한 정부가 다른 국가에 원조를 제공하더라도 홍수, 지진과 같은 긴급한 사태가 발생해서 제공되는 긴급 구호 성격의 원조는 국제정치에서 국가에 의한 국가에 제공되는 원조와는 그 성격을 달리한다. 긴급 구호시에 제공되는 원조는 국제정치에서의 경제외교 행위는 아니다. 여기에서 논의하려는 원조는 경제외교 차원의 원조를 지칭하는 것이다. 국제정치 차원의 경제외교란 정치적 목적을 갖고 이루어지는 행위를 말하는 것이다. 제공되는 원조가 필요한 경우, 영향력 또는 압력 행사의 근거가 될 수 있는 것이 국제정치적 측면의 경제외교이다. 지금까지 주어지던 원조의 감축 또는 중단 등의 위협으로 특정 국가를 통제할 수 있는 원조가 국제정치적 측면의 경제외교이다.

다른 국가에 제공되는 원조가 그것을 제공하는 국가의 경제적 이익을 위해서 제공되는 것이라기보다는 정치적 의미로 또 정치적 목적을 위해 제공될 때 그 원조는 국제정치적 측면의 경제외교라고 할 수 있다.

외국 원조가 주어지기 시작한 시기는 18세기부터이다. 영국은 1743년 '웜스 조약(The Treaty of Worms)'에 의해 오스트리아에 12,000명의 영국 군대를 유지하기 위한 비용 30만 파운드를 제공한 것이 외국 원조의 효시(嚆矢)라고 할 수 있다. 이로부터 1930년대까지 주로 외국 원조를 제공하는 국가는 영국이었다. 미국도 제1차 세계대전 이후 원조를 제공하는 국가가 되었

46) Klaus Knorr, The Power of Nations(New York: Basic Books, Inc., Publishers, 1971), pp. 168-169.

다. 제2차 세계대전 이전까지 원조는 체계적으로 또 광범위하게 제공되지 않았다. 이 시기까지 원조가 정치적 목적을 위한 수단으로 이용되지 않았다. 그 시기에는 군사력이 최고의 정치적 수단이었다. 경제가 정치적 목적을 위한 수단으로 이용된 시기는 제2차 대전 이후였다. 앞에서 지적한 바와 같이 군사력의 사용 빈도가 낮아지고 그 자리를 경제가 차지하게 되면서 경제가 군사력 대신 국제정치에 이용되었고 원조가 주요한 수단으로 이용되기 시작하였다.

원조가 체계적이고 광범위하게 그리고 정치적 목적을 갖고 제공된 시기는 제2차 세계대전이 끝나면서부터이다. 먼저 미국이 제2차 세계대전이 끝나면서 미국은 전세계 총생산(Gross World Product)의 52%를 차지하였고 소련의 국민총생산은 미국 국민총생산의 1/3 정도에 불과하였다.[47] 전쟁이 끝나면서 동 · 서 간 그리고 미 · 소 간 냉전 상황이 생겨나고 미국과 소련이 경쟁 · 대립 · 갈등이 심화되었다. 그리하여 미국과 소련은 각각 자본주의와 사회주의 진영의 종주국으로 군림하면서 세계적으로 세력을 확장하며 적대적 관계를 형성하였다. 이로부터 미국과 소련은 여러 국가에 원조를 제공하며 세계를 양분하여 양극체제를 구축하였다. 이때 미국과 소련이 다른 국가에 제공하는 원조는 많은 국가를 포용하고 지지세력을 호가보하기 위해 제공되었다.

미국이 최초로 외교정책의 수단으로 제공한 원조는 공식적인 명칭으로 '유럽복구계획(European Recovery Program)' 일명 '마샬계획(Marshall Plan)'이다. 이 마샬계획은 전쟁으로 황폐화 된 서유럽 국가들의 경제, 사회, 정치의 내부구조를 재건하고 미국 상품 시장을 구축하고 그리고 서유럽국가들로 하여금 공산세력의 침투에 저항할 수 있는 능력을 배양하기 위해 미국의 자본을 투입한 원조행위였다. 1949년부터 1952년 3년 간 마샬계획으로 서유

47) Zeigniew Brzezinski, "How the Cold War Played," Foreign Affairs, vol. 51 no. 1(October 1972), p. 182.

럽국가들에 제공된 원조는 186억 달러였다.[48)]

소련도 제2차 대전 이후 공산권 국가에 원조를 제공하였다. 소련의 원조를 제공받은 국가는 중국, 인도, 쿠바, 북베트남 등에 원조를 제공하였다.[49)]

국가 간에 주어지는 원조는 직접적으로 정치적 및 군사적 필요에 의해 제공된다. 한반도의 남쪽에 미군정이 시작되면서 한국은 미국으로부터 상당한 원조를 받았다. 그러나 한 · 미간에 관계에 원조의 기본 속성을 알 수 있게 하는 일이 있었다.

한국과 미국은 1948년 12월 10일 '원조협정'을 체결하였다. 그리고 한국에 주한미국 대사가 책임자가 되는 '한국을 위한 미국 지원단(American Mission in Korea)'를 설치하기도 하였다. 그리하여 미국이 체계적으로 한국에 원조를 제공할 수 있게 되었다. 그 후 1950년 1월 미국무장관 에치슨(Dean Acheson)은 '국립기자클럽'에서 연설하는 가운데 "한국을 미국 방위선에서 제외한다"고 말하였다. 이것은 한국은 전략적으로 미국에 중요하지 않다는 의미이다. 그 결과 미국 하원은 1950년 1월 한국에 제공된 1억 달러의 원조를 부결시켰다.[50)] 이처럼 강대국에 의해 제공되는 원조는 철저하게 그의 국가 이익 및 정치적 및 전략적 가치에 의해서 제공된다. 이러한 원조는 경제외교 가운데 매우 위력적인 수단 중의 하나이다. 에치슨 국무장관의 발언과 미국 의회의 한국 원조안의 부결은 미국은 정치적으로 또 전략적으로 한국을 무가치한 지역으로 인식하게 만들었다. 이러한 상황은 소련과 북한으로 하여금 미국은 한국을 포기하였다는 생각을 갖게 하였다. 이것이 1950년 '6 · 25전쟁'의 중요한 원인으로 작용하였다.

모겐소(Hans J. Morgenthau)는 원조에 대해 다음과 같이 말하였다. "위세

48) Charles W. Kegley, JR. and Eugene R. Wittkopf, American Foreign Policy, pp. 137ff.

49) Klaus Knorr, The Power of Nations, pp. 179-180 참고.

50) Donald Stone Macdonald, U.S.-Korean Relations from Liberation to Self-Reliance(Boulder: Westview Press, 1992), pp. 240ff.

당당한 원조는 대체로 현대판 뇌물의 성격을 띄고 있고 경제발전이라는 허울 좋은 미명 하에 그의 실질적 목적은 감추어져있다. 별로 이유도 없고 쓸모도 없는 철강 공장, 교통량도 별로 많지 않은 고속도로 건설, 자국의 국기를 달고 날지만 적자만 보며 외국인과 함께 운영되는 민간항공 등은 모두 표면적으로는 원조를 제공받는 국가의 경제 발전을 위해 제공된다. 그러나 실제로 이러한 원조는 실질적인 경제적 기능을 다하지 못한다. 원조가 그것을 받는 국가의 경제적 목적을 충족시키기 위한 투자라기보다는 산업 발전이라는 상징적 · 기념비적인 데에 그 의미를 두고 있다."[51]

강대국이 개발도상국가에 제공되는 원조는 그것을 제공받은 국가들이 경제적으로 자립하여 더 이상의 원조를 필요로 하지 않을 만큼 경제적 성장을 이룩한다면 최초로 원조를 제공하는 국가들의 의도와 목적과는 다른 결과를 낳게 될 것이다. 원조를 제공하는 국가들은 그것의 제공으로 수혜국가로 하여금 제공국가에 더 의존하게 만들어 영향력이나 압력 행사의 기초를 구축하기 위해 원조를 제공한다. 지속적으로 또 집중적으로 원조를 제공하여 의존도가 심화되어 국가 간 불평등 의존관계가 형성되면 경제적 외교의 효력을 강화시킬 수 있는 기초를 형성하게 된다. 이것이 원조의 기본 목적이라고 말할 수 있다. 이와 같은 설명을 뒷받침하는 근거로 1962년부터 1992년까지 미국에 의해 다른 국가에 제공된 원조액은 2,326억 달러였다(마샬 계획은 1949-1952에 제공되었던 그 액수는 186억 달러).[52] 미국이 이렇게 많은 액수의 원조를 개발도상국에게 제공하였다. 그러나 한국과 일본을 제외하고 경제발전에 성공한 개발도상국가는 없다.

➔➔ **경제 전쟁(economic warfare)**: 경제전쟁이란 평시에 군비경쟁을 하거나 또는 전시에 상대국가의 군사적 능력을 약화시키기 위해 상대국가 또는

51) Hans J. Morgenthau, "A Political Theory of Foreign Policy Aid," The American Political Science Review, vol. 56, no. 2(1962), pp. 303-304.

52) Charels W. Kegley, JR. and Eugene R. Wittkopf, American Foreign Policy, p. 137.

적대국가의 경제적 기초 또는 잠재력을 약화시키는 정책 또는 행위이다. 그러나 경제전쟁의 직접적인 목표는 무엇을 강제하려는 것이 아니라 경쟁국 또는 적대국의 경제적 기초를 약화시키려는 것이 목표이다. 이 경제 전쟁은 특히 적대국가의 경제 능력을 직접적으로 파괴하기 위해 군사적 행위가 감행되기도 한다. 이렇게 하는 경우에 경제 전쟁의 효력은 강화될 수 있다. 경제 전쟁에 이용되는 중요한 비군사적 수단으로는 다음과 같은 것들이 있다.[53] 적대국 또는 경쟁국이 전쟁 물품을 생산하는 데 필요한 중요 물자 수입을 축소시키거나 또는 수입을 완전히 차단하는 행위가 있다. 또한 상대국 또는 적대국의 상품 불매운동을 전개하여 이들 국가의 수입 능력을 약화시키는 행위도 한다. 국제시장에서 거래되는 중립국의 전략적 물품을 매점매석(買占賣惜)하여 물품의 시장 공급을 줄이거나 가격을 비싸게 하여 적대국의 전략물자 획득을 어렵게 하기도 한다.

또 경제 전쟁에서 이용되는 경제외교의 수단은 봉쇄(blockade)가 있다. 다양한 전쟁 물자 등이 적대국에 반입되지 못하도록 모든 통로를 차단하는 것이다. 적대국에 출입이 가능한 육로 또는 해상 통로를 봉쇄함으로써 적대국으로 하여금 전쟁에 필요한 물자의 획득을 막으려는 것이다. 그러나 국제법상 적대적 국가의 비전쟁 물자인 식량, 의약품의 획득을 통제하는 행위는 금지하도록 되어 있다.

또 다른 경제 전쟁의 수단에는 감시대상자 명부(blacklist)를 만들어 이들의 행위를 감시하거나 제한하는 행위가 있다. 이 조치에는 중립 국가의 개인이나 사기업의 무역 거래를 제한 적대국가와 거래를 하는 개인이나 사기업의 명단을 만들어 이들의 상업적 거래를 감시하기도 하고 필요한 경우에는 거래를 저지하는 행위를 한다. 이와 함께 감시 대상 명부에 올라있는 개인이나 사기업을 적으로 간주하여 자국 내에 있는 이들의 자산을 동결하기도

53) K.J. Hosti, International Politics, p. 227.

하고 또는 자국인으로 하여금 이들과의 상업적 거래를 금지시키기도 한다.

그리고 보상(rewards)이라는 수단을 통하여 적대국에 전쟁 물자가 들어갈 수 없게 하는 방법도 있다. 중립적인 입장을 취하고 있는 국가로서 적대국가에 자국의 상품을 수출하여야만 그 국가의 경제가 유지된다고 하는 국가가 있을 수 있다. 이때 경제 전쟁을 수행하는 국가는 필요한 물자가 아니더라도 그 중립국가가 수출하는 물자를 사줌으로써 중립국가의 경제를 어렵지 않게 하여 중립국가와 적대국과의 무역 거래를 막는 조치이다. 중립 국가가 적대적인 국가와의 상업적 거래를 제한받음으로써 발생하는 손해를 다른 한 쪽이 메워주어 적대국으로 하여금 전쟁 수행에 필요한 물자를 획득할 수 없게 만드는 행위이다.

1960년대에 접어들면서 미국은 쿠바와 전면 경제전쟁을 전개하였다. 1950년대 말까지 미국과 쿠바는 경제적 측면에서 매우 긴밀한 관계를 유지하였다. 미국은 농업, 광업 금융, 관광 등에 10억 달러를 투자하였다. 그리고 1958년 쿠바는 그의 전체 수출의 67%를 미국에 수출하였고 전체 수입의 70%를 미국으로부터 수입하는 국가였다. 쿠바 공업시설의 대부분은 미국으로부터 수입된 것이었다. 그리고 미국은 1934년 쿠바의 설탕을 국제시장의 가격보다 비싼 가격으로 수입한다는 '코스티간법(the Costigan Act)'을 제정하기도 하였다.

쿠바의 카스트로는 1959년 쿠데타로 바티스타(Batista) 정권을 붕괴시키고 공산정권을 수립하고 사회주의 노선을 추구하기 시작하면서 소련과 긴밀한 관계를 갖기 시작하였다. 지리적으로 쿠바는 미국의 인접 국가이고, 그 시기는 미-소 냉전의 고도되어가고 있던 시기였다. 그러므로 미국은 쿠바에 특단의 조치를 강구하지 않을 수 없게 되었다. 1960년 2월 쿠바와 소련은 쿠바의 설탕과 소련의 원유의 물물교환 협정을 체결하였다. 그리고 쿠바는 소련산 원유의 정제를 거부한다는 이유로 미국인 소유의 정유 공장을 몰수하였다. 그러자 미국은 쿠바에 대한 모든 원조 프로그램을 중단하였고 1960년 7월 미국은 쿠바의 설탕 수입을 모두 취소하였다. 10월 미국은 식량과 의약품을 제외한 쿠바에 대한 모든 수출을 금지하였다. 쿠바의 카스트로는 미국에 대한 보복으로 약 5억 달러에 달하는 쿠바 내에 있는 미국의 자산을 국유화하였다. 결국 1960년 12월 소련과 쿠바가 경제협정을 체결한 다음 1961년 1월 미국은 쿠바와 외교관계를 단절하였다. 그러나 미국에 의한 쿠바와의 경제전쟁은 실패하였다. 왜냐하면 소련 및 공산권 국가들이 경제적으로 쿠바를 도왔기 때문에 미국은 카스트로 정권을 붕괴시키는데 실패하였다.[54)]

5. 공공외교

➔➔ **의미:** 외교에는 두 가지 측면이 있다. 첫째는 국가 간의 관계를 증진시키고 외교정책목표를 성취시키기 위해 외교정책을 실현시키고 그리고 국가 간에 발생 된 현안들을 해결하기 위해 국가의 이름으로 국가의 관리에 의해 다른 국가의 관리를 대상으로 전개하는 직접적인 대외행위가 있고 그리고 둘째, 다른 하나의 대외행위는 다른 국가의 국민들을 대상으로 전개되어 자국과 자국민에 대해 호의적인 생각을 갖게 하고 자국의 가치를 존중하게 하고 자국의 외교정책을 지지하게 하는 대외행위가 있다. 이 둘 가운데 두 번째 대외행위가 공공외교이다. 첫 번째 외교 행위는 직접적인 대외행위 즉 외교정책목표를 성취시키기 위한 행위이고 두 번째 외교 행위는 외국 국민을 대상으로 전개하는 간접적 외교 행위이다. 모겐소(Hans J. Morgenthau)에 의하면 간접적 외교 행위는 다른 국가 국민의 정신세계 또는 마음을 겨냥해서 전개된다. 특히 이러한 행위는 다른 국가 국민의 정신세계를 정복하고 지배하기 위해 행해진다고 한다. 그는 이러한 행위를 문화적 침투, 또는 문화적 제국주의라고도 한다.[55)]

54) Klaus Knorr, The Power of Nations, pp. 148-149에서 인용.

55) Hans J. Morgenthau, Politics among Nations, 3rd ed.(New York: Alfred A Knopf, 1960),

공공외교가 간접 외교라는 것은 국가의 외교정책목표를 성취시키기 위해 직접적이고 구체적인 외교정책을 실제적으로 추진하는 외교가 아니라 비정치적이고 비경제적 요소인 문화, 예술 등의 요소를 이용하여 외국 국민들의 마음을 사로잡아 정신적으로 자국 국민과 동일체 의식을 갖게 하는 외교이다. 특히 사람의 생각이나 이성적인 요소보다 감성적인 요소가 공공외교의 대상이다. 왜냐하면 이러한 감성적인 요소가 사람의 마음을 보다 쉽게 움직일 수 있기 때문이다. 쇼팽은 세계적인 음악가이다. 그는 폴란드사람이다. 그의 수많은 주옥같은 작품들은 많은 사람들의 심금을 울린다. 쇼팽을 좋아하고 그의 음악을 사랑하는 사람들은 대체로 폴란드를 좋아하게 될 것이고 동시에 폴란드에 관심을 갖게 될 것이다. 이러한 훌륭한 문화적 자산을 갖고 있는 폴란드는 국가 차원에서 쇼팽의 음악을 보다 많은 사람이 좋아하게 하는 행사를 갖는다. 이러한 행사는 세계인으로 하여금 쇼팽을 좋아하게 하고 더 나아가 그의 조국인 폴란드를 좋아하게 만들 수 있다. 이러한 행사들이 국가 차원에서 전개되면 그것은 훌륭한 공공외교이다. 특히 5년마다 한 번씩 개최되는 쇼팽콩쿨은 피아노 경연대회의 올림픽이라고도 한다.

찬란한 문화, 예술, 역사, 전통 등을 갖고 있는 영국, 프랑스 등 문화선진국은 그것이 그들 국가의 자랑거리이다. 그렇기 때문에 이러한 문화 선진국들은 그들의 문화를 이용하여 세계인들에게 자랑한다. 이러한 문화 선진국들은 국가 차원에서 이 문화를 세계인들에게 널리 알리며 그들의 위상을 높이고 있다. 이러한 국가들은 그의 문화, 전통 등을 공공외교의 자산으로 활용하여 세계인들의 사랑과 존경을 받게 한다.

왓츠(William Watts)는 1980년 7월 2일 그리고 1985년 3월 3일 두 차례에 걸쳐 미국인의 한국인에 대한 의식을 조사하였다. 이 조사에 의하면 미국인들은 대체로 한국과 한국인에 대해 부정적인 생각을 갖고 있다고 한다.

pp. 60-61.

미국인이 한국을 생각할 때 1950년의 '6 · 25사변,' 저개발, 국토의 황폐 등을 머릿속에 담고 있다. 그 뿐만 아니라 미국인들은 정치적으로 불안하고, 대통령이 암살되고, 군부가 정권을 담당하고, 광주 민주화운동, 학생들의 반정부 시위, 반체제 인사들의 감시, 체포 등을 한국의 현실로 생각한다고 한다. 특히 미국인들은 한국의 인권 문제에 대해 관심을 갖고 있으며 미국 의회는 특별히 한국의 인권에 대해 감시자의 역할을 계속할 정도이다. 미국 국무성이 의회에 보내는 보고서에서도 한국의 인권문제는 폭 넓게 다루어지고 있다. 그리고 미국인들에게 아시아의 일본, 대만, 중국 그리고 한국 4개 국가의 인권과 자유에 대해 물어보면 한국의 상황이 가장 나쁘다고 응답하였다.[56)]

민주주의 국가인 미국의 국민들이 한국과 한국인에 대해 이러한 부정적인 생각을 갖고 있다면 미국 정부 및 의회도 한국에 도움이 되는 정책을 결정하는데 제한이 따르지 않을 수 없게 될 것이다. 이와 같은 현상은 한국 정부가 일본에 대한 어떤 정책을 결정할 때 한국 국민의 대일본 감정과 정서를 고려해야 하는 것처럼 미국 정부나 의회도 한국에 대한 정책을 결정할 때 미국 국민의 한국과 한국인에 대한 감정 및 정서를 고려하지 않을 수 없을 것이다.

바로 이와 같은 외국인의 한국에 대한 부정적인 인식을 긍정적으로 바꾸는 일을 하는 대외행위가 공공외교이다. 공공외교는 자국에 대한 외국인의 부정적 생각을 긍정적으로 바꾸어놓고 더 나아가 자국과 자국민을 높이 평가하고 존경하게 만드는 대외행위이다. 앞에서 지적한 것처럼 한국에 대해 부정적인 생각을 버리고 미국인들로 하여금 한국을 높이 평가하고 긍정적인 생각을 갖게 하는 것이 공공외교의 주요 임무 중의 하나이다.

56) William Watts, "American Looks at Korea: Some Observations," in Robert A. Scalapino and Han Sung-Joo(eds.), United States-Korea Relations(Berkeley: Institute of East Asian Studies University of California, 1986), pp. 94ff.

➔➔ **목적:** 전통외교에서 공공외교는 존재하지 않았다. 공공외교는 대체로 제2차 세계대전 이후에 체계적으로 전개되었다. 제2차 세계대전 이후에는 국제적으로 제국주의, 식민주의 등이 자취를 감추었고 또 국내정치적으로는 민주주의에 바탕을 두고 있는 민주정치가 세계적으로 확산되기 시작하였다. 국가가 민주정치를 실기한다는 것은 국민의 뜻에 따라 또 국민 중심으로 정치를 하게 된다는 것을 의미하는 것이다. 따라서 국내정치에서 국민의 위상이 크게 제고되고 동시에 각 정부는 국민의 생각에 따라 정책을 결정하게 되었다. 다른 말로 말하면 국민의 의견이 또 여론이 정부 정책에 크게 영향을 미친다는 것이다. 이제는 국민들의 뜻이 그 국가의 정책결정에 반영될 수 있기 때문에 각 국가는 다른 국가 국민들에게 관심을 갖게 되고 이 국민들에 대한 외교의 필요성을 느끼게 되었다. 한 특정 국가가 특히 이웃하고 있는 국가가 자국에 관한 정책을 결정할 때 이 특정 국가의 국민들이 이 정책 결정에 호의적인 견해를 피력하여 자국에 유익한 정책을 결정하도록 하는 일은 매우 중요하다. 국가는 이러한 결과가 생산될 수 있도록 다른 국가의 국민들에 대한 적극적인 외교가 요구된다.

오늘날까지도 대체로 한국인들은 일본에 대해서는 대단히 부정적인 생각을 갖고 있다. 이런 상황 하에서 한국 정부가 일본에 대한 정책을 결정하는데 일본에 대해 호의적이고 유리한 정책을 결정하는 일은 불가능하다. 왜냐하면 많은 한국 국민들이 싫어하고 또 그러한 정책을 결정한 정부에 대해 부정적인 생각을 갖게 할 수 있기 때문이다. 그렇기 때문에 일본으로서는 쉬운 일은 아니지만 한국인에 대한 공공외교의 필요성을 절감하고 있을 것이다. 이처럼 공공외교의 핵심적 목적은 다른 국가 국민들을 우리편으로 만드는 것이라고 말할 수 있다.

한 국가가 다른 국가의 국민들에게 외교 행위 즉 공공외교를 전개하는 목적은 이 국민들로 하여금 자국의 정책 및 정치적 주장을 지지하게 만들려는 것이다. 이렇듯 다른 국가의 국민에 대해 적극적이고 직접적으로 외교를 전개하는 목적은 이들과의 직 · 간접적인 대화를 통해 자국의 정책에 대한 지지 기반을 확고히 하여 이 국가에 대한 외교의 효율성을 강화하기 위해서이다. 이 목적을 좀 더 구체적으로 말하면 첫째 다른 국가의 국민들에게 자국의 가치관, 체제, 다양한 능력, 정책 등을 보다 정확히 이해시키는 것, 둘째, 자국 국민들에게 다른 국가와 자국과의 상호관계를 정확히 알리는 것, 셋째, 국가 간 문화의 국경을 초월하여 개인적 또는 집단적으로 체제 간 상호관계를 증진시켜 상호 이해의 폭을 넓히는 것, 그리고 넷째, 자국 정부가 외교정책을 결정할 때 그 정부가 다른 국가의 가치관, 이익 등을 충분히 고려할 수 있도록 만들기 위한 것이다. 한 마디로 말해 다른 국가의 국민들에게 자국에 대해 호의적인 태도를 갖게 하고 자국의 정책을 지지하도록 만드는 것이다.[57)]

➔➔ **방법:** 이미 앞에서 언급한 바와 같이 외교는 국가의 이름으로 국가의 관리에 의해 영토 밖으로 행해지는 구체적인 대외행위이다. 그러므로 공공외교도 이러한 원칙에 따라 전개되어야 한다. 공공외교가 비정치적 요소에 의해 다양하게 전개되는 대외행위이지만 그것이 외교 행위이므로 외교의 원칙 그리고 그 범주 안에서 전개될 때 그것이 공공외교가 될 수 있다.

공공외교는 세계 모든 사람들을 자기편으로 만들고 자국을 좋아하게 그리고 지지하게 만드는 외교이므로 공공외교를 전개하는 국가는 세계적으로 자랑하고 싶은 것들을 공공외교에 이용한다.

세계 최고의 과학 · 기술을 갖고 있는 미국은 1969년 인류 역사상 최초로 사람을 달에 착륙시켰다. 이 사실은 미국이 자랑할만한 쾌거이다. 미국은 그의 과학기술을 자랑하기 위해 달에 착륙했던 우주인을 여러 국가를 방문케 하여 미국을 그리고 미국의 과학기술을 전세계에 자랑하였다. 과거 소련

57) Allen C. Hansen, USIA, Public Diplomacy in the Computer Age(New York: Praeger Publishers, 1984), pp. 3ff.

의 교향악단, 무용단 등은 세계적으로 많이 알려진 예술단이었다. 과거 소련은 독재국가, 공산국가로 다른 국가 국민들로부터 좋은 평판을 얻지 못했다. 소련은 그에게 내려지고 있는 나쁜 평판을 불식시키고 높은 수준의 문화 예술을 갖고 있는 국가로 인정받기 위해 러시아는 그들의 예술단을 세계 연주 여행을 주선하였다.

이처럼 각 국가는 세계적으로 자랑할만한 요소가 있으면 그것을 세계인에게 알리는 다양한 행사를 펼친다. 국가는 그의 자랑거리를 전 세계인에게 알려 이들로 하여금 자국을 좋아하고 존경하게 만들고 있다.

20세기에 접어들면서 각 국가는 공공외교를 조직적이고 체계적으로 전개하기 위해 국가 기구를 설치하여 이 기구로 하여금 자국을 그리고 자국의 자랑거리를 세계 여러 국가 국민들에게 알리기 시작하였다.

소련은 볼셰비키 혁명 이후 공산주의를 선전하기 위해 최초로 정부 내에 상설 기구를 설치하여 다른 국가에 공산주의를 선전하였다. 영국도 1935년 '영국위원회(British Council)'이라는 기구를 만들어 세계적으로 영국 국민들의 생활과 생각을 알렸다. 그리고 1938년에는 '영국방송공사(British Broadcasting Corporation)'를 설립하여 여러 외국어로 뉴스를 정기적으로 방송하였다. 그리고 1939년 영국 수상은 외교부 내에 새로운 '해외공보부(Foreign Publicity Department)'를 설치한다고 발표하였다.[58] 미국은 1948년 '미국 정보 및 교육문화교환법(United States Information and Educational Exchange Act)', 일명 '스미스-먼트법(Smith-Mundt Act)'을 제정하였다. 이 법을 제정한 의회는 "다른 국가의 국민들로 하여금 미국을 더 잘 이해하고 미국 국민과 외국 국민 간의 이해를 증진시키는 것이 이 법의 목적이다"라고 말하였다. 또 미국은 1953년 미국공보원(United States Information Agency-USIA)를 설립하여 국무성 산하에 두고 여러 국가에 미국 공보원을 설치하기로 하였다. 이 공보

58) E.H. Carr, The Twenty Years' Crisis(London: Macmillan & Co. LTD., 1958), p. 143.

원은 언론, 출판, 영화 등 여러 대중매체를 이용해 외국인에게 미국을 알리는 일을 하고 있다. 미국공보원은 교육 및 문화 프로그램을 통해 미국의 정책과 행위의 근간이 되는 요소들을 외국인들에게 올바로 이해시켜서 궁극적으로 미국 정부의 목적과 정책을 이들에게 알리는 것이다. 미국은 이와 같은 목적을 위해 약 120여개 국에 200여 개의 미국 공보원을 두고 체계적으로 다른 국가 국민들에 대해 공공외교를 전개하고 있다. 그리고 미국 의회는 1973년 '국제방송위원회법(Board for International Broadcasting Act of 1973)'을 제정하였다. 이 법에 근거해서 '국제방송국'을 설립하고 이 방송을 통해 타국 국민들에게 미국인과 미국의 정책, 목표 등을 알려 외국인들이 미국을 이해하는 데 도움을 주고 있다. 1963년 1월 25일 케네디(John F. Kennedy) 대통령은 미국공보원의 책임자에게 다음과 같은 의견서(memorandum)를 보냈다. "미국 공보원의 임무는 첫째 다른 국가 국민의 태도에 영향을 주어서 미국 외교정책목표를 성취시키는 데 도움을 주는 것이다. 외국 국민들에게 영향을 미치기 위해서는 다양한 의사소통의 기술을 공개적으로 이용하여야 한다. 의사소통의 방법으로는 개인적 접촉, 라디오 및 텔레비전 방송, 도서관, 서적 출판 및 분배, 언론, 영화, 텔레비전, 각 종 전시회, 영어교육 등이 있다(케네디 대통령은 미국의 청년 중심으로 평화봉사단(Peace Corps)프로그램을 만들어 이 구성원들을 개발도상국에 파견하여 그 곳 주민들을 대상으로 영어 교육을 실시하도록 하였다.). 그리고 카터(Jimmy Carter) 대통령은 1978년 3월 13일 '국제소통위원회(International Communication Agency)' 책임자에게 다음과 같은 의견서를 보냈다. 이 위원회의 주요 임무는 미국에 대해 외국인들의 인식이 부족하거나 또는 잘못 인식하고 있고 미국과 다른 국가의 국민들 간의 관계를 어렵지 않게 하는 것이다. 미국이 공공외교를 담당하는 외교관들은 다음과 같은 임무를 수행하여야 한다. 외국인들에게 미국의 정책과 입장을 이해시키고 이들이 미국 사회 및 문화를 잘 이해하도록 충분한 정보를 제공하고 그리고 미국 정부가 정책 결정에 필요한 외국의 여론 및 문화를 잘 이해하도록 돕는 것이다."[59]

미국은 대통령들의 관심 속에 외교업무를 총괄하고 있는 미 국무성이 공공외교를 전개하고 있다. 세계적으로 미국은 부강한 국가로 많은 인력과 재원으로 체계적이고 조직적으로 공공외교를 추진하고 있다. 앞에서 살펴본 바와 같이 미국은 공공외교를 담당하는 기관들을 두고 범세계적으로 공공외교에 심혈을 기울이고 있다. 미국의 공공외교는 많은 다른 국가에 교훈도 주고 표본이 되고 있다.

공공외교는 다른 국가의 다수 국민을 대상으로 전개된다. 이와 함께 공공외교는 소수의 특정인을 대상으로 전개되기도 한다. 각 국가는 한 국가의 여론을 주도하는 인사들을 대상으로도 공공외교를 전개한다. 이러한 인사들이 그 사회에서 많은 사람들에게 영향을 미칠 수 있기 때문에 이들에 대한 공공외교도 그 효력은 적지 않을 것이다. 각 국가는 그들 특유의 교육, 문화 프로그램을 통해 각 국가의 영향력 있는 인사들을 상대로 자국을 소개하며 자국을 더 많이 더 깊이 있게 이해하도록 만든다. 동시에 이들 국가의 유력 인사들을 자국으로 초청하여 이해를 도모한다. 그 외에도 각 국가는 미래를 생각하며 장학기금을 마련하여 외국 학생들을 재정적으로 지원하고 공부하게 한다. 한 때 일본은 문부성 장학금을 마련하여 외국인들이 일본에서 연구하고 공부하는 프로그램을 운영하였다.

미국이 미국공보원을 운영하고 있는 것처럼 다른 국가도 외국에 자국을 잘 알릴 수 있는 기구를 갖고 있다. 한국은 여러 곳에 '세종학당'을 설치하여 다양한 프로그램을 운영하고 있다. 세종학당은 한국어와 한국문화를 알리기 위해 한국 정부가 외국에 설립한 기관으로 문화체육관광부 산하 공공기관이다. 세종학당은 2007년 3개국에 13곳으로 출발해 2019년 현재 60개 국에 180곳으로 늘어났고 이곳에서 한국어를 공부하는 학생 수도 6만여 명에 이르고 있다. 중국도 '공자학원'을 세계 여러 국가에 두고 있다. 이 역시 세

59) Allen C. Hansen, USIA, pp. 1-24, Passim.

계인들에게 중국을 이해시키는 프로그램을 운영하고 있다.

이와 같은 사업은 공공외교의 일환으로 전개되지만 직접적으로 외교정책 목표 및 외교정책을 추진하려는 외교 행위가 아니라 이러한 사업들을 통해 이 외교를 전개하는 국가의 많은 것들을 이해시켜 이 국가의 정책들을 그리고 이 국가를 이해하고 지지하게 만들려는 것이다. 그러므로 공공외교는 간접외교이다.

6. 능동적(적극적)외교 그리고 수동적(소극적)외교

여기서는 외교의 배경 측면에서 외교를 조명해보려 한다. 다른 일과 마찬가지로 외교도 구체적인 근거 및 바탕을 갖고 시작하면 그 외교는 성공적으로 소기의 성과를 얻을 수 있을 것이다. 외교가 사전에 여러 요소를 고려하여 그 전개과정을 철저하게 준비하고 시작하게 되면 커다란 성과를 기대할 수 있을 것이다. 이와는 달리 창의성을 갖지 못하고 다른 국가의 정책, 행위 등에 맞추어 또는 그것을 추종하는 외교를 전개한다면 그 국가는 얻는 것은 없고 잃는 것만 뒤 따르게 될 것이다. 국가가 스스로 그의 이익 증대를 위해 목적을 갖고 그것을 추진하는 외교는 바람직한 능동적 외교이다. 이러한 외교가 국가를 발전시키고 부강하게 만든다. 이와는 달리 국가가 수동적 또는 소극적 외교로 일관한다면 국가는 어려움과 손해를 면하기 어려울 것이다.

한 국가가 명확한 외교정책목표를 갖고 주도적이고 능동적인 동기에서 외교를 전개한다면 그 외교의 성공 가능성은 매우 크다. 그 이유는 다음과 같다. 이렇게 시작되는 외교는 먼저 외교정책목표를 설정할 때부터 그의 외교가 성공할 수 있는 국가를 외교의 대상으로 선택할 것이다. 이처럼 주도적이고 능동적인 동기에서 시작되는 능동적 외교는 그의 필요 및 능력에 따라 외교정책을 결정하고 그를 실현시킬 수 있는 구체적인 대외행위 등을 사전에 철저하게 준비하여 외교를 전개하게 될 것이다. 이렇게 외교를 준비한다면 그 외교의 대상이 되는 국가보다 훨씬 유리하게 외교를 전개하게 될 것이다.

이러한 능동적이고 적극적인 외교의 대상이 되는 국가는 대체로 자신의 동기, 목적 등을 거의 갖지 못하고 수동적으로 대응하는 외교를 하게 되는 경우가 많을 것이다. 이러한 외교를 전개하는 국가는 그런 외교를 통해 얼마나 무엇을 얻게 되는지 의구심을 갖게 된다. 그러므로 국가는 수동적인 외교를 전개하지 않도록 준비하고 대비하는 것이 바람직하다.

국제정치에서 국력이 약하다고 언제나 수동적인 외교를 하게 되는 것은 아니다. 약소국이라도 외교에서 능동적이고 주도적인 동기를 갖는다면 국력에 맞는 능동적인 외교의 전개는 얼마든지 가능하다. 수동적이고 소극적인 외교를 전개하게 되는 외교는 다른 국가의 필요에 의해 또는 강요에 의해서 전개되는 행위가 대부분이다. 이런 외교는 국가로서는 절대로 지양해야 할 외교이다.

외교에서 주도적이고 능동적인 동기에서 외교를 전개하는 국가는 공세적인 국가가 될 것이고 그 대상이 되는 국가는 수세적인 입장에서 외교를 전개하게 될 것이다. 공세적인 국가는 그의 목적을 성취시키기 위해 수세적인 국가의 희생도 강요하게 될 것이다. 공세적인 국가가 수세적인 국가보다 국력이 강한 국가라면 수세적인 국가는 공세적인 국가의 요구 등을 수용하지 않을 수 없을 것이다. 만일 국력이 강한 공세적인 국가의 요구를 약소국이 수용하지 않는다면 공세적인 국가는 더 큰 희생이나 피해를 약소국에게 강제할 수도 있을 것이다.

강대국 및 약소국을 막론하고 능동적이고 적극적인 외교의 동기를 갖는 것은 그 자체가 외교역량이다. 특히 약소국은 강대국으로 하여금 자국에 대한 공세적 외교의 전개를 가능하게 할 수 있는 기회를 최소화하는 것도 약소국의 외교역량이다.[60]

60) 송영우, 현대외교론, 4th ed.(서울: 평민사, 2003), pp. 26ff 참고.

➾➔ **능동적(적극적)외교:** 표본적인 능동적이고 적극적인 외교는 제2차 대전 이후 미국 트루먼 정부의 반공, 반소 그리고 봉쇄정책을 추진하고 동서 냉전 분위기를 조성하고 미 · 소 양극체제를 구축한 외교라고 생각한다.

미국은 제2차 세계대전의 승리로 세계 제일의 부강한 국가가 되었다. 전후 미국의 국민총생산(GNP)은 전 세계 총생산(Gross World Product)의 52%를 차지하였고 소련은 미국 국민총생산의 1/3에도 미치지 못했다. 미국은 풍부한 경제력으로 '마샬계획'으로 서유럽 여러 국가에 상당한 경제원조 및 군사원조를 제공하여 이 국가들의 경제발전을 촉진하였고, 이 국가들을 미국의 우방 및 동맹국가로 만들었다. 또 당시 미국은 세계 유일의 원자탄 보유국가로 약 100여 개의 원자탄을 독점적으로 보유한 국가가 되었다.[61)]

한편 소련은 독일군을 스탈린그라드로부터 베를린까지 격퇴시키며 승전국이 되었다. 그러나 소련 영토 내에서 독일군과 대규모 전쟁을 감행하여 소련은 공업, 농업, 교통체제가 크게 파괴되어 그의 경제는 크게 훼손되었다. 그리하여 소련의 국력은 매우 취약하게 되었다. 이처럼 소련과 월등한 국력을 갖고 있던 미국은 서방 자본주의 세계에서 패권국가(hegemon)로 등극하였다.[62)]

미국은 자본주의 세계의 맹주로 또 현존 세계 정치 및 경제질서를 지배하고 양극체제를 구축하기 위한 외교를 전개하였다. 미국은 구체적으로 전후 경제적으로 어려움을 겪고 있는 서유럽 여러 국가들에게 경제원조 및 군사원조를 제공하였다. 그리고 미국은 서유럽 국가들과 북대서양조약기구(NATO)를 결성하여 이 국가들을 동맹국가로 만들었다. 그 뿐만 아니라 동남

61) Zbigniew Brzezinski, "How the Cold War Played," Foreign Affairs, vol. 51, no.1(October 1972), p. 182.

62) 패권국가란 한 국가가 초강대국의 지위를 확보하고 있는 현존 세계 질서를 유지하기 위해 규칙 및 규정을 만들어 그것을 여러 국가에 강제할 수 있는 군사적 및 경제적인 절대적 힘을 행사할 수 있는 유일의 국가. Charles W. Kegley, JR. and Eugene R. Wittkopf, World Politics, 8th ed.(Boston: Bedford/ST. Martin's 2001), p. 432.

아조약기구(SEATO), 등 집단방위조약 및 한국, 일본 등 여러 개별국가와의 상호방위조약의 체결로 소련 및 공산 국가를 봉쇄하는 조치를 강구하였다. 미국의 이와 같은 외교 행각은 미국의 외교정책목표를 성취하기 위해 취해진 능동적이고 적극적인 외교이다. 미국은 이 뿐만 아니라 막강한 경제력을 바탕으로 미국 중심의 세계 경제 질서를 확립하였다. 미국은 제2차 대전이 끝나기도 전인 1944년 7월 브레튼우즈(Bretton Woods)회의를 개최하여 세계 경제의 바탕이 되는 국제통화기금(International Money Fund-IMF)과 세계은행(International Bank for Reconstruction and Development)을 창설하였다. 그리고 미국 달러화를 세계 경제의 기축통화로 결정하였다.[63] 제2차 대전 이후 미국은 정치, 경제, 군사적으로 능동적이고 적극적인 외교의 전개로 서방 자본주의 세계를 통제 · 관리하게 되었다. 미국의 이러한 대외적 행각은 그의 커다란 그리고 강한 국력이 근간이 되었지만 그 국력을 이용한 외교는 세계정치사에서 오래도록 인구(人口)에 회자(膾炙)될 것이다. 미국의 양극체제 및 봉쇄정책을 구축한 외교의 배경은 막강하고 절대적인 국력이었다. 미국은 그가 갖고 있는 막강한 군사력과 경제력을 활용할 수 있는 방안으로 대소련 봉쇄정책을 펼치며 세계정치를 주도할 수 있는 능동적이고 적극적인 외교를 전개하였다.

한국 외교사에서 특기할만한 성공적인 능동적 외교가 있다. 그것은 이승만 대통령에 의해 추진되었다. 1953년에 체결된 한-미 방위조약이다. 이승만 대통령은 '6 · 25전쟁'이 끝나가면서 한국의 안전 보장을 담보하기 위해 한-미 방위조약의 체결을 외교정책목표로 설정하고 그 목적의 성취를 위해 능동적이고 적극적인 외교를 전개하여 마침내 그 목적을 달성하였다.

미국은 6 · 25전쟁이 장기화 될 조짐이 보이자 이 전쟁을 끝내고 싶어 했다. 또한 미국은 이 전쟁에서 어떠한 실익도 얻을 수 없다는 것도 알게 되었다.

63) 송영우, 국제정치학, pp. 117ff.

그런가 하면 1951년 6월 공산주의자들은 미국에게 휴전 교섭을 제의하였다. 이에 대해 미국도 전선에서 공격 행위를 중지하도록 명령하였다. 그리고 대대급 이상의 부대의 공격 행위는 최고사령관의 승인이 있을 때만 공격 행위를 하라고 명령하였다. 그 이유는 중국 측에게 미국은 이 전쟁의 승리를 목적으로 하지 않는다는 것을 보여 휴전을 위한 교섭의 분위기를 고조시키기 위해서였다.[64] 드디어 1951년 7월 10일 개성에서 처음으로 유엔군 측과 공산군 측의 휴전을 위한 교섭이 시작되었다. 이승만 대통령은 처음부터 통일 없는 휴전은 반대하였다.

그러나 이승만 대통령은 자신이 반대하여도 휴전은 성사될 수 있을 것이라는 사실을 알고 있었을 것이다. 왜냐하면 6 · 25전쟁은 한반도에서 진행되었지만 그 전쟁은 미국 주도로 행해지고 있었기 때문이다. 그러므로 휴전 여부는 미국의 결정 사항이었다. 그리하여 미국은 한국 정부의 동의 없이 휴전 회담을 시작할 수 있었다. 이때 이승만 대통령의 휴전 반대는 한-미 방위조약의 체결을 위한 의사표시였다.

이승만 대통령은 1951년 7월 28일 트루먼 대통령에게 휴전을 반대한다는 내용을 담은 편지를 보냈다. 이 시기 주한미국 대사 무치오(John J. Mucio)와 유엔군사령관 쿨터(John Coulter)장군은 이승만을 설득하는 일은 매우 어렵다고 말하였다. 그리고 트루먼 대통령은 지난 7월 이승만 대통령이 보낸 편지의 답신으로 1952년 3월 4일 그에게 편지를 보냈다. 트루먼은 이 편지에서 "미국의 한국에 대한 지원은 한국의 책임감, 국민 통합능력 그리고 민주적 이상에 대한 존중에 의해 영향을 받게 될 것이다"라고 말했다. 트루먼의 편지에 대한 답신으로 이승만 대통령은 편지에서 휴전은 공산당의 힘을 강화시키게 될 것이라고 했다. 트루먼 대통령이 휴전을 필요로 한다면 묵시적으로 동의할 것이다. 그러나 한-미 상호방위협정 그리고 한국군 강화 계획이

64) Henry Kissinger, Diplomacy(New York: Simon & Schuster, 1994), p. 488.

있어야 한국은 협조할 것이다. 1953년 4월 9일 이승만 대통령은 "우리는 통일을 위해 단독으로 투쟁할 것이다"라고 언급하였다. 그러자 새로 대통령이 된 아이젠하워는 "그렇게 하지 말 것을 요구하였다". 그 후 한국의 외무장관 변영태는 브릭스(Ellis O. Briggs) 대사에게 한-미 상호방위협정을 제의하였다.

1953년 5월 25일 주한미국대사와 주한미군사령과 클라크(Mark W. Clark)장군은 이승만을 예방하고 트루만 대통령의 지시를 전달하였다. 휴전이 성립된 다음 미국은 한국에 20사단 규모의 장비를 공급할 것이다. 그러므로 휴전 회담에서 협조할 것을 요구하였다. 그리고 만일 한국이 미국의 요구를 거부한다면 미국은 다른 참전국과 함께 모든 문제를 일방적으로 처리하겠다고 위협하였다. 또한 트루먼 대통령도 1953년 6월 6일 이승만에게 보낸 편지에서 "한-미 방위조약체결 등의 문제는 휴전협정 이후에 고려하겠다"고 하고 6월 8일 유엔 측과 공산 측은 포로교환 문제에 합의하였다. 그러자 이승만 대통령은 6월 18일 전국 포로수용소에 있던 3만 명의 반공포로를 석방하였다. 반공포로를 일방적으로 석방하자 미국무차관 러브트슨(Walter Robertson)이 한국에 와서 이승만 대통령과 한국의 안전 문제 그리고 경제 · 군사원조문제를 2주 동안 논의하였다. 그 결과 1953년 7월 12일 한-미 양국은 상호방위조약체결에 동의한다는 성명서를 발표했다.[65)]

이승만 대통령은 7월 11일 아이젠하워 대통령과 델러스 국무장관에게 다음과 같은 내용의 편지를 보냈다. "나는 휴전을 반대하지 않겠다." 휴전협정이 체결된 다음이 1953년 8월 5일 미국 관리들이 한국에 와서 이승만 대통령과 한-미 방위조약, 미국의 경제원조 등에 최종적으로 논의하고 합의하였다.[66)] 그리고 1953년 8월 8일 한-미 방위조약은 가조인되었고, 10월

65) 外交通商部, 韓國外交50年-1948-1998(大韓民國 外交通商部, 1999), pp. 123ff 참고; Donald S. Macdonald, U.S.-Korean Relations from Liberation to Self-Reliance(Boulder: Westview Press, 1992), pp. 48ff 참고.

66) Donald S. Macdonald, U.S.-Korean Relations, pp. 51-52.

1일 워싱턴에서 정식으로 조인되었고 1954년 11월 18일부터 발효되었다. 한미상호방위조약은 이승만 대통령의 능동적이고 적극적인 외교에 의해 체결되었다. 이승만 대통령은 처음부터 한-미 상호방위조약의 체결을 목표로 설정하고 이것을 위해 그의 외교력을 적극 활용하였다.

처음부터 미국은 한국과의 상호방위조약의 체결을 원하고 있지 않았다. 한-미 상호방위조약의 체결과정이 이처럼 어렵고 험난하였던 과정을 통해서 미국의 의중을 알 수 있다. 한-미 상호 방위조약에 부정적인 생각을 갖고 있는 패권국 미국을 이 조약 체결에 서명하게 만든 사람은 약소국 한국의 이승만 대통령이었다. 이러한 상황 하에서 이승만 대통령이 능동적 외교를 성공시킬 수 있었던 배경은 한국 안전 보장의 절박함이었다. 미국이 휴전협정에 서명하고 한국을 떠나면 한국의 안전 보장은 누구에 의해서도 보장될 수 없다. 휴전협정을 체결하고 미국이 한국에서 철수한다면 한국의 공산화는 너무도 명백하다. 이러한 것을 잘 알고 있는 이승만 대통령은 한-미 상호방위조약이 없으면 한국도 없다는 절박감이 이 한-미 조약을 성공시킨 배경이다. 그리고 이승만 대통령의 능동적이고 적극적인 그의 외교로 그의 목적을 달성하였다.

1988년에 출범한 노태우 정부가 추진했던 북방외교[67]도 능동적이고 적극적인 외교이다.[68]

제2차 대전 후에 태어난 한국은 분단국가로서 그리고 공산국가들과 전쟁도 치뤘던 국가로 반공을 외교의 근간으로 삼고 있었다. 이러한 한국이 사회체제를 달리하고 있는 국가들과 외교관계를 정상화하는 일은 어려운 일이다. 한국은 자유민주주의 체제를 국가의 정체성으로 하고 있는 국가이고 자유민주주의 진영의 맹주인 미국과 군사동맹 관계를 갖고 있고 또한 오랫동안

67) 북방외교는 외교부가 공식적으로 사용하기로 한 용어이다. 外交部, 韓國外交40年, 1948-1988(1991), p. 198.

68) 송영우, 한국의 외교(서울 평민사, 2000), pp. 50ff 참고.

한국인은 반공교육을 받고 살아온 국민이다. 이러한 장애물이 있는 가운데 노태우 정부는 사회주의 체제를 갖고 있는 국가들과의 외교관계 정상화를 추진하였다. 분단국가인 한국이 외교관계의 폭을 넓히는 일은 절대적으로 필요한 일이지만 어려운 일이었다.

이 북방외교는 한국의 외교정책목표를 한반도에서 전쟁의 재발을 방지하는 것이라는 데에서 시작되었다. 이 외교정책목표를 성취시키기 위해 먼저 소련, 중국 등의 국가와 외교관계 정상화를 외교정책목표로 설정하고 목표를 성취시키기 위해 북방외교를 전개하였다.

노태우 정부가 추진한 북방외교의 그 첫 번째 성과로 1988년 12월 헝가리와 외교관계 정상화에 성공하였다. 이어서 1989년 11월 폴란드와 외교관계 정상화에 합의하였다. 그리고 1989년 12월 유고슬라비아와, 1990년 3월 불가리아, 루마니아, 체코슬로바키아와 외교관계를 정상화하였다. 1990년 9월 공산국가의 종주국인 소련과 그리고 1992년 8월 중국과도 외교관계를 정상화하였다.

한국과 새로이 외교관계를 정상화한 국가들은 모두 공산국가이고 미국의 북대서양조약기구에 대항해서 소련 중심의 군사동맹기구인 바르샤바 조약기구(Warsaw Pact)의 회원국들로 한국과 적대관계를 갖고 있는 북한과 모두 외교관계를 정상화한 국가들이다. 이들 공산국가들 그리고 북한이 동맹관계를 갖고 있는 소련 및 중국과 한국이 외교관계를 정상화 한 사실은 북한에게 적지 않은 충격이었을 것이다. 이러한 북방외교의 성과는 한반도의 안정과 평화에 크게 기여하였을 것이다. 그러므로 노태우 정부의 북방외교는 높이 평가할만하다. 그리고 외교적으로도 한국이 추진했던 능동적이고 적극적인 외교로도 평가되어야 할 것이다. 노태우정부의 북방외교의 배경은 동서긴장이 와해되는 시기에 한국 외교의 외연을 넓혀 국제정치 흐름에 발맞추어 한국의 안전을 도모하고 경제적으로 활동 범위를 넓혀 한국의 안전과 경제발전을 도모하려는 것이었다. 이 시기에 노태우 대통령이 이러한 배경을 가졌다는 것이 북방외교를 성공시키는 발판이 되었다.

또 하나의 성공적인 능동적이고 적극적인 외교는 1972년 중국이 능동적이고 주도적으로 추진했던 중국과 미국의 관계개선(rapprochement)이다.[69] 중국은 1단계 문화혁명이 끝난 1970년 전후부터 본격적으로 추진하였다. 중국은 1960년부터 소련과 단교상태가 시작되었다. 그로부터 중국과 소련 간에는 갈등적 분위기가 팽배했고 1969년 3월에는 중 · 소 국경지대인 진보도(珍宝島)에서 무력 충돌도 있었다. 그 뿐만 아니라 중국은 1950년대 말부터 자력갱생의 구호 아래 모든 물적, 인적 자원을 총동원하여 3면홍기운동(三面紅旗運動)―사회주의 건설 총노선, 대약진 그리고 인민공사운동을 전개하였다. 이 무리한 정책으로 중국 경제는 몰락하였고 2천 만 명 이상이 굶어 죽었다.[70] 그 결과에 책임을 지고 모택동은 유소기에게 권력을 물려주고 정치 1선에서 물러났다. 그 뿐만 아니라 1단계 문화혁명 기간 중국은 정치, 경제, 사회 등 모든 분야가 마비되었다. 그뿐만 아니라 소련과의 관계도 갈등적이어서 소련으로부터의 위협도 상존하였다. 이러한 극한의 상황에서 모택동은 이 난국의 타개 방법으로 오랫동안 적대관계를 유지해 온 미국과의 관계 개선을 극한 상황 타개책으로 선택하고 그것을 중국의 외교정책목표로 설정하였다. 중국이 미국과의 관계개선을 위해 감행한 대표적인 외교행위에는 다음과 같은 것이 있었다.

모택동은 1970년 10월 9일 전승절을 기념하는 행사로 북경의 천안문 광장에 설치된 사열대에서 인민해방군의 행진을 사열하였다. 이때 모택동은 그의 오랜 미국인 친구이며 언론인인 스노우(Edgar Snow)를 그의 옆자리에 서서 이 행사를 관람하도록 하였다. 이것은 모택동이 미국에 대해 새로운

69) rapprochement는 적대국 간 외교관계를 정상화하는 것.

70) 人民日報, 1981年12月29日; State Statistical Bureau, Statistical yearbook of China, 1984, p. 81.

외교관계를 희망한다는 외교 행위인 의사표시 행위였다. 미 · 중 관계 개선의 주도적 역할을 했던 사람인 키신저는 훗날 "중국의 의사표시행위가 매우 교묘하고 우리의 상상을 초월한 것이었기 때문에 우리는 중국의 진의를 간파하지 못했다."고 고백하였다.[71] 또한 중국의 수상 주은래는 1970년 11월 5일 4시간 동안 스노우를 접견하였고 같은 해 12월 18일 중국공산당 중앙위원회 주석 모택동도 스노우를 접견하였다. 모택동은 이 자리에서 스노우에게 "닉슨 대통령이 관광객의 신분이나 또는 대통령 신분 어떠한 자격으로라도 중국을 방문한다면 우리는 매우 행복할 것이다"라고 말했다.[72]

또한 중국은 1971년 4월 일본에서 개최되었던 세계탁구선수권 대회에 참가한 미국 탁구 대표팀을 초청하여 역사상 처음으로 미국 국가대표선수들이 중국을 방문하고 친선경기를 가졌다(물론 미국 탁구대표팀의 중국 방문은 미국 정부의 승인에 의해서 이루어졌다.). 4월 14일 주은래 수상은 이 선수단을 접견하는 자리에서 "여러분의 중국 방문은 두 나라 국민 간의 우호적인 교류의 문호를 여는 계기가 되었다"라고 말했다.[73] 중국의 이러한 외교 행위가 모두 선제적으로 그리고 능동적으로 전개되었다는 것을 키신저가 중국의 의중을 간파하지 못했다고 실토한 것으로 입증되고 있다. 중국 주은래 수상은 1971년 5월 10일 미국 정부에 닉슨의 중국 방문을 요구하는 초청장을 발송하였다. 그리고 중국과의 예비회담을 갖기 위해 키신저는 1971년 7월 9일 비밀리에 중국을 방문하였다. 그리고 1971년 10월 키신저는 두 번째로 중국을 방문하고 닉슨의 중국 방문을 공식화하였다. 마침내 닉슨 대통령은 미국 대통령으로서는 처음으로 1972년 2월 21일 중국의 수도 북경에 도착하였다. 그리고 미-중 정상회담을 갖고 '상해공동성명'을 발표하였다. 이로써 중국과 미국의

71) Henry Kissinger, Diplomacy, p. 725; Henry Kissinger, On China(New York: The Penguin Press, 2011), p. 725.

72) Ibid., pp. 725-726.

73) Home News Library of Xinhua News Agency(ed.), China's Foreign Relations: A Chronology of Event's 1949-1988(Beijing: Foreign Language Press, 1989), p. 529.

관계개선 즉 적대관계의 해소를 공식화하였다.[74] 그리고 미국과 중국은 1979년 1월 1일 공식적으로 외교관계를 정상화하고 대사를 교환하였다.

지금까지 한국, 미국 그리고 중국 3개국의 성공적인 외교를 살펴보았다. 앞에 열거한 외교가 능동적 외교의 전형이다. 구체적인 외교정책목표를 더 나아가 모험적인 외교정책목표를 설정하고 그것을 추진하여 성공시킨 3 국가의 외교는 세계 외교사에 크게 기록될만한 외교였다. 지금까지 살펴본 3 개국의 외교의 내용은 외교의 표본이라고 말할 수 있다. 종합적으로 말하여 능동적 외교는 외교정책목표의 추진 외교라고 말할 수 있다. 그러므로 능동적 외교는 필연적으로 구체적인 외교정책목표의 설정으로부터 시작되어야 한다. 지금까지 살펴본 바와 같이 능동적 동기에서 시작된 외교는 모두 성공적이었다.

국력이 크고 강하지 않은 국가가 추진할 수 있는 능동적 외교는 정상회담의 추진이다. 정상회담은 국가 간의 관계를 크게 증진시킬 수 있는 좋은 방법이다. 정상회담 그 자체는 상징적인 의미뿐만 아니라 정상 간의 합의는 실질적으로 국가 간의 관계를 명실공히 증진시킬 수 있다. 정상회담은 각국의 동의에 의해서만 가능하다. 각 국이 정상회담의 필요성을 갖고 있다면 회담의 개최는 어렵지 않게 성사될 수 있다. 그렇지만 상대국이 그것을 필요로 하지 않는 경우, 그것을 필요로 하는 국가가 정상회담의 개최를 외교정책목표로 설정하고 그것을 추진하여야 정상회담이 성사될 수 있는 것이다. 정상회담을 필요로 하는 국가는 그것을 필요로 하지 않는 국가를 상대로 능동적 외교를 추진하여야 한다. 즉 정상회담을 원치않는 국가로 하여금 이 회담의 필요성을 갖게 하는 것이 이 외교의 핵심이다.

특히 국가 간의 모든 회담에는 그의 의제가 있게 마련이다. 그런데 정상회담을 원하지 않는 국가로 하여금 쉽게 정상회담을 할 수 있게 할 수 있는

74) Henry Kissinger, On China, pp. 221ff 참고.

방법 중의 하나는 의제 없는 정상회담을 추진하는 것이다. 정상회담에 의제가 없다면 그것을 원치 않는 국가에게 어떠한 부담도 주지 않기 때문에 정상회담을 거부할 여지를 주지 않을 수 있게 될 것이다. 정상회담을 원하는 국가는 정상회담 개최 그 자체에 상징적 의미를 부여하며 이 회담을 추진한다면 그것을 원하지 않는 국가도 부담 없이 정상회담에 호응할 수 있을 것이다. 정상회담을 원하는 국가는 그 회담을 국내외적으로 상징적이고 선전목적으로 이용할 수 있을 것이다.

한국과 미국과의 정상회담은 한국 국민에게 상당한 정치적 의미를 부여할 수 있다. 미국은 세계 최고의 부강한 국가이고 한국과 동맹관계를 갖고 있기 때문에 한-미 정상회담은 특히 한국의 경우 국내외적으로 한국 정부의 외교적 성과로 치부될 수 있다. 그렇기 때문에 한국 정부는 미국과의 정상회담의 개최를 외교정책목표로 설정하고 그것을 추진한 경험을 갖고 있다. 2019년 문재인 대통령은 백악관에서 미국 관리, 언론인 등이 동석한 가운데 불과 몇 분에 지나지 않는 짧은 만남을 갖기도 하였다. 한국으로서는 한국 대통령의 이러한 만남도 양국 정상회담으로 간주한다. 2019년 북한의 비핵화를 염원하는 미국의 트럼프 대통령도 준비 없이 급작스럽게 판문점에서 김정은 위원장을 잠시 면담하였다. 트럼프 대통령은 이 면담에 정치적 의미를 부여하기 위해 만든 정상의 만남이었다.

한국의 윤보선 및 최규하 대통령을 제외하고 모든 대통령은 취임 후 모두 미국을 방문하고 미국 대통령과 정상회담을 가졌다. 위에서 말한 것처럼 새로운 대통령들은 미국을 방문하고 미국 대통령과 정상회담을 갖는다. 이것은 그 대통령의 정통성, 합법성 등의 인증과 동시에 한국 국민의 지지를 얻는데 도움이 되는 중요한 외교 행위이다.

쿠데타로 정권을 장악한 박정희 대통령은 그로부터 6개월 후인 1961년 11월 11일 미국을 방문하고 11월 14일과 15일 두 차례 케네디 대통령과 정상회담을 가졌다. 이 한-미 정상회담은 가장 어렵게 성사된 정상회담이고 한국에게는 성공적인 정상회담이었다. 5.16 후 미국은 한국에 대한 경제원조를 중단하고 7월 26일까지 군정에 대한 승인을 보류했었다. 당시 장도영 군사혁명 위원장의 미국 방문 요구도 거절하였다. 이런 상황에서 박정희 국가재건최고회의 의장이 미국을 방문하고 케네디 대통령과 정상회담을 가졌다. 이 정상회담은 미국 측보다는 한국 측의 절박하게 희망하였던 회담이었다. 이 회담의 내용에 관계없이 미국이 박정희 의장을 초청하고 정상회담을 가진 것은 한국 정부에게는 그 자체가 국내외 정치적으로 큰 의미를 갖는 것이다. 우선 이 한-미 정상회담은 미국의 군사혁명과 박정희 의장에 대한 지지를 공식적으로 확인하는 외교 행위였다. 이 정상회담에서 양국 정상은 공산주의 팽창을 저지하기 위해 한-미 양국이 공동 노력하고 이것을 위해 미국은 한국이 필요로 하는 원조를 제공하기로 약속하였다.[75] 박정희-케네디 정상회담은 한국 정부 외교의 대단한 성과라고 말할 수 있다.

쿠데타로 정권을 담당하게 된 전두환 대통령은 1981년 1월 취임한 레이건 대통령을 방문하고 정상회담을 가졌던 첫 번째 외국의 대통령이었다. 이 한-미 정상회담은 전두환 대통령의 정통성 · 합법성을 인증받는 회담이었다. 전두환 대통령의 미국 방문 그리고 한-미 정상회담은 전두환 정부의 적극적이고 능동적인 외교로 성사되었던 회담이라고 말할 수 있다. 미국이 전두환 대통령과의 정상회담을 필요로 하여 이 회담을 선제적으로 추진한 것은 아닐 것이다. 그러므로 이 한-미 정상회담은 한국 정부의 필요에 의해서 한국 정부가 능동적으로 추진했던 외교였다.

약소국이 자국에게 각종 원조를 제공할 수 있는 강대국의 정상과 회담을 갖는 외교는 매우 중요한 일이다. 만일 이 두 국가 간에 정상회담이 성사된다면 약소국은 외교적으로도 하나의 성과물을 만들어 낼 뿐만 아니라 그 정상회담은 강대국이 약소국에 원조 제공할 수 있는 계기가 될 수 있다. 이러

75) 朝鮮日報社 月刊朝鮮部 역음, 祕錄 한국의 大統領(서울: 朝鮮日報社, 1993), pp. 286ff.

한 정상회담은 강대국의 필요보다는 대체로 약소국의 필요에 의해 추진된다. 그러므로 이러한 정상회담은 약소국의 적극적이고 능동적 외교에 의해서만 가능한 일이다.

정상회담에 관한 외교에서 당대의 강대국은 다른 국가와 정상회담의 개최를 외교정책목표로 설정해서까지 추진할 필요는 없다. 강대국은 여러 면에 걸쳐 상당한 능력을 갖고 있기 때문에 강대국은 어떠한 국가도 도울 수 있고 지원도 할 수 있다. 그렇기 때문에 강대국은 필요하다면 언제 어떤 국가와도 정상회담을 가질 수 있다.

다른 한편으로 약소국은 상징적 의미로 또는 직접 지원을 위해 강대국과의 정상회담을 희망하게 된다. 이러한 약소국은 외교정책목표로 강대국과 정상회담의 개최를 설정하고 그것을 성사시키면 외교적으로 많은 성과를 얻게 될 것이다.

오늘날 국가에게 능동적 외교가 특별히 요구되는 부분은 시장 확보 그리고 자원 확보 외교이다.

세계적으로 모든 국가의 경제가 크게 발달하여 국내시장에 머물지 않고 보다 넓은 해외 시장을 필요로 한다. 각 국가는 해외 시장을 확보하여야 국가 경제를 크게 발전시킬 수 있다. 그런데 많은 국가는 자국의 경제를 위해 국내 시장의 보호하려 한다. 자국의 시장을 보호하려는 국가와 넓은 해외 시장을 확보하려는 국가 간에는 이해(利害)가 상충 된다. 해외 시장 확보는 중요한 일이고 어려운 일이다. 그러므로 각 국가는 해외 시장의 확대를 위한 외교를 전개하여야 한다. 이때 해외 시장의 확보는 국가의 중대한 문제이므로 국가는 이 해외 시장 확보를 외교정책목표로 설정하고 그것을 능동적으로 추진하여야 할 것이다. 특히 오늘날 어느 국가도 자국의 시장을 완전 개방하여 놓고 있는 국가는 없다. 그러므로 해외 시장 확보는 능동적이고 적극적인 외교의 전개가 요구된다.

국가가 필요로 하는 자원 확보 역시 중요한 일이다. 어떤 국가도 자국의 자원을 쉽게 내어주는 국가는 없다. 그러므로 소위 필요한 자원을 얻기 위해서 국가는 능동적이고 적극적인 외교의 전개가 요구된다.

특히 한국처럼 자원이 부족하고 넓지 않은 시장을 갖고 있는 국가는 시장 확보 그리고 자원 확보가 절대적으로 필요하다. 예를 들면 우리가 필요로 하는 자원을 갖고 있는 국가가 있다면 그 국가에 계속적으로 접근하여 우선 우호적 외교관계의 확대 및 강화를 위한 외교를 선제적으로 전개하여야 한다. 이것을 위한 방법으로는 그 자원 보유 국가가 필요로 하는 것이 무엇인가를 파악하고 그것을 취득할 수 있도록 돕는 일을 선제적으로 추진해야 할 일의 하나이다. 그 뿐만 아니라 그 국가의 국내 정치, 경제 상황 등도 정확히 파악하여 그 국가를 이해하고 우리가 해야 할 일이 무엇인가를 찾아 실행하여야 한다.

시장은 상품시장 뿐만 아니라 오늘날은 기술시장도 매우 크기 때문에 그 시장의 확보 역시 중요하다. 예를 들면 세계적으로 차츰 원자력 발전소의 시장이 커져가고 있다. 특히 한국은 세계적으로 그 기술력을 인정받고 있다. 한국은 이미 아랍에미리트에 원자력 발전소를 수출한 경험을 갖고 있다. 이 원자력 발전소의 수출은 그 어떤 상품 수출보다 그 규모가 더 크다. 국가는 이 발전소의 계획을 갖고 있는 국가를 찾아 거국적으로 이 발전소 건설을 할 수 있는 선제적이고 능동적인 외교가 요구된다. 원자력 발전의 수출은 경제적으로도 국가에 큰 이익을 가져오게 할 뿐만 아니라 이것의 수출이 성사되면 세계적으로 원자력 분야의 높은 수준의 기술력을 인정받는 계기가 될 것이다.

지금까지 강대국 및 약소국의 능동적 외교의 성공사례를 살펴보았다. 그러므로 능동적 외교의 중요성을 다시 강조할 필요는 없다. 그러나 약소국의 능동적 외교는 다시 한 번 강조하여도 좋을 것이다. 앞에서 강조하였지만 국제정치에서 힘의 중요성을 강조하였다. 그래서 국제정치에서 약소국은 항상 강대국을 추종하게 된다. 이러한 약소국의 강대국 추종을 극복할 수 있는 방편은 능동적 외교를 전개하는 것이다. 강대국도 능동적 외교가 필요하겠지만 국력이 취약한 약속국에게는 더더욱 능동적 외교가 필요하다. 약소국은 그의 힘으로 외교에서 소기의 목적을 달성하는 것은 매우 어렵다. 약소국가가 외교에서 그의 취약점을 보완하는 방법은 능동적 외교를 전개하는 것이다. 약소국은 대체로 강대국을 상대로 외교를 전개해야하는 경우가 많을 것이다. 또 약소국은 상대국을 상대로 외교를 전개하여야 필요한 것을 얻을 수 있다. 그러므로 약소국의 경우, 다른 약소국보다는 강대국을 외교의 대상으로 하는 것이 힘들고 어렵겠지만 그것을 극복해야만 국가 이익 증대에 도움이 될 것이다. 강대국이라는 어려운 국가를 상대로 외교를 전개하는 경우에는 더더욱 외교정책목표의 설정부터 외교의 수단을 연구해서 준비해야 할 것이다. 그 뿐만 아니라 상대국에 대한 철저한 연구도 있어야 한다. 약소국가가 외교정책목표를 설정할 때부터 특정 상대국가를 염두에 두고 준비해야 한다. 준비하는 과정에서 약소국이 설정한 목표가 상대할 강대국의 국가 이익과 충돌하는지 또는 조화를 이룰 수 있는지를 가장 먼저 검토하여야 할 것이다. 약소국이 설정한 목표가 상대 강대국의 중요한 이익과 충돌한다면 그것을 위한 외교는 성공할 수 없다. 약소국의 강대국을 상대로 하는 능동적 외교의 성패는 우선 외교정책목표와 상대 강대국의 이익과의 조화 여부에 달려있다.

➔➔ **수동적(소극적)외교:** 수동적 외교란 자국의 필요에 의해서 외교를 전개하는 외교가 아니라 다른 국가의 필요에 의해서 그리고 다른 국가의 요구에 의해서, 또는 압력에 의해서 전개하는 외교를 말한다. 모든 외교는 영토 밖에서 자국의 이익을 증진시키기 위한 행위이다. 그런데 자국의 이익보다는 다른 국가의 이익을 위해 행하게 되는 외교가 수동적 외교이다. 어느 국가든 수동적 외교의 전개를 선호하는 국가는 없다. 그럼에도 불구하고 수동적 외교를 전개하는 데에는 그렇게 만드는 배경이 있다.

먼저 상대적 강대국(자국보다 더 크고 강한 국력을 가진 국가) 그리고 절대적 강대국(세계적으로 패권적 지위에 오른 국가), 즉 자국의 이익을 위해 자국 중심으로 만들어진 규칙 및 원칙을 다른 국가에 강제할 수 있는 능력을 가진 국가와 외교정책노선을 공유하고 정책공조를 하여야 하는 약소국은 수동적 외교를 전개하게 될 것이다. 이러한 약소국은 강대국의 동의 또는 합의가 있는 경우라면 독자적이고 능동적인 외교를 전개할 수 있을 것이다. 한국은 미국과 방위조약의 체결로 미국과 외교정책노선을 공유하고 정책공조를 하여야 한다. 다시 말하면 한국은 미국의 정책노선에서 벗어나는 정책을 추진하는 것은 거의 불가능하다. 예를 들면 미국은 북한과 외교관계도 정상화하지 않고 적대적 관계를 갖고 있다. 북한이 6차례의 핵실험으로 핵무기를 독자적으로 개발하고 있다. 특히 트럼프 대통령은 북한의 비핵화를 미국의 외교정책목표의 하나로 설정하고 그 목표를 성취시키기 위해 다양한 외교를 전개하였으나 그 목표 달성에는 도달하지 못했다. 동시에 유엔안전보장이사회 및 미국은 북한에 경제제재를 가하고 있다. 이런 와중에 한국 정부는 북한과의 경제협력을 희망하고 있다. 한국은 미국과 동맹관계를 갖고 있다. 따라서 한국은 미국과 외교정책노선을 공유하여야 하고 정책공조를 이루어야 한다. 그렇기 때문에 한국은 미국의 입장이나 정책에 어긋나는 외교의 전개는 바람직하지 않다. 한국은 미국과 수동적인 외교를 행하여야 하는 배경을 갖고 있다. 그 배경은 한-미 방위조약 그리고 안전 보장의 의존성이다.

일본은 헌법상 군대의 보유를 금지하고 있고 또 미국과 방위조약의 체결로 동맹관계를 갖고 있다. 동시에 일본도 그의 안전 보장을 미국에 의존하고 있다. 그러므로 일본도 미국과 수동적 외교를 전개해야 하는 배경을 갖고 있다.

2000년 경 일본은 이란의 하타미 대통령을 초청하였고 그리고 이란의 아자데간 유전 개발권을 획득하였다. 그 당시 미국과 이란은 적대적 관계를 갖고 있었다. 그렇기 때문에 미국의 대 이란 정책은 당연히 적대적이었다.

그런데 일본은 미국의 입장과는 달리 이란에 대해 협조적 관계를 가지려 했다. 일본은 미국과 동맹관계를 갖고 있고 그의 안전 보장을 미국에 크게 의존하고 있는 국가이다. 그러므로 일본은 당연히 미국과 외교정책노선을 공유하고 정책공조를 이루어야 했다. 일본이 미국과 외교정책노선을 공유하고 정책공조를 이루어야 하는 것은 일본이 수동적 외교를 전개해야 하는 배경이다. 이러한 배경을 가진 일본이 이란에 대해서는 능동적 외교를 전개하였다. 일본은 수동적 외교를 전개하여야 하는 배경을 망각하고 전개한 도전적이고 원칙을 무시한 외교였다. 그렇기 때문에 미국은 능동적 외교를 전개한 일본을 응징하는 차원에서 이란 유전개발을 포기하도록 하였다.[76)]

2003년 한국의 노무현 대통령은 미국 정부의 요청으로 이라크에 한국군을 파견하였다. 이 파견은 전적으로 미국의 요구에 의해 이루어졌다. 한국 정부로서는 이라크에 한국군 파견이 한국 정부에게는 실익이 없는 외교정책이었다. 그럼에도 불구하고 한국 정부가 한국군을 파견한 행위는 수동적 외교의 결과물이다. 한국은 미국과 동맹관계를 갖고 있고 미국은 한국에 미군을 파견해서 한국의 안전을 도모하고 있는 국가이다. 한국 정부는 이러한 국가의 요구를 거부할 수 없는 배경을 갖고 있다. 그러므로 한국의 이러한 수동적 외교는 피하기 어려운 것이 현실이다.

국가 간의 국력의 차이가 현격하여 상대적 강국과 상대적 약한 국가가 존재한다면 상대적으로 약한 국가의 상대국 강대국에 대한 외교는 수동적일 수밖에 없다. 이때 수동적 외교의 배경은 국력의 차이이다.

예를 들면 국경을 접하고 있는 중국과 베트남의 경우를 보면 중국은 상대적 강국이고 베트남은 상대적 약소국이다. 21세기 중국과 베트남 두 국가의 경제력 및 군사력은 커다란 차이를 보이고 있다. 이러한 상황 하에서 베트남이 중국에 대해 능동적이고 적극적인 외교를 전개한다면 그 외교의 성공

76) 양기호(옮김), 미국은 동아시아를 어떻게 지배했나(서울: 메디치미디어, 2013), pp. 32-33.

가능성은 매우 희박할 것이다. 특히 베트남이 중국의 이익에 반하는 외교를 전개한다면 그 외교는 베트남을 어렵게 할 것이다. 중국이 강한 국력으로 베트남에 다양한 형태의 보복, 제재 등을 가할 것이다. 상대적으로 국력이 약한 국가가 상대적으로 강한 국가에 대해 도전적인 외교를 전개한다면 그 외교는 성공하기 어렵고 경우에 따라서는 상당한 대가를 치르게 될 것이다.

앞에서 수동적 외교의 몇 가지 배경을 설명하였다. 약소국가가 이러한 배경을 무시하는 것도 어렵고 또 일시에 그 배경을 해소하는 것도 어렵다. 그러므로 약소국가는 이러한 배경 하에서 수동적 외교를 최소화하는 노력이 필요하다. 약소국가가 이러한 배경 하에서 강대국의 요구를 수용하지 않을 수 없다. 약소국이 이러한 요구를 수용한 다음에 약소국이 필요한 것을 얻을 수 있는 외교를 상대 강대국에 전개할 수 있는 여건을 만드는 것이다. 예를 들면 강대국이 약소국에게 A라는 정책의 수용을 요구했을 때 그것을 수용하고 그 다음에 약소국은 강대국에게 B라는 정책의 수용을 요구하는 것이다. 먼저 약소국이 강대국의 정책을 수용하였으니 강대국도 약소국의 정책을 수용하도록 요구하는 것이다. 물론 이 경우 두 국가의 외교관계는 협조적 외교관계를 갖고 있다는 것을 전제로 하는 것이다.

하나의 예로 한국과 미국은 협조적 외교관계를 갖고 있는 국가이다. 그리고 한국은 특히 안보상 미국에 의존하고 있다. 그러므로 한국은 미국에 의해 제안되는 요구를 수용하여야 하는 국가이다. 한편 미국의 요구를 수용한 한국은 일정 기간이 지난 다음 미국에 대해 한국의 발전에 도움이 되는 것을 요구하는 것이다. 이때 중요한 것은 미국이 수용할 수 있는 것을 요구하여야 한다. 그것은 한국이 미국에게 우리의 요구를 결정할 때 충분히 검토되어야 한다. 미국은 한국의 동맹국이고 정책공조를 하여야 하는 국가들이다. 그러므로 한국의 요구가 미국의 중대한 이익과 충돌하지 않는다면 미국도 한국의 우방국가로서 한국의 요구를 수용할 가능성이 크다고 생각된다. 1953년 이승만 대통령의 휴전을 수용하고 미국으로부터 한미방위조약의 체결을 성공시킨 것이 좋은 예이다.

이처럼 약소국이 강대국과 외교를 전개하는 경우 강대국에 의한 수동적 외교를 회피할 수는 없다. 그러나 약소국은 강대국에 대해 능동적 외교를 전개할 수 있는 계기를 만드는 것이 강대국에 의한 수동적 외교의 폐해를 최소화하는 길이다. 만일 약소국의 이러한 외교가 되풀이된다면 이것이 강대국과 약소국 간 외교의 하나의 정형을 만들어낼 수도 있다. 약소국이 국력이 약하다고 언제나 수동적 외교로 일관하는 것은 매우 불행한 일이다.

약소국일지라도 당장 강대국이 될 수는 없겠지만 언제나 또 어떠한 국가에 대해서도 수동적 외교를 최소화할 수 있는 연구 · 검토가 요구된다. 외교도 사과나무 밑에 누워서 사과가 떨어지기를 기다릴 것이 아니라 사과를 나무에서 따는 방법을 강구하는 것이 필요하다.

CHAPTER 05

국가 간 외교관계와 외교

국가 간 외교관계는 국가 간 교류, 접촉, 상호작용 등을 전개할 수 있게 하는 첫 번째 관문이다. 국가 간의 모든 관계는 국가 간 외교관계 정상화(normalization of diplomatic relations)가 실현되면서 국가 간의 모든 분야의 관계가 전개될 수 있다. 국가는 다른 국가와 외교관계를 정상화하여야 국가 간 공식적인 외교 행위의 전개가 가능하다. 이것이 외교의 전제이고 원칙이다. 이것이 원칙이기 때문에 여기에 예외가 있다. 미국과 중국은 외교관계 정상화 이전인 1955년부터 1970년까지 폴란드 수도 바르샤바에서 양국의 관계개선을 위한 대사급 회담이 있었다. 또 다른 하나의 예외는 2018년 6월 그리고 2019년 2월 미국과 북한이 북한의 비핵화를 위한 정상회담을 가졌었다.

이러한 예외가 있지만 지구상의 모든 국가는 다른 국가와 외교관계를 정상화하고 있다. 이것이 국가 간의 모든 관계, 행위 등을 순조롭게 전개될 수 있도록 하는 근본이다.

국가 간에 외교관계를 정상화하여야 국가 간 모든 관계의 질, 폭 등이 형성될 수 있다. 기본적으로 국가 간의 모든 관계 및 상호작용은 국가 간에 형성되어 있는 외교관계에 기반해서 이루어진다. 당연히 국가 간에 전개되는 외교 행위도 국가 간에 형성되어 있는 외교관계의 틀 속에서 전개된다. 예를 들어 국가 간의 외교관계가 매우 좋은 국가 간에 전개되는 외교 행위 그리고 국가 간 외교관계가 나쁜 국가 간에 전개 되는 외교 행위의 결과는 같지 않을 것이다. 그렇기 때문에 국가 간 외교관계는 중요하다. 국가 간 외교관계의 정도는 국가 간의 정치, 경제, 군사 등 모든 관계에 영향을 미치게 될 것이다. 그러므로 국가는 가능한 범위 내에서 가장 많은 국가와 긴밀한 외교관계를 갖는 것이 필요하다. 그런데 국가 간 외교관계는 자연스럽게 저절로 발전되어지는 것은 아니다. 그것은 각 국 정부가 노력해야 발전되고 긴밀해지는 것이다. 여기에서는 국가 간 외교관계의 발전에 대한 방법을 생각해보려 한다.

1. 외교관계 증진 방책

오늘날 각 국가는 많은 국가와 외교관계를 갖고 접촉하고, 교류하고 상호작용한다. 국가 간에 전개되는 이러한 일들은 국가 간 외교관계의 틀 속에서 전개된다. 그러므로 국가 간에 전개되는 이러한 일들의 정도는 국가 간 외교관계의 정도와 정비례한다. 다시 말하면 국가 간의 외교관계가 우호적이고 긴밀하다면 이에 따라서 국가 간에 전개되는 여러 외교 행위들도 상호이익을 증대시킬 수 있는 방향으로 전개될 것이다. 반면 국가 간의 외교관계가 갈등적이라면 국가 간에 전개되는 외교도 대립적이고 갈등적으로 전개될 것이다. 이런 측면에서 볼 때 국가 간 외교관계는 매우 중요하다.

국가는 많은 국가와 매우 우호적이고 긴밀한 관계를 갖기를 원할 것이다. 특히 한 국가가 특정 국가와 이러한 우호적이고 긴밀한 외교관계를 반드시 가져야 하는 경우도 있을 것이다. 이 뿐만 아니라 보다 많은 국가와 최상의 외교관계를 갖는다면 국가 이익 증대에 도움이 될 것이다. 이와 같은 국가 간 외교관계는 국가 간 인위적으로 만들어 가질 수 있다. 인위적이란 국가 간 약속을 하는 것이다.

한 국가가 다른 국가와 긴밀한 외교관계를 가지려면 국가 간 공동의 필요를 인지하고 그것의 충족을 약속하고 그 약속을 충실히 이행하여야 한다. 국가는 이 약속의 이행을 보장하기 위해 약속의 내용을 명문으로 규정하고 이것을 제도화 또는 법제화한다면 그 약속은 확실하게 이행될 것이고 따라서 국가 간의 외교관계는 긴밀하게 발전될 수 있는 것이다. 국가 간 필요를 충족시키기로 하는 약속은 그의 이행을 보장하기 위해 조약 또 협정의 체결을 하게 된다. 자유민주주의 국가라면 이러한 조약 또는 협정은 입법부의 비준을 받게 될 것이고 이 비준은 국가 간의 필요를 충족시킨다는 약속을 정부가 바뀌어도 국가가 그것의 이행을 보장한다는 것이다.

국가 간 상호 필요를 충족시키기로 약속하였다면 국가 간의 외교관계는 긴밀해질 것이다. 따라서 각 국가는 필요 충족을 위해서라도 접촉, 교류, 상호작용 등도 매우 긴밀하게 전개될 수 있을 것이다. 왜냐하면 이들 국가 간의 외교관계가 긴밀해졌기 때문에 다른 모든 분야의 상호작용도 이 긴밀한 외교관계에 입각해서 전개될 수 있을 것이다. 이처럼 국가 간에 합의된 필요 충족의 약속은 각 국가의 부족한 부분을 보충하여 주고 국가의 발전을 도모하게 되고 또한 이 약속은 결과적으로 국가 간의 외교관계를 긴밀하게 만들 것이다. 그러므로 이러한 약속은 일석이조(一石二鳥)의 효과를 얻을 수 있다.

특히 국가 간 충족시켜야 할 필요가 한 가지가 아니고 여러 가지라면 국가 간에는 다양한 방면에서 적극적으로 접촉하고 교류하고 상호작용하게 될 것이다. 특히 한 국가에 의해 다양한 필요가 충족될 수 있다면 실제로 국가 발전에 크게 도움이 될 것이고 동시에 상호 상대국가를 필요로 하기 때문에 국가 간의 외교관계는 당연히 그리고 더욱 긴밀해질 것이다. 국가 간 필요성은 국가 간 적극적이고 협조적인 외교관계를 창출한다.

국가가 충족시켜야 할 필요 중에는 '절대적 필요'와 '상대적 필요'가 있다.

국가의 '절대적 필요'란 국가의 안전 보장을 위해 또는 심각한 경제적 어려움을 극복하기 위해 반드시 충족시켜야 할 필요를 말하는 것이다. 한편 '상대적 필요'란 필요의 충족이 화급을 요하는 절박한 것은 아니지만 그 필요가 충족된다면 국가 발전에 크게 도움이 될 수 있는 것으로 생각되는 필요를 말하는 것이다.

국가 간에 절대적 필요를 충족시키기로 국가가 약속한다면 이 국가 간의 외교관계는 지상(至上)의 관계를 갖게 될 것이다. 이러한 절대적 필요를 충족시키기로 약속한 국가들은 다른 어떤 것보다도 이 약속 이행에 매진하게 될 것이고 이 국가들은 반드시 긴밀히 협조하게 될 것이다. 그러므로 이런 것을 약속한 국가들의 관계는 필연적으로 긴밀하게 될 것이다. 이러한 절대적 필요를 충족시키는 약속에는 상호방위조약 등이 있다.

국가 간에는 상대적 필요를 충족시키기 위한 약속을 하기도 한다. 이러한 약속 중에는 주로 경제분야가 많고 그 외에도 환경 등에 관계되는 문제 등이 이 약속의 주된 대상이다. 이러한 상대적 약속은 절실한 필요는 아니지만 필요의 충족이 상당히 요구되는 것들이다. 예를 들면 자유무역협정(FTA), 투자보장협정, 정보교환협정 등은 상대적 필요를 충족시키려는 약속이다. 이러한 상대적 약속도 문서화하고 제도화한다. 이러한 상대적 필요도 국가이익, 국가 발전 등에 필요한 것들이기 때문에 당연히 이러한 필요의 충족 약속도 그리고 그의 이행도 국가 간의 외교관계를 긴밀하게 할 것이다.

절대적 필요의 충족을 약속한 국가 간의 외교관계와 상대적 필요를 충족시키기로 약속한 국가 간의 외교관계 가운데 어느 쪽의 외교관계가 더 긴밀한가 여부를 가리는 것은 적절하지 않은 것으로 생각한다. 두 개의 약속은 모두 필요를 충족시키려는 것이기 때문에 단순 비교는 매우 어렵다. 중요한 것은 합의한 약속의 이행을 위해 어떠한 외교 행위를 할 것인가 하는 것이 중요하다.

대체로 절대적 필요를 충족시킬 수 있는 국가는 매우 한정적이고 상대적 필요를 충족시킬 수 있는 국가는 상대적으로 많이 있을 수 있다. 예를 들면 상호방위조약 같은 약속은 반드시 필요한데 한 국가의 안전 보장을 책임질 수 있는 국가는 지극히 한정적이다. 그러나 상대적 필요를 충족시킬 수 있는 국가는 상대적으로 그 폭이 넓을 것이다. 즉 상대적 필요를 충족시킬 수 있는 국가는 비교적 쉽게 찾을 수 있다. 예를 들면 경제 관계의 폭을 넓게 가질 수 있는 국가는 안전 보장을 책임질 수 있는 국가보다는 쉽게 찾을 수 있을 것이다. 그렇기 때문에 이러한 필요의 약속을 상대적 필요라 한다.

국가 간에 필요 충족을 위해 약속을 합의하는 것이 국가 간 긴밀한 외교관계를 갖게 하는데 크게 기여하게 될 것이다. 그러나 국가 간 약속 없이 국가 간 긴밀한 외교관계를 갖는 것도 가능하다. 국가 간 다양한 접촉, 교류 등을 빈번하게 갖는 것이다. 외교관계의 발전을 위해 가장 먼저 행할 수 있는 교류는 문화적 교류이다. 한 국가가 다른 국가와 바람직한 관계를 원한다면 다양한 예술단의 파견, 운동선수의 파견으로 친선경기를 갖는 행위는 국가 간 관계 발전의 물꼬를 트는 일이다. 특히 이러한 단체들의 상호교환은 우선 각각의 국민들에게 상대 국가를 알게 하고 더 나아가 그에 대해 호감을 갖게 할 것이다. 국가 간 이러한 교류를 확대시키면 국가 간의 관계 발전은 가능하다.

다음으로는 실질적으로 국가 발전에 도움이 되는 분야의 교류 예를 들면 경제분야 교류는 국가 간 관계 발전에 크게 이바지하게 될 것이다. 국가 간 경제분야에서 자본, 기술 등의 교류는 오늘날 모든 국가에게 필요하고 국가 경제 발전에도 도움이 될 것이다. 문화적 교류를 시작으로 경제분야 등 여러 분야에 걸친 교류는 그 분야의 발전에 도움이 될 뿐만 아니라 국가 간 외교관계의 발전에도 좋을 것이다.

국가 간 외교관계의 발전으로 다른 분야의 교류가 활발해질 수도 있지만, 다른 한편 민간 분야 교류의 활성화가 국가 간 외교관계를 발전시킬 수도 있다.

오랫동안 국가 간에 아무런 교류가 없던 국가 간에 예술문화단체가 방문하여 국민들에게 그 국가의 전통 예술을 감상토록 하는 것은 그것이 비정치적 행위이지만 외교적으로 상징적 의미를 부여할 수도 있다. 국가 간에 인적, 물적, 또는 문화적 등 여러 분야의 교류는 국가 간 발전에 도움이 될 것이다. 국가 간에 이러한 교류가 이루어진다는 것은 국가 간 간격을 좁힐 수 있는 계기가 될 수 있고 더 나아가 관계 발전을 기대하게 한다. 특히 이러한 교류는 국민 간의 친밀도를 높일 수 있다.

이러한 교류와 함께 국가 간 외교관계를 발전시키는데 반드시 필요한 교류는 정부 인사들의 접촉 및 교류이다. 궁극적으로 국가 간의 외교관계를 발전시키고 그것을 마무리하는 일은 정부의 몫이다. 그렇기 때문에 국가 간 외교관계 발전에는 정부가 최종 담당자이다. 국가 간 정부 인사의 교류는 빈번한 것도 중요하지만 그 인사들의 직급도 중요하다. 그러므로 국가 간 외교관계 발전에는 높은 직급의 인사들의 많은 접촉 및 교류도 외교관계 발전에 기여하게 될 것이다. 그러므로 국가 정상 간의 접촉 및 교류는 외교관계 발전에 절대로 필요한 일이다. 국가 정상은 정부 정책의 최종 결정자이다. 그러므로 정상 간의 만남은 그 자체로 상징적 또는 정치적 의미도 있고 또 국가 간 발전을 견인할 수 있는 실질적 의미도 있다.

정상회담도 그 내용에 따라 국가 간 외교관계에 영향을 미치는 정도가 다르다. 각 국가에 의미 있고 중요한 의제를 갖고 행해지는 정상회의가 있고 또 다른 하나는 특별한 의제 없이 정치적으로 상징성만 있는 정상회담이 있다. 후자의 정상회담은 의제 없는 정상 간의 만남이기 때문에 상징성만이 대내외적으로 과시된다. 그러므로 이러한 정상회담은 국가 간 외교관계 발전에는 도움이 될 수 있겠지만, 실질적으로 국가 이익을 증대시키지는 못할 것이다.

실무자들 간의 정상회담 준비과정에서 쌍방의 관리들이 정치적으로 뿐만 아니라 실질적으로 의미있고 중요한 의제를 갖고 정상회담을 준비한다면 그 정상회담은 국가 간 외교관계 발전에 크게 기여하게 될 것이다.

냉전시기인 1986년 아이슬랜드의 수도 레이카비크(Reykjavik)에서 미국의 레이건(Ronald Reagan) 대통령과 소련 공산당 서기장 고르바쵸프(Mikhail Gorbachev)의 정상회담이 개최되었다. 이 정상회담에서 두 정상은 5년 이내에 전략무기의 50% 감축과 10년 이내에 모든 탄도미사일을 폐기한다는 데

합의하였다. 그러나 이 전략무기 폐기합의는 성공하지 못했다. 그렇지만 이 미 · 소 정상회담은 결과적으로 미 · 소 냉전을 종식시켰고 동서 긴장완화(detente)를 가져왔다. 그리고 소련을 해체 시켰고 공산주의를 몰락시켰다.[1]

동서 각 진영의 패권국가였던 미국과 소련 두 국가의 정상회담은 미 · 소 외교관계 뿐만 아니라 세계정치를 바꾸어 놓았다. 이처럼 세계 평화를 위한 핵무기 감축이라는 밀도 있는 정상회담의 효과는 우리의 상상을 초월하는 결과를 가져왔다. 정상회담에서 정치적으로 의미 있는 의제를 논의하고 합의한다면 이 정상회담은 국가 간 외교관계를 크게 향상 시킬 것이다.

그런가 하면 시진핑(習近平)이 국가 주석으로 취임한 다음 한국의 박근혜 대통령 그리고 문재인 대통령이 중국을 방문하고 정상회담을 가졌다. 이 두 차례의 정상회담은 의미 있는 주제 없이 이루어졌다. 그렇기 때문에 한국과 중국 간에는 두 차례 정상회담이 있었지만 양국의 외교관계는 발전되지 못했다. 이 두 차례의 한-중 정상회담은 의미 있는 중요한 주제 없이 만남 그 자체에 주안점을 두었던 회담이었기 때문에 그 정상회담의 효과는 없었다. 이러한 상징적이고 형식에 치우친 정상회담은 정치적으로 또 외교적으로 어떤 의미도 담고 있지 않다. 내가 이 두 번의 정상회담을 의미 없는 회담으로 평가하는 근거는 중국의 한국에 대한 보복이다. 한국 정부가 자국 영토 내에 주한미군이 사용하는 무기인 사드를 배치하였다고 중국은 한국에 보복을 가하였다. 어떠한 경우에라도 보복을 한다는 것은 국가 간 외교관계가 긴밀하다고 말할 수 없다. 두 차례의 한-중 정상회담은 한-중 관계를 발전 시키지 못했다.

국가 간 외교관계 발전을 위한 초석을 견실하게 마련한다면 그것은 국가 간 관계 발전에 크게 도움이 될 것이다. 이 초석을 마련하는 방법은 공공외교의 적극적 전개도 하나의 방법이다. 한 국가가 다른 국가 국민들에게 자국을

1) Henry Kissinger, Diplomacy(New York: Simon & Schuster, 1994), pp. 782-785.

모든 면에서 수준 높은 국가이고 문명국가로 인식시켜 자국에 호감을 갖게 하는 것은 국가 간 외교관계 발전에 크게 기여하게 될 것이다. 국가 간 외교관계가 우호적이지 않고 협조적이지 않은 경우 정부 관리가 직접 관계 호전을 도모하는 일은 적절하지 않고 효과적이지 않다. 이러한 일이 있기 전에 공공외교를 통해 다른 국가 국민들로 하여금 자국을 선호하게 만들고 다양한 분야에서 교류가 활발하게 전개된다면 이것은 국가 간 관계 발전의 초석이 될 것이다. 이렇게 해서 다른 국가 국민의 생각을 좋은 방향으로 바꾸면 양국 국민 간에도 접촉 및 교류가 활발하게 될 것이고 이것은 국가 간 외교관계 발전에 크게 도움이 될 것이다.

오늘날 교통 · 통신이 발달되어 있더라도 우선적으로 이웃하고 있는 국가 간의 외교관계 발전이 국가에 도움이 될 것이다. 대체로 이웃하고 있는 국가들은 국가 간 다소 차이는 있겠지만 멀리 있는 국가보다는 보다 많은 공통점을 갖고 있을 것이다. 국가 간 그리고 국민 간에 이웃하고 있는 국가들은 친밀도를 높게 할 수 있는 요소들이 많을 것이다. 이렇게 공통점을 많이 갖고 있는 국가 간 그리고 국민 간에는 쉽게 동질감을 갖기 쉽고 그렇기 때문에 모두는 접근성이 좋을 것이다. 이웃하고 있는 국가들 간에는 공유할 수 있는 부분도 많을 수 있고 나누어 가질 수 있는 것들도 있을 것이다. 이러한 것들은 국가 간 그리고 국민 간 친밀도를 높이는 데 도움이 될 것이다. 이러한 요소들은 국가 간 외교관계 발전에 기여하는 것들이 많을 것이다.

오늘날 세계는 하나의 경제권을 형성하고 있다. 그럼에도 불구하고 인접 국가 간에 전개되는 경제 교류는 멀리 있는 국가 간의 경제 교류보다는 이점이 많을 것이다. 예를 들면 이웃 국가 간에는 우선 물류 비용이 낮을 것이다. 그러면 그 값싼 물품은 시장에서 상당한 경쟁력을 갖게 될 것이다. 그러면 국민들은 싸고 좋은 상품을 이용할 수 있게 될 것이다.

국가 간의 외교는 현실이다. 외교는 과거에 입각해서 그리고 과거를 위해 전개되는 것이 아니다. 국가 간 외교는 현실에 기초해서 국가의 오늘과 내

일을 위해서 전개되는 것이다. 과거에 집착하는 외교는 현실성이 떨어지고 효과도 없다.

모택동은 1955년 10월 15일 처음으로 중국을 방문한 일본 국회의원 대표단을 접견하는 자리에서 다음과 같이 말했다. "우리는 유색인종입니다. 중국과 일본 간에는 역사 문제가 있지만 과거의 일은 지나간 일이며 중요한 것은 장래입니다. 양국은 서로 다른 사회 제도를 갖고 있지만 그것은 중-일 간에 장애가 되지 않습니다. 인민들의 이익이라는 관점에서 볼 때 가능한 빨리 정상적인 외교관계를 맺어야 합니다."[2)]

모택동의 이 말은 외교는 과거가 아니라 현실이라는 것을 직시하고 일본과의 외교관계를 강조한 것이다. 어느 국가나 과거에 집착한다는 것은 다분히 감정에 치우쳐서 현재를 생각하는 경우에 나타나는 현상이다. 실제로 과거 그 사실이 발생했던 시기에 살아보지 않은 사람들이 과거에 집착하는 것은 감정적인 사고에서 나오는 것이다. 외교가 이러한 감정적 바탕에 기초해서 전개된다면 그런 행위는 국가 이익에 또 외교관계 발전에 전혀 도움이 되지 않는다.

한 국가가 어떤 특정 국가와의 관계발전을 필요로 하는 경우가 있을 것이다. 이러한 경우에는 '맞춤형 필요'로 충족시키는 것이 바람직한 일이다. 맞춤형 필요는 그 특정 국가의 필요한 요소들을 찾아 그것을 충족시키는 것을 말하는 것이다. 그 국가가 특히 절대적으로 필요로 하는 것이 있다면 그것을 충족시키는 것이 이 특정 국가와 외교관계를 발전시키는데 매우 효과적인 방법이 될 것이다.

특정 국가 간에 외교관계를 발전시킨 경우가 있다. 그것은 1972년 미국과 중국의 관계 개선이다. 냉전시기 이 두 국가는 거의 적대적 관계를 갖고 있었다. 이러한 두 국가가 적대관계를 해소하고 외교관계를 발전시켰던 것은

2) 조진구(옮김), 중일관계(서울: 리북, 2006), pp. 48-49에서 인용.

‘맞춤형 필요’를 충족시킬 수 있었기 때문이다. 미국과 중국 두 국가는 적대관계 해소 못지않게 그들의 필요를 충족시키는 것을 더 중요하게 생각하였다. 미국과 중국의 관계 개선은 수단이었고 두 국가의 절대적 필요를 충족을 목적으로 하였다. 실제로 미 · 중 두 국가는 실제로 관계 개선 및 절대적 필요를 충족시킬 수 있는 결과를 얻었다.

1960년대 말 미국과 중국은 서로 다른 성격의 절대적 필요를 갖고 있었다. 미 · 중 관계 개선을 주도한 당시 백악과 안보보좌관 키신저는 그 당시 미국이 갖고 있던 필요를 다음과 같이 말하고 있다. “중국과의 관계 개선은 소련과 균형을 맞추는 데 크게 도움이 될 것이고, 북베트남을 고립시키고 베트남 전쟁의 조기 종식을 촉진시키고, 인도차이나 반도로부터 불명예스러운 철수를 하지만 그런 중에도 미국의 위상을 유지하고 그리고 미국이 다극화되는 국제환경 속에서 세계를 지배할 수 있는 능력을 아직도 가지고 있다는 것을 과시하는 것”[3)]

한편 중국은 1950년 말 대약진 운동, 인민공사 등으로 수 많은 사람들이 굶어 죽을 정도로 경제가 어려웠고 설상가상 소련과의 관계 악화로 소련으로부터 모든 지원과 원조가 중단되었고 그리고 1966년부터 시작된 문화혁명으로 중국의 경제 그리고 인민의 생활은 최악의 상태에 이르게 되었다. 이러한 상황은 중국공산당 정권의 존립을 위협할 정도였다. 그리하여 중국도 이러한 어려움을 극복하여야 할 절대적 필요를 갖고 있었다.

미국과 중국은 충족시켜야 할 필요의 내용은 같지 않지만 그 필요의 충족이 절실하기 때문에 양국은 필요 충족을 위해 관계개선에 합의하게 된 것이다. 즉 미 · 중의 관계 개선은 결국 두 국가의 필요를 충족시켰다. 모택동이 미국과의 관계 개선을 위해 맞춤형 필요를 충족시킬 수 있는 계기를 마련하였다.

3) Henry Kissinger, Does America Need a Foreign Policy?(New York: Simon & Schuster, 2001), p. 140.

적대적 또는 갈등적 관계를 갖고 있는 국가 간에 외교관계를 개선하기 위해서 효과적인 방법 중의 하나는 국가 원수의 방문이다. 국가 간 외교관계 발전을 위해서는 여러 가지 방안이 있지만 적대적 또는 갈등적 관계를 갖고 있는 국가 간에는 여러 방안을 국가 관리들이 직접 모색하는 일은 거의 불가능하다. 그러므로 단계적인 관계 발전 추진 방법은 그의 전개 바탕이 없기 때문에 보편적인 방법의 성공 가능성은 없다. 그러므로 단번에 정상들의 방문은 극적인 관계 변화를 촉진시킬 수 있는 방법이다. 1970년 12월 모택동이 스노우에게 닉슨 미국 대통령의 중국 방문을 이야기하였던 것도 이와 같은 맥락에서 나온 것이라고 생각했다.

이러한 적대적 또는 갈등적 관계를 갖고 있는 국가 간 정상을 초청하는 것은 어렵다. 이러한 어려움을 극복하는 방법은 이 국가들에 의해 직접 추진하기보다는 주변 국가들의 도움을 받는 것이 좋은 방법이다. 주변의 여러 국가들이 상호관계가 좋지 않은 국가들은 설득하면 외교관계 발전에 좋은 결과를 얻을 수 있을 것으로 생각된다.

극단적인 갈등 관계를 유지해오던 이스라엘과 이집트가 1979년 외교관계를 정상화하였고 또 이스라엘과 아랍에미리트가 2020년 외교관계를 정상화하였다. 이들 국가들의 외교관계 정상화는 강대국인 미국의 지원으로 이루어졌다. 이와 같이 국가 간의 관계가 적대적 또는 갈등적 관계를 갖고 있는 국가 간의 외교관계 발전은 이들 국가들이 자체적으로 직접 관계 발전을 모색하기보다는 주변 다른 국가의 지원을 얻어 관계 발전을 도모하는 것이 바람직한 방법 중의 하나이다.

2. 국가 간 외교관계

외교관계는 국가 간의 접촉, 교류, 국가의 외교정책, 외교 행위 등에 대한 기본 바탕이 되고 그리고 이것들의 기준, 범위, 원칙 등을 결정 지어주는 핵심 요소이다. 국가 간의 외교관계는 한 국가로 하여금 상대국가에 대해 무엇을 어떻게 그리고 얼마나 교류하고 협력할 것인가 하는 원칙, 범위, 한계 등을 설정해주는 관계이다. 그 뿐만 아니라 국가 간 외교관계는 한 국가로 하여금 상대국가에 대해 어떤 경우에 어떠한 외교정책을 결정하고 또 어떠한 외교 행위를 전개할 것인가 하는 것의 기본 바탕을 제공한다. 한 마디로 말하여 국가 간의 외교관계는 국가 간에 전개될 수 있는 모든 것의 근간이 되는 것이다. 국가 간에 좋은 외교관계가 형성되어 있다면 서로 이익이 되는 것을 결정하고 도움이 되는 외교 행위를 하며 상호 이익을 극대화할 수 있는 상호작용을 전개할 것이다.4)

여기에서는 한국의 주변 국가를 중심으로 이들 국가 간의 외교관계를 살펴보려 한다.

➔➔ **한국과 미국의 외교관계:** 나는 미국을 한국 외교의 중심이라고 생각한다. 한국은 미국을 떠나서 외교정책이나 외교를 생각하기 어렵다는 의미이다. 내가 이렇게 말하는 근거는 다음과 같다.

일본은 미국의 원자탄 폭격을 받고 1945년 8월 15일 일본이 무조건 항복하여 제2차 세계대전이 끝났고 한반도는 일본 식민통치로부터 해방되었다. 그럼에도 한반도는 독립국가로 태어나지 못하고 3년 동안 미군정 통치가 실시되었다. 미군의 군정 통치는 한반도의 치안 유지에 그치지 않고 한국의 미래를 결정짓는 작업이 이루어졌다. 미군정이 실시된 3년 동안 미국은 한반도에 미국의 가치체계, 사회규범 등을 이식시켰고 또한 자유 민주주의에 입각한 정치제도, 자본주의 시장경제, 교육, 행정, 사법체제 등 모든 분야의 체제를 이 땅에 뿌리내리게 하였다.5)

한편 미국은 1949년 한국에 주둔해있던 미군을 철수시켰고 1950년 1월 미

4) 송영우, 동아시아 국가의 국제정치(서울: 교우미디어, 2018), p. 159.

5) 金雲泰, 美軍政의 韓國統治(서울: 博英社, 1992), pp. 171ff 참고.

국 하원은 한국에 제공될 원조법안을 부결시켰다. 그리고 1950년 1월 미국 애치슨 국무장관은 "한국은 실제로 다른 국가에 비해 중요하지 않다. 그리하여 한국은 미국의 직접적인 방위선 밖에 있다"고 선언하였다.[6)]

1950년 1월에 있었던 미국의 일련의 결정들은 한국을 필요하지 않은 국가로 단정한 것이다. 그러나 1950년 6월 25일 발발한 '6 · 25전쟁'부터 미국은 한국을 필요한 국가로 인식하게 되었다. 북한이 남침하였을 때 미국은 한국을 포기하지 않고 직접 참전하여 한국의 공산화를 막았다. 그리고 '6 · 25전쟁'이 끝난 직후인 1953년 10월 1일 '한-미 상호 방위조약'을 체결하였다(이 조약은 1954년 11월 발효되었다.). 국무장관을 역임한 키신저는 다음과 같이 말했다. "한미동맹은 한반도 안정에 필수적 요소이다 … 한국은 수호되어야 한다 … 한국에 미군의 주둔은 전적으로 미국의 필요에 의한 것이다 … 미국은 아시아에서 패권을 유지할 것이며 아시아에서 미국의 패권을 위협받는다면 제2차 세계대전에서 일본에 대해 하였던 것과 같은 그리고 냉전시기 소련에 대해 하였던 것과 같은 정책과 행위를 구사할 것이다."[7)]

이처럼 '6 · 25전쟁' 이후 한국은 안전을 보장하기 위해 미국을 절대적으로 필요하게 되었고 그리고 미국도 전략적으로 한국을 절대적으로 필요하게 되었다. 이제 한국과 미국은 상호 상대국가를 절대적으로 필요한 국가로 인정하였기 때문에 양국의 외교관계는 매우 긴밀한 외교관계를 갖게 되었다. 앞으로 한국에 대한 북한의 위협이 가중되거나 또는 아시아에서 미국의 패권에 대한 중국의 위협이 노골화된다면 한국과 미국은 상호 상대국가를 더욱 필요한 국가로 인식하게 만들 것이다. 약 70여 년이 지난 오늘날까지 한국과 미국은 상대국에 대한 절대적 필요성을 갖고 있기 때문에 한-미 양국

6) "Speech by Secretary Acheson on a Review of United States Policy in 1950, January 12, 1950," Se-Jin Kim(ed.), Document Korean-American Relations, 1943-1976(Seoul: Research Center for Peace and Unification, 1976), pp. 83-89.

7) Henry Kissinger, Does America Need a Foreign Policy?, pp. 131ff 참고.

관계는 항상 긴밀한 관계를 유지해 오고 있다. 실제로 한국은 안전 보장을 위해서 그리고 미국은 아시아 특히 동아시아의 패권 유지를 위해 양국의 필요성은 계속해서 존재하게 될 것이다. 또한 한–미 양국의 상대국에 대한 필요성은 절대적이다. 특히 양국은 상호 절대적 필요성을 갖고 있기 때문에 양국의 외교관계는 최상의 관계를 유지하게 될 것이다. 한국과 미국은 전략적 측면에서 절대적 필요성을 공유하게 되었다. 그리고 이러한 한–미 관계는 경제, 산업 등 다양한 분야에서도 긴밀한 관계를 유지시키고 있다.

➔➔ **유럽연합 회원국 간의 외교관계:** 유럽 대륙에 많은 국가들은 과거 수 많은 크고 작은 전쟁을 경험하였다. 이 대륙에서는 17세기 종교전쟁, 19세기 나폴레옹 전쟁 20세기 제1차 및 제2차 세계전쟁이 있었다. 특히 독일, 프랑스 등 강대국들은 유럽 대륙을 전쟁터로 삼아 오랫동안 적대적이고 갈등적인 관계를 유지한 경험을 갖고 있다. 그러나 제2차 대전 이후 유럽 국가들은 보다 평화롭고 번영하는 유럽 대륙을 만들기 위해 꾸준히 노력해온 결과 오늘날 유럽의 국가들은 모두 최상의 외교관계를 갖고 있다. 유럽의 모든 국가들로 하여금 이러한 외교관계를 갖게 만든 것은 모든 국가가 똑같이 절대적 필요성을 갖게 하는 요소가 있기 때문이다. 그 요소는 북대서양조약기구(NATO) 그리고 유럽연합(EU)이다. 유럽 국가들은 이 두 국제기구의 회원국이다. 주지하는 바와 같이 북대서양조약기구는 유럽의 안전을 보장하는 기구이고, 유럽연합은 각 국가의 경제를 책임지고 있는 기구이다. 이 두 국제기구는 유럽의 모든 국가에게 절대로 필요하다. 그리하여 이 기구가 원만하게 그리고 적극적으로 작동되게 하기 위해서 모두 회원국들 간의 적극적이고 협조적인 상호작용이 요구된다. 이러한 상호작용은 유럽 대륙의 안전을 보장하고 유럽 각 국가의 경제 발전에 크게 기여하게 될 것이다. 이 두 국제기구는 각 회원국들에게 절대로 필요한 기구이기 때문에 이 기구의 원만한 운영을 위해 각 국가는 모두가 모두에 대해 절대적 필요성을 갖고 있다. 그렇기 때문에 유럽 국가 간의 외교관계는 항상 최고의 수준을 유지하게 될

것이다. 그리고 유럽연합에는 이 기구의 합리적인 운영을 위해, 모든 회원국의 이익을 증대시키기 위해 그리고 각 국가 간의 외교관계를 최상의 관계인 긴밀한 관계를 유지시키기 위해 여러 조직을 갖고 있다. 그 조직 중에는 유럽 이사회, 각료이사회, 유럽위원회, 유럽회의, 유럽사법재판소 등이 있다.

역사적으로도 오늘날 유럽연합 회원국들의 외교관계는 지고지선(至高至善)의 관계라고 말할 수 있다. 유럽국가들의 이러한 외교관계는 유럽국가들의 안전을 보장하고 경제발전을 촉진시킬 수 있기 때문이다. 이것을 뒷받침하고 있는 것은 각 국가가 상호 절대적 필요성을 갖고 있는 것이다.

➔➔ 한국과 중국과의 외교관계: 한국과 중국은 1991년 소련이 해체되고 냉전체제가 와해 된 다음 해인 1992년에 외교관계를 정상화하였다. 한국과 중국은 먼저 역사적으로, 문화적으로 또 지리적으로 보아도 외교관계를 보다 일찍이 정상화해야 할 당위성 갖고 있었다. 다른 한편 한국과 중국은 사회체제를 근본적으로 달리 갖고 있다. 중국은 공산당이 권력을 독점하는 사회주의 국가이다. 그 뿐만 아니라 6 · 25전쟁에서 한 · 중 양국은 적대국으로 대치하며 전투를 하기도 하였다. 또한 중국은 휴전선을 사이에 두고 한국과 극단적으로 대립하고 있는 북한과 동맹관계를 갖고 있는 국가이다. 과거를 보나 현재를 보나 한 · 중 양국은 긴밀한 외교관계를 갖기에는 많은 제약과 한계를 갖고 있다. 한국과 중국 사이에는 외교관계를 발전시킬 수 있는 요인 또는 요소보다는 장애하는 요인이 더 많다. 그리하여 기본적으로 한국과 중국의 외교관계 발전은 어려운 환경 속에 머물고 있다.

한국과 중국 간에는 절대적 필요성이 존재하지 않는다. 이 절대적 필요성이 없는 국가 간에는 외교관계를 긴밀하게 발전될 수 없다. 왜냐하면 국가 간 절대적 필요를 충족시키는 일이 없기 때문이다.

중국이 1980년부터 개혁 · 개방정책의 추진으로 한국과도 경제 교류가 비교적 활발하게 전개되고 있다. 그리하여 한국과 중국은 경제적 측면에서는 어느 정도 상대적 필요성은 있다. 한 · 중 간 경제 분야의 교류는 주로 무역에 치중되어 있다. 한 · 중 간에 무역이 측면에서 갖는 상대적 필요성은 비교적 낮은 정도의 필요성이다. 즉 양국은 상대 국가 이외의 다른 국가에 의해서 각각의 낮은 수준의 상대적 필요성을 충족시킬 수 있다. 그렇기 때문에 한국과 중국 간에 존재하는 낮은 수준의 상대적 필요성으로는 한 · 중 외교관계 발전에는 거의 도움이 되지 않는다.

한국과 중국 간에는 낮은 수준의 상대적 필요성을 갖고 있으므로 양국의 외교관계의 정도는 평범한 수준의 관계를 갖고 있다. 이러한 수준의 외교관계는 단순한 요인으로도 외교관계가 보통 수준 이하로 내려갈 수 있다. 그 좋은 예로 한국에 사드 배치를 이유로 중국은 한국에 보복을 가하였다. 국가가 보복을 가하는 정부의 외교관계는 쉽게 갈등관계로 발전할 수 있다. 한 마디로 한 · 중 외교관계를 정리한다면 매우 낮은 수준의 평범한 관계를 갖고 있다고 말할 수 있다.

한국과 중국 간에는 긴밀한 외교관계를 가져야 할 당위성도 없고 필요성도 없다. 국제정치적으로 한국은 미국과 동맹관계를 갖고 있기 때문에 한국은 미국과 외교정책노선을 공유하고 정책 공조를 추진하고 있다. 한국이 중국과 긴밀한 외교관계를 갖고 중국과 정책 공조를 한다는 것은 한–미 외교관계를 재검토하게 만들 수 있다. 이러한 일은 상상할 수 없는 일이다. 동시에 한국과 중국 간에는 절대적 필요가 있을 수도 없다. 외교관계 측면에서 한국은 언제나 먼저 미국과의 관계를 생각해야 한다. 1979년 1월 1일 미국과 중국은 외교관계를 정상화한 이래 양국 간에는 경쟁, 대립, 갈등 등 관계 발전을 저해하는 요인 및 요소들이 존재하여 왔다. 한국과 중국과의 관계는 한–미 관계에 근거해서 이루어져야 한다.

➔➔ 미국과 중국과의 외교관계: 중국은 동아시아에 위치하고 있다. 그리고 미국은 북아메리카 대륙에 위치하고 있다. 그러나 제2차 대전 후 미국은 자국을 대서양 국가인 동시에 태평양 국가라고 한다.[8] 왜냐하면 미국은

태평양 지역을 그의 정치적 영토로 간주하고 있기 때문이다. 다시 말하면 미국은 전략적으로 태평양을 중요시하고 이 지역의 수호를 중대한 국가 목표로 삼고 있다. 이 목적을 위해 인도-태평양 사령부를 두고 태평양을 정치적으로 그리고 전략적으로 주요 거점으로 삼고 있다. 이 지역이 미국에게 중요한 지역이기 때문에 동아시아가 미국의 주요 관심 지역이다. 그래서 미국은 한국 및 일본과 동맹관계를 갖고 있기 두 국가에 미군을 주둔시키고 있다. 태평양이 미국에게 중요하기 때문에 미국은 동아시아를 중요한 지역으로 생각하고 있다. 미국이 동아시아 지역을 중요하게 생각하는 또 다른 하나의 이유는 이 지역의 패권국가인 미국을 중국이 위협하고 있다고 생각하기 때문이다. 미국은 21세기 부시(George W. Bush) 행정부 시기에 발간한 국방백서에서 "중국은 아시아의 잠재적 위협 국가이다. 그러므로 미국은 다양한 대중국 견제 정책을 추진해야 한다"고 주장하였다.[9]

1980년대 중국이 경제적으로 성장하면서 미국은 중국을 크게 의식하게 되었다. 그리고 중국과 러시아의 관계에 대해서도 주목하고 있다. 특히 중국은 강택민(江澤民) 주석 재임시 러시아와 긴밀한 교류를 가졌다. 예를 들면 1992년 12월부터 1998년 11월까지 6년 동안 양국 국가 원수가 상호 교환 방문하며 6차례의 정상회담을 가졌다. 중국의 이러한 행보는 미국으로 하여금 더욱 미국의 대중국 견제 행위를 강화하게 만든다.

또한 미국과 중국은 근본적으로 외교정책 노선 및 외교정책 목표를 다르게 갖고 있다. 실제로 미국이 동아시아에서 패권 국가로 군림하는 것을 중국은 환영하지 않을 것이다. 또한 미국과 중국은 리비아, 시리아, 이란, 중동, 북한 등에 대해 다른 입장을 갖고 있고 다른 정책을 갖고 있다. 더욱이 미국이 가장 중시하는 인권문제에 대해 근본적으로 다른 시각을 갖고 있다.

8) 송영우, 동아시아 국가의 국제정치, pp. 2ff 참고.

9) 주형민, "미국과 중국의 상호인식," 김병국 외(공편), 미중관계 2025(서울: 동아시아연구원, 2012), p. 41에서 인용.

체제의 측면에서 미국은 자유 민주주의체제, 자본주의 시장경제체제 그리고 중국은 공산당 일당체제, 사회주의 시장경제 체제를 갖고 있어 이러한 체제 측면에서도 근본적인 차이를 보이고 있다.

이처럼 미국과 중국은 같은 것보다 다른 것이 더 많다. 그리고 미국과 중국 간에는 정치적으로 대립, 경쟁이 상존하고 있다. 이러한 상황은 중국과 미국의 외교관계가 긴밀해지는 것을 방해하고 있다.

미국과 중국 간의 필요성 측면에서 보는 외교관계도 긴밀해지는 데에는 한계가 있다.

미국과 중국이 상호 절대적 필요성은 갖고 있지 않다. 양국은 각기 상대국에 의해 자국의 절대적 필요를 충족시킬 수 있는 국가로 생각하고 있지 않다. 근본적으로 미 · 중은 부강한 국가이기 때문에 외부로부터 충족시켜야 절대적 필요 자체를 많이 갖고 있지 않다. 한편 미국과 중국의 상대적 필요는 어느 정도 있다. 먼저 미국은 중국으로부터 상대적 필요를 충족시켜야 하는 요소는 없다. 미국은 그의 시장을 완전히 개방하고 있기 때문에 중국으로부터 충족되어야 할 상대적 필요는 존재하지 않는다. 그러나 중국은 미국 시장을 크게 필요로 한다. 예를 들면 2017년 중국의 대미수출액은 5,056달러이고 미국의 대중수출액은 1,304억 달러이다. 2017년도 중국의 대미무역 흑자는 3,752억 달러이다. 이것은 곧 미국의 대중 무역 적자이다. 미국과 중국의 수출 상황만 보아도 중국은 미국으로부터 그의 필요를 충족시켜야 할 것이 있다. 그러므로 중국은 미국에 대해 중요한 상대적 필요성을 갖고 있다. 그러나 미국은 중국으로부터 충족시켜야 할 필요를 거의 갖고 있지 않다. 이러한 일방적 필요성은 미-중 간 외교관계 발전에 도움이 되지 않는다.

한편 미국은 끊임없이 중국을 견제하는 정책을 결정하고 외교 행위를 하고 있다. 미국은 직접적으로 중국에 대해 압력을 가하거나 또는 영향력을 행사하여 중국의 정책이나 대외 행위를 통제할 수 있는 능력을 갖고 있지 않다. 그렇기 때문에 간접적으로 중국의 정책 또는 행위에 영향을 미치려 한다. 이것이 곧 견제이다. 실제로 견제란 아무런 근거 없이 다른 국가에 대해 행해지는 조치이기 때문에 실제적으로 큰 효과는 기대하기 어렵다. 그러나 견제 조치는 상대 국가에 대해 주의를 환기시키고 또 일정한 외교정책의 결정이나 외교 행위에 어느 정도의 제동을 걸기 위해 행해지는 조치이다.[10] 예를 들면 미국이 중국의 인권 문제를 거론하는 일 또는 중국이 싫어하는 티베트의 정신적 지도자 달라이라마를 백악관으로 초청하여 미국 대통령과 면담을 갖는 일 등이 중국을 견제하는 일들이다. 미국은 중국에 대해 압력 또는 영향력을 행사할 수 있는 근거인 불평등한 상호의존관계를 갖고 있지 못해 미국은 압력 또는 영향력 행사가 불가능하다. 그렇기 때문에 일차적으로 한 국가가 다른 국가에 심적 부담을 주어 상대국가의 정책 및 행위를 제어하려는 조치를 취한다. 이것이 견제이다. 견제를 구사하는 목표는 다른 국가의 정책이나 행위를 통제하지는 못하더라도 상대국가의 정책 및 행위의 폭을 좁게 하려는 것이다. 미국과 중국 간의 관계에서 미국은 중국에 압력 또는 영향력을 행사할 수 있는 국가는 아니다. 그렇기 때문에 미국과 중국 간에는 경쟁, 대립, 갈등 등이 상존하고 있다.

지금까지 살펴보았지만 미국과 중국의 외교관계가 발전될 수 있을 것이라고 예측할 수 있는 근거는 없다. 그러나 미 · 중 양국은 상대국에 대해 관심을 갖지 않을 수 없다. 왜냐하면 특히 미국 측면에서 중국과 경쟁하고, 대립하고 있어 언제나 서로를 예의주시하고 있다. 그리하여 양국은 상대국을 크게 필요로 하지는 않지만 항상 깊은 관심을 갖고 있다. 왜냐하면 서로 위협을 감지하고 있기 때문이다.

➔➔ **중국과 일본과의 외교관계:** 일본과 중국이 긴밀한 외교관계를 갖는 데에는 한계가 있다. 먼저 일본은 미국과 동맹관계를 갖고 있고 또 미국이 일본의

10) 송영우, 동아시아 국가의 국제정치, pp. 310-311.

안전을 보장하는 데 절대적 역할을 하고 있다. 앞에서 언급한 것처럼 중국은 미국과 경쟁적 및 대립적 관계를 갖고 있다. 그러므로 미국의 동맹국인 일본이 중국과 긴밀한 협조 관계를 갖는 일은 불가능하다. 특히 일본은 미국의 동맹관계를 갖고 있기 때문에 미국과 일본은 동일한 외교정책 노선을 갖고 정책 공조를 하고 있다. 그러므로 일본은 미국과 차원이 다른 외교정책을 가질 수 없다.

또한 중국과 일본의 관계는 필요성 측면에서 보면 국제정치 및 전략적 측면에서는 절대적이든 또는 상대적이든 양국은 어떠한 필요성도 크게 갖고 있지 않고 또한 가질 수도 없다. 왜냐하면 일본은 미국의 동맹국이기 때문이다. 그러나 중 · 일 양국은 경제적 측면에서는 어느 정도의 상대적 필요성은 갖고 있다.

오늘날 산업화 된 국가 간에는 경제적 측면에서 상대적 필요성을 갖고 있다. 산업화 된 국가 간의 경제교류 및 경제적 상호작용은 당연히 이루어지고 있다. 이런 측면에서 보면 산업화 된 국가 간에는 정도의 차이는 있지만 어느 정도의 상대적 필요성을 갖고 있다. 중국과 일본도 각 국가들이 갖고 있는 평균적인 상대적 필요성을 갖고 있다고 말할 수 있다. 중국과 일본 간의 이러한 필요성이 양국의 외교관계를 크게 발전시키는 데에는 한계가 있다. 특히 중국과 일본 간에도 외교관계 발전에 근간이 되는 외교정책노선 또는 각각의 동맹관계 등이 다르기 때문에 평범한 상대적 필요성만으로 양국의 외교관계가 발전하는 것은 어려운 일이다.

지금까지 설명한 이유 때문에 중국과 일본 간에 외교관계 발전에는 한계가 있지만 그러나 양국의 외교관계 발전은 저해하는 커다란 장애물은 없다. 그 장애물은 1955년 10월 모택동에 의해 제거되었다. 그리고 1972년 9월 중 · 일 외교관계를 정상화하는 공동성명에서 "일본 측은 과거 일본국이 전쟁을 통해 중국인에게 중대한 손해를 주었던 것에 책임을 통감하고 깊게 반성한다"라고 일본의 사죄의 뜻을 밝혔다. 중국과 일본의 이러한 자세는 양국 외교관계 발전에 장애를 제거하는데 기여하였다. 우선 중국과 일본은 외교관계 발전에 한계는 있지만 그러나 그것을 방해하는 장애물은 존재하지 않고 있다.

중국과 일본이 갖고 있는 경제적 측면에서의 상대적 필요성은 적어도 양국의 외교관계 발전에 다소간의 도움이 될 것이다. 특히 중국과 일본의 지리적 접근성은 두 국가가 갖고 있는 평범한 상대적 필요성에 상대적으로 많은 점수를 줄 수 있기 때문에 양국 외교관계는 크게 약화되는 일은 없을 것이다.

➔➔ **한국과 일본과의 외교관계:** 한국과 일본과의 관계를 말할 때 가깝고도 먼 나라라고 말하기도 한다. 이 말은 한국과 일본은 지리적으로는 가깝지만 외교적으로 국가 간 관계가 그다지 긴밀하지 않다는 말로 이해된다. 실제로 한국과 일본은 외적으로는 긴밀한 관계를 가질 수 있는 여건이 조성되어 있다. 한국과 일본은 각각 미국과 동맹관계를 갖고 있고 한-미-일 3국은 동일한 외교정책노선을 갖고 있고 정책공조를 하고 있다. 전쟁 시의 동맹은 공동의 적에 대항해서 전쟁하는 것이 목적이고 평시에 동맹은 공통의 정책을 결정하고 추진하는 것이 그 목적이다. 그러므로 한국과 일본은 긴밀한 외교관계를 가질 수 있는 소지(素地)를 갖고 있다. 한국과 일본은 직접 동맹관계를 갖고 있지는 않지만 미국을 매개로 한 간접동맹관계를 갖고 있다고 해도 과언은 아닐 것이다. 그럼에도 불구하고 한일 양국의 외교관계는 긴밀하다고 말할 수 없다.

한편 한국과 일본은 보이지 않는 내적으로는 한일관계를 긴밀하게 갖는 데에 역행하는 요소가 있다. 그것은 한 · 일 간에는 불행한 과거가 있다. 즉 일본의 한국 식민통치이다. 이 과거 일본의 한국에 대한 식민통치는 한 · 일 관계의 발전을 저해하는 결정적 요소이다. 특히 한국의 많은 국민들은 일본에 대해 매우 부정적인 생각을 갖고 있다. 이러한 상황에서 한국 정부가 일본 친화적인 정책을 결정하고 추진하기는 매우 어렵다. 한국 정부가 많은 국민들의 생각에 반하는 정책을 추진한다면 정부에 대한 국민의 저항은 매우 강하게 표출될 수 있다. 1965년 박정희 정부가 한·일 외교 관계를 정상화 할 때 국민의 저항은 매우 컸다. 지금도 한국인의 반일 정서는 매우 좋지 않다. 그렇기 때문에 한국 정부의 대일정책은 커다란 한계를 갖고 있다.

한국과 일본은 상호 절대적 필요성을 갖고 있지 않다. 국가 간에 절대적 필요성은 국가 간의 외교관계를 긴밀하게 만드는 결정적 요소가 되는데 한·일 간에는 이것이 존재하지 않는다. 한-일 간에는 절대적 필요성도 없는데 양국 간에는 부정적 정서가 분명하게 자리 잡고 있다. 이러한 요소들이 한·일 양국 외교관계 발전에 한계로 작용하고 있다. 한·일 간에는 감정에 입각한 부정적 정서를 제거하여야 절대적 필요성도 생겨나고 외교관계도 발전할 수 있다.

앞에서 말한 바와 같이 주변 국가의 도움이 있으면 국가 간 외교관계 발전에 크게 도움이 될 것이다. 이스라엘과 중동 국가들 간의 외교관계는 적대적 관계의 수준이다. 그럼에도 불구하고 이스라엘은 미국의 지원으로 이집트, 요르단 그리고 아랍에미리트와 외교관계를 정상화 하는데 성공하였다. 이들 국가 간에 관계 정상화를 방해했던 요인은 정치적 요인이었다. 이러한 정치적 요인은 국가 간 이해하고 조절이 가능한 것들이라고 생각된다. 그리고 이들 국가 간의 반목은 현재의 국가에 의해 만들어진 것이 아닌 오랜 과거에 만들어진 것이다. 그러므로 이러한 정치적 반목은 시대의 변화에 따라 변화될 수 있다. 그렇기 때문에 국가 간의 관계도 변화가 가능하다.

오늘날 모든 국가의 경제 활동은 국경을 초월하여 활발하게 전개되고 있다. 물론 한국과 일본도 무역, 투자 등 경제 교류는 이루어지고 있다. 그러므로 경제적 측면에서 한·일 양국은 상대적 필요성을 갖고 있다. 이러한 상대적 필요성이 국가 간 외교관계를 긴밀하게 하는 데에는 한계가 있다. 앞에서 언급한 것처럼 이러한 상대적 필요성이 국가 간 외교관계를 증진시키는 효과는 기대할 수 없다. 한국과 일본 간에는 모든 관계를 압도하는 민족주의가 지금도 존재하고 발로(發露)되고 있다. 국가 간에 민족주의가 작동한다면 이 국가 간에는 어느 것도 이것을 억제하지 못한다. 동 · 서양을 막론하고 민족주의는 사람들의 마음과 행동을 결합시키고 통일시킬 수 있는 위력을 갖고 있다.

미국은 한-미-일 3국의 정책 공조를 시행하고 있다. 그러므로 미국은 한국과 일본의 외교관계가 긴밀하기를 희망할 것이다. 그럼에도 불구하고 미국은 한-일 관계 발전에 크게 기여하지 못하고 있다. 한-일 간의 반목 · 갈등은 민족주의적 차원의 요소가 그 근본 요인이다. 미국은 강대국이고 한 · 일 두 국가에 영향력을 행사할 수 있는 국가이지만 한 · 일 간의 민족주의에 기반한 반목 · 갈등은 미국의 능력으로도 극복이 불가능한 문제이다. 그렇기 때문에 미국의 도움을 통한 한 · 일 관계의 변화는 쉽지 않을 것이다.

결론적으로 국가 간 긴밀한 외교관계를 갖는다는 것이 중요하다는 것은 모두가 인정한다. 국가 간 이러한 외교관계를 가지려면 상호 상대 국가를 필요로 할 때 국가 간의 관계가 긴밀해진다. 특히 그 필요성이 절대적일 때 국가 간의 외교관계는 최상의 관계를 유지할 수 있다. 국가 간 상대적 필요성도 국가 간 외교관계를 발전시킬 수 있지만 그 상대적 필요성은 그 필요성의 정도가 취약하기 때문에 국가 간 외교관계의 긴밀도를 높이기에는 한계가 있다. 오늘날까지도 한국과 일본 간의 외교관계를 한 차원 높은 단계로 발전시킬 수 있는 요소는 발견되지 않고 있다.

3. 국가 간 외교관계와 외교 행위의 함수관계

외교관계는 외교의 근본 바탕이다. 외교관계는 외교의 방향, 정도, 깊이, 폭 등을 결정한다. 한 마디로 말해서 국가 간 외교관계가 좋으면 그 국가 간의 외교도 우호적이고 상호 이익 증대를 위해 전개된다. 바꾸어서 국가 간 전개되는 외교 행위가 나쁜 방향으로 전개된다면 외교 관계는 나빠질 수 있다.

여기에서는 앞에서 설명한 외교관계에 입각해서 각 국가 간의 외교를 조명해 보려 한다. 그리하여 외교관계와 외교의 함수관계를 증명하려 한다.

외교는 국가 간 발생한 현안의 해결을 도모하고 그리고 정부가 결정한 외교정책을 실천해서 외교정책 목표를 성취시켜 국가의 이익을 극대화하는 대외행위이다. 외교 행위는 구체적으로 자국의 의사, 정책 등을 상대 국가에 직접 알리는 의사 전달 행위가 있고 다른 하나는 간접적으로 의사, 정책 등을 간접적으로 알게 하는 의사표시 행위가 있다. 이러한 외교 행위는 영토 밖에서 국가의 이익을 증진시키는 행위이다.[11] 이러한 외교 행위의 효율성, 성공률 등은 외교관계에 의해 결정된다 해도 과언이 아니다. 외교 행위가 아무리 훌륭하다고 하더라도 그 외교 행위는 외교관계의 정도를 뛰어넘을 수가 없다.

한국과 미국 간의 외교: 한국과 미국은 상호 절대적 필요성을 갖고 있고 이 필요성에 입각한 외교관계를 갖고 있다. 이런 요소에 근거해서 형성된 한미간의 외교관계는 두 국가 간 외교 행위를 협조적이고 상부상조하는 차원에서 전개되도록 한다. 한국과 미국은 국교 정상화 이후 극단적으로 대립하고 충돌하는 일은 없었다. 한 · 미 양국은 기본적으로 이러한 갈등적 상황의 발생을 미연에 방지하려 노력한다. 왜냐하면 양국 간의 긴밀한 외교관계를 해치지 않으려하기 때문이다. 이러한 외교관계를 갖고 있는 한 · 미 양국은 상호 정책을 조율하고 있기 때문에 양국의 정책이 충돌하는 일은 없다. 예를 들면 한 · 미 양국은 북한 정책을 조율하기 위한 실무자 간의 모임(working group)을 가동하기도 한다.

실제로 1970년대 한국과 미국 간 갈등적 상황이 발생하였다. 한국의 박정희 정부는 비밀리에 핵개발을 추진하였다. 이 사실이 미국에 알려져 미국이 한국에 상당한 압력과 위협을 가하여 한국 정부는 핵 개발을 포기하였다. 또 1976년 10월 26일 워싱턴 포스트지는 소위 '코리아 게이트(Korea

11) 송영우, 현대외교론(서울: 평민사, 2003), pp. 22ff.

gate)'사건을 보도하였다. 이 사건 역시 한국 정부에 의해 주도되었던 사건이었다. 이러한 사건들은 한 · 미 관계를 어렵게 할 수 있는 사건이었다.[12)]

이러한 사건이 있었으나 한국의 핵개발 계획 철회로 미국은 한국에 어떠한 제재도 가하지 않았다. 결과적으로 한 · 미 양국은 긴밀한 외교관계에 기초해서 서로 상처없이 이 사건을 마무리하였다. 한국과 미국은 오늘날까지 상호 상대국가의 이익을 침해하는 정책이나 외교 행위는 없었다. 그 뿐만 아니라 한국과 미국은 상대국가에 대해 갈등적, 배타적 외교를 전개한 일도 없었다. 이것은 모두 양국이 상호 절대적 필요성을 갖고 그것을 충족시키기 위한 정책 및 행위로 일관하고 있다는 것을 보여주는 증거이다. 한국과 미국 간에는 긴밀한 외교관계가 형성되어 있고 이 외교관계에 입각해서 외교가 전개되기 때문에 특기할만한 외교 행위는 전개되지 않는다. 한국과 미국의 중요한 외교정책 및 외교 행위는 상호 사전에 의사의 교류가 이루어진다. 그렇기 때문에 한 · 미 양국의 외교 행위는 공조 차원에서 전개되고 있다.

➔➔ **유럽연합 회원국의 외교:** 유럽 대륙에 위치하고 있는 국가들의 외교관계는 매우 돈독하고 협조적인 외교관계를 갖고 있다. 이 국가들은 유럽연합(EU) 회원국이다. 유럽연합은 '공동외교 및 안전 정책(Common Foreign and Security Policy)'을 형성하는데 동의하였다. 회원국들은 "유럽연합의 공동가치, 기본 이익 그리고 유럽연합의 독립을 보호하고 유럽연합의 안전을 강화하고, 세계평화와 국제안전을 수호하고, 민주주의 및 법의 통치를 발전시키고 공고화하기 위해 국제공조를 촉진하며 그리고 인권과 기본 자유를 존중하는 것"이다. 유럽연합은 이러한 목표들을 성취시키기 위해 외교정책 및 군사적 노선에 대한 공통점을 갖기 위한 수단을 재정비하여야 한다는 것이 유럽연합의 기본 입장을 갖고 있다.[13)] 그리고 경제적으로 유럽대륙을 하나의

12) Don Oferdorfer, The Two Koreas(Reading, Massachusetts: Addison-Wesley, 1997), pp. 84ff 참고.

시장으로 만들고 화폐를 통일하여 유럽 전 대륙을 경제적으로 통합하였다. 이처럼 유럽연합은 정치적으로 또 경제적으로 모두 하나의 통일체로 만들었다. 그리하여 유럽연합의 회원국들은 누가 누구를 필요로 하는 것이 아니라 모두가 하나의 운명 공동체로 살아가고 있다. 유럽에서 각 국가들은 하나의 국가처럼 통합되어 있기 때문에 유럽연합 국가들의 외교관계는 모두 최고의 돈독한 그리고 협조적 관계를 갖고 있다.

유럽연합의 회원국들은 이 이익 공동체 및 운명 공동체를 합리적으로 유지하고 운영하여 이 지역의 안전을 도모하고 모든 국가의 이익을 극대화하는데 필수요건은 상호 적응, 협조, 상부상조 등일 것이다. 이러한 필수 요건은 모든 회원국들이 모두의 적응 · 협조 등을 절대적으로 필요하다고 생각할 것이다. 즉 모든 회원국들은 이 필요성을 위해 유럽 연합회원 국가와의 외교관계를 최상의 관계로 유지하려고 노력하는 것이 요구될 것이다. 유럽연합 회원국들은 이 연합의 성공을 위해 그리고 각각 자국의 이익을 위해 각각 다른 회원국들을 절대적으로 필요하다고 생각할 것이다. 이 유럽연합 회원국들은 모두 절대적 필요성을 갖고 있고 따라서 모두 최상의 외교관계를 유지하게 될 것이다. 외교관계가 좋아야 외교 행위가 좋은 성과를 거둘 수 있다. 앞에서 말한 바와 같이 국가 간 최상의 외교관계는 외교 당사국이 서로 상대 국가에 대한 절대적인 필요성을 가지는 경우이다. 이러한 경우는 상호 상대 국가의 모든 것을 존중하고 그리고 공유하려는 입장과 태도를 갖는다. 그러므로 이 국가들은 이러한 공유를 통해서 서로의 관계를 유지하고 있다. 당사국은 이러한 관계를 유지하기 위해 이에 적절한 외교 행위를 할 것이다.

세계에서 모범적인 외교관계를 갖고 있는 국가는 유럽연합의 회원국가이다. 이들 국가들은 유럽 연합을 이익공동체 및 운명공동체로 생각할 것이다.

13) Charles W. Kegley, JR. and Eugene R. Wittkopf, World Politics, 8th ed. (Boston: Bedford and/ST. Martin's 2001), pp. 194-195.

이 유럽연합이 이상적으로 운영되는 것이 곧 이들 회원국의 목표이고 이 목표를 위해 유럽연합 회원국들은 일심동체로 각 국가의 외교를 전개한다. 그러므로 이 유럽연합의 회원국들은 각 국가 간의 돈독하고 협조적인 외교관계의 유지가 이 회원국들 외교 행위의 대전제이다. 그렇기 때문에 이 회원들의 외교 행위는 언제나 친화적이고 협조적이다. 유럽연합 회원국들이 이렇게 행위하도록 만드는 것은 이들 국가들의 외교관계이다. 유럽연합의 회원국들은 이러한 가장 돈독하고 협조적인 외교 행위로 각 국가들과의 최고의 외교 관계를 유지하고 있다. 유럽연합 회원국들이 이렇게 최고의 돈독한 외교관계를 갖고 상부상조의 외교 행위를 하게 만드는 배경은 각 국가가 서로 상대국가에 대한 절대적 필요성을 갖고 있기 때문이다. 유럽연합 회원국가 간의 외교관계에 이렇게 커다란 찬사를 보내는 근거는 이 지역에는 국가 간 관계를 해칠 수 있는 갈등, 대립, 이익의 충돌 등이 발생하지 않고 있다. 유럽연합의 회원국들은 공동체 의식을 강하게 갖고 있고 그리고 이 공동체를 효율적으로 유지하기 위해서는 대립, 충돌, 갈등보다는 적응, 조화, 협조가 유럽연합 회원국들의 기본적인 외교의 바탕이 되고 있다. 유럽연합 회원국들의 외교관계 및 외교 행위를 통해서 절대적인 교훈을 얻었다. 그 교훈은 각 회원국에게 구속력을 행사할 수 있는 국제기구를 만들어 이 기구를 이익 공동체 및 운명 공동체로 인식하게 만드는 것이다. 이러한 기구는 국가 간 최상의 외교관계를 갖게 하고 가장 모범적인 외교 행위를 하게 만든다. 역사적으로 지구상에 유럽연합과 같은 국제기구는 존재하지 않았다. 유럽연합 회원국들은 모두 다른 회원국에 대해 절대적 필요성을 갖고 있다.

➔➔ **한국과 중국 간의 외교:** 앞에서 언급한 것과 같이 한국과 중국 간의 외교는 낮은 수준의 상대적 필요성에 의거해서 전개된다. 외교관계 자체가 그다지 높은 수준이 아니기 때문에 두 국가 간에 전개되는 외교도 그 수준을 벗어나지 못할 것이다. 또한 중국은 북한과 동맹관계를 갖고 있다. 한국은 미국과 동맹관계를 갖고 있다. 한국과 중국 사이에 놓여있는 상충되는

동맹관계는 양국이 높은 수준의 협조적인 외교 행위를 전개하는데 제한적 요소가 된다.

한편 한국과 중국은 동아시아에 위치하고 인접한 국가이기 때문에 각 국은 상대국가에 대해 관심을 갖고 있다. 한국과 중국은 각기 상대 국가의 외교정책 및 외교 행위를 언제나 예의주시하고 있고 필요한 경우에는 적절한 대응을 한다. 그 하나의 예가 2018년 7월 한국 영토에 미군이 운영 사드(THAAD) 배치를 발표하자 중국은 한국에 대해 보복성 조치를 취했다. 중국 내에서 기업활동을 하는 한국 기업의 경제활동을 제한하였고 중국 단체의 한국 관광을 금지하기도 하였다. 중국이 한국에 이러한 보복적 조치를 취한 것은 한-중 간 외교관계가 그다지 좋지 않다는 것을 보여주는 정책 결정이었다. 국가 간에 보복성 조치를 강구한다는 것은 국가 간 외교관계가 긴밀하지 않다는 증거이다.

1992년 8월 한-중 외교 이후 양국 국가 원수의 교환 방문이 있었다. 한 · 중 외교관계 정상화 직후인 1992년 9월 노태우 대통령이 중국을 공식 방문하였다. 그 후 한국의 역대 대통령들이 모두 중국을 공식 방문하였다. 그리고 1994년 10월 중국의 이붕(李鵬) 총리가 한국을 방문하였다. 그리고 그 후 강택민(江澤民), 시진핑(習近平) 국가 수석이 한국을 공식 방문하였다. 한국과 중국은 1992년 8월 국교 정상화 이후 2007년 5월까지 총 20회의 정상회담과 17회의 준 정상회담을 가졌다. 그리고 이 기간 동안 양국의 장관급 회담도 69회 개최되었다.[14] 2015년 박근혜 대통령과 시진핑 국가 주석은 10월 9일 북경에서 거행된 중국 전승 기념 열병식에 참석하고 정상회담을 가졌다. 이 자리에서 박근혜 대통령은 "2015년 8월 한반도에서 긴장상태가 발생했을 때 이 긴장을 해소하기 위해 긴밀히 소통하고 건설적 역할을 해 주신데 대해 감사한다"고 말했다.[15]

14) 김애경, "중 · 한 관계," 한국국제정치학회 중국분과(편), 중국(서울: 도서출판 오름, 2008), p. 218.

1992년 9월 노태우 대통령은 강택민 주석과 우호협력관계를 수립한다는 데에 견해를 같이 하였다. 그리고 1998년 김대중 대통령은 '협력적 동반자 관계', 2003년 노무현 대통령은 '전면적 협력 동반자 관계' 그리고 2008년 이명박 대통령은 '전략적 협력 동반자 관계' 구축을 강조하였다. 한 · 중 국가 원수 간의 이러한 상징적인 관계 구축 그리고 외교적 수사는 실질적으로 국가 간 이익 증대와는 무관한 것들이다. 국가 간 정상회담이 형식적이고 상징적이라면 그 회담에서는 아무런 결과도 도출되지 않는다. 한국과 중국 간에는 외교관계 정상화 이후 여러 차례 정상회담을 가졌지만 두 국가 간 외교관계의 발전은 그 흔적을 찾아 볼 수 없다. 그 예로서 마늘파동이 있었을 때 그리고 한국에 사드가 배치되었을 때 중국은 한국에 보복 조치를 취하였다. 중국 보복 조치가 큰 것은 아니었지만 외교관계의 측면에서 보면 양국 관계가 긴밀하지 않다고 말할 수 있다. 실제로 국가 간 상호 이해를 공유하는 국가라면 이러한 보복 조치는 발생할 수 없다.

문재인 정부는 2017년 10월 31일 중국과 다음과 같은 내용에 합의하였다. 그 합의 일명 '한-중 3불합의'로 그 내용은 다음과 같다.

"한국은 추가로 사드를 배치하지 않는다.; 미국의 미사일 방어체제(MD)에 참여하지 않는다.; 그리고 한국은 한-미-일 3국 동맹관계를 갖지 않는다" 그리고 이런 내용에 합의해주었으므로 한 · 중 양국은 모든 분야의 교류 · 협력을 정상적으로 회복시키기로 합의하였다.[16] 이것도 한 · 중 간 외교의 한 단면이다. 이러한 합의는 중국의 한국 주권 침해 소지가 있는 합의이다. 이러한 합의는 한국이 자랑할 수 있는 명예로운 외교 행위는 아니다. 이러한 외교 행위는 한 · 중 간 이해(利害)를 공유하는 협조적인 외교의 전개가 어렵다는 것을 단적으로 보여주고 있는 것이다.

15) 朝鮮日報, 2015. 9. 3.

16) 朝鮮日報, 2019.11.1.

➔➔ **미국과 중국 간의 외교:** 세계적으로 또 동아시아에서 미국과 중국의 관계는 정치, 경제 등 여러 측면에서 크게 영향을 미친다. 미국은 동아시아의 패권국가로 이 지역 국제정치에 크게 영향을 미친다. 만일 미국의 동아시아 전략이 바뀌거나 또는 대 중국 정책을 획기적으로 바꾼다면 이 지역 국가들은 모두 그들의 정책 및 전략에 변화를 갖게 될 것이다 중국의 인구, 시장 등이 매우 크기 때문에 중국의 정책도 미국을 포함해 이 지역 국가들의 정책에 영향을 미칠 수 있다. 만일 중국이 일본에 대해 적대 정책을 추진한다면 한–미–일 3국의 대 중국 정책에 변화를 가져올 수 있다. 이처럼 미국과 중국의 새로운 정책 및 행위는 다른 국가 정책 및 외교에 변화를 갖게 할 수 있다. 한 국가의 외교정책이 다른 한 개 이상의 국가 정책에 영향을 미치거나 또는 변화를 가능케 할 수 있는 국가는 정치적 강대국이라고 말 할 수 있다. 이러한 미국과 중국의 외교 행위는 많은 국가의 주요 관심사이다.

미국과 중국은 동아시아 지역에 위치하여 항상 상호 주요 관심 국가로 존재하고 있다. 양국은 항상 상대 국가를 끊임없이 예의주시하고 관찰하고 있다. 그러나 미국과 중국은 근본적으로 정치체제 및 사회체제를 다르게 갖고 있고 경쟁하고 대립하고 있는 국가이다. 특히 미국과 중국은 동아시아 지역에서 정치적 강대국으로서 각 분야의 정책적 측면에서 경쟁하고 대립하고 있는 국가들이고 상부상조하는 협조적인 관계는 존재하지 않는다. 미국과 중국은 동아시아에서 상대국을 크게 경계하고 의식하고 있다. 특히 양국은 동아시아지역에 현존하는 권력구조 및 힘의 분포에 초점을 맞추어 외교정책을 결정하고 외교를 전개하고 있다. 예를 들면 중국은 미국의 항공모함 전단의 이 지역으로의 이동, 전진 배치, 또 추가 배치 등에 초점을 맞추어 경계 주의를 집중하고 있다. 미국은 중국의 러시아와의 교류, 관계 등에 깊은 관심을 갖고 있다. 이와 같은 미국과 중국의 행태가 양국 외교관계의 기본 바탕이다. 다시 말하면 미국과 중국의 모든 관계는 이러한 경쟁 및 대립의 기초 위에서 만들어진다. 미국에서 정권 담당자가 바뀌는데 어떤 정부는 중국에 대한 경쟁 및 대립적 기본 입장은 표면적으로는 유화적인 태도를 보이기도 하지만 근본적으로 미국의 중국에 대한 경쟁 및 대립의 기본 입장은 미국의 모든 행정부가 일관되게 견지해 왔다. 그 이유는 동아시아에서 중국의 패권 추구를 크게 우려하고 있기 때문이다.

미국과 중국은 근본적으로 외교정책 노선 및 외교정책목표를 다르게 있다. 예를 들면 미국과 중국은 리비아, 시리아, 이란, 중동, 북한 등에 대해 다른 입장을 갖고 있다. 미국과 중국은 중국의 인권 문제에 대해서도 근본적으로 다른 입장을 갖고 있다. 또한 중국은 사회주의 경제체제를 갖고 있고, 환율을 조작하고, 국가 주도의 계획 경제 질서를 유지하고 있다. 주지하는 바와 같이 미국은 자본주의 시장경제 질서를 유지하고 있다. 미국과 중국은 정치, 경제 등에서 이념 및 체제를 달리 갖고 있기 때문에 두 국가 간의 정책적 공조는 기대하기 어렵다. 특히 미국과 중국은 아시아-태평양 지역에서 전략적으로 대립적 및 경쟁 관계를 갖고 있다.[17]

미국의 중국에 대한 입장은 미국 국무장관을 역임했던 키신저에 의해 잘 표현되고 있다. "세계에서 가장 많은 인구를 갖고 있고 거대한 자원을 갖고 있는 존재는 미국의 이익과 양립할 수 없다. 이러한 이유로 미국은 아시아에 거점을 확보하고 이 지역에서 강대국이 될 것으로 예상되는 국가가 자신을 중심으로 아시아 국가들과 함께 미국에 비우호적인 블록을 형성하려는 기도를 막아야 한다."[18] 또 부시(George W. Bush) 행정부에서 백악관 안보보좌관과 국무장관을 역임했던 라이스(Condoleezza Rice)는 2000년도에 발표한 논문에서 다음과 같이 주장하였다. "중국은 미국 중심의 아시아의 기존 질서를 타파하려는 국가이다. 이에 대응해 미국은 아시아에서 군사력을 강화하고 한국, 일본 등과 군사협력을 강화해야 한다."[19] 미국 외교정책 결정에

17) 송영우, 동아시아 국가의 국제정치, pp. 226ff 참고.

18) Henry Kissinger, Does America Need a Foreign Policy?, p. 112.

19) Condoleezza Rice, "Campaign 2000: Promoting National Interest," Foreign Affairs, vol.

핵심적 역할을 하는 이 두 사람의 주장은 미국의 중국에 대한 기본입장이고 전략이라고 생각된다. 이러한 미국의 태도는 중국과의 외교관계에도 영향을 미쳐 '부정적 필요성'을 생성시켰다. 이러한 미국은 중국에 대해 견제적 및 보복적 행위로 일관하고 있다.

미국은 동아시아의 패권국가이다. 그러나 미국은 중국에 압력 또는 영향력을 행사하여 중국의 외교정책 및 외교 행위를 통제할 수 있는 근거를 갖고 있지 못하다. 그러므로 미국에 중국에 압력 및 영향력을 행사하는 대신 보복 및 견제를 통해 중국을 통제하고 있다. 그러나 중국은 미국에 대한 견제 및 보복행위를 자제하고 있다. 이것이 중국의 소극적 외교이다. 중국의 미국에 대한 외교가 소극적인 이유는 경제, 군사 등 여러 부분에서 미국보다 약하기 때문이다. 만일 중국이 그의 국력 이상으로 미국에 대해 적극적인 외교를 전개한다면 양국은 정면으로 충돌하게 될 것이다. 그 결과는 강한 국력을 가진 국가에게 승리가 돌아가게 될 것이다.

미국의 중국 견제에 이용되는 수단 중의 하나는 미국의 대만에 대한 무기 판매이다. 미국과 중국은 1972년 2월에 채택한 '상해 공동성명'에서 하나의 중국론에 동의하였다. 즉 대만은 중국의 영토라는 것이다. 그런데 미국은 중국에 무기를 계속해서 판매하고 있다.[20] 미국의 대만에 대한 무기 판매는 하나의 중국 원칙을 위반하는 것이다. 대만에 대한 미국의 무기 판매 행위는 중국에 심리적 압력을 크게 가하게 되므로 이것은 명백한 미국의 대중국 견제 행위이다. 즉 중국에 직접적인 피해를 주기보다는 중국의 심기를 불편하게 하려는 것이다.

미국은 또한 중국에 대한 견제 행위에는 다음과 같은 것이 있다. 1993년 미국 의회는 2008년 북경 하계 올림픽 개최를 반대하는 결의안을 채택하였다.

79 January/February 2000.

20) 송영우, 동아시아 국가의 국제정치, pp. 312ff 참고.

또 미국은 1995년 7월 중국과 국경을 맞대고 있는 베트남과 외교관계를 정상화하고 미국이 베트남의 캄란만(Cam Ran Bay)에 대한 사용권을 획득하였다. 미국은 1996년에 역시 중국과 국경을 맞대고 있는 몽골공화국과 상호안전을 위해 협력한다는 협정을 체결하였다. 미국의 이러한 행위들은 중국에게는 크게 심리적으로 압박을 가하는 외교 행위이다.

미국은 중국을 견제할 때 흔히 이용하는 소재는 인권 문제이고 이것은 중국을 아프게 하는 소재이다. 미국은 2017년 6월 중국의 인신매매 보고서를 발표하였다. 이 보고서 내용은 다음과 같다. "중국은 국제적 인신매매 퇴치를 위한 최소한의 기준을 맞추지 못하고 있다. 인신매매는 미국의 국가 안보와 연결되는 문제이다. 중국이 다시 최악의 인신매매 국가로 강등된 것은 북한 노동자의 고용이 원인이다."[21]

미국과 중국 간 절대적 '부정적 필요성'에 입각해서 행해진 양국의 외교에는 다음과 같은 예가 있다. 미국 의회에 의해서 제정된 '홍콩 인권 민주주의 법안'이 2019년 11월 27일 발효되자 중국은 미국 군함의 홍콩기항을 금지하는 보복조치를 취했다. 또 미국 하원은 2019년 12월 3일 '위구르 개입 및 국제 인도주의 대응 방안'을 가결하였다. 이 법은 중국의 중국 내 소수 종족(種族)인 위구르족을 상대로 운영하는 '재교육 캠프'에서 자의적 구금과 인권탄압이 이루어지고 있기 때문에 신장 위구르 자치구의 중국공산당 서기 등이 이 캠프에 관여하고 있는 중국 관리들을 제재할 수 있도록 하는 내용을 담고 있다. 이 법안의 내용 중에는 또한 미국산 물품의 신장지역에 수출을 제한하고 그리고 미국 국무부에 신장 특별조정관을 두도록 하는 것도 포함하고 있다.[22] 미국과 중국의 이러한 조치들이 '부정적 필요성'에 입각해 형성된 외교관계를 갖고 있는 국가들의 견제 성격의 외교 행위이다.

21) 朝鮮日報, 2017. 6. 29.

22) 朝鮮日報, 2019. 12. 5.

2012년 1월 5일 미국 오바마 정부는 미국의 새로운 국방전략의 가이드라인으로 "미국 글로벌 리더십의 지속: 21세기를 위한 우선 순위(Sustaining US Global Leadership Priorities for 21st Century)"라는 제목의 보고서를 발표하였다. 이 보고서에 "아시아-태평양 지역을 가장 중요한 지역으로 규정하고 미국의 기존 군사 역량을 아시아 지역에 집중하여 부상하는 중국을 견제하는 정책을 채택하는 것이 미국의 대 중국 안보정책이다"라고 하였다.[23)]

중국도 미국의 견제 정책에 대응하는 외교 행위를 하였다. 1992년 12월부터 1998년 11월까지 6년 동안 중국과 러시아는 약국 정상이 교환 방문하며 6차례의 정상회담을 가졌다. 그리고 1992년부터 1996년 초까지 4년 동안 중국과 러시아 양국 고위 인사들은 1,000회 이상 회합을 갖고 양국 관계 증진을 도모하였다.[24)] 중국 당국에 의하면 1990년대의 중국과 러시아의 관계가 역사상 가장 긴밀하였다고 한다.[25)] 중국의 이러한 러시아에 접근은 역시 미국에 심리적으로 영향을 미치기 위한 일종의 대 미국 견제 외교 행위였다.

앞에서 지적한 바와 같이 중국은 수출시장으로 미국 시장을 절대적으로 필요한 시장이다. 그렇기 때문에 미국은 중국에 대한 압력의 수단으로 경제 보복이라는 수단을 이용한다.

미국은 1996년 5월 44차례에 걸친 고위 관료급 회담에서 중국과 지적재산권 문제를 해결하려 노력하였으나 아무런 성과를 거두지 못했다. 이것에 대한 보복조치로 미국 정부는 30억 달러 상당의 중국산 의류 및 전자제품 등에 대한 100% 보복관세 등을 포함한 중국에 대한 예비 보복 조치를 발표하였다. 이번 조치는 유예기간을 거친 다음 1996년 6월 17일부터 시행하기로

23) 김관옥, 동아시아 '불일치 딜레마 외교'(서울: 리북, 2013), p. 56에서 인용.

24) FBISCHI, April 22, 1996, p. 22.

25) Beijing Review, May 5-11, 1996, pp. 10-11.

하였다. 특히 보복관세 품목 중에는 미국 섬유시장의 70%를 차지하고 있는 품목들이 포함되어 있다.[26)]

중국도 미국 정부의 이러한 보복조치에 맞서 1996년 5월 16일 농산물을 비롯한 미국의 대중국 수출품에 대해 100% 보복 관세 방침을 결정하였다. 중국의 보복관세가 적용되는 품목은 농축산물, 자동차, 통신장비 등이다. 그리고 중국의 대외무역부는 미국산 영화, TV드라마 등의 수입도 중단하기로 하였다.[27)]

미국 정부는 2019년 7월 22억 달러 규모의 MIA2T 전차와 스팅어 미사일의 대만에 판매를 승인하였다. 그리고 2019년 8월 20일에도 80억 달러 규모의 F-16V 전투기 66대의 대만 판매를 승인하였다. 이러한 미국의 행위에 대해 2019년 8월 21일 중국 외교부 대변인은 정례 브리핑에서 "미국이 중국의 내정에 간섭하였으며 중국의 주권과 안보 이익을 크게 훼손하였다. 대만에 대한 무기 판매와 대만과의 합동 군사훈련을 즉각 취소하라. 이번 무기 판매에 참여하는 미국 기업에 대한 제재를 포함해 중국의 이익을 지키기 위해 필요한 조치를 취한 것이다"라고 말했다.[28)]

미국이 중국의 주권과 안보 이익을 크게 훼손하였다고 하면서 중국이 이에 대해 취한 조치는 고작 외교부 대변인의 성명이 전부였다. 가장 중요한 주권과 안보 이익을 침해 받은 중국의 이러한 조치는 '부정적 필요성'에 입각한 조치이다. 중국의 미국에 대한 기본 입장은 미국과의 직접 충돌을 회피하는 것이다. 미국과 중국의 '부정적 필요성'은 미 · 중의 정면충돌을 피하게 만드는 핵심 요소이다. 중국은 미국에 의해 주권이 또 안보 이익이 침해되어도 미국에 직접 대항하지 않는 정책 기조를 갖고 있다.

26) 朝鮮日報, 1996. 5. 16.
27) 朝鮮日報, 1996. 5. 17.
28) 朝鮮日報, 2019. 8. 20.

1978년 12월 개최된 중국공산당 11계 3중 전회에서부터 시작된 중국의 개혁 · 개방을 선도적으로 이끌어 온 등소평은 1993년 중국의 미국에 대한 외교정책의 지침으로 다음과 같은 내용을 제시했다. “신뢰를 크게 높이고, 갈등을 줄이고, 협조를 적극적으로 하고 정면대결을 피하라”[29] 이와 같은 지침 등이 중국의 대미정책의 근간이 되고 있으므로 ‘부정적 필요성’과 함께 중국은 미국과 국제정치적으로 그리고 군사적으로 정면충돌하는 일은 없을 것이다. 그와 함께 중국은 국력 측면에서 미국에 크게 뒤지고 있고 또 현실적으로 미국의 수출시장이 절대적으로 필요하기 때문에 중국은 강대국 미국에 적극적으로 또 공격적으로 대미 외교정책 및 외교 행위를 취할 수 없는 국가이다.

➔➔ **중국과 일본 간의 외교:** 두 국가는 국제정치 및 전략적 측면에서 보면 긴밀한 외교관계를 갖기는 어렵다. 특히 일본은 미국의 동맹국가로써 동아시아에서 미국과 함께 중국의 미국에 대한 도전을 함께 저지해야 할 책무를 갖고 있다. 그러므로 두 국가 간의 외교는 상부상조하며 협조적 외교로 일관하는 일도 어렵다. 또한 일본은 언제나 미국과 외교정책 노선을 공유하고 정책공조를 하고 있다. 그러므로 두 국가의 외교 행위에는 분명 한계가 있다.

한편 일본과 중국은 국제정치 및 전략적으로 같은 것보다 다른 것이 더 많은 국가이다. 그럼에도 두 국가는 외교적으로 충돌하거나 적대적으로 행위하는 경우는 없었다.

2010년 9월 일본 해상 보안청 순시선과 중국 어선이 센카쿠 열도(尖閣列島−釣魚島) 근해에서 충돌하는 사고가 발생하였다. 이때 일본은 중국 어선의 불법 행위를 이유로 선박과 선장을 억류하였다. 이에 대해 중국은 일본에 희토류의 수출 중단을 위협하며 중국 선장의 석방을 요구하였다. 그러자

29) 人民日報, 1993. 5. 24.

일본 정부는 중국 선장을 석방하였다. 일본이 중국 요구를 수용하며 중-일 간의 정부 차원의 외교적 충돌, 갈등은 없었다. 중국과 일본 간의 이러한 외교는 두 국가가 이미 외교적 충돌을 방지할 수 있는 조치를 강구하여 놓았기 때문에 가능하였다. 중국과 일본은 1972년 외교관계를 정상화할 때 그리고 1978년 '평화 · 우호조약'을 체결할 때 조어도-센카쿠 열도 문제는 '논쟁보류 · 공동개발(擱置爭議, 共同開發)'이라는 방침에 합의하였다. 이때 중국 국무원 부총리 등소평과 일본 외상 소노다 스나오(園田 直)는 조어도/센카쿠 열도 문제는 더 이상 논의하지 않는다는 데에 견해를 같이 하였다.[30] 이러한 합의가 중국 선박 문제를 슬기롭게 해결할 수 이었던 근거였다. 중국과 일본 간 외교적으로 크게 충돌할 수 있는 이 센카쿠 열도 문제를 잘 정리하였다. 이것이 중 · 일 외교의 걸림돌을 제거하는 요소가 되었다. 또한 중국과 일본은 과거 역사 문제를 미래 문제로 돌려 놓았다. 이런 조치 역시 외교의 걸림돌을 제거하였다. 두 국가는 외교의 장애물들을 제거하여 오늘날의 외교가 협조적으로 전개될 수 있는 발판을 마련하였다. 실제로 중 · 일 간에 외교적 마찰은 없었다. 두 국가의 외교는 언제나 정상적으로 전개되었다. 1972년 중 · 일 국교정상화 이후 양국 간에는 갈등적인 외교 행위는 전개되지 않았다. 이것 또한 일 · 중 외교의 특징 중의 하나이다.

중국과 일본 양국이 이러한 외교를 전개하는 배경은 상호 경쟁의식을 갖고 있지 않기 때문이다. 중 · 일 양국은 외교적으로 어느 한 국가가 상대 국가를 제압하고 승리하고자하는 의식을 갖고 있지 않다. 양국이 이러한 의식을 갖는 이유는 양국의 평범한 외교관계 뿐만 아니라 실제로 양국이 대립하고 경제하는 것이 어느 누구에게도 도움이 되지 않고 또 대립 · 경쟁의 필요성을 갖고 있지 않기 때문이다. 양국은 아픈 과거를 갖고 있음에도 불구하고 과거는 모두 미래에 맡기고 미래지향적으로 외교를 전개하기 때문이다.

30) 하도형, "중 · 일 관계," 한국국제정치학회, 중국분과(편), 중국 · 현대국제관계(서울: 오름, 2008), p. 134에서 인용.

과거 지향적인 외교는 국가 이익의 증대에는 전혀 도움이 되지 않는다. 중국과 일본은 미래 지향적인 자세가 외교관계를 뛰어넘는 외교의 전개를 가능케 한다. 특히 중국 내에는 민족주의가 발동된 일이 없다. 또한 이것이 중 · 일 외교관계에도 나쁜 영향을 미치지 않고 있다. 그렇기 때문에 일본과 중국은 특정 의식을 갖지 않고 외교를 전개한다. 이러한 외교는 정상적인 그리고 합리적인 행위로 전개된다.

➔➔ **한국과 일본 간의 외교:** 한국과 일본과의 관계가 양국 간의 활발한 외교의 전개를 뒷받침하고 있지 않다. 한국과 일본 간에는 긴밀한 외교관계를 갖고 활발한 외교가 전개되어야 한다는 당위성에는 대체로 공감하고 있지만 현실은 그렇지 않다. 한국과 일본 간에는 이상과 현실 간에 상당한 괴리가 있다. 이것이 한국과 일본 외교의 현주소이다. 한 · 일 간 이러한 괴는 정치적으로 또 외교적으로만 해결이 불가능하다. 한국과 일본이 긴밀한 외교관계를 갖고 활발한 외교를 전개하려면 양국 국민이 갖고 있는 국민 정서가 조화를 이루어야 가능하다.

한 · 일 외교관계를 정상화한 박정희 정부에서는 양국의 외교는 활발하게 전개되지 않았다. 1960년대 및 1970년대는 양국 외교가 적극적으로 전개될 수 있는 상황이 존재하지 않았다. 1960년대 한국에는 한 · 일 국교 정상화 반대 정서가 팽배해 있었다. 그렇기 때문에 한국의 대 일본 외교는 자리를 잡을 수 없었다. 한편 일본의 총리를 역임했던 요시다 시게루(吉田 茂)는 1966년 "일본이 조선인을 위해 선정을 베풀었음에도 불구하고 한국인이 일본인을 증오하는 것은 매우 유감스럽다"라는 발언을 하였다.[31] 한편 1973년 8월 일본에 체류중이던 야당의 대통령 후보였던 김대중씨를 납치하여 강제로 한국으로 연행하였다. 한국 정부의 이러한 행위는 일본의 주권을 침해하는 행위로 간주되었다. 이러한 언행들은 한 · 일 양국 간 외교를 극도로

31) 이기완, 일본 외교와 동아시아(서울: 매봉, 2009), p. 58에서 인용.

제한하는 행위였다. 이러한 행위들은 곧 긴밀하지 못한 외교관계에서 출발한 것이다.

이러한 외교관계 속에서 1980년대에는 한 · 일 양국 정상의 만남도 있었다. 1983년 일본의 나카소네 야스히로(中曽根 康弘) 총리가 한국을 방문하여 전두환 대통령과 정상회담을 가졌다. 그리고 나카소네 총리는 한국에 차관도 제공하였다. 그리고 1984년 9월에는 전두환 대통령이 일본을 방문하여 일본 국왕을 면담하고 한 · 일 정상회담도 가졌다. 1993년 8월 일본의 호소카와 모라히도(細川護熙) 수상 그리고 1996년 6월 무라야마 도미이치(村山 富市)수상도 "과거 침략 전쟁을 반성하고 가해자로서 진심으로 사죄한다"고 언급하기도 하였다. 그리고 1998년 10월 김대중 대통령과 오부치 게이조(小渕 恵三) 수상은 '한 · 일 공동선언'-21세기를 향한 새로운 한 · 일 파트너십-을 선언하기도 하였다. 이러한 일련의 한 · 일 외교는 한 · 일 외교 관계를 발전시키지 못했다. 그 이유는 한 · 일 간의 대립적인 국민 정서가 만연하고 있기 때문이다.

이러한 행위도 외교 행위이다. 이러한 외교 행위는 정치적 또는 상징적 의미를 담고 있는 외교 행위이다. 한국과 일본은 상호 투자, 무역 등 상호 국가의 이익을 증대시키기 위한 외교, 중국 및 북한에 대응하기 위한 외교, 동아시아 국제정치 환경을 양국에 유리하게 조성하기 위한 외교 등을 전개하기 위한 협의, 협조가 필요하다. 그러나 한 · 일 간에는 이러한 구체적이고 실질적인 외교의 전개는 찾아보기 어렵다. 이러한 것들은 한국과 일본 간에 존재하는 외교 관계에 유래되는 것이다.

현존하는 한 · 일 간의 외교관계의 본질을 보여주는 외교가 전개된 일이 있었다. 박근혜 정부 시절인 2015년 12월 26일 '한 · 일 위안부 합의'가 있었다. 그 내용 중에는 "소녀상이 적절히 해결되도록 노력한다"라는 내용이 명시되어 있다. 그리하여 일본 정부는 2017년 1월 부산 일본 영사관 앞에 있는 위안부를 상징하는 소녀상의 철거를 요구하였다. 한국 정부는 "그 소녀상은 한국 정부가 세운 것이 아니라 한국의 시민들이 설치한 것이기 때문에 정부의 강제 철거는 어렵다"는 의사표시를 하였다. 이에 대해 위안부 소녀상이 철거되지 않는 것은 '한 · 일 위안부 합의 위반이다'라고 주장하였다. 그리고 일본 정부는 한국 정부의 처사에 대한 대응으로 2017년 1월 9일 주한 일본 대사 나가미네 야스미사(長嶺 安政)와 부산 주재 일본 총영사 모리도모 야스히로(森本康敬)를 일시 귀국시켰다. 그리고 일본은 한 · 일 고위급 경제 협의 및 한 · 일 스와프 협상을 중지시켰다. 이러한 외교 행위가 한 · 일 외교의 상징성 및 실질적 성격을 종합적으로 보여준 외교이다. 소녀상 문제로 전개된 외교가 한 · 일 외교의 알파요 오메가이다.

결론적으로 국가 간 외교관계는 국가 간 외교의 근본 바탕이 되고 외교의 범위, 한계 등을 결정지어 준다. 다시 말해서 어떤 경우에 국가 간 어떠한 외교가 전개될 것인가를 알려면 그 국가 간의 외교관계를 살펴보면 그 국가 간의 외교를 예측할 수 있다. 국가 간의 외교관계를 정확히 알려면 명시적인 합의의 존재 여부를 아는 것이 중요하다. 명시적으로 국가 간의 관계를 규정해 놓았다면 외교는 그것에 따라 전개될 것이기 때문이다. 국가 간 명시적으로 규정해 놓은 내용 가운데 절대적 필요성이 존재한다면 그 국가 간의 외교관계는 매우 긴밀할 것이고 따라서 그 국가 간의 외교는 협조적으로 그리고 상부상조의 차원에서 전개될 것으로 전망하여도 좋을 것이다.

국가 간에 외교관계에 관한 명시적인 의사가 표시되어 있지 않다면 그 외교관계는 긴밀하다고 말하기 어렵다. 따라서 외교도 매우 유동적으로 전개될 것이다.

CHAPTER 06

강대국 외교 그리고 약소국 외교

외교는 국가의 관리에 의해서 영토 밖으로 전개하는 행위이다. 국가의 이러한 행위에 강대국 외교가 있고 또 약소국 외교가 따로 있는 것은 아니다. 강한 국가나 약한 국가나 모두 대외행위를 하지만 그 행위 전개의 동기, 배경, 과정, 방법, 목적 등이 다르다. 강대국 외교와 약소국 외교가 다른 이유는 외교에서 이용할 수 있는 힘을 다르게 갖고 있기 때문이다. 마키아벨리(Niccola Machiavelli) 그리고 웨버(Max Weber)가 말하는 것처럼 "힘은 정치의 핵심이다"1)

국제정치에 있어서도 힘은 그의 핵심이다. 그리고 외교는 국제정치의 수단이다. 국제정치를 실제로 수행하는 외교는 대체로 힘의 뒷받침에 근거해서 전개된다. 그러므로 국가에 의해 전개되는 외교는 힘이 강한 국가의 그것과 힘이 약한 국가의 그것은 상당한 차이를 보인다.

국제정치와 외교를 논의하는데 모든 국가를 동일한 국가로 한데 묶어 논의를 전개한다면 그것은 비생산적이고 효과적이지도 않다. 왜냐하면 국제정치나 외교를 국력과 분리해서 생각한다면 그것은 현실을 적절하게 설명할 수 없다. 국제정치나 외교는 힘에 기초해서 전개되는 행위들이다. 그렇기 때문에 국제정치 및 외교를 논의할 때 국력에 의해 국가를 분류해서 논의하는 것이 타당하고 현실적이다. 그리하여 이 글에서는 절대적 강대국,

1) Roger Hilsman, The Politics of Policy Making in Defense and Foreign Affairs, 3rd ed.(Upper Saddle River, NJ.: Prentice-Hall, InC., 2000), pp. 76-77에서 인용.

상대적 강대국 그리고 약소국으로 나누어 이들의 외교를 논의하려 한다.

1. 강대국 및 약소국

① 절대적 강대국의 의미

절대적 강대국이란 문자 그대로 다른 국가와 비교할 수 없을 정도의 막강한 힘을 가진 국가를 의미한다. 강한 힘이란 국가가 필요한 것을 얻을 수 있고 목표를 달성할 수 있는 능력을 말한다. 절대적 강대국이란 이러한 것을 할 수 있는 국가를 의미한다. 절대적 강대국은 그의 힘을 이용하여 현재 그의 지위를 유지하고 국가 이익을 극대화하고 그리고 세계를 지배하기 위해 제도를 만들고 규칙을 만들어 그것을 강요할 수 있는 국가를 의미하는 것이다. 이러한 것들을 구체화시킨 것이 국제정치체제(International political system)이다. 절대 강대국은 그의 지위를 유지하기 위해 이러한 국제정치체제를 만들고 그것을 활용한다. 이러한 국가를 패권국가(hegemony)라고 한다.[2)]이 패권국가가 절대 강대국이다. 절대 강대국과 유사한 의미를 가진 국가로는 패권국, 초강대국 등이 있다. 이러한 강대국들도 지구상에 주권국가가 등장하면서 존재할 수 있게 되었다. 카(E.H. Carr)는 정치와 국가의 등장 배경을 다음과 같이 설명하고 있다.[3)]

“인간은 언제나 집단을 형성하여 그 속에서 살아왔다. 인간이 이루는 집단 가운데 가장 작은 집단은 가족이다. 이 가족은 종족을 보존하는데 절대적으로 필요하다. 우리가 잘 알고 있는 바와 같이 인간은 가장 원시적인 시대부터 한 가족보다는 더 큰 반영구적인 집단을 형성하여 살아왔다. 이와 같은 집단이 갖고 있는 기능 중의 하나는 그 구성원 간의 여러 관계를 규율하는 것이다. 그리하여 정치란 이러한 조직적인 영구적 또는 반영구적 집단을

2) Charles W. Kegley, JR. and Eugene R. Wittkopf, World Politics, 8th ed.(Boston: Bedford/ST. Martin's 2001), p. 432.

3) E.H. Carr, The Twenty Years Crisis(London: Macmillan & CO. LTD., 1958), pp. 95-96.

형성하고 있는 구성원인 인간의 행위를 다루는 것이다. … 아리스토텔레스가 인간은 정치적 동물이라고 선언할 때 그는 정치에 대한 건전한 생각에 바탕을 두고 있었다. 사회의 구성원은 다른 사람들에게 서로 상반되는 두 가지 형태로 대응한다. 어떤 경우에는 자기중심적으로 또는 어떤 경우에는 다른 사람을 희생시켜 자신의 의지를 관철시키려 한다. 그런가 하면 어떤 때에는 상당한 사회성을 발휘하기도 하고, 또 다른 사람과 협력을 원하기도 하며 친선과 우의를 도모하려하기도 한다. 어떤 경우에는 자기 자신을 다른 사람에게 종속 시키려 한다. 모든 사회에는 이와 같은 상반된 두 가지 성질의 행태가 작동되기도 한다. 어떤 사회이든 구성원의 대다수는 서로 협력하고 상호 친목을 도모하려 하지만 그러나 여기에는 질서를 유지하기 위한 방편으로 어느 정도의 규제와 제재가 요구된다. 규제와 제재는 사회의 이름으로 집단이나 개인 행위에 대해 적용된다. 대부분 집단의 구성원이 되는 것은 임의적이지만 그 구성원에게 가해지는 제재는 강제적이다. 그러나 현대세계에서 국가의 형태를 취하고 있는 정치적 사회의 특성은 국가의 구성원이 되는 것도 강제적이다. 다른 집단과 같이 국가도 구성원 간의 공통의 이익과 의무에 기초하고 있다. 그러나 국가에 있어서도 강제(coercion)는 충성과 복종을 강제하기 위해 지배 집단에 의해 행사되어진다. 이 강제란 지배자가 피지배자를 통치한다는 것을 의미하며 지배자들의 목적을 위해 사용된다."

이러한 배경 하에서 정치가 요구되었고 그리고 국가가 탄생 될 수 있는 환경이 조성되었다. 지구상의 주권을 갖고 그것을 행사할 수 있는 주권 국가는 1648년 30년 종교전쟁을 마무리 짓는 베스트팔리아 조약(Treaty of Westphalia)에 의해 탄생되었다. 이 조약은 유럽 대륙에서 1000년간 유럽 대륙을 지배해온 신성로마제국을 와해시키고 유럽 대륙에 주권 국가를 탄생시켰다. 베스트팔리아 조약은 "신성 로마 제국은 법을 제정할 수 없고 세금을 징수할 수도 없고, 군대도 모집할 수 없으며 전쟁 선언도 또 어떠한 조약도 체결할 수 없다"고 규정하였다.[4] 이 조약은 국제사회가 어떻게 조직되어야 하는가 하는 17세기적인 관념을 명문으로 규정하였다. 한 마디로 베스트팔리아 조약은 전통적으로 국제법 학자들이 강조하는 국제 사회의 원칙과 개념을 명문화하였다. 이러한 원칙과 개념은 자연법 사상과 주권 사상에 근거하여 구체화 되었다. 여기에서 주권국가만이 국제 사회에서 유일한 주된 행위자이며 주권국가만이 국제법의 주체가 된다고 규정하였다. 모든 국가는 이론상으로 동등한 권리와 의무를 가지며 누구도 다른 주권 국가의 독립과 자치권을 제한할 수 있는 권리를 가질 수 있다고 규정하였다.[5] 주권이란 근본적으로 국가의 최고의 권한이며 그 이상의 권한은 존재하지 않는다는 의미이다. 주권 국가는 국내법에 따라 행동할 수 있고 국가의 뜻대로 동맹 조약도 체결할 수 있고 해체할 수 있는 권한을 갖게되었다. 유럽 대륙의 모든 국가는 국가의 크고 작음에 관계없이 명실상부하게 평등한 주권 독립 국가로 인정되었다.[6] 30년 종교전쟁에 참여했던 집단은 그들이 독립 국가로 존재할 수 있는 법적 근거를 이 전쟁을 마무리 지은 베스트팔리아 조약이라는 국제법에서 마련하였다.

이렇게 유럽 대륙에 주권 국가가 탄생하며 국가들이 국력을 강화하면서 국가 간의 국력의 차이가 생겼다. 베스트팔리아 조약 이후 약 100여 년이 경과하며 유럽 대륙에는 영국, 프랑스, 오스트리아, 러시아, 프러시아 같은 강대국이 등장하였다.

18세기에 이 국가들은 다른 국가에 비해 강한 힘을 가진 국가가 되어

4) R.R. Palmer and Joel Colton, A. Histonry of the Modern World, 5th ed(New York: Alfred A. Knopf, Inc.,1979), pp. 139-142.

5) Eduward L. Morse, Modernization and the Transformation of International Relations(New York: The Free Press, 1967), pp. 154-160; Rene Alfrecht-Carrie, A Diplomatic History of Europe(New York:(Harper & Row, Publishers, 1973), pp. 5-6; 송영우, 국제정치학(서울: 건국대학교출판부, 2006), pp. 45ff.

6) W. Scott Thompson, "Toward A Communist International system," ORBIS, vol. 21 no. 4(Winter 1977), p. 841.

상대적 강대국이 되었다. 그러나 이 강대국들이 앞에서 정의했던 그러한 절대적 강대국은 아니었다. 이 강대국 가운데 어느 강대국도 그의 능력으로 필요한 것을 얻을 수 있는 국가는 없었다.

역사적으로 볼 때 절대 강대국은 한 국가에 의해 자력으로 태어나는 것은 아니다. 절대적 강대국이 될 수 있는 힘은 세계적인 규모의 전쟁에서 승리하여 상당한 그리고 압도적으로 큰 힘을 갖게 되는 국가가 절대적 강대국이 될 수 있다. 이러한 전쟁에서 승리하는 국가는 군사력, 경제력 등 국가가 필요로 하는 힘을 갖게 된다. 다시 말하면 다른 국가와 비교할 수 없는 정도의 힘을 가져야 그 힘으로 세계를 다시 꾸밀 수 있는 국가가 될 수 있다. 이러한 국가가 절대적 강대국이다. 18세기까지는 어느 지역에서도 세계적 규모의 전쟁은 없었다. 그리하여 18세기에는 절대적 강대국이 탄생하지 못했다.

19세기에 접어들면서 유럽 대륙에서 나폴레옹 전쟁의 결과로 승전국들이 역사상 처음으로 유럽 대륙에 절대적 강대국으로 등장하였다. 이 시기 절대 강대국은 이 전쟁의 승전국인 영국, 러시아, 프러시아 그리고 오스트리아-헝가리였다. 이 절대적 강대국들은 전쟁이 끝난 다음 패전국인 프랑스도 유럽 절대 강대국의 대열에 합류시켰다.

역사상 첫 번째로 큰 전쟁이었던 제 1차 세계 대전은 절대 강대국을 탄생시키지 못했다. 이 전쟁의 승전국 중 하나인 미국은 고립주의 노선으로 회귀하여 세계 정치에 참여를 거부하며 절대 강대국의 지위를 포기하였다. 영국 역시 승전국이었지만 유럽 대륙에서 패권국의 자리를 차지하지 않았다. 프랑스는 물론 승전국이었지만 전쟁의 최대 피해국이어서 프랑스가 유럽의 패권국이 되는 것은 불가능한 일이었다. 그 결과 제 1차 세계대전은 패권국을 생산하지 못했다.

제 2차 세계 대전은 명실상부한 절대 강대국인 패권국가를 탄생시켰다. 서방 진영을 선도하는 미국과 공산 국가를 이끄는 소련이 세계적 패권국가가 되었다. 이 두 국가는 패권국가의 전형(典型)을 보여주었다.

절대적 강대국은 막강한 힘을 갖고 있는 국가이다. 그런데 진정한 의미의 절대적 강대국은 갖고 있는 힘 즉 유형의 힘인 군사력 및 경제력과 무형의 힘인 압력 및 영향력을 이용하여 새로운 질서를 구축하고 그것을 유지하여 강대국의 지위를 유지하며 자국의 국가 이익을 극대화하고 필요한 것을 얻을 수 있는 국제정치체제를 형성한다. 절대적 강대국은 이 체제의 유지가 자국의 의지 및 정책을 실현시킬 수 있는 체제이기 때문에 큰 힘을 이용하여 이 체제를 유지하고 자국의 이익을 위한 제도, 법칙 등을 만들어 다른 국가에게 이것들의 준수를 강요할 수 있는 국가이다.

② 상대적 강대국의 의미

한 국가의 힘은 여러 차원에서 정의될 수 있다. 국가의 힘은 군사적 능력, 경제적 힘 또는 문화적 수준 등 다양한 측면에서 국가의 능력을 측정할 수 있다. 외교를 논의하는 차원에서의 국력은 외교를 성공적으로 전개할 수 있는 능력들에 초점을 맞추어 국가의 능력을 정의하여야 할 것이다. 앞에서 언급한 바와 같이 외교는 국제정치의 수단이다. 국제정치의 차원에서 전개되는 외교에는 국가의 힘이 작동되고 그것이 외교를 뒷받침하는 힘이 될 수 있다. 그러므로 여기서 말하는 상대적 강대국은 외교에서 소기의 목적을 달성할 수 있는 국가를 지칭하는 것이다.

2020년 4월 유럽연합(EU)은 중국에서 코로나 바이러스가 발생한 이후 중국이 조직적으로 가짜 정보를 퍼뜨리는 실태를 지적하는 보고서를 발표하려 하였다. 이 보고서 핵심 내용은 “중국이 펜데믹을 일으켰다는 책임론에서 벗어나려고 국제적인 차원에서 허위정보를 퍼뜨리는 캠페인을 이어갔고 이와 관련한 비밀작전을 수행했다”는 것이었다. 유럽연합이 이러한 보고서를 낸다는 정보를 입수하고 유럽연합 본부가 있는 벨기에 브뤼셀에 파견되어 있는 중국 외교관들이 보고서 발표를 중단하라고 유럽 연합 측에 압력을 가였다. 만일 유럽연합이 허위 정보를 유출 한다는 초안대로 유럽연합이 이 보고서를 발표한다면 중국과 유럽연합과의 관계가 악화될 것이라고 경고하였다. 이 위협에 굴복하여 유럽연합의 외교장관격인 주제프 보렐 외교 안보 고위 대표의 선임 보좌관인 에스테르 오소리오가 보고서 발간을 중단시켰다. 2020년 4월 24일 발표된 최종 보고서에는 '중국이 허위정보를 퍼뜨리는 캠페인을 전개했다'는 표현과 관련된 내용 전체가 삭제되었다. 코로나 바이러스 사태 이전 유럽연합과 중국의 하루 교역량은 16억 유로(약 2조 1,300억 원)에 달했다. 중국은 그의 무역시장을 무기로 사용하였다.

지금까지 설명한 내용에서 알 수 있는 사실은 중국과 유럽연합과의 관계에서 중국은 유럽연합에 상대적 강대국의 지위에 자리하고 있다고 할 수 있다. 이 경우에 중국은 유럽연합에 대해 압력 행사만으로 중국은 그의 외교 목표를 성취하였다. 중국이 유럽연합에 행사한 압력은 중국의 국내 시장에 기초하고 있다고 말할 수 있다. 이 경우에 중국은 유럽연합에 대해 상대적 강대국의 자리에 위치하게 되는 것이다.

일본은 미얀마 정부에 엔차관을 제공하였으나 미얀마 군사정부의 인권 탄압 등의 이유로 1987년 차관 제공을 중단하였다. 그러나 일본 정부는 다시 2012년 4월 22일 미얀마에 대한 원조 계획을 발표하였다. 일본 정부는 일본에 대한 미얀마의 부채 3,000억 엔(한화로 약 4조 2,000억 원)을 탕감하고 2013년부터 3년 간 6,000억엔의 차관을 지원한다는 것이 원조 계획이었다.[7] 이렇게 원조를 주고 받는 일본과 미얀마의 관계에서 일본은 미얀마에 대해 상대적 강대국의 지위에 자리할 수 있다. 일본은 필요한 경우 미얀마에 원조를 무기로 하여 미얀마에 영향력을 행사하여 외교의 목표를 성취시킬 수 있는 국가가 될 수 있기 때문에 일본은 미얀마에 대해 상대적 강대국이 될 수 있는 국가이다. 또한 일본은 2013년 6월 아프리카 40여 개국 국가

7) 朝鮮日報, 2012. 4. 23.

원수를 초청하고 아프리카 개발을 논의하는 회의를 개최하였다. 그리고 일본은 향후 5년 간 아프리카에 총 3조 3,000억 엔을 지원하기로 하였다.[8] 일본의 이러한 행보는 아프리카에 대해 일본이 외교적으로 상대적 강대국의 지위를 확보할 수 있는 근거를 마련하는 것이라 할 수 있다.

외교에서 상대적 강대국은 다음과 같은 경우에 탄생 될 수 있다. 첫째는 국가가 스스로 갖고 있는 유형 및 무형 자산에 의해서 상대적 강대국이 되는 경우가 있고 다른 하나는 국가 간 외교에서 상대적 강국의 지위를 확보하기 위해 인위적으로 그 기초를 구축해서 만들어지는 경우가 있다.

첫째 한 국가가 다른 국가에 커다란 혜택을 베풀 수 있는 자산을 갖고 있는 국가는 외교에서 상대적 강국이 될 수 있다. 이러한 자산에는 자본, 수·출입 시장, 고급 기술, 주요 자원을 갖고 있는 국가는 외교에서 상대적 강국의 지위를 가질 수 있다. 이러한 자산들은 외교에서 무기와 같이 이용될 수 있다. 앞에서 설명한 중국과 유럽연합 간에 전개된 외교에서 중국이 그의 목적을 달성할 수 있게 만든 무기는 거대한 중국의 수입시장이었다. 중국이 유럽연합에 직접적으로 시장을 무기로 이용하지는 않았지만 이 중국의 수입 시장은 잠재적 무기의 역할을 하였다. 중국과 유럽연합의 외교에서 수입 시장이라는 유형의 자산에 의해 중국은 상대적 강국의 지위를 확보할 수 있었고 소기의 목적을 달성할 수 있었다.

유형의 자산으로서 원유는 산업화 시대에 대단히 위력적인 외교의 무기로 활용되었다. 석유를 생산 수출하는 개도국들은 석유수출국기구(OPEC)를 만들어 필요한 경우 석유를 외교적 무기로 이용하고 있다. 특히 중동의 이 기구 회원국들은 1973년 10월 아랍-이스라엘 전쟁에서 석유 수출 금지 등으로 석유를 무기로 활용하기도 하였다. 이스라엘을 지지 및 지원하는 국가에 석유 수출을 금지한다고 경고하였다.

8) 朝鮮日報, 2014. 1. 7.

군사력도 국가의 주요 자산이다. 외교에서 강한 군사력을 갖고 있는 국가는 이러한 군사력의 행사, 또는 행사 위협 등으로 외교에서 상대적 강국의 지위를 확보하기도 한다.

두 번째로 국가가 외교에서 상대적 강국이 되는 경우는 한 국가에 의해 인위적으로 만드는 경우이다. 국가가 특정 국가에 대해 외교를 전개하게 되는 경우에 상대적 강국이 되기 위해 인위적으로 그리고 의도적으로 다른 국가로 하여금 자국에 크게 의존하게 만든다. 한 국가가 다른 국가에게 안전보장, 경제, 산업 등 여러 분야에 다양한 혜택을 베풀어 일방적 의존관계를 형성하는 것이다. 이러한 의존관계의 형성은 외교에서 필요한 경우, 영향력 또는 압력을 행사할 수 있는 근거를 만들어 외교에서 상대적 강국의 지위를 갖게 할 수 있다. 상대적 강국이란 외교 전개과정에서 상대국보다 유리한 입장에서 그의 목적을 달성할 수 있는 국가를 의미한다. 앞에서 말한 바와 같이 상대적 강국은 상대국가에게 압력 또는 영향력을 행사할 수 있는 능력을 갖고 있기 때문에 성공적인 외교를 전개할 수 있다.

③ 약소국의 의미

국제정치는 무정부적인 국제사회에서 행해지는 권력정치이다. 국제정치는 권력의, 권력에 의한 그리고 권력을 위한 정치이다. 국제정치에서 권력은 만병통치약과 같은 존재이다. 그렇기 때문에 국제정치에서 약소국에 대해서는 거의 언급이 되지 않고 있다. 왜냐하면 약소국은 국제정치의 객체는 되어도 주체는 되지 못하기 때문이다. 국가가 허공 속에서 힘을 휘두르는 것이 아니라 많은 국가 속에서 그리고 많은 국가를 대상으로 힘을 행사한다. 국제사회에서 이렇게 힘을 행사하는 국가는 강한 국가이고 그렇지 못한 국가는 약소국가의 위치에 놓이게 되는 것이다. 그러나 약소국가도 당당히 외교의 주체 국가가 될 수 있다. 그러나 외교가 주로 힘 있는 한 국가에 의해 주도적으로 전개되며 외교의 주체가 된다. 그러나 외교의 주체가 있으므로 당연히 외교의 객체도 있게 마련이다. 이렇게 힘이 취약한 국가는 대체로 외교의 객체로서 주체 국가의 상대국이 된다.

약소국은 국력이 취약한 국가이지만 이 약한 국가에게도 주권이 있고 국민이 있고 국가 이익도 있다. 이 약소국도 주권국가로서 국가의 발전을 도모하고 국민의 복리를 증진시켜야 할 책무를 갖고 있다. 그러므로 약소국도 영토 밖에서 외교를 전개하여 국가 이익을 증진시켜야 할 사명감도 있다.

국제정치에서는 오래 전부터 힘 있는 국가는 힘 없는 지역 또는 약한 국가를 강탈하고 무단 접수하였다. 즉 힘 있는 국가는 식민주의, 또는 제국주의로 많은 국가를 정복하여 영토를 넓히고 국력을 신장시켰다. 이러한 힘 있는 국가들의 폭력적 행위는 제2차 세계대전 이전까지 전 세계에 걸쳐 자행되었다. 이렇게 힘 있는 국가들의 국력 신장의 제물이 되었던 지역 및 국가들은 전쟁이 끝난 다음 정치적으로 독립하였고 유엔이 회원국이 되었다. 그러나 식민통치를 경험하고 독립한 국가들은 극도로 빈곤하였고 그 빈곤은 오늘날까지도 계속되고 있다. 그리고 이러한 국가들이 대체로 오늘날의 약소국이 되어있다. 이 국가들은 자력으로 빈곤으로부터 벗어나는 것은 불가능하다. 어느 사회에서나 마찬가지로 국제사회의 체제 및 제도는 힘 있는 국가들에 의해 그리고 그들의 국가 이익을 위해 만들어져 있다. 이러한 짜임새 있는 구조 하에서 약소국이 자력으로 빈곤을 벗어나 부유하고 강한 국가가 되는 일은 아마 영원히 발생하지 않을 것이다. 이러한 일이 발생하려면 세상의 질서가 뒤집어져야 가능하다.

한편 상대적 약소국도 있다. 상대적 약소국이란 외교 전개 과정에서 상대국보다 불리한 입장에서 외교를 전개하게 되는 국가를 의미하는 것이다. 그래서 상대적 약소국이라고 한다. 여기서 말하는 상대적 약소국은 외교 전개 과정에서 상대국으로부터 압력 또는 영향력이 행사되어 어려운 상황에서 외교를 전개하여 결과적으로 외교적 실패를 초래하게 되는 국가를 말하는 것이다. 상대적 약소국은 앞에서 말한 상대적 강대국의 외교적 대상국을 의미하는 것이다. 어떠한 배경이든 간에 한 국가가 외교의 전개 과정에서 상대국가와 비교해서 어렵고 불리한 입장에서 외교 행위를 할 수 밖에 없는 국가를 상대적 약소국으로 부르는 것이다.

외교에서 상대적 약소국의 불리함이 모두 똑같지 않을 수 있다. 상대 국가에게 영향력 또는 압력을 행사하게 되는 근거에 따라 외교 전개 과정에서 어려움 또는 불리함이 다소 다를 수 있다. 예를 들면 원유를 전량 외국으로부터 수입하는 국가와 그것을 수출하는 국가 간에 외교가 전개되는 경우에 이 원유를 이용한 압력 또는 영향력을 행사하는 경우 상대적 약소국은 상당한 또는 절대적 불이익을 감수해야 할 것이다. 이 경우 압력 또는 영향력을 행사하는 근거가 절대적인 소재이기 때문에 많은 불이익을 감수하지 않을 수 없을 것이다.

한편 상대적 강국이 상대적 약소국에게 압력 또는 영향력을 행사하는 근거가 상대적인 것이라면 상대적 약소국이 감수해야 할 불이익은 상대적으로 적을 수 있다. 예를 들면 상품을 수입하고 수출하는 국가 간에 외교가 전개되는 경우 수입시장을 갖고 있는 국가가 상대적 강국이라고 가정한다. 이 경우 거대한 수입 시장을 갖고 있는 국가가 자국에 상품을 수출하는 국가에 대한 압력 또는 영향력 행사의 근거가 관세라면 외교 전개 과정에서 압력 또는 영향력 행사의 위력은 그다지 크지 않을 수 있다. 실제로 수출입은 수출국 및 수입국이 모두 그 거래를 필요로 하기 때문에 이러한 힘의 행사의 위력은 제한적일 수 있다. 외국상품을 수입하는 국가도 전혀 외국 상품을 수입하지 않거나 또는 수입 상품에 높은 관세를 부과한다면 수입상품의 가격이 비싸지면 자국 국민에게도 부담을 줄 수 있을 것이다. 중국에게 미국은 매우 중요한 시장이다. 그리하여 미국에 수출되는 중국의 상품에 대해 관세를 이용하여 중국을 압박한다. 그리하여 미국과 중국 간에는 소위 무역전쟁이 발발하기도 한다. 그러나 상품을 수출하는 중국은 미국 시장을 필요로 하지만 미국도 값이 싼 중국의 상품을 필요로 한다. 미국은 거대한 시장을 갖고 있지만 미국 정부가 수입되는 중국 상품에 대해 높은 관세를 부과

한다면 미국 국민들이 보다 돈을 많이 지불하고 중국 상품을 구입하여야 할 것이다. 그러므로 미국 정부가 중국 상품에 높은 관세를 부과하는 것은 중국에게 불리하지만 그것이 미국의 이익으로 발전되지 않는다. 그러므로 미국이 관세에 근거한 중국에 대한 영향력 또는 압력의 위력은 제한적일 수밖에 없다. 미국과 중국 간에 전개되는 무역전쟁에서 미국이 상대적 강국이 되겠지만 상대적 약소국이 되는 중국이 반드시 절대적으로 불이익을 감수하지 않을 수 있다.

이와 같이 상대적 약소국은 상대적 강대국의 영향력 또는 압력 행사의 근거에 따라 외교상 입지가 달라질 수 있다. 이처럼 상대적 약소국을 다룰 때에는 상대적 약소국이 된 배경의 상세한 검토가 요구된다. 모든 상대적 약소국을 동일하게 다루는 일은 문제의 본질을 정확하게 다룰 수 없게 된다. 이렇게 되면 상대적 약소국을 다루는 외교에 대한 결과를 정확히 예측하기 어렵다.

2. 절대적 강대국의 외교

① 19세기 절대적 강대국의 외교

19세기 유럽의 절대적 강대국들은 협조체제(Concert of Europe) 하에서 외교를 전개한다는 데에 합의하였다. 유럽 협조체제란 1816년 유럽 강대국들이 정기적인 회의를 통해 전쟁을 방지하고 현상 전복을 방지하기 위한 회의체제를 말하는 것이다. 유럽 협조체제의 기본 원칙은 유럽의 현상유지, 평화 그리고 협조였다. 당대 유럽의 절대적 강대국은 구체적으로 나폴레옹 전쟁이 끝난 다음 유럽의 현상(status quo ante bellum) 즉 현재 모든 유럽 국가들의 국경을 변경시키지 않고 유럽 대륙의 세력균형을 유지하는 것이 기본 원칙이었다. 이러한 기본 원칙은 국제정치체제인 유럽협조체제로 구체화되었다. 국제정치체제(International political system)란 국제정치에서 국제정치의 주된 행위자인 국가 간 외교관계 및 상호작용의 범위, 한계, 틀(framework)

등을 말하는 것이다. 유럽의 절대 강대국들은 이러한 정신에 입각하여 외교를 전개하였다.

유럽 절대 강대국들이 가장 먼저 이 협조체제에 입각해서 전개했던 외교는 패전국 프랑스 처리 문제였다. 먼저 유럽의 4개 절대 강대국–영국, 프러시아, 러시아 그리고 오스트리아–헝가리는 1818년 10월 9일 프랑스와 에익스–라–샤페르 조약(Treaty of Aix–la–Chapelle)을 체결하였다. 이 조약은 나폴레옹 전쟁의 모든 문제를 최종적으로 청산하고 장차 프랑스를 4국 동맹에 편입시키고 프랑스를 공식적으로 유럽 협조체제의 정식 회원국으로 승인하였다. 그리하여 프랑스도 다른 강대국과 동일한 지위를 갖고 유럽의 중요 문제를 논의하는 데에 참여할 수 있게 되었다. 또 이제 유럽의 5대 절대 강대국들은 1820년 10월과 11월 트롭파우에서 유럽협조체제를 가동하여 이탈리아 문제를 처리하기도 하였다.

유럽 대륙에 협조체제가 잘 유지되는 가운데 1854년 크리미아 전쟁이 발발하였고 1870년에는 프러시아와 프랑스의 전쟁이 있었다. 유럽에서 전쟁이 발생했을 때 절대 강대국들은 어떠한 경우에도 유럽이 현상을 유지하여야 한다는 대전제하에서 전쟁을 마무리 지으려고 노력하였다. 절대 강대국들의 노력으로 두 개의 전쟁이 끝난 다음에도 유럽의 현상은 유지되었고, 세력균형체제도 유지되었다. 적어도 1870년 독일이 통일될 때까지 절대 강대국 자신들은 유럽협조 체제를 유지하는 것이 그들 모두에게 필요하다고 생각하였기 때문에 이 강대국들의 대외정책 및 대외행위는 (특히 유럽 대륙 내에서) 그들 자신이 만든 체제 유지에 초점을 맞추어 외교가 전개되었다. 특히 1854년 터키와 러시아 간의 크리미아 전쟁에 영국과 프랑스가 개입하였던 배경도 유럽의 현상을 유지하고 세력균형체제를 유지하기 위해서였다. 이 크리미아 전쟁에 영국과 프랑스가 개입한 이유는 러시아의 독주를 막기 위해서였다. 만일 이 전쟁에서 러시아가 승리하여 그의 국력을 크게 강화한다면 자칫 유럽의 세력균형을 유지할 수 없는 상황이 발생하는 것을 미연에 방지하기 위해서였다. 5개의 유럽 절대 강대국 가운데 한 국가인 러시아의 국력의 강화는 유럽의 힘의 균형을 무너뜨릴 수 있다. 이런 현상은 유럽의 안정과 평화를 위협하게 될 수 있을 것이다. 19세기 영국과 프랑스의 크리미아 전쟁 개입 행위는 이들 절대 강대국의 외교의 하나의 행태라고 말할 수 있다. 영국과 프랑스의 전쟁 개입 행위는 당시 유럽의 현상을 유지하고 세력균형을 유지하기 위한 외교 행위였다.

19세기 후반 유럽에 외교가 제대로 작동하지 못한 근거로 1859년 오스트리아와 프랑스의 충돌, 1864년 쉬렉스윅-홀스타인(Schleswig-Holstein), 1866년 오스트리아와 프러시아의 전쟁, 1870년 프랑스-프러시아 간의 전쟁 등 크고 작은 전쟁들이 있었다. 이처럼 절대 강대국 간의 전쟁은 19세기 후반 유럽 대륙에서 외교 대신 무력 행사를 용인하는 분위기를 조성하는 계기가 되었다. 왜냐하면 각 국가들은 문제의 해결을 외교가 아닌 무력으로 문제를 해결하였기 때문이다. 특히 19세기 절대 강대국들이 무력으로 문제 해결을 도모하였던 이유는 무력 이외에 외교의 수단을 갖고 있지 못했기 때문이다. 국가 간 무력행사는 외교의 실패를 의미하는 것이다. 결론적으로 당시 유럽의 강대국들은 현상 유지 이외의 다른 대안을 갖고 있지 못했기 때문에 유럽에는 세력균형체제가 지속될 수 있었다. 하나의 예로 19세기 유럽의 절대 강대국들은 1877년 6월 13일부터 7월 13일까지 베를린회의(Congress of Berlin)를 개최하여 동부 유럽 국가들의 국경 문제를 결정짓기도 하였다. 이러한 결정에 강대국들이 직접 참여하여 유럽의 현상을 파괴하지 않는 범위 즉 5대 강대국들은 유럽 대륙 내에 모든 국가의 영토를 변경하지 않는다는 원칙에 입각하여 유럽 문제를 협의하고 결정하였다.

19세기 중반 유럽의 강대국들 간의 직접적인 무력충돌은 없었다. 이들 간의 무력 충돌은 유럽의 현상이 파괴될 것처럼 보였다. 그러나 이들 간의 무력 충돌은 독일을 민족 통일 국가로 만들었을 뿐 유럽의 세력 균형을 계속 유지시켰다. 통일국가로 탄생 된 독일은 당시 유럽의 힘있는 국가가 되었다.

그러나 당시 어느 강대국들도 유럽의 현상을 파괴할만한 능력은 없었다. 그리하여 유럽의 강대국들은 그 자신들 중심의 현상 유지가 모두의 희망이었다.

유럽 대륙은 1870년 독일이 민족 통일 국가를 형성하기 전까지는 비엔나 회의에서 이루어진 유럽협조체제에 의해 안정과 평화가 잘 유지되었다. 그러나 통일 국가가 된 독일은 유럽 대륙에서 절대적 강대국 가운데 가장 강한 국가가 되면서 유럽 국제정치의 분위기는 변하기 시작하였다. 독일 통일 과정에서 프랑스를 제압한 독일은 기세가 등등하였고 반면 독일에 패배와 함께 독일에게 알자스-로렌(Alsace-Lorraine)을 빼앗긴 프랑스는 그것을 가장 뼈아픈 치욕이라고 생각하였다. 19세기 유럽의 절대 강대국인 독일과 프랑스의 갈등은 당대 절대 강대국들 간의 외교의 중심 문제로 자리 매김하게 하였다. 특히 독일은 프랑스의 보복에 대한 대비 그리고 유럽대륙 제패(制覇)의 야욕을 충족시키기 위한 준비를 서서히 하기 시작하였다. 이 준비로 독일은 다른 국가와 동맹을 약속하고 그것을 국가 집단으로 발전시켰다. 1882년 독일, 오스트리아 그리고 이탈리아 3국은 동맹을 형성하여 하나의 집단을 형성하였다. 그리고 영국, 프랑스 그리고 러시아 3국이 협상국 체제(entente)를 구성하였다.[9] 3국 동맹 측과 3국 협상 측 이 두 집단은 심각하게 대립하고 경쟁으로 일관하였다. 절대 강대국 간의 이러한 갈등, 대립은 독일이 자국보다 강한 국가가 되어 유럽의 세력균형을 무너뜨렸기 때문에 생긴 것이다. 동맹은 협조체제를 파괴하고 세력균형을 붕괴시킨다.

이처럼 두 집단 간의 대립 · 갈등 · 경쟁은 19세기가 끝날 때까지 계속되었다. 그리하여 20세기가 시작되면서 약 100여 년간 지속되어 온 유럽 협조체제는 끝나게 되었다. 키신저는 20세기 유럽 대륙의 국제정치 상황을 다음과 같이 피력하였다. "20세기 초 유럽 대륙의 국제정치의 행태는 50년 뒤의 냉전을 예견하게 하는 것처럼 갈등적 두 블록의 투쟁이 연출되었다."[10]

9) entente란 국가의 안전 보장 문제에 위협이 생긴 경우에 국가 간 공동으로 긴밀히 협의한다는 국가 간의 협정.

3국 협상체제가 형성된 다음 1890년대 영국과 독일은 크게 갈등을 겪고 있었다. 영국은 현상유지를 그리고 독일은 변화를 요구하며 충돌 위기로 치닫고 있었다. 이때쯤 유럽에서 절대 강대국 간에는 외교적 융통성은 존재하지 않았다. 특히 독일은 유럽 대륙의 세력균형을 변경시키기 위해 군비를 증강하며 전쟁에서의 승리를 위한 준비를 하고 있었다. 이 시기 절대 강대국들은 전쟁을 두려워하지 않았고 국가 간 대립 · 갈등은 대외행위의 기본이 되었다. 1910년대 말미에 세력균형은 적대적 대립으로 변모되었다. 1914년 독일과 오스트리아-헝가리의 측과 3국 협상국 측의 대립은 일촉즉발의 위기에 다다르게 되었다.[11]

20세기에 접어들면서 유럽 대륙에는 두 개의 적대적인 블록이 형성되면서 20세기 유럽의 모습은 19세기 그것과는 많이 다른 모습을 갖게 되었다. 이 두 개의 적대적 블록 간에는 외교는 찾아보기 어렵고 곧 있을 전쟁 준비만 있었다.

마침내 1914년에 유럽 대륙에는 독일-오스트리아-헝가리 집단과 영국-프랑스-러시아 3국 체제 간의 갈등 · 대립으로 전운이 감돌고 있었다. 이로부터 제1차 세계대전이 발발하기까지 유럽대륙 내에서 외교다운 외교는 전개되지 않았다. 왜냐하면 외교는 멀고 무력은 가깝게 위치하고 있었기 때문이다. 이 시기 특히 절대 강대국들은 모두 막강한 군사력을 갖고 있었기 때문에 모든 문제는 무력으로 해결하는 것이 편리했고 효율성도 컸다. 그렇기 때문에 강대국들에게는 강한 군사력만 갖고 있으면 모든 문제를 해결할 수 있었다. 그러므로 엄밀히 말해서 제1차 세계대전이 발발할 때까지 특히 강대국들은 외교를 필요로 하지 않았다. 이것을 뒷받침하는 것이 곧 세계대전이다.

10) Henry Kissinger, Diplomacy(New York: Simon & Schuster, 1994), p. 168에서 인용.

11) 위의 책, pp. 194ff 참고.

19세기 후반 유럽 절대 강대국들은 세계 정복을 위한 전쟁을 준비하는 국가와 이것을 막으려는 국가 간의 대립 및 갈등의 외교만 있었다. 그것은 강대국 간의 동맹 관계를 갖기 위한 외교만 전개될 수 있게 하였다. 유럽 대륙에 2개의 대립적이고 적대적인 동맹 및 블록 형성을 위한 외교만이 있었다고 하여도 과언은 아니다. 반면 19세기 전반 유럽 절대 강대국들의 외교는 모범적인 외교라고 말할 수 없다. 유럽에서 모범적인 외교가 사라지게 된 배경은 각 국가들의 국력, 특히 군사력을 크게 강화하였기 때문이다. 국가가 힘을 강화하는 목적은 그것을 이용하여 국력을 더 강화하기 위해서다. 한 국가의 국력 강화는 이웃 국가들도 국력 강화에 매진하게 될 것이고 이것이 군비 경쟁으로 치닫고 이것의 종착역은 전쟁이다. 특히 19세기 유럽 절대 국가들은 과학기술을 발전시켰고 이 과학기술이 무기 생산에도 크게 기여하여 강대국들은 위력적인 무기를 개발하게 되고 이렇게 갖게 된 무기는 그의 사용처를 찾았다. 그것은 전쟁이다. 이러한 양상은 전쟁을 향해 전진하게 된 것이다. 이러한 상황 하에서 외교는 설 자리를 잃고 그의 존재 의미를 상실하게 되었다.

19세기 유럽 대륙을 무대로 하여 전개되었던 나폴레옹 전쟁은 영국, 프러시아, 러시아 그리고 오스트리아–헝가리를 승전국으로 만들었다. 이 4개국은 유럽에서 절대적인 강대국이 되었다. 그러나 이 강대국 가운데 하나의 패권국은 탄생되지 않았다. 19세기 유럽의 4개 절대 강대국은 집단적으로 패권국 같은 역할을 하였다. 19세기 중반까지 이 4강대국들은 유럽의 현상을 유지하기 위한 규범 등을 만들어 이것을 준수하도록 하는 패권국적인 역할을 하였다. 그러나 독일이 통일 국가를 건국한 다음부터 유럽에는 규정 및 법칙이 존재하지 않아 그 후로 유럽 국제정치에서는 체제도 또 질서도 존재하지 않았다. 20세기에 접어들면서 유럽에는 절대 강대국다운 국가 또는 패권적인 국가는 존재하지 못했다. 오로지 갈등적이고 대립적인 두 개의 국가 집단이 마주보고 달리는 기차와 같이 충돌만이 기다리고 있었다. 그러므로

20세기 초 유럽에 외교는 존재하지 않았다.

② 제1차 세계대전 후 절대강국의 외교

제1차 세계대전에서 승리한 국가는 미국, 영국, 프랑스, 이탈리아 그리고 일본이다. 이 세계적인 전쟁에서 승리하였기 때문에 이 승전국들은 당연히 절대 강대국 또는 패권 국가로 등극할 것으로 예상할 수 있었다. 그런데 제1차 세계대전 후에는 어떠한 국가도 절대 강대국 또는 패권 국가로 태어나지 못했다.

이 가운데 미국은 전쟁이 끝난 다음 고립주의 노선을 채택하여 유럽에서 전개되는 세계 정치에 참여하지 않았다. 프랑스는 승전국이지만 국력을 크게 상실하여 실질적인 강대국으로 역할을 할 수 없는 국가로 전락하였다. 러시아는 공산 혁명으로 역시 유럽 정치에 적극적으로 참여하지 못했다. 영국도 유럽 정치에 매우 소극적이어서 강대국의 역할을 하지 못했다. 승전국들은 기본적으로 국력을 크게 잃게 되어 19세기에 하였던 것과 같은 국제체제를 구축하지 못했다. 그리하여 유럽에는 평화를 유지할 수 있는 강대국도 없었고 국제체제도 없었다. 제1차 대전 이후 유럽은 무주공산과 같았다. 이러한 가운데 1930년대 독일의 히틀러가 등장하면서 유럽 대륙은 히틀러 중심의 세계 정치가 전개되기 시작하였다. 히틀러 중심의 세계 정치란 정상적인 국제정치가 아니라 히틀러의 꿈인 세계 제패를 위한 전쟁 준비의 외교가 당대 유럽의 현실이었다. 히틀러의 전쟁 준비는 유럽 다른 국가에게 히틀러에 대항하기 위한 조치들을 강구하도록 만들었다. 그것은 국가 간 이합집산을 준동케 하였다. 1935년 독일의 재무장은 공식화되고 공개적으로 급속하게 진행되었다.

1933년 프랑스와 소련이 불가침 조약을 체결하였고, 1935년 5월 프랑스와 소련은 함께 행동한다는 조약을 체결하였다. 1935년 히틀러는 징병제를 다시 채택하였고 군비확장에 박차를 가하였다. 그리고 소련과 체코슬로바키아의 동맹조약이 체결되었고 영국과 독일 간 해군 협정도 성사되었다.

또한 독일은 1939년 8월 소련과 불가침 조약을 체결하였다. 독일은 유럽 대륙을 장악하기 위한 필요한 조치들을 준비하였다. 1933년 1월 30일 독일 히틀러가 집권한 다음부터 전쟁 준비로 일관하였다. 그러면서 소위 베르사유체제(Versallies system)는 꽃도 피어보지 못하고 무용지물이 되었다.[12] 베르사유체제는 제1차 대전의 승전국인 프랑스가 중심적인 역할을 하여야 유지될 수 있었다. 그러나 프랑스는 승전국이었지만 국력을 크게 소모하여 전후 강대국의 역할을 할 수가 없었다. 여기에 히틀러의 전쟁 준비는 프랑스를 더욱 무기력하게 만들었다. 이제 유럽에서는 히틀러의 전쟁준비로 정상적인 그리고 평화적인 외교의 전개는 어렵게 되었다.

히틀러는 유럽 대륙을 장악하기 위해 베르사유조약에서 결정된 모든 것을 완전 무시하고 재무장을 추진하고 그리고 세력 확장 정책에 매진하였다. 또한 히틀러는 국제연맹(League of Nations)으로부터 철수하고 1934년 초 공식적으로 독일의 재무장을 선언하였다.

히틀러의 독주가 계속되자 영국, 프랑스 그리고 이탈리아의 정부 대표들은 이탈리아의 휴양지 스트레사(Stresa)에 모여 히틀러가 힘을 이용하여 베르사유조약을 무력화 시키려는 시도를 저지시키자는 데에 합의하였다. 그러나 당시 유럽에서 누구도 히틀러의 야욕을 억제시키지 못했다.

1937년 11월 5일 히틀러는 핵심 참모들을 소집하여 그의 미래 계획을 공개했다. 그의 미래 계획의 첫 번째 사업은 '유럽을 히틀러가 단독으로 통치하는 독일 공동체로 만드는 것'이라고 하였다.[13] 히틀러의 이러한 야욕을 억제시키려고 1938년 9월 영국과 독일이 뮌헨협정(Munich Agreement)도 체결하였으나 어느 것도 히틀러의 야욕을 잠재우지 못했다. 영국은 체코슬로바키아를 희생시켜 히틀러의 야욕을 잠재우려하였으나 체코슬로바키아

12) Henry Kissinger, Diplomacy, p. 287.

13) Rene Albrecht-Carrie, A Diplomatic History of Europe, p. 516.

하나로는 그의 욕구를 충족시킬 수 없었다.

제1차 세계대전에서 미국, 영국, 프랑스, 이탈리아 등이 승전국이었다. 그러나 어느 국가도 당시 유럽의 절대 강대국이 될 수 있는 능력을 갖지 못했다. 그 결과 유럽 대륙에는 국제체제도 없었고 국제질서도 없었다. 이러한 유럽의 공백이 히틀러의 유럽 정복 야욕을 증폭시켰다. 결론적으로 1919년부터 1939년까지 20년 동안 세계 그리고 유럽에는 절대 강대국이 없었고 따라서 절대 강대국의 외교도 없었다.[14]

전쟁을 준비해 온 히틀러는 마침내 1939년 9월 폴란드 등을 침공하며 제2차 세계대전이 시작되어 6년 간 계속되었다.

③ 양극 체제 시기 절대 강대국 간의 외교

제2차 세계대전은 연합국 측의 승리로 끝났다. 이 전쟁의 승전국은 미국, 소련, 영국, 프랑스 등이다. 제2차 대전이 끝났을 때 특히 미국은 어느 국가와도 비교할 수 없을 정도로 경제, 군사 등 모든 면에서 막강한 국력을 가진 국가가 되었다. 전쟁이 끝났을 때 미국의 국민총생산(GNP)은 전세계 총생산(Gross World Product)의 52%를 차지하였다. 그리고 군사적으로도 원자탄을 독점하고 있었다.[15]소련, 영국, 프랑스 등은 승전국이었지만 오히려 전쟁으로 피해를 크게 입어 국력은 많이 약화되었다. 그리하여 전후 강대국으로서의 역할을 할 수 없게 되었다.

그러나 소련은 전쟁 후 동부 유럽 국가들에 공산당의 지위를 지속적으로 강화시켰다. 그리고 소련은 동부유럽 국가들을 소련의 정치적 및 경제적 부속 국가로 만들고 있었다.[16] 이처럼 소련은 동유럽을 시작으로 그의 세력을

14) Charles W. Kegley, JR. and Eugene R. Wittkopf, World Politics, pp. 92ff 참고.

15) Zbigniew Brezezinski, "How the Cold War Played," Foreign Affairs, vol. 51 no. 1(October 1972), p. 182.

16) Henry Kissinger, Diplomacy, pp. 434ff.

확장하기 시작하였다.

제2차 세계대전이 끝난 다음 소련은 1918년 '브레스트-리토브스크조약(Treaty of Brest-Litovsk)'으로 잃었던 발틱 국가들인 에스토니아, 라트비아, 리투아니아 그리고 핀란드, 체코슬로바키아, 폴란드 그리고 루마니아를 흡수하였다. 소련이 흡수한 지역의 넓이는 60만 ㎢에 달한다. 그리고 독일을 분할하여 동독을 점령하였다. 그리고 동북아시아에서도 소련은 일본이 자국 영토라고 주장했던 북방 영토인 4개의 쿠릴열도(Kurile Island)를 되찾았고 한반도에 38도 선을 그어 그 북쪽 지역에 역시 친소련적 정권을 수립하였다.

이런 가운데 1946년 2월 소련주재 미국 대사관에 근무하고 있던 외교관인 케난(George F. Kennan)은 다음과 같은 내용의 장문의 전보문을 본국에 발송하였다.

"미국은 소련의 비타협적 자세를 더 이상 비난하지 말아야 한다. 소련 외교정책의 근원은 소련체제 그 속에 깊숙이 박혀있는 뿌리에 기초하고 있다. 소련의 외교정책은 공산주의 이념과 낡은 싸리스트(tsarist) 팽창주의에 기초하고 있다. 공산주의 이념은 스탈린 세계전략의 핵심이다. 스탈린은 서방자본주의 세력을 영원한 적대 세력이라고 생각한다. 미국과 소련 간의 반목은 오해의 결과물도 아니고 잘못된 소통의 결과도 아니다. 미국과 소련 간의 적대감은 소련의 외부세계에 대한 근본적인 인식 속에 있는 것이다."[17] 케난의 주장을 뒷받침하려는 듯, 소련의 팽창정책은 노골적으로 추진되었다. 소련은 1945년부터 유고슬라비아를 제외한 발칸 반도를 지배하였고 그리스에서 게릴라 전쟁을 감행하였고 유고슬라비아 내 공산주의 세력을 지원하였고 불가리아를 소련의 위성국가로 만들었다.

17) George F. Kennan, "Long Telegram from Moscos, February 22, 1946 in Foreign Relations of United States, 1946(Washington, D.C.: U.S. Government Printing Office, 1969), vol. VI, pp. 666-709.

한편 미국도 소련의 팽창정책에 맞서 반공 정책을 갖게 되었다. 미국은 1947년 3월 12일 소위 '트루만 독트린'을 선언하였다. 그 선언 이후인 그 해 6월 5일 마샬(George C. Marshall) 국무장관도 하버드 대학교 졸업식에서 '유럽 부흥 계획(Europe Recovery Program)', 소위 '마샬계획(Marshall Plan)'을 발표하였다. 마샬계획은 제2차 대전 후 미국의 상품시장을 구축하고 공산주의 세력의 전복을 저지하고 유럽국가들의 능력을 강화하기 위해 그리고 서유럽 국가들의 경제, 사회 및 정치구조를 재정비하기 위해 미국의 자본을 사용한다는 프로그램이다. 이러한 정책 등으로 미국은 서유럽 자본주의 국가를 중심으로 블록을 형성하였고 소련도 동유럽 공산주의 국가를 중심으로 또 다른 하나의 블록을 형성하였다. 이로써 제2차 대전 이후 세계는 자본주의 및 공산주의 세력으로 나뉘어 두 세력은 냉전의 분위기를 조성하고 미국은 서방진영에 그리고 소련은 공산지연의 패권국가로 등극하였다.

또한 미국은 막강한 경제력을 바탕으로 세계경제를 지배할 수 있는 국제기구를 만들었다. 미국이 중심이 되어서 1945년 국제통화기금(International Monetary Fund-IMF)를 창설하였고 1946년 세계은행(International Back For Reconstruction and Devolopment-IBRD)도 창설하였다. 그리고 1949년 관세 및 무역에 관한 일반협정(General Agreement On Tariffs and Trade-GATT)도 체결하였다. 미국은 국제기구에서 국제체계(International regime)를 만들어 세계경제를 지배하였다.[18] 또 미국은 소련의 세력 확장을 저지하고 그 세력에 대항하기 위해 서유럽 국가들을 북대서양조약기구(NATO)로 한데 묶어 놓았다. 그 뿐만 아니라 호주, 한국, 일본, 터키 등 개별 국가들과도 동맹조약을 체결하여 대 소련 봉쇄정책을 구체화하였다.

미국에 대항해서 소련도 1947년 9월 22일부터 23일까지 폴란드 시레시아에서 세계 공산당 특별회의를 개최하고 코민포름(Communist Information

18) 국제체계란 일정 영역 내에서 국가의 행위를 조정하기 위해 만들어진 일단의 법칙(rule), 규범(norm) 그리고 정책결정 절차이다.

Bureau: Cominform)을 결성하였다. 그리고 소련은 1947년부터 동유럽에 공산주의를 이식하여 소련 공산국가 블록을 형성하였다. 또한 소련도 1955년 5월 동유럽 국가들과 동맹조약을 체결하여 바르샤바 조약기구(Warsaw Pact) 기구를 결성하였다. 소련은 이러한 기구들을 통해 그리고 군사력을 이용하여 공산세계를 지배하는 절대 강대국 패권국이 되었다.

제2차 세계 대전은 명실상부한 절대 강국인 미국과 소련 두 개의 패권국가(hegemon)를 탄생시켰다. 미국은 서방 자본주의 국가 진영의 패권국가였고 소련은 공산국가 진영의 패권국가로 군림하였다. 이 두 패권국가는 국제정치적으로 양극체제를 형성하며 경쟁하고 대립하게 되었다. 이 양극체제는 두 개의 절대 강대국을 중심으로 하는 국제정치체제이다. 이 체제는 1991년 소련이 해체될 때까지 세계 정치를 좌지우지하였다. 1945년부터 1991년까지 양극체제는 국제정치의 행태를 결정해주었고 국제정치체제 역할을 하였다. 이것들은 각 국가의 외교정책 및 외교의 범위 한계 등을 결정해주었다.

키신저에 의하면 "제2차 세계 전쟁이 끝난 1945년부터 미국은 그의 뜻에 따라 세계를 만들 수 있는 국가인 것처럼 행위하였다"고 말했다.[19]

냉전시기 미국은 세계정치, 미국의 국제정치 그리고 세계경제의 흐름을 그의 의지대로 만들어 왔다. 양극체제 하에서 미국과 동맹관계를 갖고 있는 국가들은 미국의 정책노선을 공유하고 외교정책 공조를 취하였다. 예를 들면 미국의 동맹국들은 미국의 대소련 정책에 또는 대중국 정책과 보조를 맞추어 결정하고 행위하여야 했다. 소련의 경우도 공산권의 패권국가로 공산국가의 모든 대외정책 및 대외행위를 지배하였다. 소련 공산당 성기장 브레즈네프(Leonid I. Brezhnev)는 1968년 9월 26일 소련공산당 기관지 프라우다(Prauda)지에 "주권과 사회주의 국가들의 국제적 의무"라는 글을 발표토록 하였다. 이것이 소위 '브레즈네프 독트린'이다. 그 내용의 골자는 다음과 같다.

19) Henry Kissinger, Diplomacy, p. 19.

"세계 사회주의 체제의 결속을 약화시키는 행위는 모든 사회주의 국가에 영향을 미치게 된다. 이러한 일이 발생한다면 소련은 좌시하지 않을 것이다. 체코슬로바키아 같이 사회주의 공동체로부터 이탈하려는 민족자결주의적 행위를 하는 것은 그의 중대한 국가 이익과 충돌하며 다른 사회주의 국가들에게 손해를 입게 할 것이다. 이러한 행위는 나토군이 소련국경을 침범하는 결과를 초래할 것이고 유럽 사회주의 국가 공동체의 분열을 초래할 것이다."[20]

소련은 일찌기 소련중앙집단군 5개 사단을 만들어 1956년 헝가리에 군사적 개입으로부터 시작하여 소련은 동유럽국가들의 내정에 간섭하였다.[21] 이와 같은 행위로 소련도 사회주의 진영에 패권국가로 군림하였다. 이로써 미국과 소련 간에는 냉전이 시작되었다.

이제 미국과 소련은 막강한 국력을 갖고 그들이 정치적으로 지배할 수 있는 지역도 확보하였다. 서방진영 국가들은 미국의 통제 및 관리 하에 일사분란하게 외교정책을 결정하고 대외행위를 하게 되었다. 동유럽을 중심으로 하는 공산진영 국가들은 소련의 감시 및 통제 하에서 움직였다. 1956년 헝가리의 민주화 그리고 1968년 체코슬로바키아의 민주화는 무력으로 억압하였다. 소련의 이러한 행위는 모두 패권국가의 지위를 유지하기 위해서 행해진 조치들이다.

미국은 1970년대 '닉슨 독트린(Nixon Doctrine)', 1980년대 '레이건 독트린(Reagan Doctrine)', 1990년대 '클린턴 독트린(Clinton Doctrine)' 등을 발표하였다. 이 독트린은 절대 강대국인 미국 외교정책의 기본 지침이다. 이 독트린은 서방 자본주의 국가들이 외교정책을 결정할 때 준수해야 할 원칙이 된다. 또한 1979년 12월 소련이 아프가니스탄에 무력 침공을 하였을 때

20) Stephen S. Kaplan, Diplomacy of Power(Washington, D.C.: The Brookings Institution, 1981), pp. 85-86에서 인용.

21) 위의 책, p. 86.

미국의 카터 대통령은 여러 조치 가운데 하나인 1980년 모스크바에서 개최하는 하계 올림픽에 참가하지 않기로 결정하였다. 그러자 1979년 1월 1일 중국과 외교관계를 정상화한 중국을 비롯하여 서독, 일본, 한국 등 64개국이 모스크바 올림픽에 불참을 결정하였다. 미국의 그의 외교정책의 원칙을 결정하면 서방국가들은 미국의 결정을 따르게 된다. 이것이 절대 강대국 패권국가의 위력이다.

소련 역시 양극체제 하에서 그의 외교정책의 기본원칙을 발표하면 공산권 국가들은 소련의 결정, 방침 등을 준수하였다. 냉전시기 양극체제 하에서 동서 각 진영의 국가들은 절대 강대국의 정책을 추종하였다. 그리고 동서 양 진영의 패권국가인 미국과 소련은 그의 패권국가의 지위를 유지하기 위해 군사력의 행사 등 모든 조치를 강구하였다.

제2차 대전 이후 동 · 서 간에는 냉전적 분위기였고 양극체제를 형성하고 있었다. 냉전이라는 단어가 의미하듯 미국과 소련은 대립하고, 경쟁하며 갈등을 겪었지만 제2차 대전이 끝나면서부터 1991년 소련이 해체 될 때까지 미국과 소련은 직접적인 군사적 충돌, 즉 열전(熱戰)은 한 번도 없었다. 두 패권국가는 각기 자국의 진영을 유지하는 데 주력하였다. 한편 미 · 소 양국은 상대국의 진영에 침투하여 상대국 진영을 훼손하는 행위는 극도로 자제하였다. 그러나 동서 냉전시기 소련이 미국의 진영에 침투한 일이 꼭 한 번 있었다. 그것은 1960년대 초 소련이 쿠바 영토에 비밀리에 그의 미사일 기지를 건설한 사건이 있었다. 소련의 이러한 상대 진영에 대한 군사적 침투 행위는 군사적 충돌을 야기시킬 수 있는 사건이다. 그러나 미국과 소련은 최후의 수단인 군사적 충돌은 회피하였다. 결국 소련이 쿠바로부터 미사일 기지를 철수하며 이 사건은 평화적으로 끝났다.

제2차 대전 이후 동서 냉전시기 미국과 소련은 직접적인 군사적 충돌은 어떠한 경우에도 회피하였다. 두 초강대국이 직접적 충돌을 회피한 이유는 냉전 상황도 또 양극체제 등 현존 국제질서에 만족하고 있었기 때문이다.

냉전시기 이 양극체제는 양국의 절대 강대국으로 그들의 패권적인 지위를 보장하고 있기 때문에 현존 질서의 유지를 희망하고 있었다.

미국과 소련 두 절대 강대국의 직접적인 군사적 충돌은 어느 한 쪽의 패배를 가져올 수 있다. 그렇게 되면 패배한 국가는 패권적 국가의 지위를 상실할 수 있다. 그렇기 때문에 미국과 소련은 냉전시기 동안 쿠바 미사일기지 설치 사건 이후에는 직접충돌을 일으킬 수 있는 외교정책 및 외교 행위를 크게 자제하였다. 실제로 미 · 소 양국은 직접 충돌할 수 있었던 경우는 여러 번 있었다. 1950년 6 · 25전쟁, 1960년대 베트남 전쟁, 1970년대 소련의 아프가니스탄 침공 등의 경우에 미 · 소의 충돌도 가능하였다. 그러나 미 · 소 양국은 직접 충돌은 철저하게 피해왔다.

1963년 아메리카 대학 졸업식에서 케네디(John F. Kennedy) 대통령은 다음과 같은 요지의 연설을 하였다.

"미국과 소련의 많은 국민들은 전쟁을 가장 두려워한다. 미 · 소 양국이 직접 전쟁을 한 일은 없다. 만일 두 강대국 간에 전쟁이 발발한다면 가장 큰 피해를 입게 되는 국가는 미 · 소 두 강대국이다. 간단히 말해서 미국과 그의 동맹국 그리고 소련과 그의 동맹국은 군비경쟁을 중지하는 일과 진정한 평화에 큰 관심을 갖고 있다."[22) 케네디 대통령의 이 연설은 미 · 소 두 국가는 서로 충돌하지 않고 현상을 유지하는 것이 두 국가의 국가 이익을 극대화하는 것이다라는 의미이다. 그리하여 역설적으로 냉전시기가 전쟁의 위험이 없는 안정적인 시기였다고 말하고 있다. 두 절대 강대국은 미국과 소련의 평화공존이 세계평화에 기여하고 두 강대국의 이익 증대에 절대적으로 필요하다는 원칙 하에 두 강대국은 외교를 전개하여 왔다.

두 절대 강대국이 원하는 평화공존을 위해 미국은 1960년대 말 새로운

22) Charles W. Kegley, JR. and Eugene R. Wittkopf, American Foreign Policy, 5th ed.(New York: St. Martin's Press, 1996), p. 64에서 인용.

대소련 접근법으로 '데탕트(detente)'라는 공식적인 명칭을 갖는 외교 접근법을 구사하기 시작하였다. 당시 미국 백악관 국가안보보좌관 키신저는 데탕트를 다음과 같이 설명하였다.

"데탕트는 경쟁자들이 차이점을 조율할 수 있고, 자제할 수 있고 궁극적으로 경쟁이 아니라 협력으로 이익의 창출을 모색하는 것이다"[23)]

데탕트 분위기 하에서 미국과 소련은 1969년부터 전략무기 제한회담(Strategic Arms Limitation-SALT)을 시작하였다. 그리고 두 국가는 먼저 1972년 제1차 전략무기 제한협정을 그리고 1979년에는 제2차 전략무기 제한협정을 체결하였다. 1972년 5월 미국의 닉슨 대통령은 소련을 방문하고 "미 · 소 관계 개선 기본원칙(Basic Principle of Relations between U.S.A. and U.S.S.R.)"에 관한 협정에 서명하였다. 그리고 1973년 6월 브레즈네프 소련 공산당 서기자 브레즈네프(Leonid I. Brezhnev)가 미국을 방문하여 미국 경제계 인사들과 대화하는 자리에서 "냉전은 인간관계, 국가 간의 관계 등의 발전을 저해하였고, 경제 및 과학 기술의 발전을 저해했다."라고 말했다.[24)]

레이건(Ronald Reagan) 대통령과 고르바초프(Mikhail Gorbachev) 소련 공산당 서기장은 1986년 아이슬랜드의 수도 레이카비크(Reykjavik)에서 정상회담을 가졌다. 이 회담에서 두 정상은 5년 내에 전략무기 50%의 감축 그리고 10년 내에 모든 탄도미사일을 폐기한다는 데에 합의하였다.

미국과 소련은 냉전시기 경쟁과 대립으로 그리고 극단적 행동으로 곧 충돌할 것 같은 인상을 풍겼지만 실제로 두 절대 강대국들은 기존의 국제질서 및 권력 구조를 유지하는 것이 두 국가 모두에게 유익하다고 판단하여 충돌을 회피하면서 그들의 외교를 전개하였다. 실제로 두 초강대국은 다량의 핵무

23) Charles W. Kegley, JR. and Eugene R. Wittkopf, American Foreign Policy, 5th ed. p. 65.

24) Wolfgang Leonhard, "The Demostic Politics of the New Soviet Foreign Policy," Foreign Affairs, vol. 522, no. 1(October 1973), p. 41에서 인용.

기를 보유하고 있는 국가로서 만일 두 국가가 실제 군사적으로 충돌한다면 그 결과는 누구도 예상할 수 없다. 두 절대 강대국은 서로 상대국을 두려워하는(blame of terror) 경지에 이르게 되었다. 두 국가의 충돌은 자칫 두 국가는 물론 전 세계를 파괴하는 경우가 생겨날지도 모른다는 것을 많은 사람들은 생각하고 있었다. 그래서 미국과 소련은 모두 공멸하는 것보다는 공존을 채택하여 냉전시기는 역설적으로 전쟁 위험은 존재하지 않고 평화공존의 분위기를 조성하였다.

④ 단극 체제 시기 절대 강대국의 외교

1991년 소련이 해체되면서 미국이 유일한 절대 강대국으로 남게 되었다. 미국이 세계적 전쟁이라고 할 수 있는 소련과의 열전이 아닌 냉전에서 승리하였기 때문에 이제 미국이 유일 절대강국이 되었다. 따라서 양극체제가 단극체제로 바뀌었다.[25)]

단극체제(unipolarity)는 국제정치체제로서 하나의 월등한 힘을 가진 국가가 중심이 되어 그의 경제자원 및 군사력을 이용하여 세계질서를 유지하는 상황을 말하는 것이다.

키신저는 다음과 같이 21세기 미국을 설명하고 있다.

"새로운 100년이 시작되면서 미국은 과거 가장 위대한 제국에 버금가는 절대적인 우월성을 가지고 있다. 미국은 군사적 무기로부터 기업, 과학으로부터 기술, 고등교육으로부터 대중문화에 이르기까지 전 세계에서 절대적으로 우월한 지위를 차지하고 있다. 1990년대 미국의 우월한 지위는 국제적 안정의 필요 불가결한 요소가 되었다. 미국은 평화적 과정을 통해 중동지역의 분쟁을 중재하였다. 미국은 분쟁의 당사국들이 초청하지 않아도 1999년 7월 인도와 파키스탄의 카쉬미르(Kashmir) 분쟁을 조성하기도 하였다.

25) Charles W. Kegley, JR. and Eugene R. Wittkopf, American Foreign Policy, p. 167.

미국은 그의 기준에 맞지 않는 일이 발생한다면 그 사정을 살펴서 그 국가의 선거가 공정하였는지를 판단하기도 하고 그에 대해 경제적 제재도 가하고 압력을 가하기도 한다. 이렇게 하여 미국은 그 자신을 전 세계의 민주적 체제의 수호자가 되기도 한다. 이러한 것을 위해 미국은 북유럽으로부터 동아시아의 대륙 지역에 이르기까지 전 세계에 미국 군대를 주둔시키고 있다. 그리고 미국은 단독으로 세계에서 가장 큰 국제자본의 제공국가로 국제금융제도를 지배하고 있다. 그 뿐만 아니라 미국은 세계 최대 수출시장이다. 미국은 그의 주의 · 주장을 관철시킬 수 있는 충분한 능력을 갖고 있을 뿐만 아니라 미국의 패권을 누릴 수 있는 국가이다."[26] 키신저의 주장처럼 오늘날 21세기 세계적으로 미국의 능력과 지위는 어느 국가도 추종할 수 없을 정도로 월등하다. 오늘날에도 미국은 그의 절대적 힘을 과시하고 행사하고 있다. 이렇게 막강하고 절대적인 힘을 갖고 있는 미국은 현재의 미국 중심의 국제정치 환경을 유지하는 것이 그의 일차적 국제정치의 목표이다. 구체적으로 말하면 당대 미국의 패권적 지위를 유지하는 것이 첫 번째 목표이다. 미국은 이 목표 유지에 방해가 되거나 이것에 도전하는 일은 용서하지 않을 것이다.

21세기 중국이 크게 성장하여 규모 면에서 거대한 국가가 되었다. 그러나 중국은 경제적으로나 군사적으로 미국에 대항할만한 능력을 갖지 못하고 있는 것으로 판단된다. 중국은 경제적으로 자본, 기술, 무역 등의 해외 의존도가 높다. 이것은 국가의 취약성으로 남게 된다. 2019년 국내총생산(GDP)은 미국이 21조 4,277억 달러로 세계 1위이고, 중국은 14조 3,429억 달러로 세계 제2위이다. 중국의 국내총생산은 미국의 2/3수준이다.[27] 그런데 미국의 인구는 약 3억 명이 조금 넘는 수준이고 중국은 14억 명으로 미 · 중

26) Henry Kissinger, Does America Need a Foreign Policy?(New York: Simon & Schuster, 2001), pp. 17-18.

27) 朝鮮日報, 2020. 5. 28.

양국의 경제의 질은 커다란 차이를 보이고 있다.

군사적으로도 중국은 병력 수 등은 미국보다 많겠지만 실질적으로 보면 미국이 앞서고 있다. 미국과 중국은 핵보유국이지만 미국만이 핵무기 2차 공격능력(nuclear second-strike capability)을 갖고 있다. 만일 핵전쟁이 발생한다면 미국만이 살아남을 수 있을 것이다. 그리고 미국은 핵추진 항공모함 11척을 보유하고 있고 중국은 미국의 항모보다 작은 규모의 항공모함 2척을 갖고 있다. 미국은 세계 여러 지역에 필요에 따라 이 핵추진 항공모함을 파견하고 있다. 그리고 미국은 전 세계 여러 지역에 미군 기지를 두고 미국군을 주둔시키고 있다. 오늘날 전 세계에서 미국만이 유일하게 해외에 미군을 주둔시키고 있다.

이러한 절대적인 힘을 가진 미국은 유일한 절대 강대국으로 세계적 문제에 간여하고 있다. 예를 들면 미국은 2018년 독자적으로 북한의 핵무기를 포기시키려는 외교를 전개하였다. 미국은 2018년 6월 싱가포르에서 그리고 2019년 2월 베트남 하노이에서 북한 김정은을 만나 핵무기 포기를 권유하였다. 그러나 북한이 이 권유를 거부하자 유엔안전 보장이사회를 통해 전 세계 많은 국가들로 하여금 북한에 경제 제재를 가하며 압력을 행사하고 있다. 이처럼 미국은 주도적으로 대북한 경제 제재를 이끌고 있다. 이러한 것이 미국이 행사하는 패권적 외교이다. 오늘날 이러한 외교를 전개할 수 있는 국가는 미국뿐이다.

2020년 5월 중국은 홍콩 보안법을 제정하였다. 홍콩 보안법은 홍콩이 특별자치구역이지만 홍콩 주민들이 중국공산당을 반대하는 행위를 불법행위로 간주하여 그런 행위를 하는 사람을 처벌하려는 법이다. 즉 홍콩 주민의 반(反) 중국 행위를 금지시키는 법이다.

중국의 이러한 법 제정에 대해 미국은 극력 반대하고 있다. 미국은 홍콩에게 부여된 특별 지위를 박탈하려 하고 또 중국 기업에 대해서도 제약을 가하려 한다. 중국은 미국의 이러한 태도에 대해 중국의 내정에 간섭하는 행위라고 맞대응하고 있다. 미국은 키신저가 언급한 것처럼 세계 민주주의의 보루로서 중국의 반(反) 민주적 행태를 비난하고 비민주적 정책을 반대하는 데에 앞장서고 있다.

미국은 세계 평화의 수호자로서 중동지역 등 국가 간의 충돌 가능성이 엿보이면 미국은 핵추진 항공모함 전단을 파견하여 미국의 의사를 표시하기도 하고 또 중국이 대만에 위협을 가하는 행위가 감지되어도 이 지역에 역시 미국의 핵추진 항공모함 전단을 파견하여 이 지역에 긴장을 완화시키는 노력을 한다. 21세기인 오늘날 미국이 행하는 것과 같은 이러한 패권적 외교 행위를 하는 국가는 없다. 이러한 행위는 유일하게 미국만이 행하고 있다. 미국의 이러한 외교 행위는 유일한 절대 강대국의 패권적 국가의 행위이다. 키신저가 말한 것처럼 미국은 패권 국가인 절대 강대국의 지위를 누리고 있다. 미국이 이처럼 외교 행위를 행하고 있는 국제정치 상황은 세계적으로 미국 중심의 단극체제(unipolarity)가 존재하고 있음을 보여주고 있는 것이다.

미국의 트럼프 대통령은 2020년 5월 그의 경쟁국인 중국을 경제적으로 고립시키기 위해 미국 중심의 경제블록을 형성하려고 한다. 트럼프 대통령은 중국을 견제하기 위한 구체적인 조치로 소위 '경제블록공동체(Economic Prosperity Network-EPN)'을 만들고 미국의 동맹국들을 참여시켜 중국을 경제적으로 고립시키려 하는 계획을 발표하였다.[28] 2020년 오늘날 미국이 이러한 구상을 할 수 있는 근거는 상당한 경제적 역량을 갖고 있고 또 다수의 동맹국을 갖고 있다는 것이다. 이러한 경제블록 공동체는 각 국가가 독자적으로 외교 행위를 하거나 또는 국가 간 상호교류 및 상호작용을 하는데 필요한 규칙 또는 원칙 등을 만들어 이것들의 준수를 요구하거나 또는 강제할 수 있을 것이다. 이렇게 하는 것은 패권국가들이 할 수 있는 조치들이다.

28) 朝鮮日報, 2020. 5. 22.

그러므로 오늘날 미국은 패권국가의 지위에 자리하고 있고 미국 중심의 단극체제를 유지하고 있다.[29)]

⑤ 절대적 강대국과 상대적 약소국가와의 외교

ⓐ 19세기 유럽 세력균형 시기

19세기 유럽 협조체제 하의 영국, 프랑스, 프러시아–독일, 러시아 그리고 오스트리아–헝가리 이 5대 강대국은 우선 다른 국가들과는 비교되지 않을 정도의 막강한 국력을 갖고 있었다. 먼저 이 시기 유럽 대륙 내에 다른 약소국들이나 절대 강대국 간에는 국제정치적 의미를 갖는 평등하고 균형 잡힌 외교는 찾아보기 어렵다. 만일 절대적 강대국과 다른 약소국 간 외교적 문제가 발생한다면 그 문제는 절대 강대국들 간의 협의 및 조정으로 마무리되는 경향이 있었다. 왜냐하면 절대 강대국과 다른 약소국 간의 외교에서 절대 강대국이 절대적 이득을 얻게 되면 예를 들면 절대 강대국이 약소국을 흡수하여 국력을 크게 증대시키게 되면 자칫 유럽의 현상을 무너뜨리고 세력균형 체제의 유지를 불가능하게 할 수 있기 때문이다.

1830년대 프랑스의 자유화의 운동이 전개되었을 때 그 기운이 이탈리아 지역의 나폴리에도 이러한 자유화 기운이 전파되어 이 지역에서도 자유화 운동의 조짐이 보였다. 이때 오스트리아의 메테르니히(Klemens von Metternich)는 이 운동을 진압하기 위해 그의 군대를 투입하였다. 이때 영국은 벨기에에 프랑스의 영향력이 확대되는 것을 염려하여, 그리고 프랑스는 이탈리아에서 오스트리아의 영향력을 강화시킬 수 있다고 생각하여 오스트리아의 개입을 반대하였다. 결국 나폴리의 자유화운동이 진정되고 오스트리아 군대는 나폴리로부터 철수하였다. 이와 같이 19세기 유럽 협조 체제 하에서는 유럽 내의 문제는 절대 강대국의 간섭 그리고 절대 강대국 간의

29) Bruce W. Jentleson, American Foreign Policy, 5th ed(New York: W.W. Norton, 2014), pp. 287 참고.

협조로 평화적으로 해결하였고 유럽의 세력균형 체제가 유지되었다.

이러한 행태가 19세기 절대 강대국과 다른 국가 간에 전개되었던 외교의 한 형태이다. 즉 절대 강대국이 다른 상대적 약소국 간에 외교가 전개되는 경우가 발생하면 두 당사국만의 외교가 전개되도록 방치하지 않고 다른 절대적 강대국이 개입하여 문제의 해결을 도모했다. 이 경우에 절대적 강대국이 개입하는 이유는 다른 절대적 강대국의 일방적인 외교적 승리로 이 국가의 국력이 증대되는 것을 막기 위해서이다. 이것이 특히 19세기 전반 유럽 대륙의 현상을 유지하고 세력균형체제를 유지하기 위해 유럽 협조체제가 효율적으로 작용하던 시기의 절대 강대국과 상대적 약소국 간에 전개되었던 외교의 전형(典型)이다. 역사상 처음으로 유럽의 절대 강대국들은 유럽의 현상유지 및 세력균형체제 유지라는 공통된 임무를 그들 스스로 수행하였다.

1854년 영국과 프랑스의 지원을 받은 터키가 러시아에 선전포고를 함으로써 크리미아전쟁(Cremean War)이 시작되었다. 그러자 영국의 함대가 흑해에 침입하여 러시아의 흑해함대를 파괴하였고 영국과 프랑스군은 세바스토폴(Sevastopol)에 있는 러시아 해군 기지를 장악하고 크리미아에 상륙하였다. 이때 신성동맹국의 하나인 오스트리아는 중립을 선언하여 그 동맹국의 하나인 러시아를 지원하지 않았다. 이 결과 신성 동맹은 유명무실하게 되었다. 그 후 유럽 대륙에는 절대 강대국 간의 전쟁이 있었다. 1860년대 프러시아와 오스트리아 그리고 프러시아와 프랑스 전쟁이 있었고 이 전쟁의 결과로 1870년 독일이 통일국가를 형성하였다. 그리고 19세기 말에는 강대국 간 경쟁 및 대립으로 일관하였다. 실제로 유럽 대륙에는 절대 강대국의 약소국에 대한 외교는 찾아보기 어렵게 되었다. 유럽에서 19세기 말 절대적 강국들은 세력을 강화하기 위해 국가 간 이합집산에 치중하였기 때문에 다른 약소국과의 외교는 안중에 없었다. 실제로 1879년에는 오스트리아와 독일이 동맹관계를 가졌다. 그리고 1882년 5월에는 오스트리아와 독일은 이탈리아를 참여시키는 3국 동맹조약을 체결하였다. 1878년에 오스트리아는 보스니아-헤르체고비나(Bosnia-Herzegovina)를 합병하였고, 1881년 6월에 오스트리아는 세르비아와 동맹조약을 체결하였다. 그리고 1883년 10월 또한 오스트리아는 루마니아와 동맹조약을 체결하였고 나중에 독일을 이 동맹조약에 동참하도록 하였다. 그리고 1890년에는 프랑스와 러시아가 동맹조약을 체결하였다.

이러한 현상은 유럽협조체제가 와해된 19세기 말 유럽 국제정치의 현실이었다. 이러한 현상은 절대 강대국들이 상대적 약소국과 정상적인 외교를 전개할 수 있는 상황이 아니었다. 당시 유럽 절대 강대국들은 유럽 이외의 다른 지역에 식민지를 확대하는 제국주의에 몰두하고 있었다.

ⓑ 1919-1939 베르사유체제 절대적 강대국과 상대적 약소국 간의 외교

제1차 세계대전을 끝내고 전쟁에 참여했던 국가들은 1919년 6월 베르사유조약(Treaty of Versallies)을 체결하였다. 이 전쟁에서 승리한 강대국은 미국, 영국, 프랑스, 이탈리아 그리고 일본 5개 국가였다. 이렇게 하여 이 5개 강대국 중심의 베르사유체제가 수립되어야 하는 상황이 외형상 만들어졌다. 앞에서 살펴 본 바와 같이 5개 승전국 가운데 절대 강대국으로서의 역할을 담당하는 국가는 없었다. 그리고 유럽의 강대국들인 러시아, 독일 그리고 오스트리아-헝가리는 전쟁의 피해로 인하여 몰락의 길을 걷게 되었다. 그리하여 이 시기에는 세계 정치적으로 국제정치체제를 유지할 수 있는 국가가 없었다. 따라서 절대 강대국과 상대적 약소국 간의 외교는 전개될 수 없었다.

ⓒ 양극체제시기 절대적 강대국과 상대적 약소국 간의 외교

제2차 대전 이후 미국과 소련 중심의 양극체제 하에서 두 절대적 강대국 이외의 국가들은 모두 상대적 약소국이다. 이렇게 절대적 강대국과 이 상대적 약소국 간의 외교 행태는 각 경우마다 그 전개가 많이 다르다. 왜냐하면 이 시기는 냉전체제이기 때문이다. 절대 강대국과 같은 진영 내의 국가 간

외교와 절대 강대국과 다른 진영 내 국가 간의 외교는 근본적으로 차이가 있었다. 절대 강대국과 동맹관계를 갖고 있는 약소국가들은 절대 강대국에 의해 절대로 보호되고 지지되었다.

이 냉전시기 양극체제에서 미국과 소련 두 국가는 각기 자신들의 진영 즉 서방 자본주의 진영과 공산진영을 확장하고 공고히 하는 일이 절대적으로 필요한 시기였다. 그렇기 때문에 미국과 소련은 그의 진영 내 국가들에게 각종 원조를 제공하고 그 국가에 군대를 주둔시키며 상대적 약소국의 경제 발전을 적극 지원하고 그리고 그 약소국들의 안전을 보장하기도 하였다.

특히 미국의 서유럽 국가들에 대한 지지 및 지원은 최대한 제공되었다. 제2차 대전이 끝난 직후 미국의 서유럽 국가 부흥을 위한 원조인 마샬플랜 그리고 북대서양조약기구는 절대 강대국인 미국이 상대적 약소국에게 베푼 전대미문(前代未聞)의 지원이었다. 무엇보다도 미국이 이 서유럽 국가들을 미국 휘하에 두는 것은 국제정치에서 미국을 절대 강대국으로 군림하게 뒷받침해주고 미국의 세계질서 유지에 절대로 필요하였다. 그러므로 미국이 우선적으로 서유럽 국가들을 필요로 하였기 때문에 이들 간에는 대립 · 충돌 · 갈등이라는 것은 없었다. 그러므로 이들 국가 간의 외교는 상부상조(相扶相助)하는 차원에서 전개되었다. 전 미국 백악관 안보보좌관 키신저는 "북대서양조약의 목적은 소련의 공격을 저해시키시는 것이다."라고 언급하였다.[30] 그런데 드골(Charles de Gaulle) 프랑스 대통령은 1966년 프랑스 영토 내에 있는 미국의 핵무기 철수를 명령하였고, 북대서양조약기구 통합군에 소속되어 있던 프랑스 해군 및 지상군을 철수시켰다. 그리고 프랑스에 있는 북대서양조약기구의 사령부를 다른 국가로 이전시키도록 요구하였다. 드골 대통령의 이러한 결정은 미국과 합의 없이 일방적으로 이루어진 결정이었다. 드골의 이러한 처사는 중요한 동맹국 간 갈등을 초래할 수 있는 일이었다.

30) Henry Kissinger, Diplomacy, p. 612.

그러나 미국은 드골의 이러한 처사에 대해 특별한 대응 조치를 취하지 않았다. 그리고 미국은 계속해서 프랑스를 동맹국으로 포용하였다. 미국은 그의 진영 내 프랑스가 절대 필요하였다. 프랑스는 서유럽의 주축 국가 중 하나였다. 그리하여 미국은 그 후에도 프랑스와 갈등이나 충돌 없이 기존의 국제질서의 유지를 위해 협력하여왔다. 자유민주주의는 미국이 가장 존중하는 가치 중의 하나이다 그러면서 미국은 인권, 자유, 평등과 같은 것을 강조하고 많은 국가에도 이것의 준수를 강조하는 국가이다. 그러나 미국은 비민주적인 한국의 독재정부를 지지하고 지원하였다.

한국에는 1950년대 이승만 정부의 비민주적인 정치가 전개되고 국민의 기본권이 제대로 보장되지 않았으나 미국은 한국을 동맹국으로 인정하며 전폭적인 경제 지원을 제공하였다. 그리고 1961년 군사정변으로 정권이 바뀌었으나 미국은 새로운 군사정권을 지지하였고 경제 및 군사원조를 계속적으로 제공하며 포용하였다. 이러한 상황은 한-미 관계에 전혀 영향을 미치지 않았고 한국은 미국의 동맹국으로서 미국과 정책 공조를 유지하였다.

미국은 당시 양극체제 하에서 미국 진영의 외연 확대 및 확보가 필요했기 때문에 미국은 세계 전략적 차원에서 비민주적인 한국을 포용하였다. 그리고 한국은 언제나 미국과 정책공조를 이루어 왔기 때문에 한국과 미국이 외교는 협조적으로 전개되어 왔다. 그래서 미국은 양극체제 하에서 한국을 포용하였고 경제 및 군사 원조를 20여 년 이상 꾸준히 제공하였다. 양극체제 시기 한국은 미국의 동맹국이었기 때문에 정치, 경제, 안보 측면에서 미국으로부터 특혜를 받았다. 이러한 특혜의 대가로 한국은 미국의 정책과 뜻을 존중하고 따라야 했다. 양극체제 하에서 절대 강대국인 미국은 동맹국에 매우 관대하여 상대적 약소국의 대미외교는 비교적 어렵지 않게 실리적 외교를 전개할 수 있었다.

공산 진영에 있어서도 이 진영의 절대 강대국이고 맹주인 소련도 공산국가들을 그의 진영에 남아있게 하는 일이 절대로 필요하였다. 그리하여 소련도 바르샤바조약(Warsaw Pact) 회원국들을 철저히 관리하였다. 소련을 제외한 이 조약의 회원국은 당시 소련의 상대적 약소국이었다. 소련의 그 진영 내 국가들을 관리하는 방법은 미국과 같지 않았다. 소련은 지원 및 지지보다는 강압적 수단으로 공산국가들을 그 진영 내에 묶어두었다. 예를 들면 1956년 헝가리에 군사적으로 개입하였고 1968년에는 폴란드에 역시 군대를 파견하여 폴란드의 민주화를 탄압하였다. 소련은 이러한 강압적인 방식으로 공산진영을 관리하여 왔다.

1960년 소련과 중국은 완전히 결별하였다. 그 후 중국은 경제적으로 외교적으로 소련과는 다른 독자노선을 걸었다. 중국은 1960년대 제 3세계 중심으로 외교를 전개하고 경제적으로도 자력갱생의 길을 걸었다. 공산진영 내 유력한 국가인 중국이 소련 진영으로부터 일탈하였으나 소련은 중국에 대한 어떠한 조치도 취하지 않았다. 소련의 이러한 태도는 1960년대 프랑스가 독자적 행보를 취하였을 때 미국이 프랑스에 아무런 조치를 취하지 못했던 경우와 같다. 프랑스나 중국이 진영 논리에 반하는 일탈적 행위를 취하였으나 이 두 국가에 미국이나 소련이 응징을 가하는 일은 쉬운 일이 아니었던 것 같다. 프랑스와 중국이 진영 내에서 차지하는 비중이 크기 때문에 미 · 소 두 절대적 강국이 프랑스와 중국을 향한 보복적 조치를 취하는 데에는 한계가 있었다. 만일 미국과 소련이 각각 프랑스와 중국에 엄중한 보복적 조치를 취한다면 프랑스 및 중국은 상대 진영으로 가버릴 가능성도 있기 때문에 미국과 소련은 이 두 국가에 대해 강력한 조치를 취하지 못하였을 것이다. 결국 중국은 결국 미국과의 관계개선으로 미국 편에 서게 되었다.

냉전시기 양극체제 하에서 특히 미국도 소련도 국제정치적으로 또 전략적으로 필요한 국가들을 대체로 그들의 진영 내에 포함시켰다고 생각된다. 다른 말로 표현하면 미 · 소 두 국가와 동맹관계 또는 다른 특수한 관계를 갖지 않고 진영 밖에 있던 국가들은 그다지 중요하지 않은 국가들이라고 말할 수 있다. 각각의 진영 밖에 있는 국가와 절대 강대국 간의 외교는 특수한 경우 인도적인 측면의 문제 이외의 다른 문제와 관련된 문제를 다루는 외교가 전개된다면 그 외교는 절대 강대국 위주로 전개되고 이 국가의 일방적 승리로 끝나게 될 것이다. 냉전시기 양극체제 하에서 절대 강대국과 다른 국가인 상대적 약소국과의 외교는 합리적으로 평등하게 전개되지 않는 것이 현실이었다.

3. 보통국가의 외교

여기서 말하는 보통국가는 절대적 강대국을 제외한 모든 국가를 지칭하는 것이다. 그렇기 때문에 보통 국가의 범위는 매우 넓다. 따라서 이 보통국가 중에는 규모가 크고 작은 국가, 국력이 강하고 약한 국가, 부유한 국가, 가난한 국가 등 여러 형태의 국가들이 있다. 이 국가들이 모두 국제정치의 주된 행위자들로서 외교 행위를 한다. 국제사회에서 국제정치의 주체인 모든 주권국가들은 그 국가의 능력, 규모 등에 관계없이 각기 자국의 안전 보장을 위해 또 국가 이익을 증대시키기 위해 다른 국가를 대상으로 국제정치적 행위인 외교를 전개한다.

일반적으로 국가가 외교를 전개하는 경우에 다양한 목표를 갖고 전개할 것이다. 외교는 다른 국가를 대상으로 전개된다. 한 국가가 성취시키고자 하는 목표가 외교 대상국가의 이익 또는 목표와 일치한다면 자국의 목표를 성취하기 위한 외교는 어렵지 않게 성공을 거둘 수 있을 것이다. 그러나 한 국가가 성취하고자 하는 목표가 외교 대상국가의 그것과 충돌한다면 그 목표를 성취시키고자 하는 국가의 외교는 어렵게 전개되지 않을 수 없거나 또는 실패할 것이다

절대 강대국과는 달리 보통국가들은 정치, 경제, 군사 등 분야에서 절대적이고 압도적인 힘을 갖고 있지 않기 때문에 보통국가들은 외교적으로 소기의 목적을 달성하는 일이 매우 어렵다. 그럼에도 불구하고 보통국가들도

특정국가를 대상으로 외교를 전개해야 한다. 보통국가들은 그 숫자가 많기 때문에 그들 간에는 여러 능력에 차이가 있다. 국가의 능력에는 계량이 가능한 객관적인 능력도 있고 또 계량할 수 없는 보이지 않는 주관적 능력도 있다. 주관적 능력이란 외교를 성공시킬 수 있는 외교역량을 의미한다. 주관적 능력에는 압력, 영향력 등이 포함된다(III. 외교역량 강화 외교의 이론화 참고.). 이처럼 보통 국가 간에도 여러 능력의 차이가 있기 때문에 외교의 전개 과정, 목표 추진 과정 등에 차이가 있다. 여기에서는 이러한 보통국가 간에 전개되는 외교를 논의해 보려 한다.

보통 국가 간에 전개되는 외교에는 평등한 국가 간에 전개되는 외교가 있고, 그리고 다른 하나는 불평등한 국가 간에 전개되는 외교가 있다.

외교를 전개하는 국가가 평등하다는 것은 어느 한 국가가 다른 국가에 의존해있지 않다는 것을 의미하는 것이다. 한 국가가 다른 국가에 의존하지 않고 국가를 경영하는 국가들의 관계를 평등하다고 한다. 이러한 국가들은 평등한 상호의존관계를 갖고 있는 국가이다. 그러므로 이러한 국가 간에 전개되는 외교는 평등한 국가 간의 외교라고 할 수 있다.

다른 한편 불평등한 국가 간의 외교는 외교 당사국 중 어느 한 국가가 정치, 경제, 안보 등에서 자립이 어려워 다른 국가의 지원을 받고 국가를 경영하는 국가가 있다면 다른 국가의 지원을 받는 국가와 다른 국가를 지원하는 국가는 불평등한 상태에 놓이게 된다. 그러므로 이 두 국가 간에는 불평등한 상호 의존관계를 형성하게 된다. 불평등한 상호의존관계는 영향력 또는 압력 행사의 근거가 된다. 이 근거는 외교역량으로 작용한다.[31] 보통 국가 간에 불평등한 상호의존관계가 형성되면 이들 국가 간에는 불평등한 외교가 전개된다.

31) Robert O. Keohane and Joseph S. Nye, Power and Interdependence, 2nd ed. (Glenview, Illinois: Scott, Foresman and Company, 1989), p. 11.

① 보통국가의 평등한 국가 간의 외교

평등한 국가 간의 외교는 국가 간 평등한 상호의존관계를 갖고 있는 국가 간에 전개되는 외교를 말하는 것이다. 세계 대부분의 국가들은 보통 국가이고 대체로 평등한 상호의존관계를 갖고 있다. 이러한 국가들은 외교역량에 있어서도 커다란 차이를 보이지 않고 있어 이들 국가 간의 외교는 힘이나 또는 위협에 의하지 않고 외교가 전개될 것이다. 이러한 외교가 바람직하고 정상적인 외교라고 말할 수 있다.

외형적인 측면에서 보면 평등한 국가 간의 외교는 모두가 희망하는 외교이다. 그러나 외교의 성과, 결과 등의 측면에서 보면 이 평등한 국가 간의 외교를 높이 평가할 수만은 없는 외교이다. 왜냐하면 이 평등한 국가 간의 외교가 반드시 당사국들의 욕구를 모두 충족시킬 만한 결과를 도출할 수 없기 때문이다. 평등한 국가 간의 외교는 장점도 있고 단점도 있다. 먼저 장점으로는 어떠한 외교를 전개하더라도 유 · 불 리가 어느 한 쪽에 치우침이 없이 합리적인 외교의 전개가 가능하다. 실제로 평등한 국가 간에는 각 국의 의사가 표시되거나 또는 의사가 직접 전달되어도 이것이 상대 국가에 어떠한 위협 또는 압력으로 작용되지 않는다. 왜냐하면 평등한 국가 간에는 이러한 의사표시 또는 의사 전달이 위협이나 또는 압력으로 작동할 수 있는 근거에 의해 행해지는 외교 행위가 아니기 때문이다.

예를 들면 한국과 칠레는 국가적으로 불평등한 의존관계를 갖고 있지 않기 때문에 그리고 한국과 남미에 있는 칠레 간에 외교가 전개될 때 두 국가는 외교역량의 측면에서 평등한 관계를 갖고 있기 때문에 한국과 칠레 간의 외교는 대등한 입장에서 외교가 전개될 수 있다. 그러므로 두 국가 간의 외교는 합리적으로 전개될 것이다. 그러나 평등한 국가 간 외교의 단점으로는 문제 해결이 어렵다는 것이다. 만약 한국과 칠레 두 국가가 양국 모두에 중대한 문제가 발생하여 이것을 해결하기 위한 외교가 전개된다면 그 외교는 매우 어렵게 전개되고 또한 문제의 해결이 불가능할수 도 있다. 평등한 국가 간의 바람직한 외교는 호혜의 정신에 입각해서 전개되는 외교이다. 그러나 외교 당사국가들이 해결해야 할 문제가 매우 중요하고 그리고 양보하고 타협하기 어렵다면 이 문제를 해결하기 위한 외교는 난관에 봉착하게 되고 더 나아가 문제의 해결 가능성은 없게 될 것이다. 이렇게 어려운 외교는 자칫 극단적 행위로 전환될 수도 있다. 이처럼 평등한 국가 간의 외교는 이러한 단점을 갖고 있다.

평등한 국가 간의 외교에서 중요하게 작용할 수 있는 요소 중의 하나는 외교관계이다.

평등한 입장에서 외교를 전개하는 국가 간 외교관계가 갈등적이라면 특히 중요한 문제의 해결은 매우 어렵다. 대체로 "갈등적 외교관계는 국가 간 약 15년 간에 걸쳐 무력 충돌을 3차례 이상 경험한 관계 또는 국가 간에 강도 높은 대립, 충돌 등이 지속적으로 계속되는 경우 또는 무력충돌이 산발적으로 일어나는 경우 또는 분쟁이 명백하게 종결되지 않은 경우를 말한다."[32] 이렇게 갈등적 외교관계를 갖고 있는 국가 간에는 지속적으로 상호배타적인 정책을 결정하고 또 적대적으로 행위하게 될 것이다. 국가적으로 평등한 상호의존 관계를 갖고 있고 또한 외교역량 측면에서 평등하고 외교관계 측면에서 갈등적 관계를 갖고 있다면 이 경우는 최악의 환경에서 외교를 전개하게 될 것이다. 이러한 상황에서 외교적으로 문제의 해결을 도모하는 것은 산에 올라 물고기를 구하려는 것과 같다.

앞에서 말한 것처럼 평등한 국가 간의 외교에서 외교관계가 중요하다고 말한 바 있는데 그렇다면 어떠한 외교관계가 필요한지를 살펴보려 한다.

평등한 국가 간의 외교에서 요구되는 외교관계는 이해(利害)를 공유할 수 있는 관계인 협조적 관계이다. 평등한 국가 간의 외교에서 소기의 목적을

32) Charles S. Gochman and Zeev Maoz, "Militarized Interstate Dispute, 1816-1976," Journal of Conflict Resolution, vol. 28, 4(December 1984), pp. 585ff.

달성할 수 있는 절대적인 조건은 이와 같은 협조적 관계이다. 평등한 국가 간 협조적 관계를 갖고 외교를 전개한다면 국가는 매우 성공적인 외교를 전개할 수 있다.[33]

국가 간 협조적 관계를 갖는 방법 중의 하나는 국가 간의 약속 즉 국제법적 효력을 갖는 협정, 조약 등의 체결이다. 이처럼 조약을 체결하여야 국제법적 효력을 가지고 있기 때문에 국가 간의 약속이 철저하게 지켜질 수 있을 것이다.

보통 국가로서 평등한 지위를 누리고 있는 국가들이 지역 기구를 만들어 국가 간 협력적 관계를 형성한 국제기구가 있다. 그것은 아세안(Association of Southeast Asian Nations-ASEAN)이다. 이 아세안은 1967년 8월 동남아시아의 5개국이 지역에서의 경제협력을 위해 탄생되었다. 그 후 5개국이 추가되어 현재는 10개국으로 구성되어 있다. 이 아세안 회원국들은 정치, 경제, 환경 등 여러 분야에서 협력하고 있으며 자유무역지대를 창설하고 경제협력을 강화하고 있다.

날이 갈수록 모든 국가들이 경제의 중요성을 강조하고 있다. 이러한 차원에서 각 국은 국가 간 경제 협력을 도모하기 위해 지역 중심으로 경제 공동체를 만들고 있다. 이 공동체들은 특히 무역의 활성화를 위해 무역의 다양한 장벽들을 제거하고 상호 무역상의 혜택을 부여하며 국가의 경제적 이익을 증진시키고 있다. 대표적인 지역 경제공동체로는 앞에서 지적한 아세안, 유럽연합(EU), 남북미대륙 자유무역협정(FTAA), 남미경제공동체(Mercosur) 등이 있다.

이러한 공동체는 각 회원국들이 자국의 경제발전을 위해 만든 기구이다. 이 기구의 회원국들은 상부상조하며 이익의 극대화를 도모하려는 국가들이기 때문에 이들 간의 갈등, 충돌 등은 아예 없거나 또는 최소화하게 될 것이다.

33) 제3부. 국가 간 외교관계와 외교 참고.

이와 같은 기본 정신 하에 경제 공동체를 구성하고 상호작용하는 국가들 간에는 외교관계에 있어 협조적인 관계를 갖게 될 것이다. 이 경제 공동체의 회원국들은 모두 보통 국가로서 평등한 위치에 놓여있는 국가들이고 또 상호 이해를 공유할 수 있는 국가들이다. 이러한 국가 간의 외교는 모범적으로 전개될 것이다.

보통국가로서 평등한 상호의존관계를 갖고 있는 국가들은 위력적인 외교역량을 갖고 있지 못하기 때문에 이런 국가들의 외교적 수단은 다른 국가와 이해를 공유하고 협조적인 외교관계를 갖는 것이 바람직한 일이다. 보통국가로서 평등한 의존관계를 갖고 있는 국가 간에는 해결해야 할 문제가 발생하는 경우에는 적절한 해결방안을 갖고 있지 못하기 때문에 국가 간 갈등관계가 조성될 수 있고 더 나아가 보복적인 행위도 행해질 수 있다. 국가가 성공적인 외교를 전개하기 위해서는 평소에 지속적으로 국가 간 접촉 교류 등을 활성화해서 돈독한 협조적인 관계를 유지하는 것이 반드시 필요한 일이다.

② 보통국가의 불평등한 국가 간의 외교

국가 간의 관계가 불평등하다는 것은 국가 간 상호의존관계가 불평등하다는 의미이다. 국가 간 불평등한 상호의존 관계란 한 국가가 정치, 경제, 안전 등 분야에서 다른 국가에 크게 의존하고 있다는 의미이며 외교적으로 독립성을 크게 훼손시킬 수 있다는 것을 의미한다. 국가 간 불평등한 상호의존관계는 국가 간 압력 또는 영향력 행사의 근원이 된다. 만약 국가 간 이러한 관계가 설정되어 있다면 이들 국가 간 외교는 압력, 또는 영향력을 행사할 수 있는 국가에 의해 일방적으로 전개될 것이다. 실제로 보통국가 간에 어느 한 국가가 안전 보장, 경제 등을 한 국가에 크게 의존하고 있다면 이 국가 간에는 대립, 갈등, 충돌과 같은 일은 발생하지 않을 것이다. 그 대신 외교는 의존관계에서 우위에 있는 국가에 의해 일방적으로 전개될 것이다. 국가 간에 불평등 상호의존관계는 절대적 강대국과 보통국가 간에 설정된다. 이러한 의존관계는 절대적인 불평등 상호의존관계이다. 그러나 보통국가 간에 형성될 수 있는 불평등한 의존관계는 모두 상대적인 상호의존관계이다. 상대적 상호의존관계는 (절대적 의존관계와는 달리) 변화될 가능성이 있다는 의미이다.

보통국가 간에는 철저하고 명백한 절대적인 불평등한 상호의존관계를 형성하고 있는 국가 간 관계는 찾아보기 어렵다. 보통국가 간 다른 국가에 크고 작은 압력이나 영향력을 행사할 수 있는 근거를 갖고 있는 국가가 있다. 국가 간 접촉 또는 여러 형태의 교류가 많은 국가 간에는 어느 정도 불평등한 교류가 있을 수 있고 이런 상황은 경우에 따라 어느 정도의 압력 또는 영향력을 행사할 수 있는 근거가 존재할 수도 있다. 예를 들면 한 국가가 특정국가에 수출을 많이 하여 수출시장 측면에서 특정국가의 시장에 크게 의존하는 경우는 영향력 또는 압력행사의 근거가 될 수 있다. 또한 한 국가가 특정국가에서 원유를 전량 수입한다면 이 국가 간에도 압력 또는 영향력을 행사할 수 있는 근거가 마련되기도 한다. 국가 간 총체적으로 또는 근본적으로 불평등 상호의존관계가 형성되어 있지는 않지만 국가 간 시장 또는 주요자원을 특정 국가에 크게 의존하고 있다면 그것도 외교에서 불평등 관계로 작용하게 될 것이다. 보통국가 간에 형성된 불평등한 상호 시장, 또는 자원과 같은 특정 요소에 의한 불평등은 상대적인 것이다. 즉 이것은 상대적인 불평등 의존관계이다.

절대적인 불평등 상호의존관계에서 상대국가에 크게 의존하고 있는 국가는 이 불평등한 관계에서 벗어나기 어렵다. 왜냐하면 절대적인 불평등 의존관계는 근본적이고 총체적이고 절대적인 불평등 관계가 확립되어 있기 때문이다. 그러나 상대적인 불평등한 의존관계에서 영향력을 행사하거나 또는 압력을 행사할 수 있는 근거가 되는 시장 또는 자원은 시장을 다변화하거나 또는 수입원(收入源)을 다변화한다면 상대적인 불평등 의존관계는 해소될 수도 있다. 경우에 따라서 다소 차이는 있겠지만 이 상대적인 불평등

의존관계는 언제든지 그 관계의 정도가 변할 수 있다. 그러므로 국가 간 외교에서 상대적인 불평등 의존관계는 그 위력에 다소 한계가 있을 수 있다.

예를 들면 한국과 일본은 모두 보통국가이다. 그러므로 이 두 국가 간에는 절대적인 불평등 상호의존 관계는 형성되어있지 않다. 한국과 일본은 국가적으로는 평등한 의존관계를 갖고 있다. 그러나 한국과 일본 간에는 자원에 의한 상대적인 불평등 의존관계가 형성되어 있었다. 한국은 최대 수출품인 반도체, 디스플레이 제조에 필수적인 핵심소재인 불화수소, 포토레지스트 및 플루오린 플리이미드 3종을 일본으로부터 수입하여 왔다. 이런 가운데 한국의 대법원이 2018년 10월 일본에 의해 강제징용된 사람들에 대해 일본은 각각 1억 원씩 배상하여야 한다는 판결을 하였다. 일본 정부는 1965년 체결된 한 · 일 기본조약의 체결로 모든 배상문제는 해결되었다고 주장하고 있다. 그러므로 일본은 더 이상의 배상책임은 없다는 것이 일본의 입장이다. 한편 한국은 2004년부터 아시아 국가 중 유일하게 수출특례적용국가리스트(White list)의 지위를 부여받고 있었다. 그러나 일본은 2019년 7월 1일 한국을 이 리스트에서 제외한다는 결정을 하였다. 이것은 일본의 한국에 보복이었다. 이것은 한국과 일본 간 소재에 의한 상대적인 불평등 의존관계의 결과였다.

또한 중국과 일본 간에는 국가적으로는 평등한 상호의존관계를 갖고 있다. 그러나 희토류라는 자원으로 일본은 중국에 의존하고 있어 이 자원을 매개로 양국은 상대적인 불평등 상호의존관계를 형성하고 있다. 이런 가운데 2010년 9월 센카쿠열도 근해에서 일본 해상보안처 순시선과 중국 어선이 충돌하였다. 이때 일본은 중국 어선의 선장을 체포하였다. 그러자 중국은 일본에 희토류 수출을 금지한다는 결정을 하였다. 그러자 일본은 중국 선장을 즉시 석방하였다. 일본은 희토류라는 소재로 인하여 중국과 불평등 의존관계를 갖고 있었는데 이것이 중국의 일본에 대한 압력으로 작용하여 중국이 외교적 승리를 거두게 되었다. 이 결과는 상대적인 불평등 의존관계의 결과이다.

중국은 2019년 기준 국내총생산(GDP)이 14조 3,429억 달러로 미국에 이어 세계 제2위의 경제규모를 갖고 있다.[34] 한국의 총생산 액은 1조 6,421억 8,000만 달러이다. 그러나 한국과 중국은 모두 보통국가이고 한국과 중국은 국가적으로 평등한 상호의존관계를 갖고 있다.

이러한 상황 하에서 한국 정부는 2016년 7월 경상북도 상주지역에 미국이 운영하는 사드(THAAD) 설치를 발표하였다. 그 후 중국의 외교부 대변인은 한국 내 사드 배치를 반대한다는 이장을 발표하였다. 그 뿐만 아니라 중국 외교부장도 한국에 사드배치를 반대한다고 말했다. 그리고 중국 당국은 2017년 3월부터 중국 여행사에 대해 한국 여행 상품을 판매하지 말도록 주문하였다. 그리고 중국 내에서 기업 활동을 하고 있는 '롯데' 등을 비롯한 여러 한국 기업 제품의 불매운동을 전개하였다. 한국과 중국은 평등한 의존관계를 갖고 있기 때문에 중국은 한국의 사드배치를 저지하지 못했다. 그 대신 중국은 한국에 보복적인 외교를 전개하였다. 이러한 상황이 보통 국가들로서 평등한 의존관계를 갖고 있는 국가 간에 전개될 수 있는 외교행태이다.

앞에서 말 한 바와 같이 한국과 중국은 모두 보통국가로서 국가적으로 평등한 의존관계를 갖고 있다. 그러므로 한국과 중국은 당연히 대등한 입장에서 외교를 전개할 수 있는 입장이다. 그럼에도 불구하고 한국은 중국과 소위 '한-중 3불(不)'합의를 하였다. 2017년 10월 31일 한국 정부는 중국의 요구도 수용하였다. 중국의 요구는 첫째 추가로 사드를 배치하지 않는다. 둘째 미국의 미사일방어체제(MD)에 참여하지 않는다. 그리고 셋째 한국은 한국-미국-일본 3국 군사동맹을 하지 않는다. 한국이 이 요구를 수용하면 한 · 중 양국이 모든 분야에서 교류협력을 정상적으로 회복시켜 나간다는 데에 합의하였다 당시 청와대 관계자는 사드문제를 '봉인시켜 놓은 상태'라

34) 朝鮮日報, 2020. 5. 28.

고 했다. 그러나 중국은 이 합의 이후에도 계속해서 한국의 사드 배치에 대해 문제를 제기하였다.[35] 한국의 중국에 대한 요구는 없고 중국의 한국에 대한 일방적인 요구만 있고 한국 정부는 그것을 수용하였다. 국가 간의 합의는 분명히 외교 행위이다. 중국의 요구 사항인 '한 · 중 3불'에 합의한 외교 행위는 불평등한 외교의 산물이다. 중국이 한국에 요구한 '3불'은 한국의 외교를 제한하는 한국의 주권 침해 행위이다. 그런데 한국 정부는 중국의 한국 주권 침해 행위를 수용한 것이다. 한국이 중국의 일방적인 요구를 수용한 행위는 불평등한 외교 행위이다.

4. 약소국의 외교

지구상에 있는 모든 국가는 당연히 외교를 전개한다. 물론 약소국도 외교를 전개한다. 여기서 말하는 약소국은 객관적 국력도 약하고 동시에 영향력 또는 압력과 같은 힘을 행사할 수 있는 능력도 없는 국가를 말한다. 여러 번 이야기 했는데 국제정치는 권력 정치이고 외교는 국제정치의 수단이다. 그러므로 외교는 힘에 입각해서 전개하여야 성공의 가능성이 크다. 현실 국제정치에서 약소국의 외교는 활발하게 전개되고 있지 못하고 있다. 그렇기 때문에 약소국의 국제정치는 많이 논의되고 있지 않다. 그러나 약소국이 국력은 약하지만 다른 국가에 영향력 또는 압력을 행사할 수 있는 소재를 갖고 있다면 그 약소국은 어느 정도 성공적인 외교를 전개할 수 있다. 약소국은 강한 국력을 갖고 있지 못하므로 그 대신 자국의 외교정책 목표를 성취시키기 위한 수단으로 다른 국가를 움직일 수 잇는 지렛대를 갖고 있어야 그의 목적을 성취시킬 수 있다.

1950년대 냉전시기 양극체제 하에서 이집트의 나세르(Gamel Abdel Nasser) 대통령은 그의 뛰어난 지략(智略)으로 그의 소망을 이루었다. 나세르

35) 朝鮮日報, 2019. 11. 1.

대통령은 1956년 영국과 프랑스 소유의 스웨즈운하 회사를 국유화한다고 선언하였다. 그러자 이스라엘은 시나이 반도를 침공하였고 영국과 프랑스도 군사적 개입을 계획하였다. 1956년 10월 31일 미국의 아이젠하워 대통령은 텔레비전을 통해 "국제분쟁의 해결을 위한 수단으로 군사력을 사용하는 것은 동의하지 않는다"는 내용의 연설을 하였다. 미국은 그의 동맹국인 영국과 프랑스를 지지하지 않고 이집트를 지지하였다. 이때 소련도 이집트의 스웨즈운하 국유화를 지지하였다. 당대 절대 강대국인 미국과 소련의 지지를 받은 나세르 대통령은 그의 숙원인 스웨즈 운하를 이집트의 소유로 하는 데에 성공하였다. 약소국인 이집트가 영국과 프랑스를 상대로 전개한 외교에서 승리하게 만든 소재는 비동맹(non-alignment)외교 노선이었다. 냉전시기 미국과 소련의 동맹에 참여하지 않고 독자적 외교노선을 채택하여 양극체제 하에서 미국과 소련의 원조 및 지원을 함께 받으려고 비동맹외교 노선을 걷는 국가가 있었다. 양극체제 하에서 미국과 소련은 비동맹국가를 필요로 하였다. 그렇기 때문에 미국과 소련은 경쟁적으로 이들 국가들을 지원하였다. 이 시기 이집트는 아프리카 지역 비동맹국의 종주국이었다. 그렇기 때문에 미국과 소련은 이집트를 지원하였다. 이때 미국은 이집트 중심의 아프리카 비동맹국가들의 지지를 얻기 위해 오랜 우방국이고 동맹국인 영국과 프랑스를 희생시켰다.[36]

국제정치에서 힘을 갖고 있지 못한 국가는 강한 국가의 힘을 이용할 수 있는 소재를 확보할 수 있어야 한다. 1950년대 약소국인 이집트는 당대 절대 강대국들인 미국과 소련을 상대로 전개한 외교에서 그의 목표를 성취하였다. 이집트가 그의 목표를 성취시키는 데 작용했던 주요소재는 비동맹외교 노선이었다. 이러한 나세르의 외교는 모든 약소국가가 배워야 할 외교의 교본이라고 말할 수 있다. 국력이 취약해서 외교역량을 확보하고 있지 못한

36) Henry Kissinger, Diplomacy, pp. 522ff.

국가는 이집트의 나세르 대통령이 하였던 것처럼 강대국의 힘을 이용하는 것이다. 약소국이 강대국의 힘을 이용할 수 있는 방법은 각 국가의 환경에 따라 다르고 또 국제정치의 상황에 따라 다를 것이다. 나세르 대통령은 냉전 상황에서 양극체제를 잘 활용한 결정이었다.

국제정치가 세계적으로 전개된 19세기 유럽대륙에서는 약소국이 자국의 외교를 전개할 수 있는 여지조차 없었다. 세력균형체제 하에서 당시 유럽에서는 5대 절대 강대국이 일방적으로 유럽대륙을 지배하였기 때문에 당시 이 지역 약소국들은 존재감마저 없었다. 그리하여 당시 유럽의 약소국들은 독자적인 외교를 전개할 수 없었다. 이 시기 무력은 강대국의 주요한 외교수단이었다.

또한 제1차 세계대전 후 소위 베르사유체제에서도 유럽의 약소국들은 국제정치에서 국가의 역할을 할 수가 없었다. 1920년대 유럽은 전쟁의 후유증으로 실제적으로 힘 있는 강대국이 존재하지 않았다. 이때 유럽의 강국 그리고 약소국들은 모두 갈팡질팡 우왕좌왕하고 있었다. 승전국 프랑스는 독일을 재기불능으로 만들기 위해 어마어마한 제재 등을 가하였고 독일은 패전국가로서 감당하기 어려운 부담을 떠안게 되었다. 이런 와중에 미국은 아메리카 대륙으로 돌아가 유럽 정치에는 관여하지 않았고 영국도 바다 건너 고향으로 돌아가 유럽 정치와는 거리를 두고 있었다. 이때 유럽 대륙은 국제질서도 없었고 국제체제도 없는 혼돈 상태였다. 이러한 국제상황에서 더욱이 약소국은 대외활동을 펼칠 수 있는 분위기는 아니었다.

1930년대 독일의 히틀러가 등장하면서 유럽 대륙에는 광풍이 휘몰아치기 시작하였다. 히틀러는 1차적으로 세계적인 준비로 유럽의 약소국들은 무력으로 합병하기 시작하였다. 특히 독일의 주변국들은 히틀러가 장악하였다. 따라서 유럽의 다른 약소국들도 불안과 공포에 떨고 있었다. 이러한 유럽의 상황에서 약소국들이 독립적으로 외교를 전개할 수 있는 여지는 전혀 없었다. 당대 약소국들은 외교는 커녕 존립도 위협을 받을 정도였다. 왜냐하면 이 시기에도 강대국의 무력은 언제나 사용 가능한 수단이었다.

제2차 세계대전 이후 세계는 미국 중심의 서방세계와 소련중심의 공산세계로 양분되었고 미 · 소 냉전이 시작되고 양극체제가 수립되었다. 제2차 대전 이후 1960년대까지 서양제국주의 국가들의 식민지였던 국가들이 주권국가로 독립하였다. 그 뿐만 아니라 이 냉전시기에는 강대국의 제국주의 정책은 사라져 식민지가 되는 국가는 없었다. 제2차 대전 이후 시기가 역사적으로 약소국들이 제대로 숨을 쉬고 살 수 있는 시대가 되었다. 이 시기 지구상의 모든 약소국가는 경제적으로 자립은 어려웠지만 정치적으로는 주권 독립국가로 남을 수 있게 되었다. 그래서 이들 약소국들도 외교를 전개할 수 있는 국가가 되었다. 새로운 독립국가로 탄생한 국가들은 모두 유엔의 정식회원국이 되었다. 냉전시기는 과거와는 달리 무역은 쉽게 행사되는 수단은 아니었다. 냉전시기는 미국과 소련이 경쟁적으로 많은 국가들을 각각의 진영에 진입시키려 하였다. 바로 이집트의 나세르 대통령이 미 · 소의 경쟁을 잘 활용한 경우이다.

약소국들은 미국과 소련의 경쟁을 절대 강대국인 미국 또는 소련의 지원을 받을 수 있는 계기로 삼을 수 있게 되었다. 각 약소국들은 그들의 상황에 따라 미국 또는 소련과 동맹관계도 가질 수 있고, 미국 또는 소련에게 군사기지를 제공하는 등의 조치로 절대 강대국의 지원을 받을 수 있었다. 또 약소국은 그의 필요에 따라 미국 또는 소련의 편에 서기 위해 절대 강대국의 외교정책노선을 따라 외교정책을 결정하거나 또는 절대 강대국과 외교적으로 보조를 같이 할 수도 있다. 미국과 소련이 서로 경쟁하고 있었기 때문에 약소국들의 이러한 행각(行脚)은 두 절대 강대국의 지원을 받을 수 있는 행위였다. 절대 강대국의 지원은 약소국 외교에 동력을 부여할 수 있었다.

한편 이집트같이 미 · 소 어느 편에도 가담하지 않고 중립적인 노선을 걷는 것도 미 · 소 어느 한 강대국의 지원을 받을 수 있는 방법이었다. 냉전시기 양극체제가 약소국들에게는 강대국의 힘을 이용할 수 있는 좋은 시기였다.

사람들은 1991년 소련이 붕괴한 다음을 미국 중심의 단극체제가 형성되었다고 한다 실제로 오늘날 세계에서 절대 강대국은 미국 하나뿐이다. 21세기 미국은 경제력, 군사력, 기술력 등 여러 분야에서 절대적인 우위에 놓여있다. 그리하여 미국은 국제정치에서, 세계경제에서 중심적 역할을 하고 있으며 세계 각 지역의 분쟁에 개입하여 조정자 또는 경찰국가의 역할을 한다. 세계 어떤 지역에서 긴장이 고조되고 충돌의 위험이 있다고 판단되면 미국은 그 지역에 미국이 자랑하는 핵 추진 항공모함 전단을 파견하여 지역의 안정을 도모한다. 또한 미국은 리비아, 이란 그리고 북한의 비핵화에도 깊은 관심을 갖고 해결을 모색하고 있다.[37]

오늘날 단극체제 하에서 약소국의 입장에서 보면 외교적으로 절대 강대국의 지원을 받는 일이 어렵게 되었다. 왜냐하면 이제 미국의 약소국에 대한 필요성이 크게 줄었다. 이제 단극체제 하에서 미국은 경쟁대상국이 없기 때문에 미국이 선제적으로 약소국을 필요로 하는 경우는 많지 않을 것이다. 그렇기 때문에 약소국이 절대 강대국의 지원을 기대하기는 어렵게 되었다.

약소국이 자력으로만 외교를 성공적으로 전개하는 것은 쉬운일이 아니다. 그러나 약소국에게는 다른 국가의 지원을 얻을 때 성공적인 외교를 전개할 수 있다.

한국의 문재인 정부는 2018년 및 2019년 단극체제 하에서 미국과 함께 북한으로 하여금 핵을 포기시키려고 노력하였으나 실패하였다. 미국은 북한의 김정은과 두 차례(2018년 6월 싱가포르에서 그리고 2019년 2월 베트남 하노이에서) 정상회담을 하였다. 그와 함께 미국은 한반도에 미국의 전략 자산을 출격시키기도 하였다. 그러나 북한의 김정은은 핵포기를 거부하였다. 이것은 한국과 미국의 대 북한 외교의 실패다. 단극체제 하에서 유일한 절대 강대국인 미국 외교역량의 한계를 보여준 것이다. 한편 북한은 핵무기로 절대

37) Henry Kissinger, Does America Need a Foreign Policy?, pp. 17ff.

강대국인 미국의 압력을 물리치고 자신의 길을 가고 있다.

외교는 권력정치인 국제정치의 수단이다. 그렇기 때문에 외교에는 힘의 뒷받침이 요구된다. 여기서 말하는 힘이란 가시적인 군사력, 경제력뿐만 아니라 외교를 성공적으로 전개할 수 있는 눈에 보이지 않는 힘, 즉 영향력, 강대국의 지원, 상대국을 움직일 수 있는 지렛대 등을 의미하는 것이다. 외교에서 외교 당사국 간의 이해가 일치되는 경우에는 힘이 뒷받침 없이도 외교를 성공적으로 전개할 수 있다. 그러나 외교 당사국 간 이해가 충돌하는 경우에는 힘이 뒷받침 되는 외교가 필요하다. 약소국은 힘이 약한 국가이기 때문에 자력으로 성공적인 외교를 전개할 수 없다. 그렇기 때문에 약소국은 필요한 경우 성공적인 외교를 전개하기 위해서는 다른 국가의 자원을 받을 수 있어야 한다. 한 국가가 외교 전개 과정에서 다른 국가의 지원을 받는 것은 그 국가가 가지고 있는 외교역량이다.

2016년 7월 한국 정부는 경상북도에 미군의 무기체계인 사드(THAAD)의 설치를 결정하였다. 이에 대해 중국 정부는 한국에 대한 보복조치로 공식적으로 한국에 사드배치를 반대하고 보복조치로 중국인의 한국 단체 관광을 금지시키고 중국 내에서 사업하는 한국 기업의 활동을 제한하는 조치를 취하였다. 중국 정부의 이러한 조치는 한국 관광사업에 커다란 피해를 주었다. 이 사드가 미군의 무기체계임에도 불구하고 중국은 절대 강대국인 미국에게는 아무런 조치도 취하지 않고 한국에 대해서만 보복조치를 취하였다. 한국 정부는 중국 정부의 보복조치에 대해 아무런 대응조치를 취하지 못했다. 중국은 한국에 비해 경제, 군사적 측면에서 강한 국력을 갖고 있는 국가이다. 이러한 경우에 한국은 절대 강대국인 미국의 도움을 받도록 노력했어야 했다. 미국은 경제적 측면에서 지속적으로 중국에 압력을 가하고 영향력을 행사하며 중국을 견제하고 있었다.

미국은 한국과 동맹관계를 갖고 있고 한국에 배치되는 사드는 미군의 무기체계이다. 그러므로 한국 정부는 미국으로 하여금 중국의 한국에 대한 보복조치를 철회하도록 그리고 중국에 압력을 가하도록 하는 등을 미국에 요청하는 것이 요구되었다. 그런데 한국은 이러한 외교적 노력을 하지 않았다. 이 경우 한국 정부는 동맹국인 미국을 외교적으로 활용하지 못했다. 결국 한국 정부의 외교력 부재로 한국의 관광산업 그리고 중국 내 한국 기업들은 커다란 경제적 피해를 입었다. 외교에서 이용 가능한 자신의 힘을 갖지 못하고 있는 약소국은 다른 힘 있는 국가를 활용할 수 있는 방법을 강구하여 외교에 도움이 될 수 있도록 노력하고 준비하는 것이 요구된다.

CHAPTER 07

성공하는 외교

이제 여기서는 지금까지 설명한 내용들을 종합적으로 정리하려 한다.

정리의 초점은 무엇을 그리고 어떻게 하면 외교를 성공적으로 전개해서 국가 이익을 극대화할 수 있느냐에 맞추려 한다. 외교의 궁극적 목표 그리고 존재 의의는 국가의 안전을 보장하고 국가의 이익을 증진시키는 것이다. 외교는 영토 밖에서 국가 이익을 추진하는 선봉장이다. 다시 말하면 외교의 성패가 국가 이익과 직결된다. 그런데 외교가 전개되는 영토 밖의 세계는 무정부적 상태의 약육강식의 세계라고 하여도 과언은 아닐 것이다. 외교가 전개되는 바탕은 매우 험난하다. 이러한 상황에서 전개되는 외교가 그의 목적을 달성하기 위해서는 외교 그 자체가 적극적으로 그리고 선제적으로 전개되어야 한다. 외교가 이렇게 전개되게 하려면 이것을 위한 다양하고 효율적인 지원이 있어야 한다.

이제 설명하려는 성공하는 외교의 범위는 시간적으로는 제2차 대전 이후의 시기에 초점을 맞추고 그리고 공간적 범위는 보통국가를 중심으로 논의하려 한다.

1. 성공하는 외교의 바탕

외교는 국가 간 다양한 행위로 전개된다. 이러한 행위가 전개되는 토대는 국가 간의 외교관계이다. 국가 간의 외교관계가 외교의 성패를 좌우한다. 다시 말하면 국가 간의 외교관계가 좋으면 외교는 성공할 수 있다. 물론 국가 간 외교관계가 나쁘면 외교는 성공하기 어렵다. 국가 간 외교관계가 좋다는 것은 상호 이해(利害)를 또는 득실(得失)을 균점하고 공유할 수 있는 국가 간의 관계를 의미한다. 국가 간에 이러한 관계가 설정되어 있다면 국가 간에 분쟁이 발생하지도 않을 것이고 설령 이들 국가 간에 어려운 문제가 발생하더라도 국가 간 외교적으로 문제의 처리는 원만하게 이루어질 것이다.

국가 간 이해를 공유하는 관계를 가지려면 상호 상대국가에 대한 상당한 필요성을 갖고 있어야 할 것이다. 앞에서 언급한 것처럼 상대국가를 필요로 한다는 것은 국가 간 모든 문제를 어렵지 않게 해결하는 바탕이 된다. 또한 국가 간 인위적으로 이해를 공유하는 체제를 갖추는 것도 국가 간 외교관계를 긴밀하고 협조적으로 만드는 방법이다. 이는 국제법적 약속을 통해 이러한 체제를 인위적으로 갖는 것이다. 예를 들면 국가 간 동맹조약 체결, 또 결속력이 강한 경제적 국제 조직 등을 형성한다면 이 조직의 구성원들은 상당히 이해를 공유하는 외교관계를 갖게 될 것이다. 국가 간 이익을 공유할 수 있을 정도의 외교관계는 외교의 성공을 담보할 수 있다. 이러한 외교관계는 여러 면에서 국가 간 모든 사안을 조정하고 조율하여 성공적인 외교성과를 창출 할 수 있을 것이다.

갈등적 및 반목적 관계를 갖고 있는 국가 간에는 우선 이익의 조화보다는 이익의 충돌이 더 많을 것이고, 이익의 공유보다는 상대국의 이익을 침해하여 손해를 가중시키는 일이 더 많이 발생할 것이다. 이러한 비우호적인 외교관계를 갖고 있는 국가 간에는 어렵고 민감한 문제들이 발생 될 수 있고 이 문제들은 이들 국가 간에는 해결이 어렵다. 이러한 상황은 외교의 성공은 커녕 무력충돌이라는 극단적 상황에 처하게 될 수도 있다.

국가는 멀리 떨어져 있는 국가보다는 가까이 있는 인접한 국가들과 돈독하고 협조적인 관계를 갖는 것이 국가에 보다 필요하고 도움이 될 것이다. 오늘날에도 지리적으로 근접한 국가 간에는 다양한 형태의 접촉 및 교류가 상대적으로 더 많이 이루어지고 있다. 또한 국가의 안전 보장에 있어서도 멀리 떨어져있는 국가보다는 가까이 있는 국가로부터의 위협이 보다 쉽게 있을 수 있다. 그러므로 국가 간의 외교 관계에서는 멀리 있는 국가보다는 인접하고 있는 이웃 국가들과 돈독하고 긴밀한 외교관계를 갖는 것이 국가에 도움이 될 것이다. 한 국가가 세계 모든 국가와 이해를 공유할 수 있는 돈독한 외교관계를 가질 수 없다면 우선적으로 이웃한 인접 국가와 이러한 돈독한 관계를 가져야 한다고 나는 강조한다.

이러한 측면에서 보면 한국은 행복한 국가는 아니다. 세계지도를 보면 거대한 중국은 한반도를 머리 위에서 누르고 있고 경제 강국 일본은 한반도의 앞을 가로막고 있다. 한국은 이 두 거대한 국가들로부터 지리적으로 커다란 압박을 당하고 있는 국가이다. 중국과 일본은 한국의 이웃 국가이고 따라서 이 국가들은 여러 분야에서 한국과 접촉 및 교류가 활발하게 이루어지고 있다. 내가 강조하듯이 한국은 중국 및 일본과 진정으로 돈독한 협조적 관계를 가져야 한다. 오늘날 중국과 일본은 여러 분야에서 한국에 위협도 될 수 있고 도움도 줄 수 있는 국가들이다. 그럼에도 불구하고 오늘날 한국은 이 두 이웃 국가와 돈독한 관계를 갖고 있지 못하다. 한국이 중국 및 일본 두 국가와 불편한 관계를 갖고 있다는 근거는 이 두 국가가 한국에 보복적 조치를 취하였다는 사실이다. 중국은 2018년부터 한국에 사드배치를 이유로 보복조치를 취했고 일본도 한국의 사법부가 2018년 10월 일본에 의한 강제징용 피해자들에 대한 배상 판결을 하자, 일본 정부는 2019년 7월 한국을 '화이트 리스트' 즉 '수출관리 우대국' 명단에서 제외하는 보복 조치를 취했다. 한국과 돈독한 외교관계를 가져야 할 인접국 중국과 일본이 한국에 보복 조치를 취했다는 사실은 그것이 작은 것이더라도 매우 바람직하지 못한 일이다. 이러한 상황 하에서 한국이 중국 및 일본과의 관계에서 한국의 국가 이익을 증대시키는 외교의 전개는 어려운 일이다. 이유 여하를 불문하고 한국의 대 중국 및 대 일본 관계는 하루 속히 개선되어야 할 과제이다. 무엇보다도 한국이 중국 및 일본과 반목적 관계를 유지한다면 한국은 외교,

경제 등 분야에서 어려움을 겪게 될 것이다. 특히 이웃 국가들과 이해를 공유할 수 있는 돈독한 관계는 갖지 않더라도 보복 조치를 취하는 외교관계를 갖는 것은 회피해야 한다.

국가 간 외교관계는 국가 간 모든 분야의 접촉 및 교류의 질 및 양을 결정지어주는 국가 간의 중심 관계이다. 그렇기 때문에 국가는 많은 국가와 외교관계 증진을 위한 지속적인 외교 행위가 요구된다. 각 국가는 최대한 많은 국가와 최선의 외교관계의 수립을 위해 범 정부 차원의 지속적인 노력이 요구된다. 각 국가는 다른 국가와의 외교관계 증진을 전담하는 부서의 설치도 필요하다고 생각한다. 국가 간 외교관계 증진에도 우선 순위가 있다. 그것은 우선적으로 이웃한 국가부터 최고의 외교관계를 유지하는 것이다. 앞에서 언급한 바와 같이 멀리 떨어져 있는 국가보다 인접한 이웃 국가가 필요성이 훨씬 크고 상부상조의 기회도 많기 때문이다. 인접한 이웃 국가와 반목하고 갈등을 겪는 국가에게는 득(得)보다는 실(失)이 더 많을 것이다. 인접국가와의 접촉 및 교류는 상대적으로 다양한 비용을 크게 낮출 수 있다. 이것이 곧 국가 이익에 기여하는 일이다. 한 국가가 외교에서 가장 우선적으로 추진해야 할 일은 많은 국가와 최상의 외교관계를 갖는 것이다.

국가가 다른 국가와 반목하고 갈등적 관계를 갖는 데에는 상당한 이유가 있을 것이다. 그렇기 때문에 이러한 반목 및 갈등을 해소하는 일은 쉽지 않을 것이다. 그러나 국가 차원에서 이러한 반목과 갈등이 국가에 도움이 되는지 또는 해악이 되는지 냉철하게 생각해야 할 필요가 있다. 모든 국가는 국가에 손실이 되는 것은 회피하고 득이 되는 일에 매진하여야 국가 발전에 도움이 될 것이다.

특히 국가가 다른 국가와 반목 및 갈등의 원인을 제거하는 노력은 국가의 능력이다. 국가에 이러한 능력이 없다면 그 국가는 이익 증대에 성공할 수 없는 국가이다. 국가 간에 존재하는 반목 및 갈등의 원인을 당장 제거할 수 있다면 그것이 최상의 방법일 것이다. 그러나 당장 원인의 제거가 불가능하다면 그의 해결을 뒤로 미루고 우선 국가의 현안을 처리하고 정상적 외교를 전개하는 것이 국가 이익 증대에 도움이 될 것이다. 1955년 중국의 모택동 주석이 일본의 국회의원 대표단에게 말한 것처럼 과거 문제는 미래에 맡기는 것도 좋을 것이다.

국가는 반목 및 갈등의 원인 제거 노력과 함께 상부상조할 수 있는 국가 간 관계 증진의 방법을 찾는 것도 국가의 능력이다. 국가 간의 반목 및 갈등의 원인 제거와 함께 최선의 외교관계를 갖게 하는 방법에는 합작 사업을 하는 것이다. 국가는 반목 및 갈등 관계를 갖고 있는 국가와 합작 사업을 가능케 하는 사업을 연구하고 찾는 노력이 절대로 필요하다. 특히 지리적으로 멀리 떨어져 있는 국가보다는 이웃하고 있는 국가와의 합작 사업을 창출해서 이들 국가들과의 외교관계를 근본적으로 개선할 수 있어야 한다. 또한 국내적으로 이러한 국가의 사업에 반대하는 국민들도 있을 수 있다. 이들 국민들의 생각을 바꾸는 일도 정부가 담당해야 할 일이다. 이러한 일들을 위해서는 국가 차원에서 지속적이고 체계적인 연구가 요구된다.

2. 능동적인 동기

성공적인 외교를 위해 요구되는 또 하나의 조건은 외교의 동기이다. 한 국가의 외교가 어떠한 동기에서 시작되었는가 하는 것은 외교의 성패에 중대한 영향을 미친다. 한 국가가 능동적인 동기에서 외교를 전개하면 수동적인 동기에서 전개하는 외교보다 그 성공의 가능성은 훨씬 클 것이다. 국가가 전개하는 외교 동기가 능동적이라는 의미는 일차적으로 자국의 필요에 의해서 선제적으로 외교를 전개한다는 것이다. 다른 한편 국가가 수동적 동기에서 외교를 전개하는 경우가 있다. 수동적 동기란 한 국가의 외교가 자국의 입장에서 전개되는 것이 아니라 상대국가의 동기에 의해 즉 상대국가의 필요에 의해서 외교가 전개된다는 것을 의미하는 것이다.

다른 여건들은 차치(且置)하고 외교의 동기만을 보더라도 수동적 동기보다는 능동적 동기에서 시작되는 외교가 자국의 의사 및 정책 실현에 크게 도움이 될 것이다. 능동적 동기에서 외교를 전개하는 국가는 이 외교를 위해 사전에 여러 가지 필요한 것들을 충분히 준비하여 외교에 임할 것이다. 반면 수동적으로 임하는 국가는 외교에 대한 준비에 소홀하거나 미흡하게 될 것이다. 특히 능동적 동기를 갖고 외교를 시작하는 국가는 먼저 외교의 주제, 대상 국가 등을 선제적으로 결정하게 될 것이다. 이러한 동기에서 외교를 전개하는 국가는 자국에게 유리하고 필요 주제를 선정할 것이고 또 이 외교의 성공 가능성이 큰 국가를 대상으로 선정할 것이다. 이러한 외교라고 해서 반드시 성공한다는 보장은 없으나 이러한 외교를 전개하는 국가는 상대적으로 높은 성공 확률의 외교를 전개할 수 있을 것이다. 외교를 전개하는데 상대국가보다 국력이 강한 국가가 능동적 동기에서 외교를 전개한다면 그 외교의 성공 가능성은 매우 클 것이다.

특히 상대국가보다 국력이 약한 국가는 반드시 능동적 동기에서 외교를 전개하여야 성공의 가능성을 크게 할 수 있다. 국력이 약한 국가는 약한 국력을 능동적 동기를 통해서 외교의 성공을 도모하는 것이 절대적으로 요구된다. 이러한 동기는 외교의 성공 가능성을 크게는 할 수 있다. 특히 국력이 약한 국가일수록 수동적 동기에서 외교를 전개할 수 있는 기회를 많이 갖는 것이 필요하다.

국력이 약한 약소국의 경우, 외교의 능동적 동기는 약한 외교역량을 보완하는 요소가 될 수 있다.[1] 능동적 외교 동기에서 시작하는 외교는 우선 선제적으로 그리고 적극적인 외교의 전개를 가능하게 한다. 두 말 할 나위 없이 선제적 그리고 적극적 외교는 상대적으로 성공의 가능성이 크다. 적극적 외교란 국가가 전개하고자 하는 대외행위의 추진을 가능하게 할 것이다. 그러므로 이 국가는 사전에 준비한 대외 행위들을 선제적으로 추진할 수 있을

1) 송영우, 현대외교론(서울: 평민사, 2003), p. 28.

것이다. 이 국가는 이 외교에서 소기의 성과를 얻기 위해 무엇을 어떻게 할 것인가를 준비해서 갖고 있을 수 있기 때문에 효율적인 외교 행위를 할 수 있을 것이다. 이러한 효율적 외교 행위는 외교를 성공적으로 전개하게 될 것이다.

능동적인 외교의 동기를 가지려면 국가가 명확하고 구체적인 외교정책목표를 설정해 놓아야 한다. 국가가 이러한 외교정책목표를 갖고 있다면 그것을 성취시키기 위한 외교정책을 갖게 될 것이다. 따라서 이러한 외교정책을 갖고 있다면 국가는 이 정책을 실현시키기 위한 수단 즉 외교 행위도 준비하게 될 것이다. 국가가 외교정책목표를 설정해 놓고 있다면 이 목표를 성취시키기 위해 정책 및 수단도 함께 강구하는 것이 당연하다. 그러므로 이러한 국가는 당연히 능동적인 동기에서 선제적으로 외교 행위를 하게 될 것이다. 이러한 과정은 외교를 성공적으로 전개할 수 있게 할 것이다. 우리가 이 능동적 동기와 다른 수동적 동기를 생각해 보면 능동적 동기가 얼마나 중요한지를 어렵지 않게 알 수 있을 것이다.

3. 국가의 능력과 외교의 행태

국가의 능력에 따라 외교의 행태를 선택한다면 외교에서 얻어지는 성과가 다를 수 있다. 힘 있는 국가는 힘에 의한 외교 즉 정치적 외교를 선택하여 외교를 전개하는 경우에 효율적인 외교를 전개하고 좋은 성과를 얻을 수 있을 것이다. 정치적 외교는 힘 있는 국가가 그의 목적의 성취를 위해 일방적으로 힘을 행사하며 전개된다. 이러한 상황에서 힘 없는 약한 국가는 힘 있는 국가에 의해 전개되는 외교에 순종적으로 따르게 될 것이다. 이렇게 전개되는 정치적 외교는 힘 있는 국가에게 유리한 결과를 창출하게 될 것이다. 힘이 약한 국가는 이러한 정치적 외교의 대상이 되는 경우를 회피하는 것이 성공적 외교의 한 방편이다.

힘 없는 국가가 정치적 외교를 회피하는 방법은 행정적 외교의 전개를 모색하는 것이다. 행정적 외교는 적어도 어느 한 국가에 의해 일방적으로 전개되는 외교의 행태는 아니다. 이 행정적 외교는 당사국들이 우선 자리를 함께 해서 각 국의 의사를 주고받으며 논의하는 교섭의 형식으로 전개되는 것이 일반적이다. 행정적 외교에서도 물론 힘 있는 국가의 눈에 보이지 않는 힘이 작용할 수 있다. 그러나 행정적 외교에서는 정치적 외교에서처럼 힘 있는 국가가 일방적으로 힘이 행사되는 외교는 전개되지 않을 것이다. 왜냐하면 외교의 당사국 간 자리를 함께하여 얼굴을 맞대고 의사를 주고받는데 여기에서 일방적이고 폭압적인 힘의 행사는 크게 자제될 수 있을 것이다. 또한 힘 있는 국가가 일방적인 완성을 염두에 두고 있었다면 그 국가는 교섭이라는 탁자에 앉지 않았을 것이다. 힘 있는 국가가 완승을 원했다면 정치적 외교를 선택했을 것이다. 힘 있는 국가가 행정적 외교에 동의했다는 것은 일방적인 힘의 행사를 자제하겠다는 의사표시이기도 하다.

행정적 외교인 교섭이라는 과정에서는 협상이라는 또 다른 하나의 수단이 있다. 협상에서는 한 당사국이 모든 것을 독점하기는 어렵다. 협상에서는 외교 당사국간 주고받기를 논의하여 타협을 할 수 있다. 이러한 교섭에서 협상이 잘 전개된다면 약한 국가는 전부를 잃는 대신 부분만을 잃을 수 있다. 정치적 외교에서는 약한 국가는 전부를 잃을 수 있겠지만 행정적 외교에서 협상을 전개한다면 약한 국가라 할지라도 전부를 잃는 경우는 없을 것이다. 그러므로 약한 국가는 힘 있는 국가의 정치적 외교의 대상이 되기보다는 행정적 외교의 전개가 보다 유리한 결과를 얻을 수 있다. 약한 국가에게 중요한 것은 힘 있는 국가가 전개하려는 정치적 외교를 행정적 외교로 외교의 행태를 바꾸는 것이다. 이렇게 바꾸는 일은 그 국가의 외교능력이다.

먼저 힘 있는 국가가 어떠한 현안의 해결을 위해 그 대상 국가에 대해 정치적 외교를 전개하려는 징후가 포착되면 우선 외교 실무자간 물 밑 접촉을 시작으로 다양한 채널을 통해 정치적 외교의 전개를 방지하는 노력을 경주

해야 한다. 필요하다면 국가 원수 차원의 접촉도 이루어져야 한다. 먼저 정치적 외교를 행정적 외교로 바꾸기 위해서는 상대국가가 해결하려는 현안이 그 국가의 중대한 이익과 관련되어있는 문제인지의 여부를 살피는 것이 급선무이다. 그 현안이 정치적으로 중대한 사안이라면 이를 위한 정치적 외교를 행정적 외교로 바꾸는 일은 매우 어려울 것이다. 왜냐하면 행정적 외교는 교섭 및 협상을 통해 현안을 처리하려는 외교이다. 현안이 상대국가에게 중대한 사안인 경우, 이 사안을 교섭 및 협상의 방법으로 해결을 도모한다면 현안 해결을 모색하는 국가는 그 현안 해결의 방식을 변경하자는 데에 동의하지 않을 것이다. 국가가 해결하려는 현안이 교섭 또는 협상이 가능한 것이라면 해결 방식의 변경도 가능할 것이다. 국력이 약한 국가로서 현안 해결의 외교방식을 변경하려면 현안의 성격부터 검증해야 할 것이다.

현안 해결의 외교행태를 바꾸는 것도 국가 간 외교관계가 크게 영향을 미치게 될 것이다. 국가 간 외교관계의 정도는 상부상조의 폭을 결정할 수 있다. 국가 간 이해를 공유할 수 있을 정도의 외교관계를 갖고 있다면 이러한 일도 가능할 것이다. 정치적 외교를 행정적 외교로 외교의 행태를 바꾸는 것은 약한 국가에게 외교적 성공에 크게 도움을 줄 것이다. 힘이 약한 국가는 상대국가에게 어느 정도의 양보를 할 수 있다는 의사를 표시하거나 또는 전달해서 행정적 외교로 문제의 해결을 도모하겠다는 것을 약속하는 것도 모든 것을 잃게 할 수 있는 정치적 외교를 회피할 수 있는 방법이다.

4. 강한 외교역량

외교에서 적극적 외교역량의 강화는 아무리 강조하여도 지나치지 않을 것이다. 왜냐하면 외교역량은 외교의 성패를 좌우하기 때문이다. 앞에서 지적한 것처럼 한 국가의 다른 국가에 대한 적극적 외교역량은 힘 있는 국가라고 해서 다른 국가에 대한 외교역량이 자연 발성적으로 만들어지는 것은 아니다. 그러므로 어떠한 국가라도 자국의 외교역량을 강화하는 노력을 기울여야 강한 적극적 외교역량을 가질 수 있다.

중국은 세계 제2위의 경제규모를 갖고 있고 핵무기 등 막강한 군사력을 갖고 있는 강대국이다. 중국은 1990년대 들어 아프리카 대륙의 모든 국가에 막대한 경제지원을 지속적으로 제공하여 오고 있다.[2] 중국의 이러한 경제 지원은 이론상으로는 중국과 아프리카 국가들과 불평등한 상호의존관계의 형성을 가능케 하였을 것으로 생각된다. 그러나 지금까지 중국이 이들 국가에 정치적 목적을 위해 영향력 또는 압력을 행사하였는지에 관해서는 알려진 사실이 없다.

그런가 하면 다른 한편 중국이 아프리카 이외의 지역 국가에 대해 적극적 외교역량 강화를 위한 적극적 지원 행위는 쉽게 찾아보기 어렵다. 그 결과 중국은 그의 규모에 걸 맞는 대외행위는 하지 못하고 있고 그의 외교는 매우 소극적이다. 그리하여 중국은 아직 불완전한 강대국의 위치에 머물러 있다.[3] 한 국가가 여러 국가에 적극적 외교 역량을 갖고 있다면 외교를 성공적으로 전개하여 소기의 목적을 달성할 수 있을 것이다. 한 마디로 말해서 적극적 외교역량은 자연적으로 만들어지지 않는다는 점을 강조하고 싶다. 이러한 적극적 외교역량은 단시간 안에 만들어지기보다는 지속적으로 이것을 위한 행위가 이루어져야 한다. 적극적 외교역량의 강화를 목적으로 다양한 형태의 지원 행위가 이루어져야 이러한 적극적 외교역량의 토대가 만들어지고 또 그 토대가 튼튼해진다. 그러므로 한 국가의 적극적 외교역량을 구축하는 행위는 지속성을 가져야한다.

외교를 통해 무엇인가를 얻게 하는 적극적 외교역량이 있는가 하면 자국이 갖고 있는 것을 잃지 않게 하고 또 손해를 최소화하는 외교역량인 소극적 외교역량도 있다. 한 국가가 이익을 얻는 것도 중요하지만 갖고 있는 것을

2) 박영준 · 홍승현(옮김), 중국, 세계로 가다(서울: 아산정책연구원, 2014), pp. 178-181, 250 참고.
3) 위의 책, p. 88.

잃지 않는 것도 그것 못지않게 중요하다. 자칫 소극적 외교역량을 강하게 갖지 못하면 눈에 보이는 가시적 국가 이익뿐만 아니라 눈에 보이지 않는 국가의 정체성까지도 잃을 수 있다. 한 국가가 특정 국가에 대해 소극적 외교역량을 전혀 갖고 있지 않다면 이 국가는 모든 것을 잃을 수가 있다. 그러므로 특히 약소국은 소극적 외교역량을 강하게 가져야 적어도 국가의 핵심 이익, 가치 등을 지킬 수 있다. 이것 역시 약소국의 외교 성공의 한 요소가 될 수 있다. 소극적 외교역량을 갖고 있지 못한 국가는 다른 국가로부터 요구되는 것을 수용하게 되는 경우도 있을 수 있다. 이러한 요구를 수용하지 않는다면 자칫 더 큰 것 또는 더 많은 것을 잃을 수가 있기 때문에 국가는 다른 국가의 요구를 부득이 수용하게 되는 경우가 있다. 소극적 외교역량을 강화하는 길은 모든 면에서 독립적으로 국가를 운영할 수 있는 능력을 강화하는 것이나 또는 다른 국가에 대한 의존도를 최대한 낮추는 것이다.

한 국가의 운명 및 살아가는 방법은 그 국가의 국민과 지도자들이 결정하게 될 것이다. 특히 국력이 취약한 국가에게는 다음의 두 가지 방법 중 하나를 선택해서 살아야 하는 상황에 이르게 될 수 있다.

먼저 하나는 국가가 모든 분야에서 국가의 경영이 어려운 가운데 국가의 독립성을 유지하기 위해 어려움을 참고 극복하는 경우가 있고 다른 하나는 국가의 독립성이 다소 훼손되더라도 어려움을 이겨내기 위해 다른 국가의 지원을 받는 경우가 있다. 전자의 경우는 국가가 어려우나 독립성을 유지하며 소극적 외교역량을 강하고 가질 수 있고 그리고 후자의 경우는 어려움에서 벗어날 수 있지만 소극적 외교역량은 취약하게 되는 경우이다. 이 두 경우 가운데 어느 것이 옳고 어느 것이 옳지 않다는 정답은 없다. 이것의 선택은 전적으로 국민과 국가가 선택할 몫이다. 외교역량 측면에서 선택한다면 전자의 경우가 답이 될 수 있겠으나 그것도 국민과 국가가 선택할 문제이다.

모든 정치에서 힘은 핵심 요소이다. 국제정치는 권력 정치이다. 무정부적인 국제사회에서 전개되는 국제정치에서 힘은 절대적 요소이다. 외교는 이러한 국제정치를 구체적으로 추진하는 중요한 수단이다. 그러므로 국제정치에서 국가의 힘은 그것의 전부라고 하여도 과언이 아니다. 그렇다면 국제정치에서 힘은 모든 것을 얻게 할 수 있는가? 국제정치에서 힘이 모든 것을 얻게 할 수는 없지만 많은 것을 얻게 할 수는 있다.

한편 국제정치에서 힘이 중요하게 작용하지만 힘보다 더 위력적으로 작용하는 것이 있다. 그것은 국가 간의 외교관계이다. 국제정치에서 국가 간의 외교관계는 힘의 위력을 능가할 수 있는 존재이다. 국가 간의 외교관계가 돈독하고 이해를 나누어 가질 수 있는 정도의 관계라면 이 관계는 힘의 위력을 능가할 수 있는 힘이 될 수 있다. 국가 간의 외교관계가 이와 같이 절대적으로 상부상조 할 수 있는 관계가 형성되어 있다면 이들 국가 간에는 힘이 작동할 수 있는 여지가 크게 좁아질 수 있다. 이러한 외교관계를 갖고 있는 국가 간에는 힘에 의지하지 않고 이렇게 돈독한 외교관계의 차원에서 국가 간의 모든 것들을 처리하게 될 것이다. 국가 간에 이러한 외교관계를 갖고 있다면 아무리 강한 힘을 갖고 있는 국가가 있더라도 이 강한 국가가 약한 국가의 이익을 희생시켜가며 자국의 이익을 증대시키는 일은 하지 않을 것이다. 힘이 강한 국가나 힘이 약한 국가나 모든 국가는 힘의 행사 없이 돈독한 외교관계 차원에서 모든 것의 처리를 선호할 것이다. 그러므로 국제정치에서 또 외교에서 모든 국가는 많은 국가와 긴밀한 외교관계를 갖는 것이 외교의 최고의 최강의 무기가 될 것이다. 국가 간 이해를 나누어 가질 수 있고 모든 분야에서 적극적으로 상부상조하는 외교관계를 갖는 것이 성공하는 외교의 지고지선(至高至善)의 길이다.

찾아보기

‖ ㅈ ‖

‖ ㅊ ‖

‖ ㅋ ‖

‖ ㅌ ‖